U0821325

苏州市吴中区东山镇村志系列

渡桥村志

《渡桥村志》编纂委员会　编

金本福　主编

苏州大学出版社

图书在版编目(CIP)数据

渡桥村志 /《渡桥村志》编纂委员会编；金本福主编. —苏州:苏州大学出版社,2019.4
(苏州市吴中区东山镇村志系列)
ISBN 978-7-5672-2753-8

Ⅰ.①渡… Ⅱ.①渡… ②金… Ⅲ.①村史-吴县 Ⅳ.①K295.35

中国版本图书馆 CIP 数据核字(2019)第 038500 号

书　　名：渡桥村志

编　　者：《渡桥村志》编纂委员会
主　　编：金本福
责任编辑：倪浩文

出版发行：苏州大学出版社
(苏州市十梓街 1 号　215006)
印　　刷：苏州市深广印刷有限公司
开　　本：787 mm×1 092 mm　1/16
印　　张：26.5
字　　数：498 千字
版　　次：2019 年 4 月第 1 版
印　　次：2019 年 4 月第 1 次印刷
书　　号：ISBN 978-7-5672-2753-8
定　　价：238.00 元

苏州大学版图书若有印装错误,本社负责调换
苏州大学出版社营销部　电话：0512-67481020
苏州大学出版社网址　http://www.sudapress.com
苏州大学出版社邮箱　sdcbs@suda.edu.cn

第一届《渡桥村志》编纂委员会

（2016 年 6 月—2017 年 3 月）

主　任：宋　炜

副主任：董燕明　金惠华

委　员：陈秋生　喻振高　姚　瑜　吴　峰　姚正林　吴　月　徐雪龙

第二届《渡桥村志》编纂委员会

（2017 年 4 月—2018 年 12 月）

主　任：董燕明

副主任：席　瑜　金惠华

委　员：陈秋生　喻振高　姚　瑜　吴　峰　姚正林　吴　月　徐雪龙

《渡桥村志》编纂委员会办公室

主　　任：席　瑜

副 主 任：姚正林　金惠华

主　　编：金本福

副 主 编：薛利华

编写组成员（以姓氏笔画为序）

计龙根　叶新民　金本福　金惠华　薛利华

特邀审稿：陈其弟　傅　强　翁建明　陈　萍　吴晴艳

封面题字：金中浩

摄　　影：计龙根　鲍建国　张志强　倪浩文　王启明　金其传

《渡桥村志》审定单位

吴中区地方志编纂委员会办公室　　中共东山镇委员会

东山镇人民政府　　东山镇历史文化研究会

中共东山镇渡桥村总支委员会　　东山镇渡桥村村民委员会

【渡桥地图】

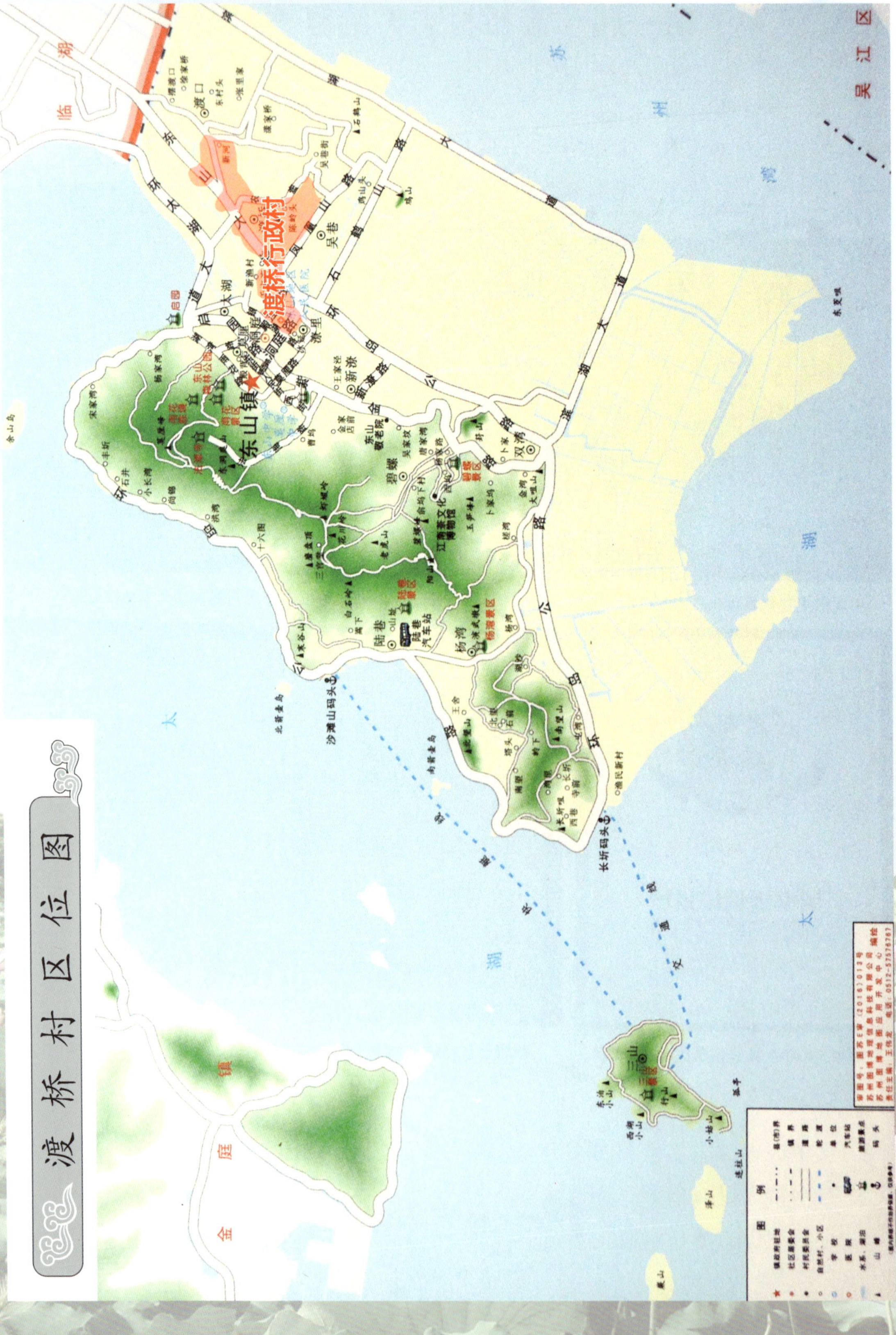

渡桥村村域图

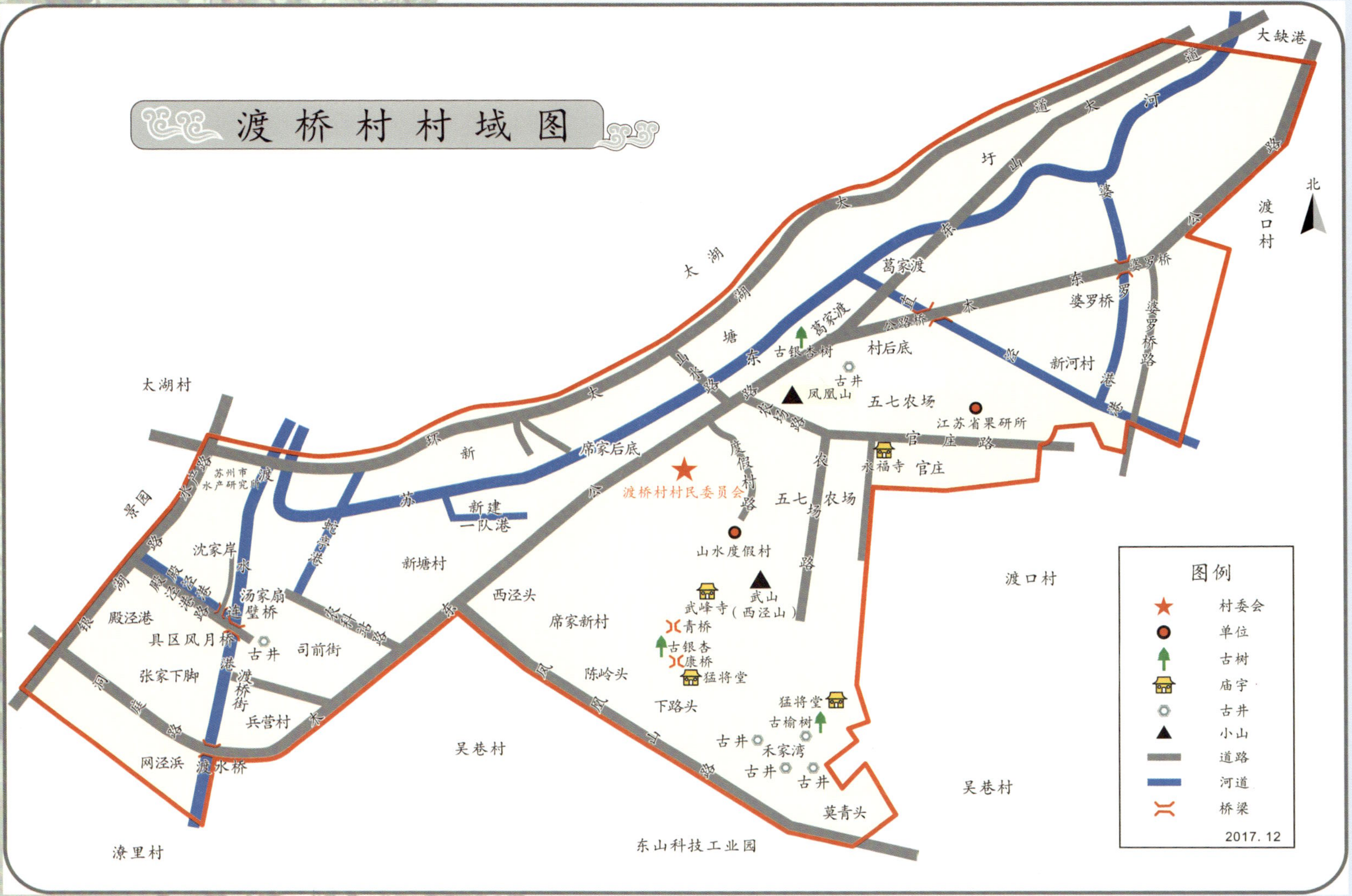

北
渡口村
大缺港
太湖村
太湖
渡口村
吴巷村
吴巷村
漾里村
东山科技工业园
新河村
婆罗桥
婆罗桥路
葛家渡
村后底
古银杏树
古井
凤凰山
五七农场
江苏省果研所
永福寺
官庄
官庄路
渡桥村村民委员会
度假村路
山水度假村
五七农场路
武山（西泾山）
武峰寺
青桥
古银杏
康桥
猛将堂
席家后底
新建一队港
新塘村
西泾头
席家新村
陈岭头
下路头
古榆树
禾家湾
古井
莫青头
苏州市水产研究所
沈家岸
汤家扇
陆壁桥
殷泾港
具区风月桥
古井
司前街
张家下脚
渡桥街
兵营村
网泾浜
渡水桥
图例
村委会
单位
古树
庙宇
古井
小山
道路
河道
桥梁
2017. 12

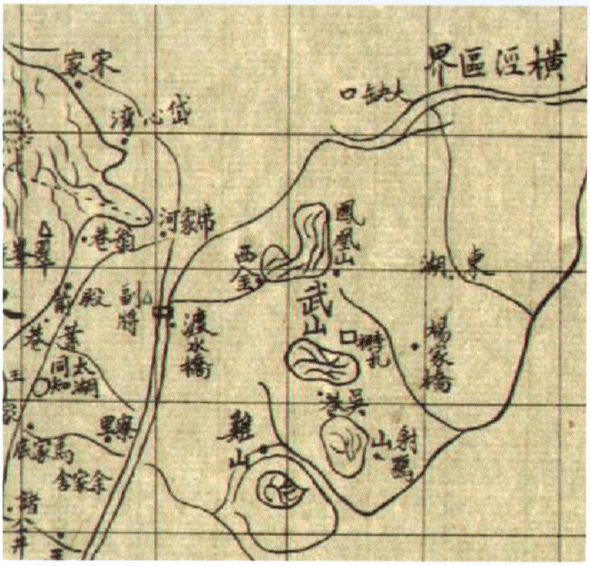

渡桥村民国地图

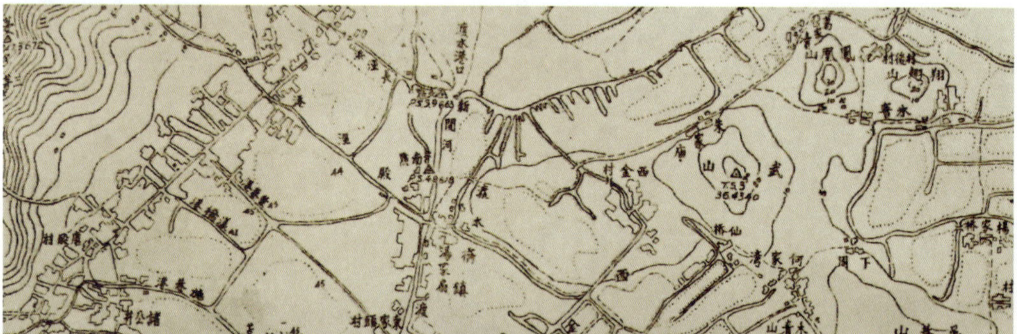

民国时期渡桥及周边河道详图

〖渡桥风光〗

渡桥鸟瞰

新塘圩早春

湖畔夏荷

武山秋韵

渡桥冬雪

殿泾港

渡水港

苏东河风光

水上人家

人家尽枕河

果香满园

【渡桥旧影】

渡水桥
（20 世纪
40年代）

铁梗桥
（1945年）

湖神庙
（20 世纪
40年代）

太湖渔船（20 世纪 30 年代）

吴季子墓（20 世纪 30 年代）

殿泾港（20 世纪 40 年代）

具区风月桥龙门石雕

具区风月桥拱券字额

具区风月桥

康桥

连璧桥

锡嘉桥

石板街　　武山古道

青桥

渡桥小乡乡政府旧址

丰和堂沈宅

三槐堂王宅

青云堂盛宅

双桂堂朱宅

武峰寺

永福寺

陈岭头古银杏

禾家湾古榆树

渡水桥义井

禾家湾古井

司前街古井

晨光村铁姑娘队（1975 年，从左至右：前排陈丽琴、吴桂珍、赵元香，二排吴福珍、陈冬娣，三排赵沉杳、吴爱丽等）

打农药（1975 年）

采茶

采橘子

采莲蓬

采菱

采枇杷

集体养鸡（1975 年）

生产队拔秧（1975 年）

采春茧（1975 年）

收菜籽

【渡桥湖羊】

东山湖羊基地

高床养殖湖羊

白切羊肉制作技艺

卖羊肉

西泾山十二灶
“羊家乐”餐馆

东山湖羊科普展销馆

湖羊展销馆科普活动

羊村运动会

渡桥村工业小区

渡桥商业中心

蔡氏企业
苏州东仪包装印刷有限公
SUZHOU DONGYI PACKING & PRINTING
苏州市宏大彩印包装印务有限
SUZHOU HONGDA COLOUR PRINTING
州宏乐包装有限公司

蔡氏企业

三联印刷

三联印刷

渡桥新农村建设

书场

灌溉站

小公园

西泾卫生服务站

社区服务中心办事大厅

老年日间照料中心

村民新居

村民文体活动场所

【渡桥习俗】

渡桥抬阁“水漫金山”

腰鼓表演

抬猛将

武峰寺进香

点地灯

搬碗

祭地神

祭路头神

白玉枇杷

碧螺春茶

洞庭红橘

石榴

桃子

白切羊肉

太湖白虾

太湖大闸蟹

猪油糕

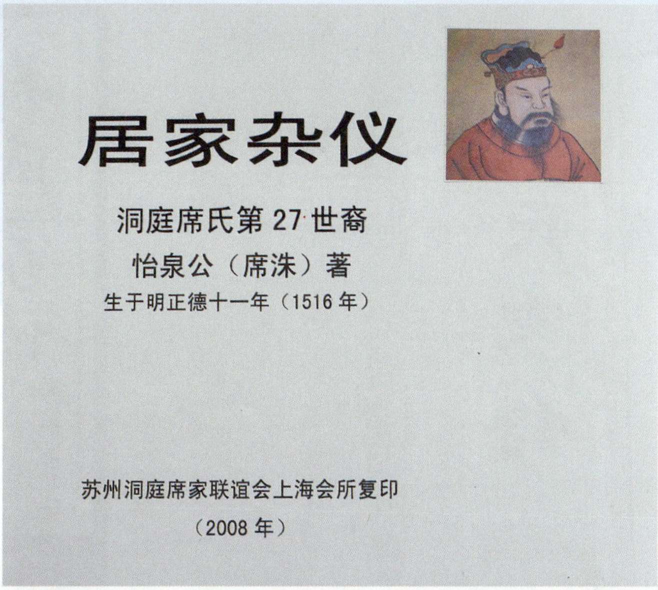

席氏《居家杂仪》

葛氏宗谱

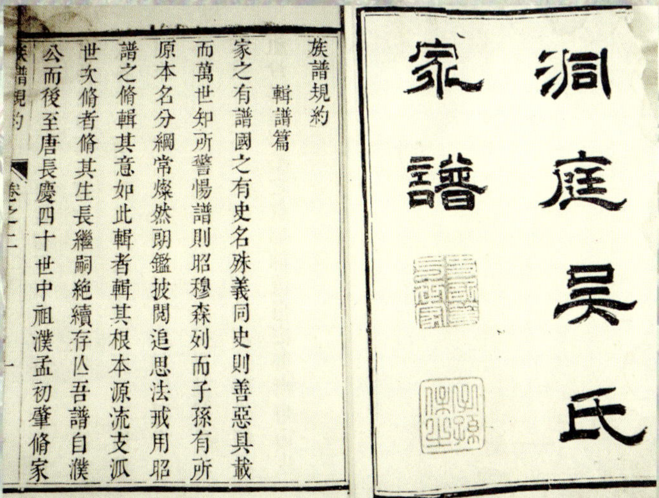

洞庭吴氏家譜

族譜規約

輯譜篇

家之有譜國之有史名殊義同史則善惡具載而萬世知所警惕譜則昭穆森列而子孫有所原本名分綱常燦然朗鑑披閱追思法戒用昭譜之脩輯其意如此輯者輯其根本源流支泒世次脩者脩其生長繼嗣絶續存亾吾譜自濮公而後至唐長慶四十世中祖濮孟初肇脩家

族譜規約　卷之二　一

洞庭吴氏家譜

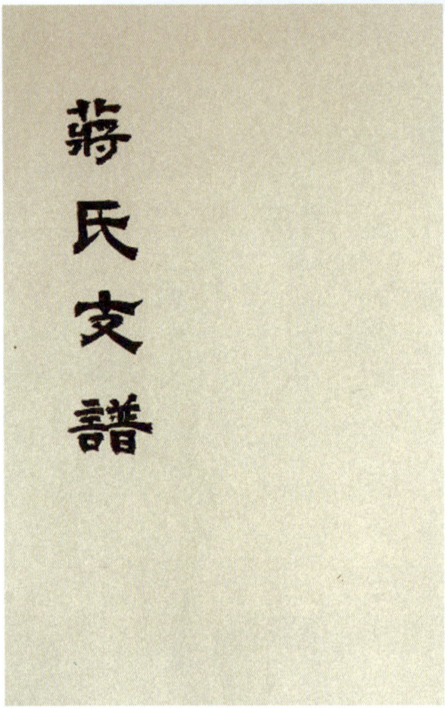

蒋氏支谱

郑氏家谱

洞庭东山沈氏宗谱

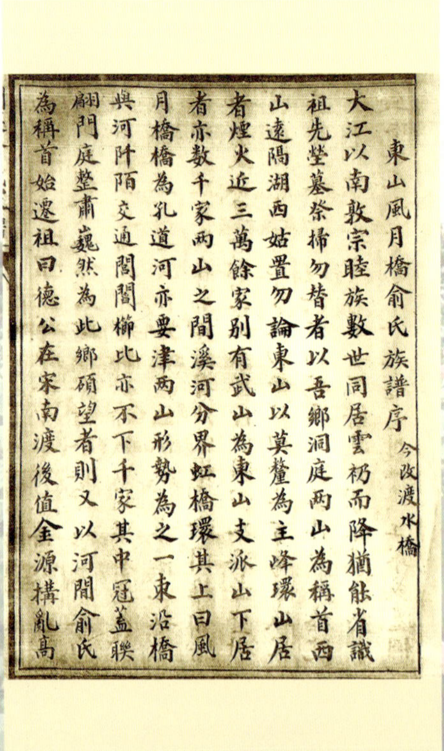
東山風月橋俞氏族譜序 今改渡水橋

大江以南敦宗睦族數世同居雲礽而降猶能省識祖先塋墓祭掃勿替者以吾鄉洞庭兩山為稱首西山遠隔湖西姑置勿論東山以莫釐為主峰環山居者煙火近三萬餘家別有武山為東山支派山下居者亦數千家兩山之間溪河分界虹橋環其上曰風月橋橋為孔道河亦要津兩山形勢為之一束沿橋與河阡陌交通閭閻櫛比亦不下千家其中冠蓋聯翩門庭整肅巍然為此鄉碩望者則又以河間俞氏為稱首始遷祖曰德公在宋南渡後值金源搆亂高

东山风月桥俞氏族谱

叶棻《渡水桥》（版画）

高本大《秋韵沁心》（油画）

【渡桥名人】

沈坤

郑钊

吴百生

葛万五

吴泰一

葛逢夏

施槃

葛一龙

叶松

吴有性

吴礼门

郑泽南

沈莱舟

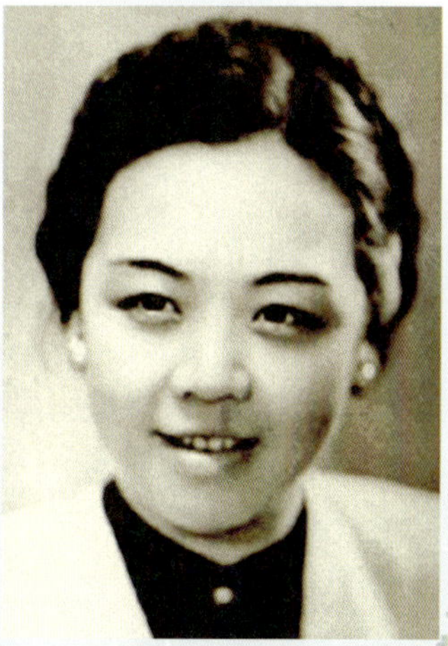

吴茵

郑於俭

张荣海

许荣麟

【渡桥荣誉】

省级荣誉

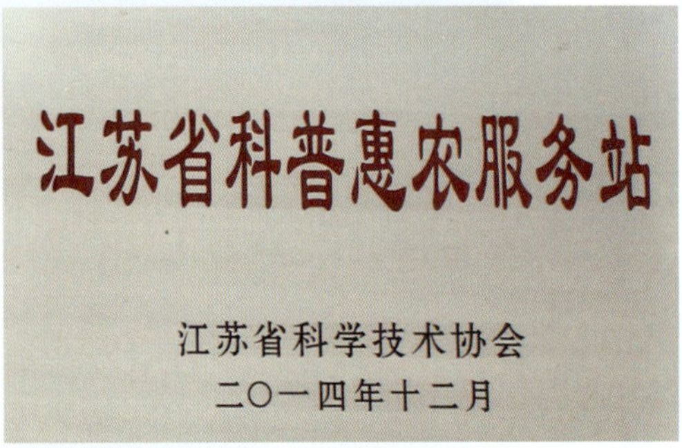

江苏省科普惠农服务站

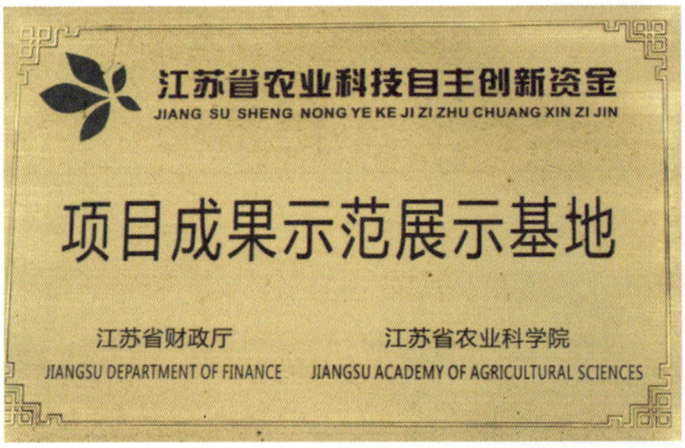

江苏省农业科技自主创新资金项目成果示范展示基地

江苏省民主法治示范村

江苏省放心消费创建先进单位

市级荣誉

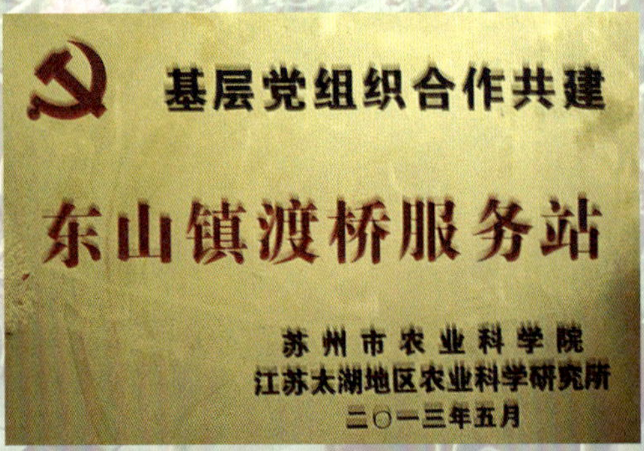

基层党组织合作共建苏州市东山镇渡桥服务站

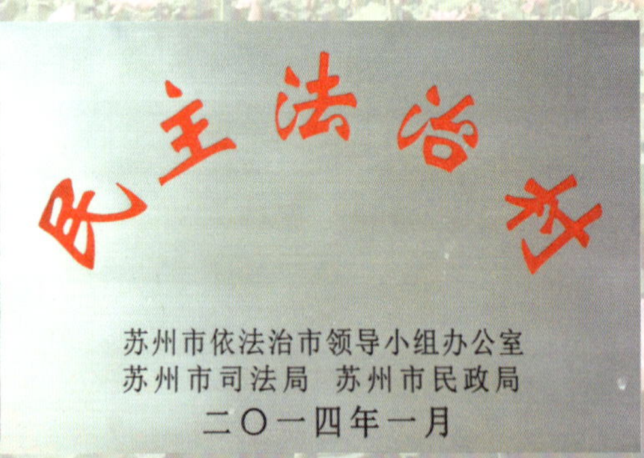

苏州市民主法治村

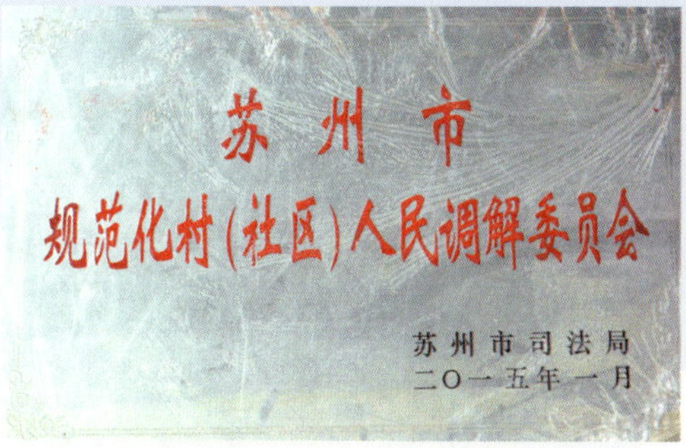

苏州市规范化村人民调解委员会

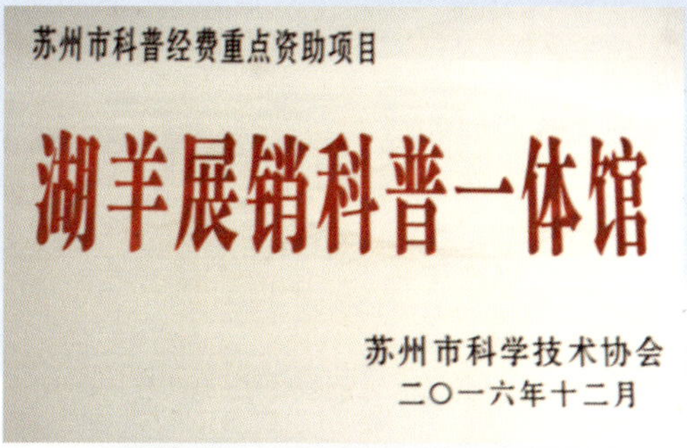

苏州市科普经费重点资助项目：
湖羊展销科普一体馆

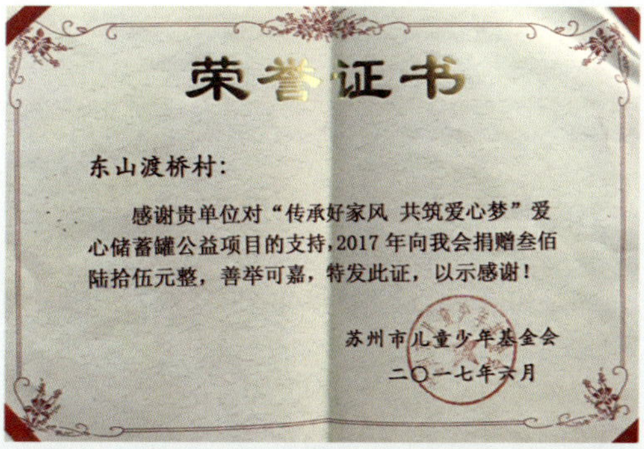

苏州市爱心捐款荣誉证书

苏州市三星级康居乡村（殿泾港）

苏州市三星级康居乡村（南北街）

苏州市三星级康居乡村（婆罗桥）

区级荣誉

2002—2003 年度文明单位

2004 年度社会治安安全村

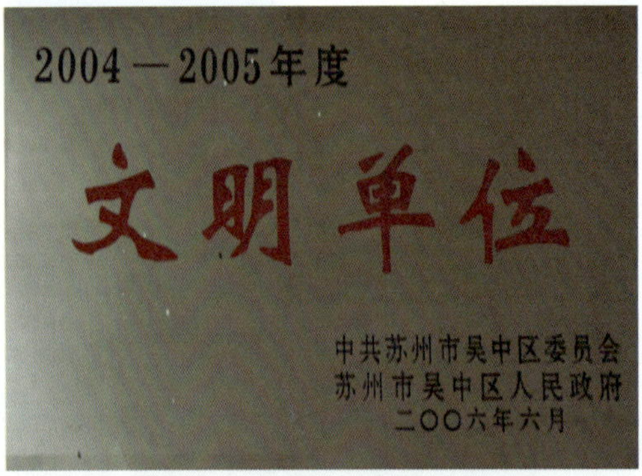

2004—2005 年度文明单位

民主法治示范村

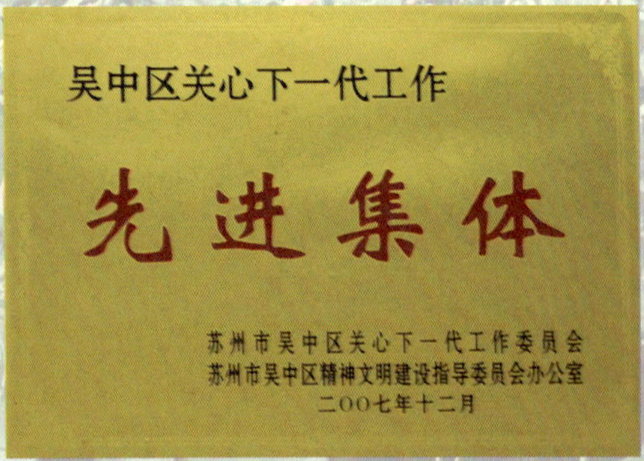

吴中区关心下一代工作先进集体

2006—2007 年度先进基层党组织

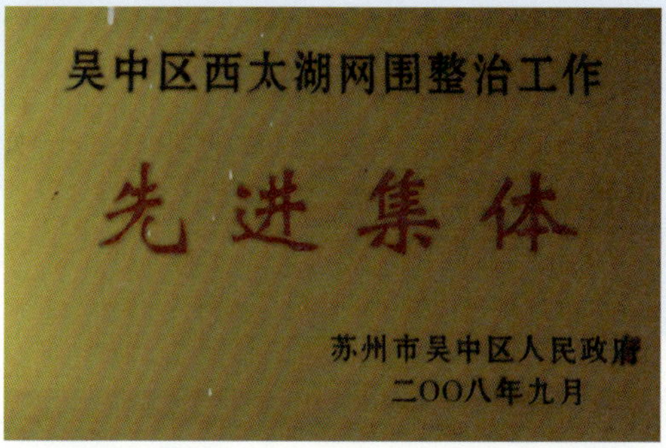

吴中区西太湖网围整治工作先进集体

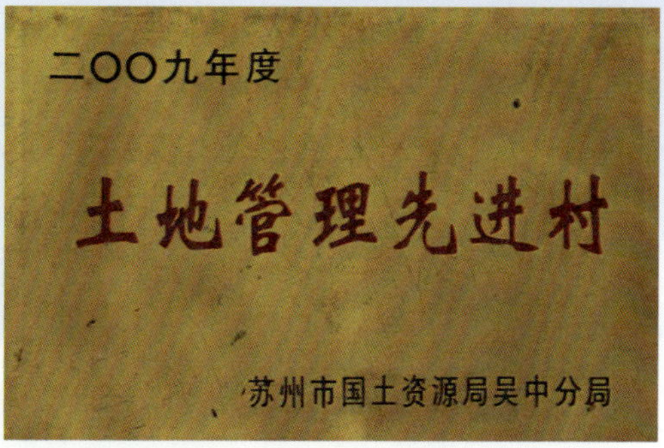

2009 年度土地管理先进村

村民自治模范村

吴中区非物质文化遗产：
东山白切羊肉烹饪技艺

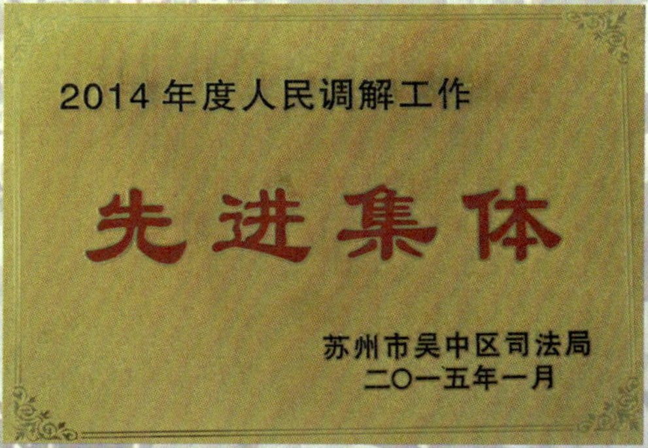

人民调解工作先进集体

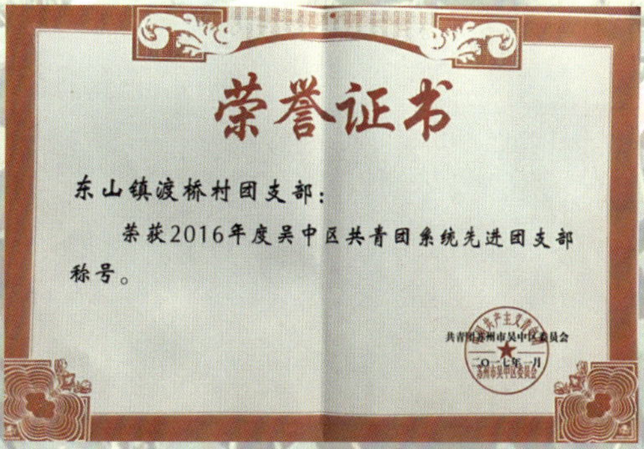

吴中区共青团系统先进团支部

【渡桥村基层组织领导（1961.9—2018.3）】

党支部历届书记

晨光村

姚方山

袁安甫

韩掌南

苏本兴

叶爱根

姚阿四

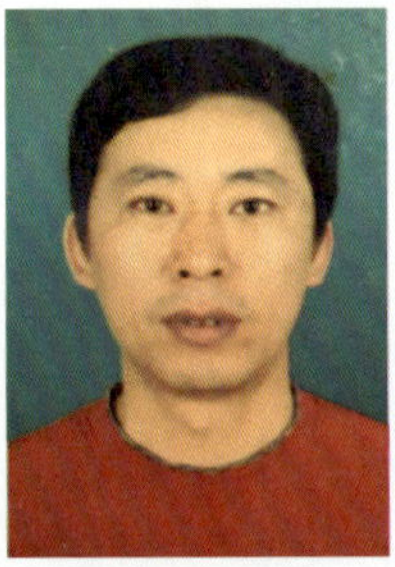
盛本福

新建村

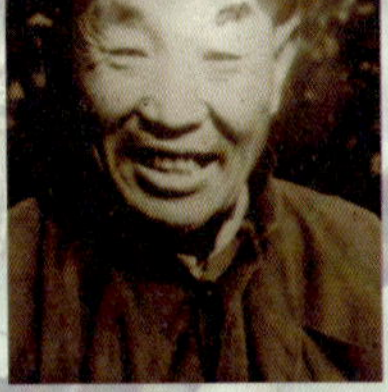
袁安甫

薛永和

缪启奎

吴同桢

周峰宝

西泾村

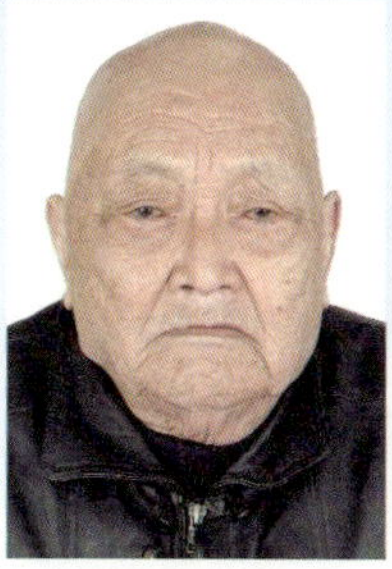
吴根男

陈法生

钱虎根

席根福

渡桥村

席根福

陈庆峰

宋炜

董燕明

历届大队长、村主任

晨光村

韩掌南

姚方山

苏本兴

沈积兴

叶爱根

宋如宝

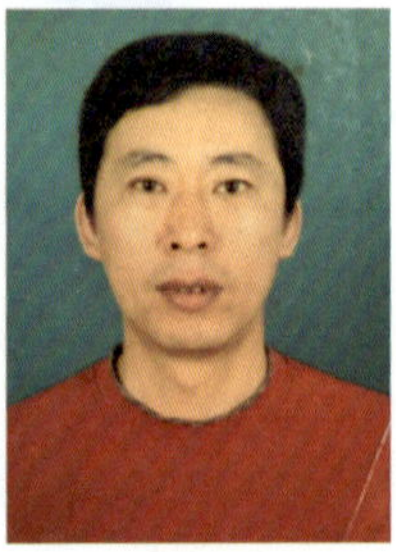
盛本福

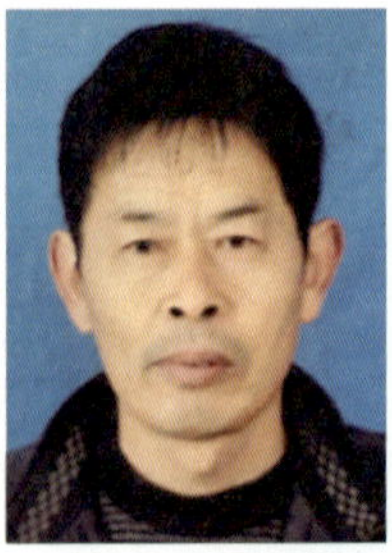
陈正德

新建村

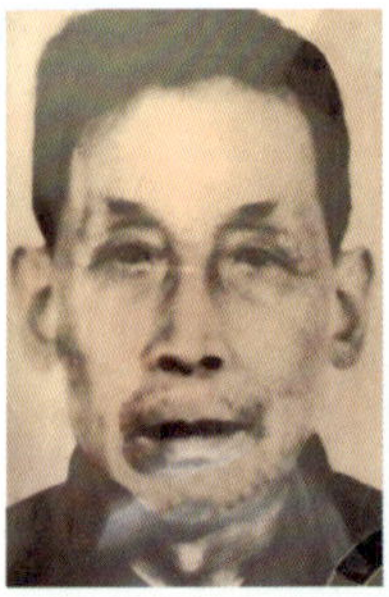
高国林

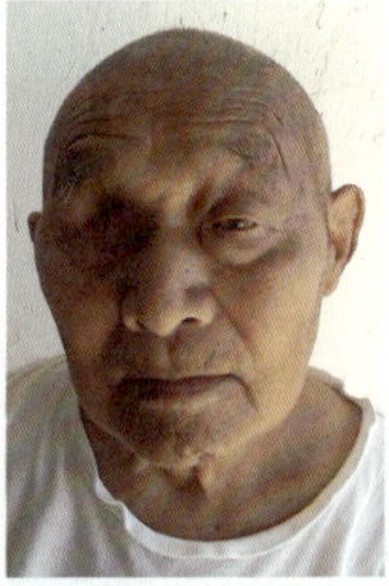
吴雪堂

吴同桢

缪启奎

周洪生

周峰宝

陈龙发

西泾村

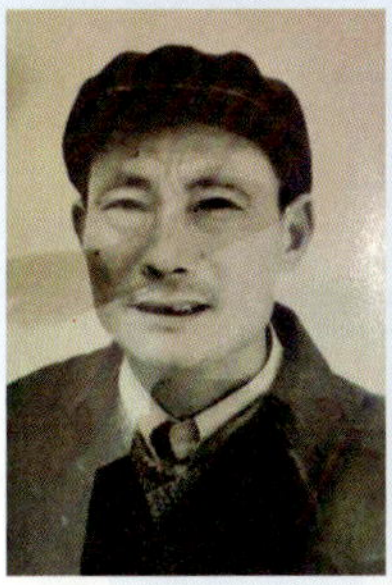
徐裕林

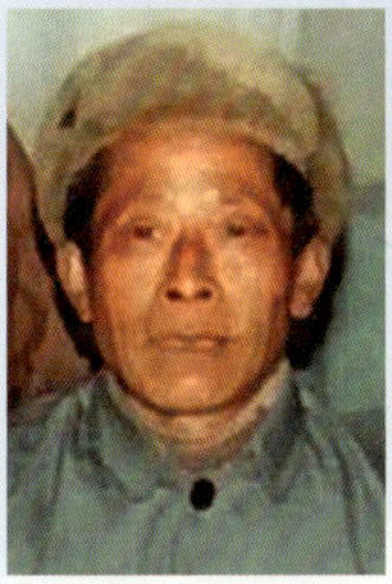
陈法生

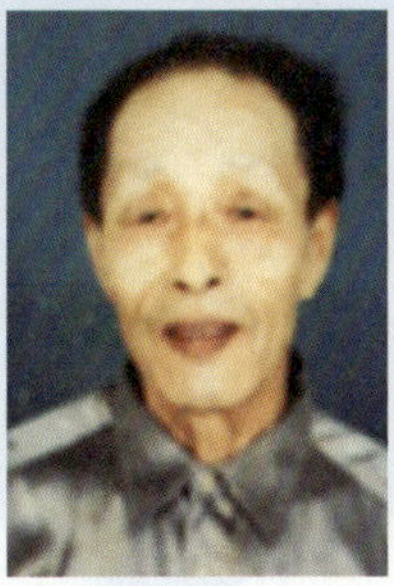
钱根兴

钱虎根

施兴泉

姚洪荣

徐巧生

陆林生

金兴林

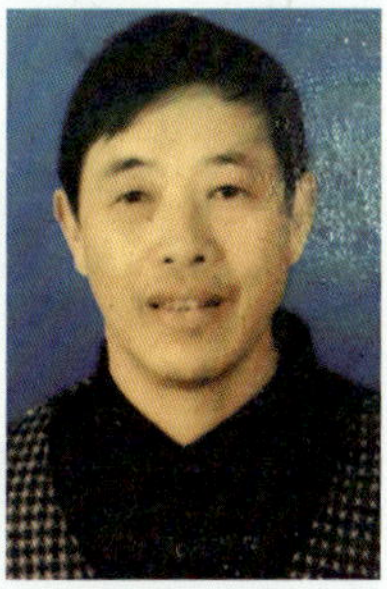
姚正林

渡桥村

周峰宝

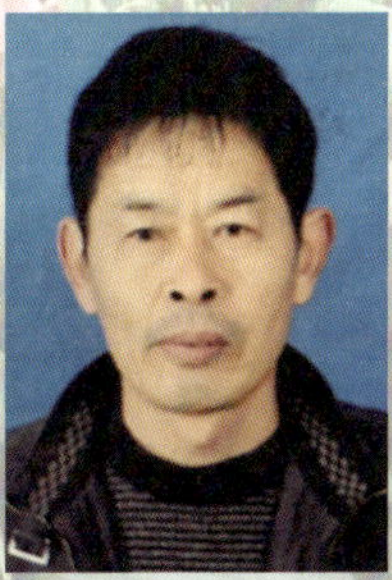
陈正德

董燕明

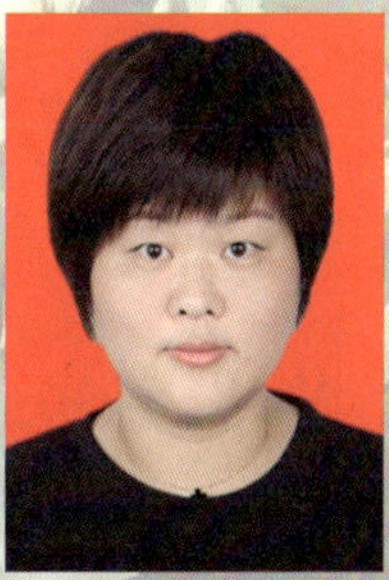
席瑜

《渡桥村志》评审会

《渡桥村志》评审会人员合影

序

渡桥村依山傍水，景色秀美，历史悠久，古迹众多，人才辈出。境内渡桥是连接渡水港两岸的集镇，有着八百多年的历史。在水上交通盛行的年代，这里曾担当着“东山门户”的重任，渡水桥下曾是东山水流最急的流域，东山莫厘峰注下的溪水从这里直接汇入太湖，“太湖第一关”的美誉也由此而来。

民国时期，渡桥是东山的交通枢纽和商业中心，特别是轮船码头的兴建，使渡桥商市更加兴盛，堪称东山的“观前街”。中华人民共和国成立后，东山粮食管理所、东山水产收购站、东山生产资料部、东山交通管理所均设立在此，还有一批县属厂矿和省市级科研单位纷纷进驻渡桥及西泾山，渡桥一度成为东山镇的市镇副中心。

中华人民共和国成立初期，由于经济基础差，渡桥村经济发展缓慢，群众生活水平不高，但渡桥境内的干部群众，在党和政府的领导下，艰苦奋斗，自力更生，建设社会主义新农村。中共十一届三中全会以来，村党支部（党总支）、村委会，带领全体干部群众，发展经济，建设美丽乡村，使渡桥村发生了翻天覆地的变化，如今的渡桥村气象万新、农业稳定、工业兴旺，村民生活幸福安康。

盛世修志，功在当代，利在千秋。《渡桥村志》自 2016 年 6 月启动，经过编纂者两年多的辛勤劳动，终于在纪念改革开放四十周年和迎接中华人民共和国成立 70 周年的日子里付印面世，真是可喜可贺！《渡桥村志》的出版，开创了渡桥地区编写史志的先河。《渡桥村志》文字朴实，内容翔实，客观地记载了村内自然、经济、政治、文化、社会的历史和现状，并用大量篇幅记述了改革开放以来渡桥村的巨大变化。它为人们全面了解渡桥的过去和现在，提供了一部比较科学的村情资料，也为在广大群众中开展爱国爱家乡的教育提供了生动的乡土教材。《渡桥村志》的出版是渡桥村党总支、村委会实践中国特色社会主义、实现文化兴村的一件大事，也是渡桥村精神文明建设的丰硕成果。《渡桥村志》的出版，定能进一步发掘渡桥丰富的历史文化和人文资源，更好地服务经济社会建设。祝愿《渡桥村志》的出版，给村里的发展带来新的机遇，我相信历史文化底蕴深厚的渡桥村一定会创造出更加美好的未来。

中共东山镇渡桥村总支书记

2018 年 12 月

凡 例

一、本志遵循辩证唯物主义、历史唯物主义、实事求是的原则，全面反映渡桥村历史文化、社会发展、自然生态及社会现状。

二、本志上起自吴越春秋，下讫于2017年12月31日。有些章节溯源寻古，追溯到事物发端。大事记、照片延至2018年6月30日。

三、本志记载的地域范围，为2017年12月31日渡桥行政村辖区，包括晨光、新建、西泾及所属太湖湖滨。历史上晨光、新建、西泾三村境域时有变化，亦如实记载。

四、本志根据渡桥村的特色，对古迹、东山湖羊、新农村建设、望族等章，做了提前或升格处理。

五、本志采用章、节、目结构，横列门类，纵以叙述，辅以图表照片。大事记以编年体为主，辅以纪事本末体。

六、本志所载人物以祖籍武山、渡桥（包括晨光、新建、西泾）并有重要业绩者为主，兼收客籍人士，生不立传，其余以简介和简表录之。

七、本志资料选录有关文献史料、档案，均经核实。为节省篇幅不再注明出处。部分采自口碑，亦经反复核准后整理入篇。

八、本志纪年方法，民国以前用朝代年号纪年，括注公元年份。民国后采用公元纪年。

九、本志计量单位采用国家法定公制。历史上用的计量单位名称，例如亩、担的使用，沿用习惯记载。

十、数字、标点的书写遵循国家标准出版规定。

目录

概　述

渡桥村是东山的门户，地处环太湖大道和东山大道交汇处，东邻渡口村，南接吴巷村和东山科技工业园，西连东山老镇区，北与渡口村、吴中区临湖镇接壤。全村沿东山大道分布。境内地势平坦，水网交织，地理环境得天独厚。2017 年村域面积 4 平方千米。全村有耕地 1.33 平方千米，还有沿西太湖湖滨 0.2 平方千米。

渡桥村于 2003 年 12 月由晨光、新建、西泾 3 个行政村合并而成，下设 22 个村民小组。2017 年，全村有 1024 户，村民 3561 人。

渡桥历史悠久。境内武山，最早的名字为虎山，春秋时吴王派人在此养虎镇越。至唐代改名武山。武山之北为凤凰山，东汉蔡经在此设灶炼丹，成为道教一大盛事。宋高宗赵构南渡，驸马郑钊定居东山，筑宅西泾山，所居称为官庄。今留下众多古迹，比较出名的有具区风月桥。1986 年被列为吴县文物保护单位。商务印书馆《辞源》“风月桥”条目即指此桥。

渡桥是一个历史古镇。明成化十七年（1481），东山巡检司建在渡桥，管辖整个东山。民国期间曾为吴县渡水桥镇公所驻地。中华人民共和国成立之初为东山区渡桥乡政府驻地。20 世纪 60 年代初为太湖人民公社驻地。1962 年至 2003 年为晨光村委会驻地。

渡桥古代就是军事要镇。清代东山的主要军事要塞都建在渡桥，如康熙年间的太湖营把总署、光绪年间的江南太湖营副将署。民国江苏水上公安第二区八大队警署驻扎在此。

渡桥明清时期形成街市，建成集镇。这一时期，百商云集。民国轮船码头的兴建，使渡桥商业更加繁荣。中华人民共和国成立后，东山粮食管理所、东山水产收购站、东山生产资料部、东山交通管理站、东山邮电所渡桥分所均设立于此，形成东山市镇副中心。

渡桥历史上多望族，多名士。明清时期渡桥出了 9 名进士；又多著书立说者，共有 40 多人为后人留下 100 多部著作。明代吴有性在武山著成《瘟疫论》，创立了中国传染病学基础，是中国瘟疫学的奠基人。中华人民共和国成立后，渡桥涌现了一些科学家和教育家及镇、区党政干部。

渡桥地处湖畔，气候温暖湿润，土壤肥沃，物产丰富。历史上形成以粮为主，兼蚕桑、内塘养殖为辅的农业结构。改革开放后，境内新塘圩、西泾村域内粮改果，所产温柑、枇杷、桃子等果，质量上乘，深受顾客青睐。

改革开放后，渡桥做大做强传统特色湖羊产业，投入 100 多万元建成占地 100 亩的湖羊养殖示范基地，所产白切羊肉享誉江南。2008 年湖羊基地被列为国家级湖羊保护区，2014 年“东山湖羊”获国家地理标志商标。

2007 年，渡桥村投入 1500 万元，建设占地 20000 平方米的工业小区，拥有标准厂房 8 幢，建筑面积约 15000 平方米，出租厂房每年为村增加收入约 140 万元。

2008 年，渡桥村被列为苏州市新农村建设示范村。2010 年，渡桥村制订了《东山渡桥村社会主义新农村建设总体规划》。2012 年始，渡桥村加快新农村建设力度，整治村庄，建设美丽乡村，今日的渡桥已成为环境较为优美的新农村。

渡桥村民风淳朴，村民自治规范，先后获得“江苏省卫生村”“江苏省科普惠农服务站”“江苏省农业科技自主创新资金项目成果示范展示基地”“江苏省生态村”“江苏省远程教育示范基地”“江苏省民主法治示范村”“江苏省农村科普先进单位”“江苏省放心消费创建先进单位”等荣誉称号。

西泾山下，太湖之畔的渡桥村正在开拓传统农业、民企、合作社经济同步进取的经济发展之路，全村干部群众齐心协力，为建设一个生活富裕、幸福安乐的新家园而奋斗。

大事记

春秋时代

吴越争霸，东山临近越国，吴王派人在西泾山养虎镇越，便以虎为山名，把西泾山称作虎山。

西晋

太安元年（455）

武帝朝英公主与驸马沈坤，迁居渡桥具区风月桥之东。

唐

因避讳，虎山改名为武山。

宋

建炎元年（1127）

宋哲宗赵煦之婿驸马郑钊扈从高宗南渡，定居东山武山。

元

天历二年（1329）

冬，大雪，太湖冰冻数尺，武山庄稼悉数冻死。

至正二年（1342）

大风刮太湖，水涌入东山，俗称“湖翻”。

至正年间（1341—1367）

武山厩里渡口建广济庵。

至正年间（1341—1367）

周富七郎出资在具区港（渡水港）改木桥为石板桥。

明

成化十七年（1481）

东山设巡检司，地点在渡桥司前街。

弘治九年（1496）

武山人吴天桧出巨资重建具区风月桥（即渡水桥）。

嘉靖三十三年（1554）

倭寇入太湖，东山前后山共立八寨，团结乡勇，自相保卫。渡桥小北湖口为其中一寨。

嘉靖三十四年（1555）

五月十七日，海寇劫掠周湾，转至武山厩里、渡口，男女被杀 80 余人。

崇祯十五年（1642）

瘟疫流行，武山医者吴有性著《瘟疫论》传世。

清

康熙二十三年（1684）

太湖营把总署建于渡水桥湖亭西，署所有房屋 11 间，后改千总署。

雍正三年（1725）

东山士绅捐建教场，地址在渡桥湖亭旁（原关帝庙湖口），有演武厅 6 间，厢房 2 间，旗台 1 座。

乾隆十五年（1750）

秋，金玉相（友理）纂辑《太湖备考》刻本问世。

道光十年（1830）

疏浚雕鹗河，地方资力有限，徐学巽（春帆）独担不足之数。

咸丰六年（1856）

夏，大旱，小北湖干涸。

咸丰十一年（1861）

十二月，大雪，积四五尺，太湖冰冻，半月始解。

同治十二年（1873）

夏，旱，小北湖仅通河漕，余皆涸。

光绪十五年（1889）

副将廖德旺义捐，改建江南太湖营副将署于连璧桥沈家岸（原在渡水桥北）。

光绪二十九年（1903）

郑言绍纂辑成《太湖备考续编》4卷。

光绪三十年（1904）

苏州、东山内河轮船通航，内河轮船局设于渡水桥东堍，渡桥为苏州至东山的终点站。

民国

1912年

江苏省水上警察第二区八队，共有人员157名，驻于渡水桥。

1916年

朱鉴塘商准老公茂轮船局设于渡水桥东堍，专办小火轮往返于苏州东山之间。

1920年

基督教监理公会东山教师汪兆翔在东山开办中西女校，校分三处：响水涧、翁巷及渡水桥。

1921年

春，席玉书、严秋庚等在渡水桥、殿前、席家湖、王衙前等四处设半日制学校，书、学费全免。

1922年

秋，洞庭东山旅沪同乡会募集3万余元，开浚渡水港至渡村、浦庄河道，以畅通苏州至东山的河道交通。

1926年

江苏省水上公安第二区第八队，共有人员202名，驻于渡水桥。

是年，施晓文主办通源轮船局于渡水桥码头，开通苏州至东山的轮船航班。

1929年

7月2日，李根源乘轮船到渡水桥，进西泾村，过官庄、赵巷、陈岭头、禾家湾至渡水桥，访旧太湖协署，答拜水警大队后乘舟归石桥寓所。

1929年

8月，旅沪商人席启荪在渡水桥开办启新粉坊。

1931年

春，席启荪开办苏州至东山外湖班轮，轮船码头设在渡桥。

1932年

洞庭东山旅沪同乡会募款，以工代赈开浚小北湖。

1934 年

9 月，洞庭东山旅沪同乡会拨款开浚小北湖。

1946 年

7 月 19 日，由吴江调来水警 300 余人，架艇 10 余艘，分驻渡桥、施巷等处。

1947 年

2 月，吴县并编区、乡镇，时东山原 6 乡 4 镇，并为 3 乡 3 镇，即前山镇、渡桥镇、杨湾镇、新潦乡、席周乡、文恪乡。

1948 年

2 月 22 日，青年军 202 师清剿宣传队进入东山，与驻渡桥水警发生冲突，居民受惊。

9 月，中共上海党组织通过洞庭东山旅沪同乡会派地下党员来东山，建立了中共东山第一个支部——中国共产党东山支部，渡桥为地下党交通站。

1949 年

4 月下旬，中国人民解放军渡长江。中共东山地下支部召开群众大会，成立太湖军政委员会，组织人民武装，宣告保卫东山，迎接人民解放军接管。5 月初，地下党支部派人至横泾与解放军联系接管东山。5 月 10 日，由梁传禄来东山办理交接公事。

中华人民共和国

1949 年

4 月 26 日，中共东山支部宣布接管国民党东山区政权，成立东山镇太湖军政委员会，全面负责东山镇的生产、治安和生活等各项工作。渡桥属中共东山支部领导。

10 月 1 日，中华人民共和国成立，渡桥人民欢庆建国盛典。

1950 年

3 月，全县区、乡调整。时东山区下辖东山、横泾、杨湾、庄莲、渡桥 5 镇。

4 月 15 日，苏南行政公署太湖行政办事处成立，下辖原吴县的东山、西山两区，时东山区下辖 1 镇 7 乡 1 直属村，即东山镇和湖湾、渡桥、新潦、镇西、杨湾、后山、涧桥 7 乡及三山直属村。

秋，渡桥实行土地改革。

1951 年

春，境内开展镇压反革命活动。

春，渡桥青年积极响应号召，参加抗美援朝，保家卫国。

1952 年

秋，渡桥农业生产出现互助组形式。

12 月，渡桥普遍兴办夜校、冬校，掀起扫盲高潮。

1953 年

2 月 5 日，中共太湖工委在渡桥乡开展贯彻《婚姻法》的试点工作。

5 月 1 日，撤太湖行政办事处，建置震泽县，县政府设在东山镇。时东山区下辖东山镇及渡桥、后山、涧桥、镇西、湖湾、杨湾、三山、新潦 8 乡，共 62 个行政村。

是年，渡水桥建立震泽县水产养殖场。

是年，渡桥开始筹建农业生产合作社。

1954 年

5 月，东山粮食管理所成立，地址在渡桥。

6月，大水，新塘圩荡田被淹，灾情较重。

1955年

3月1日，中国人民银行发行新的人民币，与旧币比值为1∶10000，并在渡桥流通。

5月，渡桥普遍成立高级农业生产合作社。

6月15日，东山供销社在渡桥建立水产部。

6月，渡桥实行义务兵役制，开始征兵。

1956年

3月，东山区并为1镇3乡，东山镇包括原东山镇及镇西、湖湾2乡，渡桥乡包括原渡桥、新潦2乡，杨湾乡包括原杨湾、三山、涧桥3乡，后山未作变动。

7月25日，震泽县水产供销公司在东山成立，原渡桥水产站改为渡桥购销组。

7月26日，袁安甫被渡桥乡评为“优秀党员”。

11月6日，过境渡桥的木东（木渎到东山）公路竣工，举行通车典礼。

是月，中共中央副主席、全国人大常委会委员长朱德从渡港上岸，视察东山。

是年年底，苏州至东山的轮船航行停止。

1957年

3月，采用以集镇为基点，以农业合作社为基础，以整乡整社合并的方式，撤区并乡，震泽县划并为1镇13乡，即东山镇后山、渡桥、东河、建设、石公、横泾、浦庄、渡村、越溪、尧峰、湖中、湖东、湖西乡。

1958年

1月，震泽县电厂开始向东山发电照明。渡桥境内部分单位用上发电照明。

2月，震泽县所辖渡桥乡并入东山镇。

9月10日，后山成立洞庭人民公社。12日，前山成立东山人民公社。21日，前后山两个公社，合并为洞庭人民公社，下设管区，渡桥大、小队改营、连建制。

9月，渡桥中心小学迁址渡桥南街，与东山米厂隔岸相望，更名为渡桥小学。

1959年

4月，撤震泽县建置，与吴县合并，东山渡桥归属吴县。

9—10月，大旱，63天未下雨，河水干涸，渡桥地区田禾、果林受灾严重。

1960年

5月，受自然灾害，农村饥荒，群众以莼菜根、瓜、菜、糠饼充饥。由于缺乏营养，患浮肿病者甚多，渡桥人民救灾开荒，生产自救。

1961年

5—6月，旱涝交替，渡桥地区受灾较重。政府鼓励人民生产，实行农副产品奖售。

6月，渡桥群众响应政府号召种植十边地，弥补蔬菜不足。市镇开展精简人口。

9月，恢复大、小生产队建制。

是年，晨光大队陈传兴、熊正太、盛阿三、姚夫林、唐补荣、吴忠福，金星大队陈云生、沈昌林当选共青团洞庭公社第五届代表大会代表，并出席了会议。

1962年

3月，周仁安在渡桥南街东侧开办联合诊所。

3月，改公社一级核算制为三级核算制。农民重划自留地。

9月，洞庭人民公社下辖30个大队，231个生产队。时晨光大队下辖8个生产队，新建大队下辖 5 个生产队，金星大队下辖 9 个生产队。

1963 年

8 月，东山交通管理所成立，地点在渡桥。

1964 年

1 月，境内进行社会主义教育运动，渡桥收回自留地。

5 月，金星大队第八生产队被吴县人民政府评为“农业先进单位”。

10 月，苏州地区渔业指导站从苏州葑门迁至东山，改名江苏省太湖地区水产中心试验站（即现在的苏州市水产研究所），并把在渡桥的水产养殖场划进水产中心试验站。

1965 年

2 月，渡桥成立贫下中农协会。

3 月，晨光大队吴来清、新建大队吴兆清、金星大队杨连兴当选吴县第一届贫农代表，并出席了会议。

5 月，公社建立农业灌溉管理站和农业科技推广站，晨光大队被列为农业科技推广点。

1966 年

4 月，晨光大队金阿二、新建大队高国林、金星大队吴寿全被吴县人民政府评为“农业先进个人”。

9 月，新建小学搬至葛家渡，学校设一至六个年级，学生 80 多人。

是年，晨光大队民兵营被吴县人武部评为“先进民兵营”。

1967 年

3 月 23 日晚，晨光三队仓库发生火灾，烧毁集体仓库 4 间、猪棚 1 间、稻草 100 担、石灰 3400 斤、谷种 800 斤、饲料 1500 斤、白油 50 斤、风车 1 部、水车 2 部等，烧死牛 3 头，损失 5700 多元。

秋，干旱严重，西泾山区受灾，果树死去三成。东太湖干涸，整个渡桥地区受灾严重。

1968 年

9 月，古刹雨花禅院和古庙纯阳殿被拆毁，移西泾山建“五七干校”。

9 月，设立渡桥小学，地址在渡桥南街。

11 月，农村推行赤脚医生制度。晨光大队、新建大队、金星大队分别开设农村合作医疗站。

1969 年

1 月，创办东方红中学（西泾山初中前身），校址在东山摆渡口。

3 月，公社、镇并为一个机构，成立洞庭人民公社革命委员会，渡桥所在大队也成立革命委员会。

冬，围筑东、西大包圩，次年 5 月基本竣工。

1970 年

3 月，医院改为“公社卫生队”，公社卫生队下乡为渡桥社员看病。

6 月，晨光大队韩掌南、新建大队陈根洪、金星大队陈法生当选中共吴县第四次党员代表大会代表，并参加了会议。

9 月，设立金星小学，时有 5 个班级，5 名教师。

1971 年

1 月，东方红中学迁至葛家渡新建，改名为东山第五初级中学。

3月，晨光大队徐金龙、董雪林、叶全根、陈端宝、沈福娟、盛云林、吴介民、袁凤生、顾习文，新建大队沈富兴、王根全、许洪林，金星大队吴洪春、吴云娣、施兴才、沈仁林、王巧龙、夏美凤当选洞庭公社第七届共青团代表大会代表，并出席了会议。

5月，县属油毡厂建在渡桥南街。

8月，久晴干旱，井水枯竭，境内旱情严重，各大队组织社员抗旱。居民用水困难，一度求援苏州，木渎以消防车运水救急。

1972年

冬，成立太湖灭螺指挥部，1万多民工对公社东西茭嘴和小北湖万亩芦滩进行重点灭螺，消灭血吸虫病。

1973年

3月，殿泾港石栏被拆，用作修挖防空洞材料。

5月，兴筑环山公路之汽车站至启园（席家花园）段。

1974年

4月22日，溧阳地震，渡桥境内有轻度震感。

是年，晨光大队陈端宝与金阿二、新建大队吴同桢、金星大队汪金龙当选吴县第二届贫农代表，并出席吴县第二届贫农代表大会。

1975年

3月，吴周著《洞庭人民公社》一书，由北京外文出版社用英、德、法等文字出版，其中较为详细地介绍晨光八队的农业生产情况。

4月，社员自留地收归集体，并限制社员饲养禽畜数量。渡桥境内3个大队按规定收缴社员自留地。

1976年

3月，东山农业科技站迁至晨光第八生产队。

3月，吴县果树研究所试验站在东山白沙村建立。年底移建至东山西泾村。

冬，开挖定向河，由渡水港向南通太湖，次年春竣工。

1977年

是年，晨光大队苏本兴、新建大队薛永和、金星大队徐裕林当选吴县农业学大寨先进代表，并出席了会议。苏本兴当选江苏省第二次农业学大寨大会代表，并出席了会议。

1978年

9月，渡桥小学迁至渡桥南街渡水桥西侧。

10月，联合国粮农组织“为农业服务加工技术”考察组一行21人，考察东山晨光大队。

是年，晨光大队苏本兴、叶福林、袁凤生、盛云林，新建大队缪启奎、周洪生、蔡太平，金星大队钱虎根、席阿二出席吴县群英会。

1979年

3月15日，国家农委、国家科委确定吴县为农业现代化综合科学实验基地，西泾山东山果研所为柑橘生产现代化实验基点。

9月15日，江苏省地质局与县革委会签订协议，在东山西泾山筹建江苏省地质疗养院。

是年，撤渡水桥水产购销站，成立洞庭水产中心购销站，地址仍在渡桥。

1980年

7月1日，经江苏省人民政府批准，洞庭公社革命委员会更名为东山公社革命委员会。

3 月，金星大队俞金娣当选吴县第五次妇女代表大会代表，并出席了会议。

9 月中旬，公社装卸社改为吴县港务处东山作业区，地点在东山渡水桥（公路桥）堍。

是年，晨光大队农机队、金星大队第七生产队被吴县人民政府评为“吴县先进单位”。

是年，晨光大队苏本兴与盛云林、新建大队缪启奎、金星大队钱虎根被吴县人民政府评为“吴县先进个人”。

1981 年

12 月初，撤销东山公社革命委员会，成立东山公社管理委员会。晨光、新建、金星大队管理体制不变。

是年，晨光大队金阿二、新建大队吴月珍、金星大队徐裕林当选东山公社第八届人民代表大会代表，并出席了会议。

1982 年

3 月，渡桥全面开展文明礼貌月活动。

10 月 15 日，东山科学技术普及协会成立，晨光、新建、西泾大队成立科技小组。

1983 年

2 月，渡桥全面推行家庭联产承包责任制。境内 3 个大队按稻田地区类型实行家庭联产承包责任制。

7 月，撤销公社，恢复乡村的建置，成立东山乡人民政府。晨光大队、新建大队、西泾大队分别改为晨光行政村、新建行政村、西泾行政村。

8 月，东山自来水厂建成，渡桥市镇部分居民开始使用自来水。

10 月，东山槎湾、西泾等村被列为“江苏省湖羊资源自然保护区”。

1984 年

3 月，晨光村金阿二、新建村吴关兆、金星村钱虎根当选吴县市第八届人民代表大会代表，并出席了大会。晨光大队韩宁芳、新建大队潘玉根、金星大队席阿二当选东山公社第九届人民代表大会代表，并出席了会议。

8 月下旬，东山被确定为江苏省湖羊资源自然保护区，西泾村为省保护区之一。

12 月中旬，吴巷至东山公路开始兴筑，部分路段过境西泾村。

1985 年

6 月，在东山建立江苏省太湖常绿果树技术推广中心，地址在西泾山。

9 月 2 日，撤乡建镇，建立东山镇人民政府。村级建置不变。

是年，晨光村顾龙兴被评为“苏州市环保先进个人”。

1986 年

3 月，晨光村苏本兴与沈积兴、新建村缪启奎、西泾村钱虎根当选中共东山公社第五次党代会代表，并出席了会议。

12 月末，东山镇工、农、副业年产值突破亿元，总产值达 1.07 亿元。东山镇成为吴县水产超过 5000 吨的乡镇，晨光水产养殖受到表扬。

是年，晨光村顾龙兴被评为“吴县环保先进个人”。

1987 年

3 月，晨光村姚阿四、新建村周洪生、西泾村席阿二当选东山镇第十届人民代表大会代表，并出席了会议。

6月，东山敬老院迁入曹坞新址，境内三个村的入院老人随院迁址。

1988年

1月，晨光村张志强与陶玉珍、新建村张素娣、西泾村王建春当选东山镇第十次共青团代表大会代表，并出席了会议。

9月28日，吴县首届文化周活动在东山开幕。渡桥抬阁“水漫金山”在文化周活动中表演。

12月27日，东山镇程控自动电话网络开通，280多门电话全部进入自动网络。晨光村、新建村、西泾村的电话均列为程控自动电话村。

1989年

7月，全镇开始发放居民身份证。晨光村、新建村、西泾村三村村民喜领居民身份证。

11月20—27日，国内著名词曲作家10多人，聚集东山洞庭宾馆（位于渡桥），举办苏州“太湖”歌曲创作笔会。

1990年

12月20日，过境渡桥的木东（木渎至东山）公路拓宽工程动工，路基从8.5米拓宽为20米，路面从7米拓宽到18米，公路总长27千米。

是年，为完善农业生产承包责任制，根据村情民意，全镇30个行政村全面开展土地和经济调节工作。晨光村、新建村、西泾村按照规定进行土地、经济微调。

是年，吴县新筑成越湖公路。其中东山、渡村、浦庄、横泾、胥口段沿太湖而筑，被称为湖滨公路（现为环太湖大道）。湖滨公路沿新塘圩进入东山境内，渡桥成为东山的门户。

是年，晨光村被吴县人民政府评为“吴县文明单位”。同年11月，晨光村东山印刷厂被吴县共青团委员会评为“吴县共青团红旗单位”。

1991年

1月，晨光村徐金龙与韩宁芳、新建村大队吴同桢、西泾村钱虎根与吴玲当选中共东山镇第七次代表大会代表，并出席了会议。

6—7月，渡桥遭遇特大洪涝灾害袭击。晨光、新建两村经过奋力抢险，确保新塘圩堤岸安全。

9月，新建村党支部、晨光村被吴县人民政府评为“吴县抗涝救灾先进集体”。

11月2日，渡桥开通闭路电视。

1992年

1月13日，苏州市1991年秋冬水利建设评比揭晓，东山镇在乡级评比中获第一名，新塘圩水利工程受到好评。

6月8日，全国人大常委会《水法》实施视察组一行8人，在秦兴元县长陪同下，视察东山周堤云震闸、渡桥闸和太湖大堤等水利设施。

9月，东山第五初级中学改名为西泾山初级中学。

10月27日，木东公路拓宽改造一期工程水泥路铺设竣工并举行通车典礼。

12月，东山邮电局投资近千万元引进“富士通”程控交换机，通过光缆传输，东山实现电话自动化，晨光、新建、西泾3个村列在其中。

1993年

2月7日，晨光村吴金龙与陶玉珍、新建村马喜章、西泾村姚洪荣与施本仙当选东山镇第十二届人民代表大会第一次会议代表，并出席了会议。12 月，晨光村陶玉珍与许玲娣、新建村陶素珍、西泾村吴琴当选东山镇第九届妇女代表大会代表，并出席了会议。

8 月 18—20 日，东山山洪暴发，工厂、住宅进水，果树受淹，鱼池不同程度受灾。渡桥境内新塘圩大堤险情严重，全村干部群众奋力抢救，确保大堤安全。

是年，完成木东公路 4 千米长道砟土方工程，完成银湖路部分路基。

1994 年

6月27日夜3时36分，东山镇遭受龙卷风和暴雨袭击，晨光村、西泾村一部分鱼池被淹，损失严重。

8 月，西泾小学撤销，一部分并入新建小学，一部分并入吴巷小学。

11 月，晨光村董燕明、新建村周峰宝、西泾村施本仙与宋如妹当选共青团东山镇第十二届大会代表，并出席会议。

1995 年

4 月初，东山镇在渡桥境内的木东公路两侧清理了 97 座坟墓，改善了公路沿线景观。

11 月，殿泾港银湖路工程完成。工程自 1994 年 3 月开始，历时 1 年多，总投资 90 万元。公路全长 315 米。

是年，东山镇动工兴建东山商城。东山商城北门连接晨光村。

1996 年

12 月，由国家、集体、个人三方筹资，晨光、新建、西泾三村进行“二化”（农村电气化，用电标准化）建设。

12 月 5 日，晨光村陶玉珍与许玲娣、新建村陶素珍、西泾村吴琴当选东山镇第十届妇女代表大会代表，并出席了会议。

是年，叶爱根被评为“吴县市劳动模范”。

1997 年

1 月，疏浚施巷港、叶巷港、殿泾港等港，总长度 16 千米，各港面由 6 米拓宽到 10 米，同年 5 月竣工。

3 月 17 日，晨光村姚阿四、新建村周峰宝、西泾村席根福当选中共东山镇第九次党代会代表，并出席了会议。梁山宝、陶素珍当选吴县市十二届人民代表大会，并出席了会议。

6 月，铺设银湖路至殿泾港路面 520 米，同年 8 月竣工。

12 月，东山镇光缆大联网，有线闭路电视增加容量，覆盖农村。晨光、新建、西泾三村实现光缆联网全覆盖。

是年，渡桥实行大病风险医疗保险。村办工业实行产权改革、制度改革。

是年，晨光村梁山宝、新建村陶素珍当选吴县市十二届人民代表大会代表，并出席了会议。

1998 年

3 月 20—21 日，受寒潮袭击，境内普降大雪，出现近年罕见的“菜花黄，雷声响，雪花飘”奇观。渡桥境内新塘圩果树受冻严重。

7 月，动工浇筑殿泾港工农桥至渡水桥全长 1 千米的路面，同年 9 月竣工，总投资 70 万元。

7 月，西泾山初级中学撤销，学校并入东山中学。

8月26日，全国发生特大洪涝灾害，渡桥三村干部群众踊跃捐款。

是年，晨光村被吴县市人民政府评为“吴县市爱国卫生先进集体”。

1999年

5月，扩建渡桥小学，新建校舍建筑面积512平方米，翌年2月竣工启用，总投资40万元。

6—7月，连降暴雨，渡桥出现百年未遇的特大洪水灾害，最高水位达5.08米，为历史最高水位。面对灾情，全村干部群众奋力抗灾。

10月1日，渡桥村抬阁“水漫金山”与东山另3只抬阁“许仙借伞”“小青青和白娘娘”“武松打店”，赴吴县市体育场参加市首届艺术节表演。

2000年

2月，新建的渡桥小学落成启用，镇总投资40万元。

3月，晨光村被中共苏州市委、苏州市人民政府评为“加强农村基层组织建设，加快农村现代化建设示范村”。

3月8日，晨光村陶玉珍、新建村陶素珍、西泾村吴琴当选东山镇第十一次妇女代表大会代表，并出席了会议。

5月15日，晨光村的闭路电视开通，总投资18万元。

8月，撤新建小学，一部分并于渡桥小学，一部分并于摆渡口小学。

9月1日，南京工程学校苏州校区落户东山并开学（校址在位于西泾山的原江苏省地质疗养院内），首期招生500名中专生，一年后停办。

10月，接通晨光、俞家库两村自来水，700多户村民用上自来水，总投资50万元。

2001年

9月，东山镇规划工业布局，保护旅游环境，在渡水桥以东启动东山科技工业园建设，规划总面积10平方千米。

12月7日，晨光村姚阿四与叶美宝、新建村周峰宝、西泾村席根福与施本仙当选中共东山镇党代会代表，并出席了会议。

是年，晨光村被江苏省人民政府评为“江苏省卫生村”。

2002年

上半年，紧靠晨光村、西泾村的东山科技工业园第一期工程竣工。

是年，蔡育琴被评为“苏州市劳动模范”。

2003年

9月28日，东山镇举行第二届民俗风情旅游节活动，共有11只抬阁出演，3万余人观看。渡桥村抬阁“水漫金山”参加表演。

11月10日，渡桥村进行村民委员会换届选举，产生渡桥村新一届村民委员会，主任周峰宝，副主任陈正德、陈龙发、姚正林，委员梁山宝、王建春、吴洪根、俞建中、叶美宝。

12月，实施东山大道（渡桥段）摆渡口至渡桥全程8千米拓宽工程，进行拆迁征地、三线迁移，共投入1000万元。

12月28日，原西泾、晨光、新建3个行政村合并成渡桥村，席根福同志任中共渡桥村支部书记。

是年，渡桥村被吴中区人民政府评为“吴中区文明单位”。

2004年

是年，渡桥村被苏州市吴中区服务“两个率先”,建设“平安吴中”活动领导小组评为“社会治安安全村”。

2005年

1月4日，渡桥村陶玉珍、陈龙发、姚正林当选东山镇第十五届代表大会第五次会议代表，并出席了会议。

8月8日，东山镇顺利通过全国环境优美镇考核评估。渡桥村参与创建活动，成果显著。

12月22日，渡桥村召开第三批保持共产党员先进性教育活动动员大会。

是年，渡桥村被吴中区人民政府评为“文明单位”。

2006年

4月28日，东山镇莫厘村、陆巷村、渡桥村三个中心村社会主义新农村建设规划论证会举行。

7月14日，东山镇召开经济工作会议，回顾总结上半年经济工作，全面部署下半年工作任务和具体措施，渡桥村在会上作了交流发言。

9月25日，渡桥村党总支换届选举，产生委员六名：席根福、陈正德、陈秋生、吴洪根、施本仙、姚正林，席根福任渡桥村党总支书记，陈正德任渡桥村党总支副书记，姚正林兼任西泾党支部书记，朱小虎任晨光支部书记，陈龙发任新建党支部书记。

是年，渡桥村席根福当选中共吴中区党员代表大会代表，并出席了会议。

是年，渡桥村被吴中区人民政府评为“文明单位”。

2007年

1月6日，渡桥村席根福、周峰宝、董燕明、施本仙当选中共东山镇第十一次代表大会第三次会议代表，并出席会议。

4月20日，根据吴中区人民政府吴政发〔2007〕34号《关于公布吴中区第一批非物质文化遗产代表作名录的通知》文件，“抬阁”“洞庭山碧螺春”制作技艺入选区首批非物质文化遗产代表作名录。

4月30日，由东山镇宣传办工会、团委联合举办的“山水杯”中青年歌手大奖赛在西泾村苏州山水度假村举行。

11月11日，渡桥村第八届村民委员会选举，选举产生主任1名，副主任3名，委员3名。陈正德任主任，梁山宝、陈秋生、姚正林任副主任，王建春、董燕明、陈庆峰任委员。

是年，渡桥村蔡龙龙当选吴中区人民代表。

是年，渡桥村王建春被吴中区评为“人民调解先进个人”。

是年，渡桥村被评为“吴中区民主法治示范村”。

是年，渡桥村被评为“吴中区关心下一代工作先进集体”。

2008年

1月21日，区领导俞杏楠、石钟琪、姜宗浒、赵建明以及区有关部门的领导在镇领导的陪同下，走访慰问了渡桥村新建复员军人金志雄。

5月12日，四川汶川县发生里氏8.0级强烈地震灾害，造成重大人员伤亡和财产损失。渡桥干部群众立即行动起来，纷纷慷慨解囊。

6月，渡桥村建造标准厂房2500平方米，投入资金250万元；建造办公住宿楼800

平方米，投入资金80万元；工程投入资金185万元。

是年，基本完成新镇区建设（新塘圩）36666平方米征地工作。

是年，渡桥村创建为苏州市新农村建设示范村。

是年，渡桥村被吴中区人民政府评为“吴中区西太湖围网整治工作先进集体”。同年村收入170万元，被东山镇人民政府表彰为“村收入首次超百万”单位。渡桥村“湖羊”被评为“苏州市名牌产品知名商标”。

2009年

10月14日，渡桥村召开深入学习实践科学发展观活动动员大会。

12月1日，渡桥村召开学习实践科学发展观走访调研座谈会，镇领导李少雄参加会议。

是年，渡桥村被吴中区人民政府评为“村民自治模范村”“土地管理先进村”。

2010年

8月18日，渡桥村召开党总支换届选举大会，选举产生书记1名，副书记2名，委员5名。席根福任书记，陈正德、陈庆峰任副书记，姚正林、施本仙、陈秋生 董燕明、喻振高任委员。

11月，渡桥村村委会换届选举，由陈正德、梁山宝、姚正林、陈秋生、董燕明、吴洪根、王建春、姚瑜、潘秀雯组成新一届村民委员会，陈正德任主任，梁山宝、姚正林、陈秋生任副主任。

是年，渡桥村席根福、周峰宝、董燕明、施本仙、徐宝发当选中共东山镇第十一次党员代表大会代表，并出席了大会。陈正德、姚正林当选东山镇第十六届人民代表大会代表，并出席了大会。

2011年

2月26日，渡桥村席根福、董燕明、施本仙当选东山镇第十七届人民代表大会第一次会议，并出席了会议。

3月15日，渡桥村席根福、施本仙、董燕明、周长生当选中共东山镇第十二次党员代表大会代表，并出席了会议。

4月28日，渡桥村潘秀雯、王金云、吴月、吴琴当选东山镇第十四次妇女代表大会代表，并出席了会议。

12月20日，渡桥村开展“勤廉双述”活动。

12月30日上午，东山镇举办环岛26.2千米徒步健身活动，渡桥村派员参加。

2012年

2月，陈庆峰被任命为渡桥村党总支书记，董燕明为党总支副书记。

3月9日，渡桥村董燕明、姚正林当选东山镇第十七届人民代表大会第一次会议代表，并出席了会议。

4—5月，渡桥村创建“吴中区村庄整治重点村”。

4月13日，吴中区“三访三促”领导小组调研渡桥村，之后形成调研报告，编入吴中区政府工作部门《调研文章汇编》。

4月30日，渡桥村开展“平安家庭”评比表彰活动。

5月8日，区领导小组走访渡桥村困难户并发放生活用品。

5月23日，镇人大、政协领导调研渡桥村村庄整治工作。

5月29日，村两委班子召开新镇区建设征地工作会议。

6月8日，区“三访三促”领导小组走访渡桥村困难户。

6月22日，渡桥村召开庆祝建党91周年大会。

7月2日，镇领导走访老党员，发放党员关爱基金。

9月16日，渡桥村召开捐资助学大会。

12月20日，渡桥村举行“勤廉双述”大会。

是年，渡桥村被江苏省卫生厅评为“江苏省卫生村”，被苏州市档案局评为“苏州市档案工作先进村”。

2013年

1月14日，渡桥村董燕明、姚正林、侯兆岗当选东山镇第十七届人民代表大会第二次会议代表，并出席了会议。

2月，渡桥村潘秀雯，姚瑜、吴月、吴俊、吴水金当选东山镇共青团代表大会代表，并出席了会议。

3月，渡桥村陶玉珍、陶素珍、许玲娣、吴琴当选东山镇第九届妇女代表大会代表，并出席了会议。

4月16日，渡桥湖羊基地召开项目介绍会，镇政府肖卫源、马志伟、赵伟政、杨忠星、俞仕福，防疫站许正荣等参加会议。

5月29日，省农科院领导樊磊、东山镇资源办俞仕福到渡桥村论证东山湖羊可持续发展战略和产业规划。

7月，渡桥小学被撤，并入东山实验小学。

7月4日，东山镇党委书记唐龙生、副书记肖卫源、党委委员吾永康来村宣布总支书记任免一事，宋炜任总支书记，免去席根福总支书记职务。

8月17日，党组织换届选举大会召开，新一届渡桥村总支委员会由宋炜、吴金龙、陈秋生、董燕明、姚瑜、喻振高组成，宋炜任总支书记，吴金龙、陈秋生、董燕明任总支副书记，吴金龙兼任晨光支部书记，陈秋生兼任新建支部书记，姚正林兼任西泾支部书记。

11月9日，村委会换届选举大会召开，新一届村民委员会由董燕明、陈正贵、潘秀雯、姚瑜、吴月、吴峰、徐雪龙组成，董燕明任主任，陈正贵任副主任。

11月27日，苏州科技学院环境工程学院教授王学华一行到渡桥村就湖羊规模养殖示范基地建设项目进行技术合作洽谈。

是年，渡桥村被苏州市人民政府评为“市级先进集体”。

2014年

1月，渡桥村被评为“苏州市民主法治村”。

6月17日，吴中区农业局局长刘龙俊视察渡桥湖羊基地。

6月19日，苏州市副市长王鸿声视察渡桥湖羊基地。

8月5日，东山实验小学、东山中心小学的20多名小学生，在湖羊基地上社会实践课。

8月28日，扬州大学动物科学与技术学院与渡桥村联合举行教学实习基地协议签约暨授牌仪式。苏州市吴中区东山镇党委副书记周溢，渡桥村党总支书记宋炜，苏州校友分会会长何志仁，副会长张济康、费春元、顾德荣、姚月明，副秘书长俞华、毛军平、陈士明，扬州大学动物科学与技术学院副院长吴信生，校友会秘书长王庆林、副秘书长刘春秋等人参加活动。

10月18日，由吴中区科协、江苏科技报社共同举办的“智慧福地科普养生游”在国家级湖羊保护区渡桥基地进行。

10月21日，苏州市委副书记陈振一视察湖羊基地。

10月29日，江苏省农科院畜牧所曹少先来渡桥湖羊基地进行湖羊基因检测。

10月29日，东山镇在渡桥村召开湖羊产业工作推进会。

11月12日，吴中区副区长冯建荣调研湖羊基地。

11月13日，东山镇召开湖羊保护规划论证会，区委副书记周云祥、区政府副区长冯建荣应邀出席会议，省农科院，区农业局、发改局、国资局、旅游局、国土局、规划局、财政局、水利局、监察局、农发公司等相关部门领导也应邀出席。会议由镇政府镇长吴金凤主持。

11月29日，省农科院副院长郑建初来国家级湖羊保护区渡桥基地调研指导工作。东山镇副镇长杨忠星、渡桥村党总支书记宋炜等陪同调研。

11月29日，省农委畜牧兽医局局长宋晓春来国家级湖羊保护区渡桥基地调研指导工作。东山镇副镇长杨忠星、渡桥村党总支书记宋炜等陪同调研。

12月23日，苏州市委副书记陈振一率市委副秘书长王国荣、市委农办主任顾杰等在区委周云祥副书记、区政府冯建荣副区长的陪同下，来东山调研东山湖羊种质保护基地建设和美丽乡村建设推进情况。东山镇领导唐龙生、贺世成和杨忠星等陪同调研。

12月25日，“东山湖羊”地理标志集体商标通过初审，正式出现在国家工商行政管理总局商标局公布的“中国初步审定地理标志公告名录”中。

是年，渡桥村被吴中区关心下一代委员会评为“吴中区未成年人社会实践集体”。

是年，渡桥村被苏州市环保局命名“苏州市生态村”，被吴中区评为“吴中区农村资产监管先进单位”。

是年，渡桥村党总支书记宋炜被吴中区人民政府评为“吴中区青年榜样”（我身边的好榜样）。渡桥村吴峰被吴中区人武部评为“优秀民兵营长”。

是年，渡桥村被江苏省科学技术委员会评为“江苏省科普惠农服务站”。

2015年

1月19日，东山镇党委书记吴金凤调研渡桥湖羊基地。

2月19日，外国友人参观渡桥湖羊基地。

3月8日，农业部发展计划司副巡视员陈章全赴东山调研种养结合循环农业发展情况。调研组参观渡桥湖羊基地。

3月20日，根据国家工商总局商标局公告，“东山湖羊”注册成为地理标志集体商标，成为吴中区继“洞庭山碧螺春”后第二件地理标志商标。

4月10日，苏州市农委副主任陈桂娟、处长钱影新一行来东山调研东山湖羊产业发展情况。

4月14日，苏州市农业委员会和苏州市财政局组织有关专家组成验收组对苏州市吴中区东山镇渡桥生态农业专业合作社承担的2013年江苏省高效设施农业项目“苏州市吴中区东山湖羊规模养殖示范基地建设项目”进行了验收。

4月18日，溧阳市环保局副局长谢建东率领苏州科技学院“溧阳环保培训班”成员来到渡桥湖羊基地考察东山湖羊生态养殖和农村生态文明建设情况。

4 月 25 日，渡桥湖羊基地开展东山镇首届羊村运动会，吴中区、苏州市 8 个家庭参加了运动会。

4 月 25 日，苏州市吴中区区长金洁一行实地考察渡桥湖羊基地，现场听取东山镇湖羊种质资源保护和旅游服务业提升情况的介绍，对东山镇保护湖羊优质种质资源、湖羊产业化等工作给予肯定，并要求进一步加大东山湖羊保护力度。

5 月 9 日，吴中区现代农业协会活动小组暨原农业局有关部门老干部实地调研渡桥湖羊基地。

5 月 28 日，渡桥湖羊基地开展了“画羊年华，激情奔跑”欢庆六一儿童节主题活动。

7 月 1 日，渡桥村召开庆祝建党 94 周年大会。

7 月 3 日，渡桥湖羊基地被纳入在全区开展的“收官十二五、发展看成就——互看互学”主题教育活动的参观点。

7 月 17 日，苏州市委副书记陈振一率市政协副主席、市农委主任蒋来清、市委农办顾杰主任等领导，在区委副书记周云祥、副区长冯建荣等领导的陪同下，来东山镇调研果品结构调整、湖羊保护发展情况。

8 月 15 日，渡桥湖羊基地开展“七彩的夏日——当一天放羊娃”主题活动。

8 月 27 日，江苏省农委认定湖羊基地为国家级畜禽遗传资源保护区。

12 月 25 日，苏州市吴中区东山镇渡桥村社区股份合作社召开成立大会，宣告渡桥村社区股份合作社成立。

是年，“东山湖羊”被国家工商总局列为国家地理标志，渡桥村被江苏省农业科技委员会命名为“江苏省农业科技自主创新资金项目成果示范展示基地”，还被授予“吴中区人民调解工作先进集体”“苏州市规范化人民调解委员会”的称号。

是年，渡桥村党总支书记宋炜被中共吴中区委员会评为“先进党务工作者”。

是年，顾晓军在全国绿茶手工炒制大赛中获一等奖。

2016 年

1 月 26 日，吴中区委副书记周云祥等调研渡桥村婆罗桥美丽乡村建设情况。

3 月 11 日，《渡桥村志》启动编修，召开编写工作座谈会，东山镇副镇长徐磊、组织干事蔡建昌，东山历史文化研究会会长金惠华，渡桥村党总支书记宋炜、村主任董燕明等出席会议。

4 月 29 日，召开渡桥村党员大会，镇党委委员洪建华、副镇长顾华军、镇组织干事蔡建昌出席会议，村总支书记宋炜主持会议。

5 月 16 日，渡桥村组织村民代表参观园博园。

6 月 3 日，苏州市委书记周乃翔、市长曲福田、吴中区委书记金洁、东山镇党委书记徐雪棣等一行人赴王守觉渡桥故居吊唁东山籍中科院院士王守觉。

6 月 20 日，市农委畜牧兽医处处长钱影新、区农业局局长刘龙俊、东山畜牧站站长许正荣调研湖羊科普馆建设情况。

7 月 2 日，东山镇党委副书记蒋吉到渡桥村走访特困党员。

7 月 21 日，渡桥村召开纪念建党 95 周年暨“两学一做”学习教育党员大会。镇党委副书记蒋吉出席会议并讲话，村党总支书记宋炜作学习教育部署和工作报告。随后，组织全体党员参观湖羊科普馆，并前往新四军太湖游击队纪念馆参观。

8月18日，渡桥村召开党总支换届推荐大会。镇党委副书记蒋吉、组织干事蔡建昌出席会议。

9月12日，渡桥村召开党员大会，镇党委副书记蒋吉、组织干事蔡建昌出席会议。选举产生新一届党总支委员，宋炜任书记，董燕明、陈秋生任副书记，吴峰、吴月、姚瑜、喻振高任委员。

9月19日，吴中科普日活动暨东山湖羊科普馆开馆仪式举行，此次科普日活动主题是“小小羊博士，欢乐科普行”。

9月23日，吴中区宝带小学师生参观渡桥湖羊基地、东山湖羊科普馆。

10月27日，吴中区接待办主任孙春根一行调研渡桥村。

11月8日，渡桥村召开作风效能测评大会，党总支副书记陈秋生主持会议，党员群众代表参加会议。

11月19日，渡桥村召开第十一届村民委员会换届选举大会，镇党委副书记蒋吉、组织干事蔡建昌以及沈伟刚出席会议。选举产生新一届村委会成员，董燕明任主任，徐雪龙任副主任，吴俊、周泉、周斌、陈志明、常珊任委员。

12月1日，渡桥村召开美丽乡村工作例会，镇党委副书记蒋吉出席会议，并就美丽乡村建设作出重要指示。

12月6日，渡桥村召开渡桥村选区（镇）人大代表候选人与选民见面会。

12月8日，渡桥村召开渡桥村选区（镇）人大代表选举大会。镇党委副书记蒋吉、副镇长顾华军、镇组织干事蔡建昌出席会议。

12月25日，吴中区民政局一行验收渡桥村日间照料中心建设情况，东山镇党委委员张炜、村党总支书记宋炜陪同。

12月30日，东山镇镇长唐峥嵘一行调研渡桥村。

12月31日，渡桥村党总支书记宋炜、村主任董燕明率村干部参加“钻天洞庭　大美东山”2017苏州东山迎新环岛健步走活动。活动全程10千米。

是年，陶玉珍、陶素珍、许玲娣、吴琴当选东山镇第九届妇女代表大会代表，并出席了会议。

是年，渡桥村被评为江苏省“民主法治示范村”。渡桥村被江苏省环境保护厅评为“江苏省生态村”,被江苏省教育厅评为“江苏省远程教育示范基地”，被江苏省档案局评为“二星级规范单位”,还被评为吴中区“现代农业先进单位”“吴中区第四批未成年人社会实践基地”“吴中区先进团支部”。

是年,吴月被苏州市吴中区卫生和计划生育局表彰为“人口和计划生育工作先进个人”。

是年，顾晓军在全国绿茶手工制作技能大赛中获三等奖。

是年，殿泾港、婆罗桥、南北街被评为“苏州市三星级康居乡村”。

2017年

2月11日，渡桥村村干部在东山电商园参加“钻天洞庭　大美东山”2017元宵节趣味活动。

3月31日，经镇党委研究决定，董燕明任渡桥村党总支书记。

6月29日，吴中区“2减6治3提升专项行动工作小组”人员在东山镇党委书记徐雪棣、东山水利站周敏的带领下，对渡桥村新盛港桥进行黑臭河道整治回头看活动。

7月1日，为庆祝建党96周年，渡桥村全体党员干部参观常熟沙家浜抗日纪念馆。

7月13日，吴中区民政局领导在镇民政助理许越林的带领下，实地查看渡桥村西泾二组低保户宋兴根家庭屋面翻修情况。

7月20日，全村开展“六个一”（收集一批社情民意，促进一批企业创新，推动一批项目建设，化解一批矛盾问题，总结一批基层典型，完善一批政策措施）大走访活动。

8月30日，吴中区财政局评审中心工作组查看渡桥村村后底2017年美丽乡村建设现场。

10月18日，村组织全体党员干部观看党的十九大开幕式。

12月29日，村干部参加“钻天洞庭　大美东山”2018苏州东山迎新环岛健步走活动，并获得集体三等奖。

是年，渡桥村被评为“江苏省农村科普先进单位”。渡桥村被评为“江苏省放心消费创建先进单位”。

是年，吴峰被吴中区评为“爱国卫生先进个人”。喻振高被评为吴中区“调解工作先进个人”。

是年，顾晓军被评为“中国农村专业技术协会科普奖先进个人”。

2018年

1月31日，吴中区卫生局领导走访房米田等困难户，为他们送去粮油、棉被等过冬用品。团区委联合中国银行吴中支行和村团支部，走访慰问西泾施云龙一家，为他们送去粮油、衣物和学习等用品。

2月3日，渡桥村召开2017年度年终总结暨党员冬训动员大会，全体党员干部参加会议。会议由总支书记董燕明主持，吴中区委党校老师蔡正信为全体党员干部授课。

2月5日，东山镇党委副书记蒋吉、渡桥村总支书记董燕明走访慰问村贫困户10户。

2月6日，吴中区信访办慰问新建一组马喜章、西泾五组吴招大、晨光七组石年雄等困难户。

2月8日，渡桥村总支书记董燕明和总支副书记陈秋生走访慰问钱虎根、陈正德、陈龙法、姚阿四、吴雪堂等老党员干部。

2月11日，渡桥社区股份合作社向村民发放股权固化收益。

3月21日，渡桥村召开两委班子专题组织生活会，东山镇党委副书记蒋吉出席会议，村两委班子进行批评与自我批评。

3月28日，全体村干部会议召开，东山镇党委副书记毛曦雪、镇组织办主任许越林出席会议。会上，毛曦雪宣布了镇党委关于席瑜任渡桥村党总支副书记，主持村务工作的决定，席瑜和陈秋生分别进行了发言。

4月4日，全体村干部会议召开，总支书记董燕明宣读关于全镇重要职务任免通知文件，对村干部分工作出了调整，并对村委会大楼的修缮项目进行汇报。

4月18日，渡桥村消防安全工作会议召开，东山镇党委副书记蒋吉以及镇安监、消防等相关人员出席会议。会上，蒋吉要求对全村群租房进行摸排，并向租户发放安全告知书。

4月25日，渡桥村召开“学讲话　悟初心”主题党日活动，全体党员干部参加会议，会议由总支书记董燕明主持，总支副书记席瑜作表态发言。吴中区委党校老师蔡正信给与会者授课。

5月8日，渡桥村总支书记董燕明、总支副书记席瑜、西泾支部书记姚瑜、晨光支部书记吴峰和新建支部书记喻振高一起踏看村美丽乡村建设现场。

5月25日，在全村张贴《关于太湖围网拆除补偿方案的公告》，并向相关养殖户发放公告。

6月26日，在渡桥小学播放露天电影《厉害了，我的国》。

6月29日，渡桥村召开庆祝中国共产党成立97周年党员大会，全体党员干部参加会议，会议由总支书记董燕明主持，总支副书记席瑜作了半年度工作汇报。吴中区委党校老师邹剑锋为全体党员干部授课。

6月30日，渡桥村全体党员前往溧水新四军江南指挥部纪念馆参观学习，重温入党誓词。

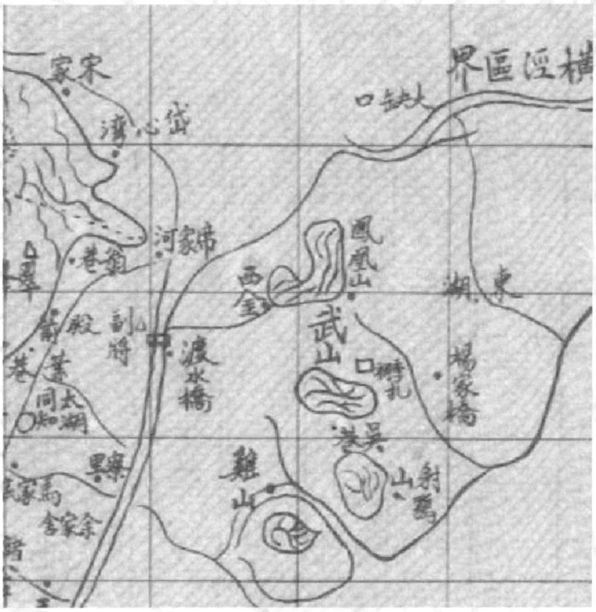

第一章 建置地理

渡桥历经众多历史时期，地域更迭频繁，变动较大，因其地理交通位置的重要，故多设治所。

明清时期，境内各自然村分属遵礼乡、蔡仙乡都、图。民国时期为东山区渡桥乡管辖。中华人民共和国成立后，先后为大队和村的建置，属于东山镇管辖。

第一节　建置区划

一、建置

明代，县以下设乡，乡以下为都、图、村。明弘治十八年（1505）刻印的《震泽编》载：明弘治年间（1488—1505），东山设置5个都，即自第二十六都至第三十都。清代，延续明代旧制。康熙年间（1662—1722），东山划为3个乡、5个都，统42个图。乾隆元年（1736），太湖水利同知署由原驻吴江同里移至吴县洞庭东山。乾隆十二年（1747），东山共设3个乡：遵礼乡、震泽乡、蔡仙乡。

民国时期，废清制，撤太湖厅，归属吴县东山设民政长，1914年改设行政委员。1928年改为乡政局筹备员。次年划为吴县第十七区，全区设5个镇、38个乡、239个闾、1157个邻。5个镇为西街镇、中街镇、东街镇、渡水桥镇、杨湾镇。1933年并区，东山为吴县第十二区，区以下划4个镇6个乡。4个镇为东街镇、西街镇、渡桥镇、杨湾镇，6个乡为席周乡、武山乡、潦田乡、钮王乡、蒋含乡、王石乡。1946年东山区与横泾区合并，原10个乡镇并为3个乡、3个镇，即前山镇、渡桥镇、杨湾镇，新潦乡、席周乡、文恪乡。1948年东山区与西山区合并，改为洞庭区，由6个乡镇合并成1个东山镇、1个后山乡，其下保甲也相应并扩，划为12个保、160个甲。其时，渡桥属东山镇管辖。

中华人民共和国成立后，东山隶属苏南行政公署太湖行政办事处，置东山区政府，废保甲制，区以下为乡（镇），下置村、组，全区划为1个镇、8个乡：东山镇，湖湾乡、渡桥乡、新潦乡、镇西乡、涧桥乡、杨湾乡、后山乡、三山乡。

1953年5月，苏南行政公署太湖行政办事处改建为震泽县人民政府。1957年撤区并乡，合并成后山、渡桥2个乡和1个东山镇。

1958年9月，整个后山，包括杨湾乡在内，成立洞庭人民公社；前山，包括东山镇在内，建成东山人民公社。同月，前后山又合并建立"政社合一"的洞庭人民公社，公社下辖的高级农业生产合作社改为"营""连"建置，全社共30个营、231个连，共设6个管区，分区管辖营连。渡桥为六营一连，西泾（金星）为六营二连。

1959年3月，撤（含晨光、新建）震泽县建置，与吴县合并，洞庭人民公社归属吴县。

1961年，撤管区和营连，改30个营为公社直属的30个大队，231个连改为小队（或称生产队）。

1968年，公社、市镇由人武部代管，建立革命委员会（简称"革委会"），其下大队建立革命委员会，所属生产队建立革命领导小组。

1983年，实行政社分设，恢复乡村行政建制，同时建立东山乡人民政府。乡以下设村民委员会及村民小组，取代生产大队和生产队。

1985年，撤乡建镇，建立东山镇人民政府。村级建置不变。

2003年12月，晨光、新建、西泾三村合并成渡桥行政村，设渡桥村村民委员会。

二、区划

清乾隆十二年（1747）渡桥、武山分属遵礼乡、蔡仙乡，下辖3个都，即遵礼乡第二十六都、第二十七都，蔡仙乡三十都，统六个图、三十九个村。遵礼乡二十六都一图下辖渡水桥（北）、连璧桥；遵礼乡二十七都七图下辖冰窖、蒲芦桥、汤家扇、葛家渡；蔡仙乡三十都三图下辖席家底、西金头、西金、武峰山；蔡仙乡三十都四图下辖禾家湾、木青头、陈岭头、下周、赵巷、下路头；蔡仙乡三十都五图下辖渡水桥（南）；蔡仙乡三十都八图下辖官庄。

1928年，渡水桥镇下辖西泾乡、禾陈乡。西泾乡辖西泾、官庄。禾陈乡辖禾家湾、陈岭头等乡。

1933年，渡桥镇辖渡水桥南、北。武山乡辖西泾、官庄、禾家湾、陈岭头等村。后废除闾、邻，推行保甲制。

中华人民共和国成立后，渡桥为渡桥乡政府所在地，下辖渡桥一村、二村、桥南、桥北、西泾、禾家湾、新河等村。

1961年，渡桥改为晨光大队，下辖8个生产队；新建改为新建大队，下辖5个生产队；金星改为金星大队，下辖9个生产队。

1968年，晨光大队、新建大队、金星大队分别改为晨光大队革委会、新建大队革委会、金星大队革委会。分别下辖8个革命生产领导小组、5个革命生产领导小组、9个革命生产领导小组。1979年，撤销大队革委会，恢复大队管理委员会，革命生产领导小组恢复为生产队。

1983年7月，晨光大队改为晨光村村民委员会，下辖8个村民小组；新建大队改为新建村村民委员会，下辖5个村民小组；西泾大队改为西泾村村民委员会，下辖9个村民小组。

2003年12月，晨光、新建、西泾合并成渡桥行政村，设渡桥村民委员会。下辖晨光、新建、西泾3大自然村，共22个村民小组。

2017年12月，渡桥村下辖晨光、新建、西泾3大自然村，共22个村民小组。

第二节　地理

渡桥行政村位于东山镇东北部，处于西泾山周围，渡水港西侧，东山大道穿境而过，为东山腹地中一方较为宽敞的地域。渡桥村东邻渡口村，南接吴巷村及东山科技工业园，西连东山老镇区，北与吴中区临湖镇及小北湖接壤。2017年年底辖地面积为4平方千米。

一、地形地貌

在隋唐时期，东山与陆地之间的水面辽阔，渡村、浦庄、横泾还是一片汪洋。北宋时期东山岛一侧的沙坝，大致伸展到武山、渡桥一带，太湖东北岸沙坝逐步形成。到明代初期，横泾平原已经形成。明王鏊《登东山莫厘峰记》一文中记载："洞庭两山分峙太湖中……登高处北望姑苏、横金一带，人家历历可数。"其时东山岛一侧的沙坝亦已扩占到武山和禾家湾，逐渐向渡桥延伸，形成以平原为主的地形，兼有少量的丘陵。18世纪30年代，王维屏在《江苏地名分析》一文中云："东洞庭山与横泾平原之间的距离还很远，两者之间有菱湖、大缺口，东西太湖来往船只，经常通过这里。"说明相向堆积的连岛沙坝还没有衔接，以后，大缺口逐渐淤浅，加速了相向面积的连岛沙坝的形成。

据清乾隆版《太湖备考》载："大缺口内，雍正初年（1723）忽涨一洲，广百余亩，茭芦丛生……名曰金家洲。"清乾隆十四年（1749）元月，东洞庭山士民《大缺口水利条陈》称："大缺口在武山、渡村之间，北太湖水泄入南太湖必由此口而出，乃湖水咽喉要道，往时口阔两百多丈，水行通畅，后被居民种植菱芦，泥淤滩涨，水口渐狭，仅存五十余丈。"

据清光绪版《太湖备考续编》载："太缺口长一千两百四十四丈，宽六丈，口加阔三十一丈，长四十丈。"可见，当时这一区域泥沙淤积之盛。尔后又继续淤淀，"大缺口"终于封淤而成为一条小浜。武山、渡桥平原由此形成。

二、山脉

渡桥境内主要山脉为武山，武山位于东山渡水港之东，水断桥（渡水桥）连，其主峰为西泾山武峰，海拔 36.43 米，周边还有 4 座小山头。武山之东为锦鸠峰（即濮公墩），海拔为 20 米；其南有莫青山；北侧为凤凰山和翔翅山，高程都不足 10 米。

三、河流

渡桥境内河流纵横交错，河网稠密，主要河流有 5 条，既有平原水网河流，又有依村而过的港道。

【具区港（即渡水港）】 以太湖古名具区命名，是贯穿东山南北的主干水道，北起小北湖口，西南至白浮门出太湖，全长 12 千米。其旁系河流有直泾港、油车港、茭白港等，均通具区港流入太湖。具区港流经渡桥境内 1.45 千米，平均宽度为 25 米。

【苏东河】 北起苏州，经横塘、越溪、横泾、浦庄、渡村到东山渡水港。全长 36.93 千米。苏东河东山段长度约 2500 米，河底高程 1 米，河底宽 12 米，水深 0.8 米，该河在摆渡口与大缺港交汇入临湖镇，与黄洋湾相接。旧时为东山内河航运沟通苏州之主要水道。

【直泾港】 东南起自东太湖，西北到苏东河，流经西泾、新建 2 村，长度 2800 米，平均口宽 20 米。

【新建一队港】 东北起自苏东河，西南至新塘村底，长度 500 米，平均口宽 8 米。

【婆罗港】 北起自苏东河，南到直泾港，长度 500 米，平均口宽 10 米，河底深 0.6 米。

第三节 自然村

一、沈家岸

又名走马弄。古时东山进出往返，均需舟楫，官府马匹由船运到此地上岸，这里是必经之地，故有走马弄之说。西晋驸马沈坤定居此地，建造了驳岸、码头，故沈家岸之名一直沿用至今。

沈家岸东临渡水港，南连殿泾港，西通水产路，北接太湖村。

清雍正年间属遵礼乡二十六都一图。民国年间先后编入吴县第十七区渡水桥镇、吴县第十二区渡桥镇、东山区渡桥镇所属保甲。

中华人民共和国成立初，属渡桥乡晨光初级社。1956 年属渡桥乡晨光高级社。1958 年属洞庭人民公社六营一连。1961 年更名为晨光大队第一生产队。1969 年改为晨光大队革命委员会第一革命生产领导小组。1979 年 3 月又改为晨光大队第一生产队。1983 年 7 月改为晨光村民委员会第一村民小组。2003 年 12 月至今属渡桥村村民委员会。

境内村民以鱼塘、水产养殖为主，兼种橘子、茶树等。改革开放后一部分剩余劳力转向交通运输、工商企业工作。从业人数平均每户 1 至 2 人。村上 90% 以上的农户翻建了楼房。

境内小巷道路修整，东山第一个轮船码头就建于此。中华人民共和国成立后曾经办过东山运输社、吴县东山米厂、东山农机厂，至今还建有苏州市水产研究所。

2017 年沈家岸共有 37 户人家，姚姓、袁姓居多。2012 年，因市镇建设发展，开发商建设吴地雅舍小区，自然村面积比原来扩大了 2 倍。境内具区风月桥（渡水桥）与连璧桥相连，被誉为“渡桥双桥”。

沈家岸

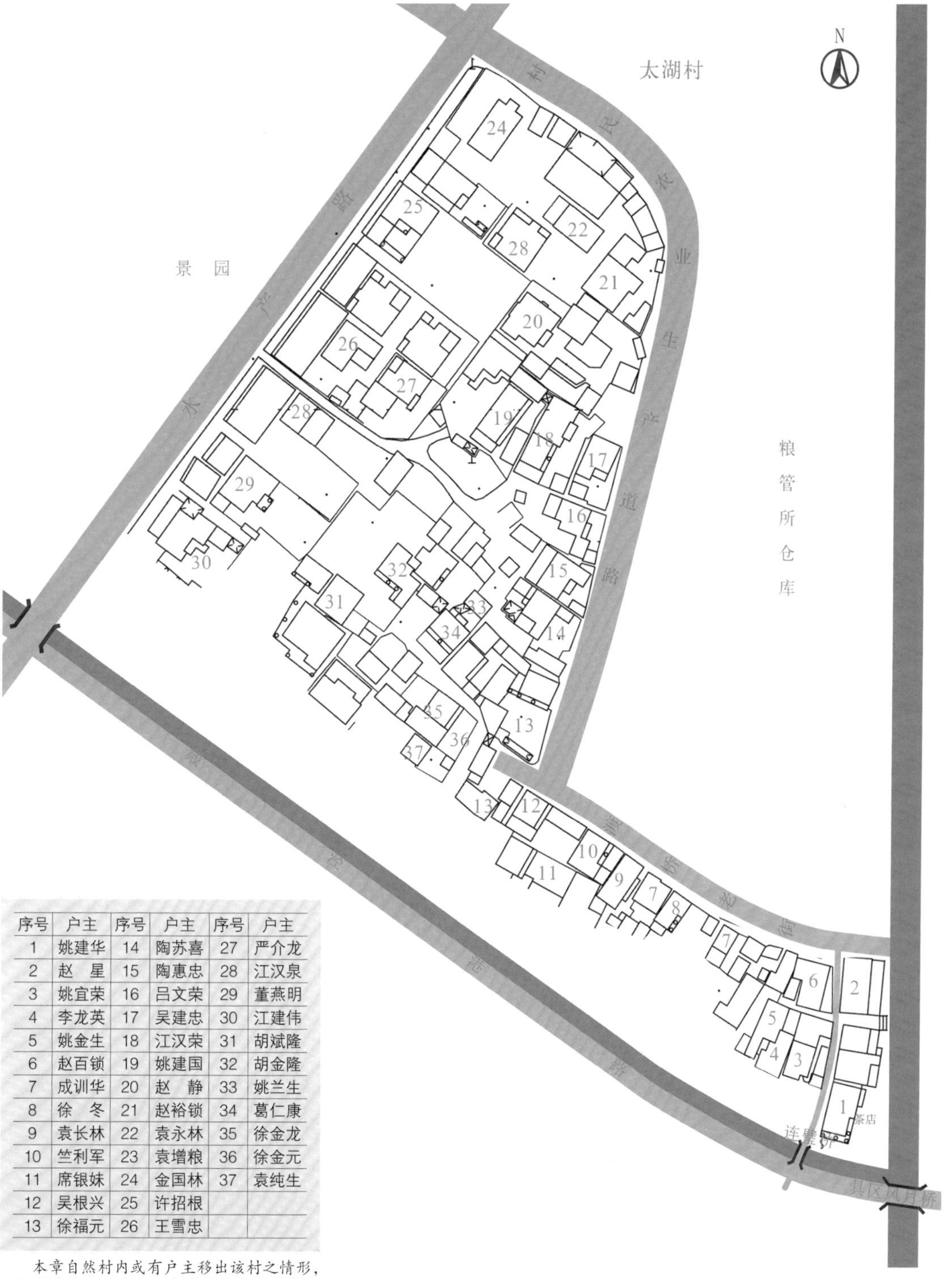

序号	户主	序号	户主	序号	户主
1	姚建华	14	陶苏喜	27	严介龙
2	赵　星	15	陶惠忠	28	江汉泉
3	姚宜荣	16	吕文荣	29	董燕明
4	李龙英	17	吴建忠	30	江建伟
5	姚金生	18	江汉荣	31	胡斌隆
6	赵百锁	19	姚建国	32	胡金隆
7	成训华	20	赵　静	33	姚兰生
8	徐　冬	21	赵裕锁	34	葛仁康
9	袁长林	22	袁永林	35	徐金龙
10	竺利军	23	袁增粮	36	徐金元
11	席银妹	24	金国林	37	袁纯生
12	吴根兴	25	许招根		
13	徐福元	26	王雪忠		

本章自然村内或有户主移出该村之情形，但仍酌收人名于表内。本章的自然村图表仅供补充文字之不足，不作为房屋产权证明等其他之用。

沈家岸简图

二、殿泾港

殿泾港东临渡水港，南接张家下脚，西通银湖路，北与沈家岸接壤。境内有两座古桥：连璧桥和具区风月桥。具区港（渡水港）和殿泾港流经全境。

殿泾港村因有殿泾港而得名。民国时期沿殿泾港河边利用沿路门面和河面建棚开设店铺，热闹非凡。

清雍正年间属遵礼乡二十六都一图。民国年间先后编入吴县第十七区渡水桥镇、吴县第十二区渡桥镇、东山区渡桥镇所属保甲。

中华人民共和国成立初，属渡桥乡晨光初级社。1956 年属渡桥乡晨光高级社。1958 年属洞庭人民公社六营一连。1961 年更名为晨光大队第一生产队。1969 年改为晨光大队革命委员会第一革命生产领导小组。1979 年 3 月又改为晨光大队第一生产队。1983 年 7 月为晨光村民委员会第一村民小组。2003 年 12 月至今属渡桥村村民委员会。

境内村民以鱼塘、水产养殖为主，兼种橘子、茶树等。改革开放后一部分剩余劳力转向交通运输、工商企业工作。从业人数平均每户 1 至 2 人。村上 90% 的农户翻建了楼房。村上 51 户人家，韩姓、江姓居多。

境内道路修整，主干道路为柏油路和水泥路，沿殿泾港河沿增设了石护栏。

殿泾港

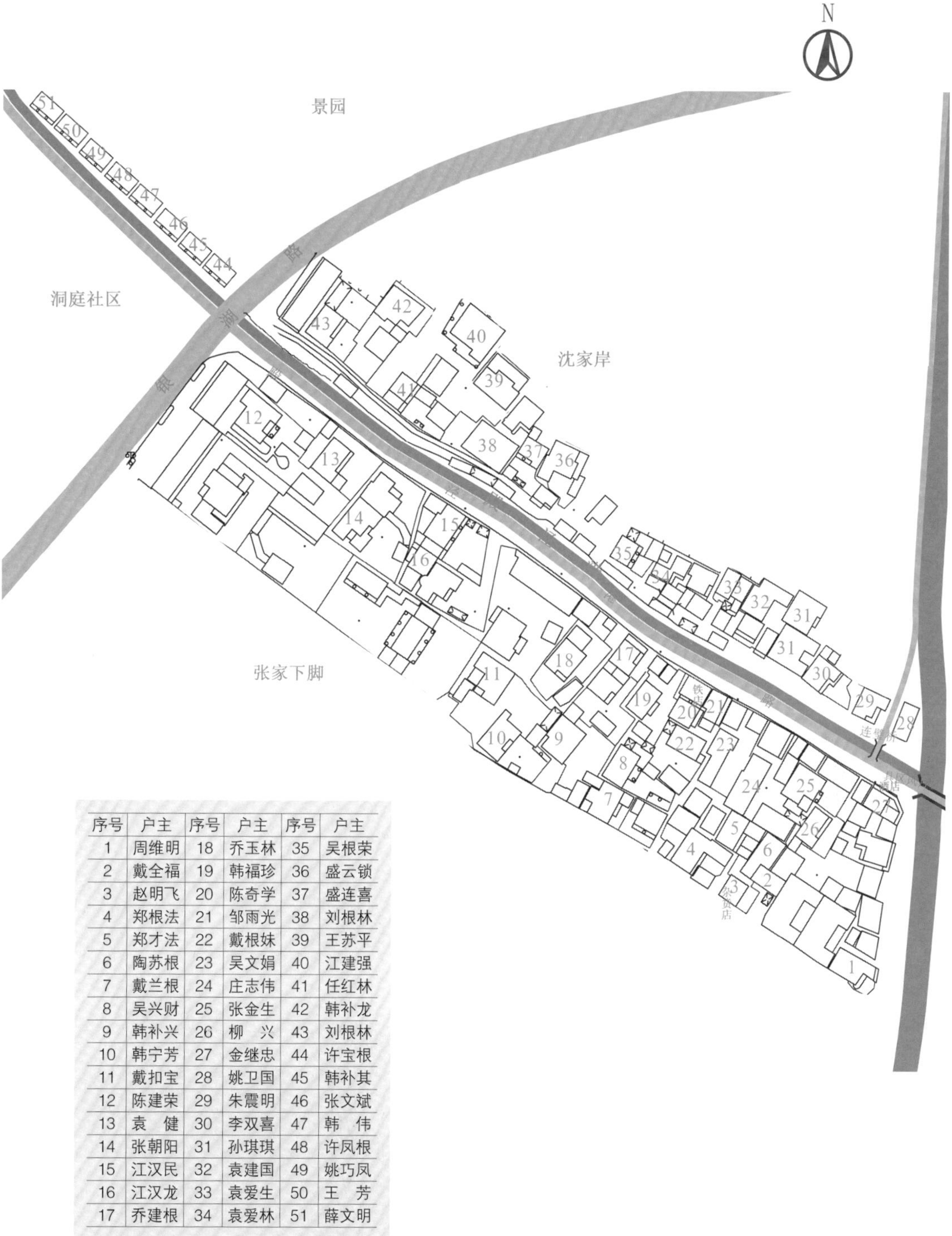

序号	户主	序号	户主	序号	户主
1	周维明	18	乔玉林	35	吴根荣
2	戴全福	19	韩福珍	36	盛云锁
3	赵明飞	20	陈奇学	37	盛连喜
4	郑根法	21	邹雨光	38	刘根林
5	郑才法	22	戴根妹	39	王苏平
6	陶苏根	23	吴文娟	40	江建强
7	戴兰根	24	庄志伟	41	任红林
8	吴兴财	25	张金生	42	韩补龙
9	韩补兴	26	柳　兴	43	刘根林
10	韩宁芳	27	金继忠	44	许宝根
11	戴扣宝	28	姚卫国	45	韩补其
12	陈建荣	29	朱震明	46	张文斌
13	袁　健	30	李双喜	47	韩　伟
14	张朝阳	31	孙琪琪	48	许凤根
15	江汉民	32	袁建国	49	姚巧凤
16	江汉龙	33	袁爱生	50	王　芳
17	乔建根	34	袁爱林	51	薛文明

殷泾港简图

序号	户主
1	许凤林
2	盛寿林
3	盛阿三
4	张福康
5	盛伟祖
6	吴爱林
7	陈建春
8	蔡全德
9	张忠林
10	吴阿勤
11	朱根林
12	朱福林
13	李　平
14	朱培玉
15	金林福
16	许永珍
17	沈灵明
18	孔凡明
19	孔大宝
20	陆建新
21	夏大地
22	吴崇皋
23	吴阿坤
24	秦苏勇
25	夏和林

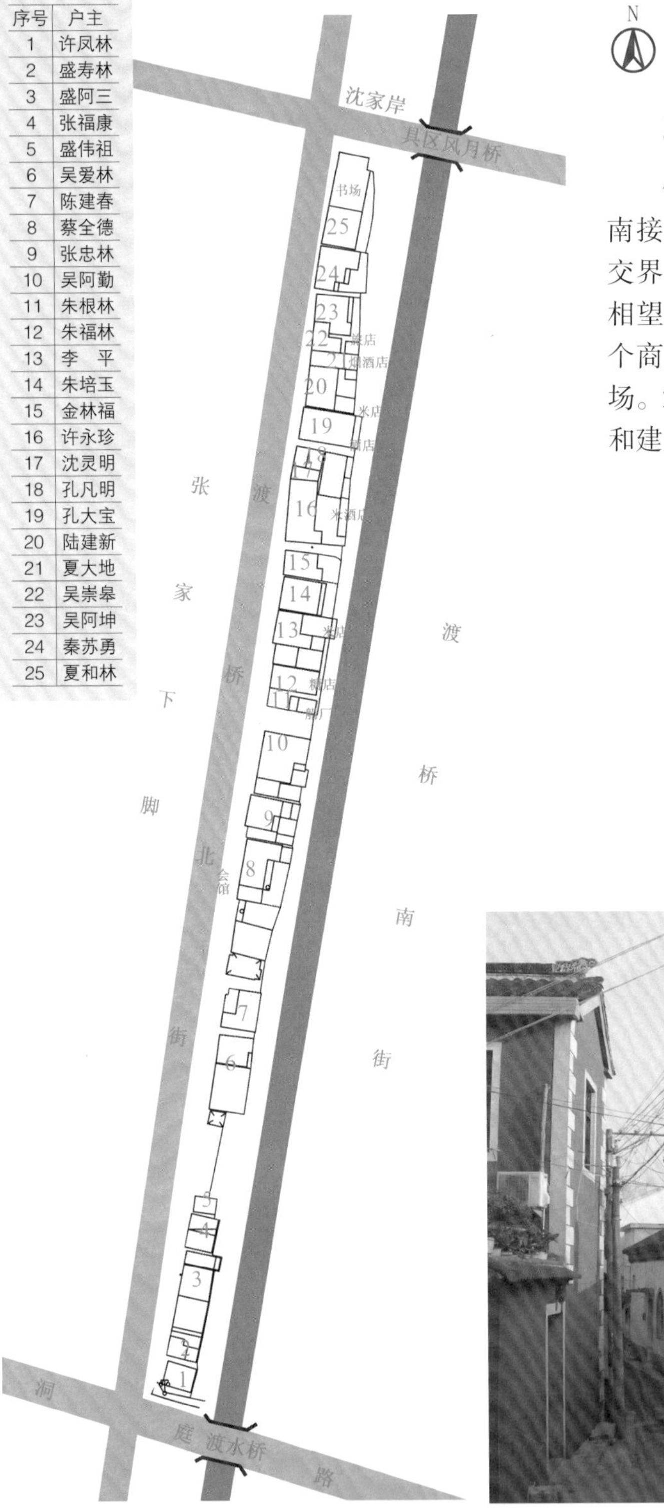

渡桥北街简图

三、渡桥北街

位于渡水港北岸，东临渡水港，南接洞庭路，西与殿泾港、张家下脚交界，北连沈家岸，与渡桥南街隔港相望，同张家下脚一路之隔，原来是个商业区。2015年在此恢复茶馆和书场。2017年有村民25户。其历史沿革和建置变迁与张家下脚相同。

渡桥北街

四、张家下脚

东临渡水港，南接洞庭路，西与银湖路交界，北与殿泾港相连，旧时张姓居多，较有名望，加上地形呈弯脚之状，故用张姓住地和地形命名为张家下脚。

清雍正年间属遵礼乡二十七都七图。民国年间先后编入吴县第十七区渡水桥镇、吴县第十二区渡桥镇、东山区渡桥镇所属保甲。

中华人民共和国成立初，属渡桥乡晨光初级社。1956 年属渡桥乡晨光高级社。1958 年属洞庭人民公社六营一连。1961 年更名为晨光大队第二、第三生产队。1969 年改为晨光大队革命委员会第二、第三革命生产领导小组。1979 年 3 月又改为晨光大队第二、第三生产队。1983 年 7 月为晨光村民委员会第二、第三村民小组。2003 年 12 月至今属渡桥村村民委员会。

境内村民以鱼塘、水产养殖为主，兼种橘子、茶树等。改革开放后一部分剩余劳力转向交通运输、工商企业工作。从业人数平均每户 1 至 2 人。村上 90% 以上的农户都翻建了楼房，共有 111 家农户，张姓、盛姓、董姓居多。

境内曾有徽州会馆、东山茧行、橹行等古建作坊。20 世纪 70 年代，吴县洞庭旅游开发公司所属的洞庭宾馆开办在此，今原址建为吴中区东山地区人民医院。张家下脚近年来百货、车辆、物流、快递的营业部开业较多，市面较兴，是渡桥老街商业第二次转型的重要地段。

张家下脚

序号	户主	序号	户主	序号	户主	序号	户主	序号	户主
1	金白妹	24	盛胜根	47	薛仁伟	70	徐玉文	93	宋玉林
2	张福康	25	盛伟刚	48	董连生	71	顾根男	94	吴建珍
3	张利忠	26	盛伟兴	49	董建涛	72	张国平	95	张凤鸣
4	盛利平	27	许正林	50	施林兴	73	叶爱明	96	罗根发
5	盛利明	28	盛伟民	51	董燕青	74	董建峰	97	叶全林
6	朱云娣	29	张连生	52	吴建明	75	张朝君	98	叶根林
7	盛阿四	30	盛新荣	53	吴建林	76	顾晓军	99	马丽珍
8	盛坤林	31	沈利娟	54	董全生	77	叶黎明	100	竺阿宝
9	马如英	32	张建荣	55	王雪珍	78	刘根泉	101	金继忠
10	沈永才	33	盛稼青	56	李美英	79	顾林林	102	沈建平
11	沈福元	34	金　松	57	蒋　雨	80	顾富林	103	施林根
12	董如根	35	盛伟勤	58	顾福根	81	叶惠林	104	陈建平
13	董福根	36	姚森林	59	张爱娣	82	戴根晓	105	张坤明
14	沈福才	37	盛新华	60	顾建军	83	吴先君	106	沈晓平
15	盛补林	38	盛稼春	61	江建青	84	董韶强	107	李　明
16	王守觉	39	韩建明	62	江建伟	85	徐　敏	108	竺惠平
17	施培英	40	陈建新	63	董雪林	86	金根生	109	徐生贤
18	董继华	41	韩建玉	64	徐冶中	87	缪长才	110	郑万喜
19	魏林青	42	韩建荣	65	田金明	88	缪长根	111	徐建刚
20	沈灵民	43	韩耀忠	66	田金根	89	吴建华		
21	许根林	44	施培兴	67	戴阿根	90	叶福林		
22	姚长发	45	叶旭明	68	董燕明	91	沈玉明		
23	陆永琪	46	陆逸秋	69	董建强	92	张国华		

张家下脚简图

五、网泾浜

网泾浜东临渡水港，西、南经叶巷港与高田村相接，北与张家下脚交界。

网泾浜村前有条河浜，原是渔民集居之地，渔民常在河浜两岸修补、考染渔网，因此得名。

清雍正年间属遵礼乡二十七都七图。民国年间先后编入吴县第十七区渡水桥镇、吴县第十二区渡桥镇、东山区渡桥镇所属保甲。

中华人民共和国成立初，属渡桥乡晨光初级社。1956 年属渡桥乡晨光高级社。1958 年属洞庭人民公社六营一连。1961 年更名为晨光大队第四生产队。1969 年改为晨光大队革命委员会第四革命生产领导小组。1979 年 3 月又改为晨光大队第四生产队。1983 年 7 月为晨光村民委员会第四村民小组。2003 年 12 月至今属渡桥村村民委员会。

境内村民以鱼塘水产养殖为主，兼种橘子、茶树等，改革开放后，一部分剩余劳力转向交通运输业和工商企业工作，从业人数每户有 1 至 2 人。村上约 90% 的农户都翻建了楼房。

境内道路修整，主干道为水泥路，主要港道为网泾浜，其港连通渡水港。村内有清代桥梁一座，名“锡嘉桥”。桥旁有一猛将堂，其规模虽小，但历史比较悠久，相传猛将堂内黄蛇旗由清乾隆皇帝敕文。该村属于城乡接合部，原有东山交管所、东山水产中心站等，2000 年后逐步搬迁，现有东山标准件厂、大殷电子有限公司，还有东吴文化园建造在此。

网泾浜主要居民为晨光村，2017 年共有 36 户人家，叶姓、姚姓居多。今因市镇建设发展，市镇和外村居民来此盖建别墅的越来越多，村域面积比原来扩大了 2 倍，居民人口增加较快。

网泾浜

序号	户主	序号	户主	序号	户主	序号	户主
1	许凤兴	10	董兴林	19	叶沈勇	28	金伟根
2	许勇兴	11	叶勇民	20	马建红	29	叶土根
3	董美根	12	董兴生	21	张秋福	30	姚社新
4	王兴根	13	叶银林	22	叶虎福	31	姚建方
5	张建兴	14	叶福才	23	马建备	32	张宝茹
6	朱哲军	15	叶福根	24	叶勇春	33	姚玉健
7	叶庭根	16	沈阿六	25	王利民	34	叶隆福
8	金玲娣	17	叶福林	26	王建民	35	叶金男
9	许兴娣	18	马金林	27	叶文荣	36	高云根

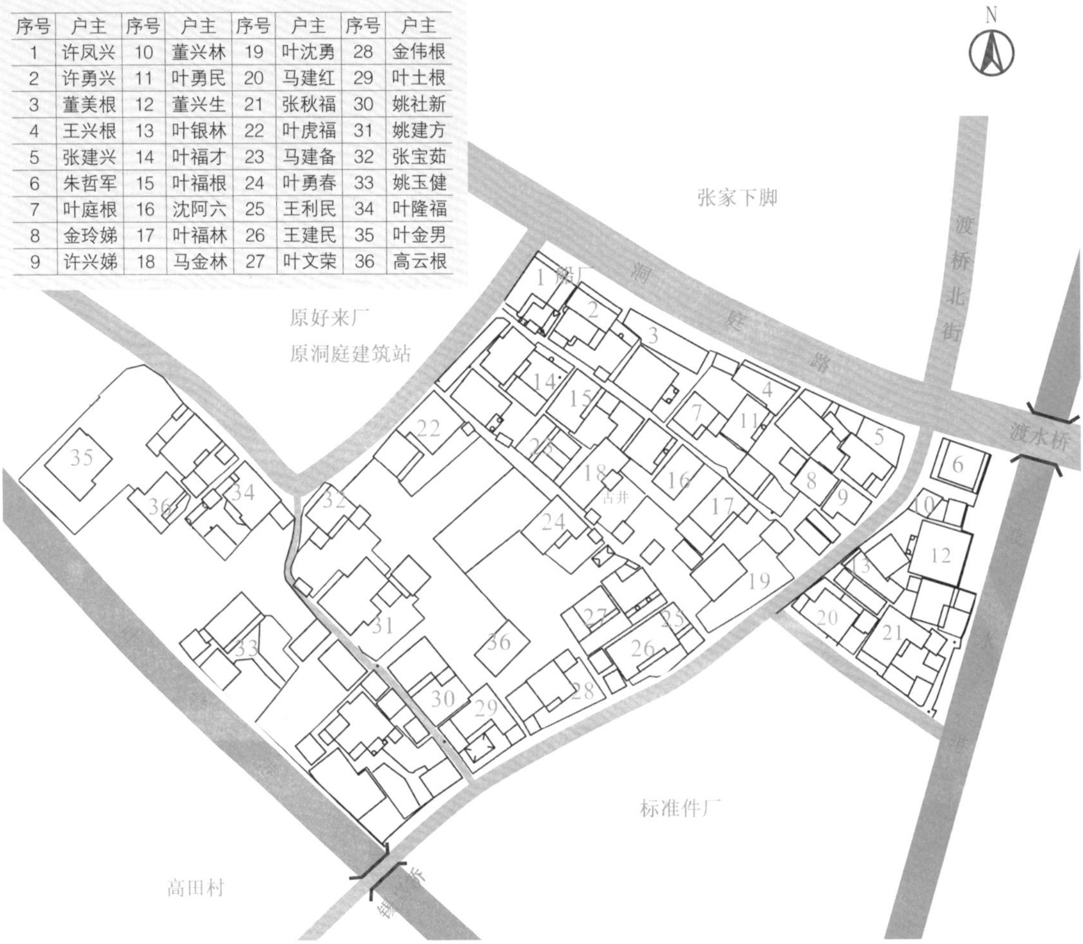

网泾浜简图

渡桥南街

六、渡桥南街

位于渡水港南岸，东与兵营村接壤，西临渡桥北街，南连洞庭路，北与司前街交界，与渡桥北街隔港相望，同兵营村一路之隔。2017年有村民18户。其历史沿革和建置变迁与兵营村相同。

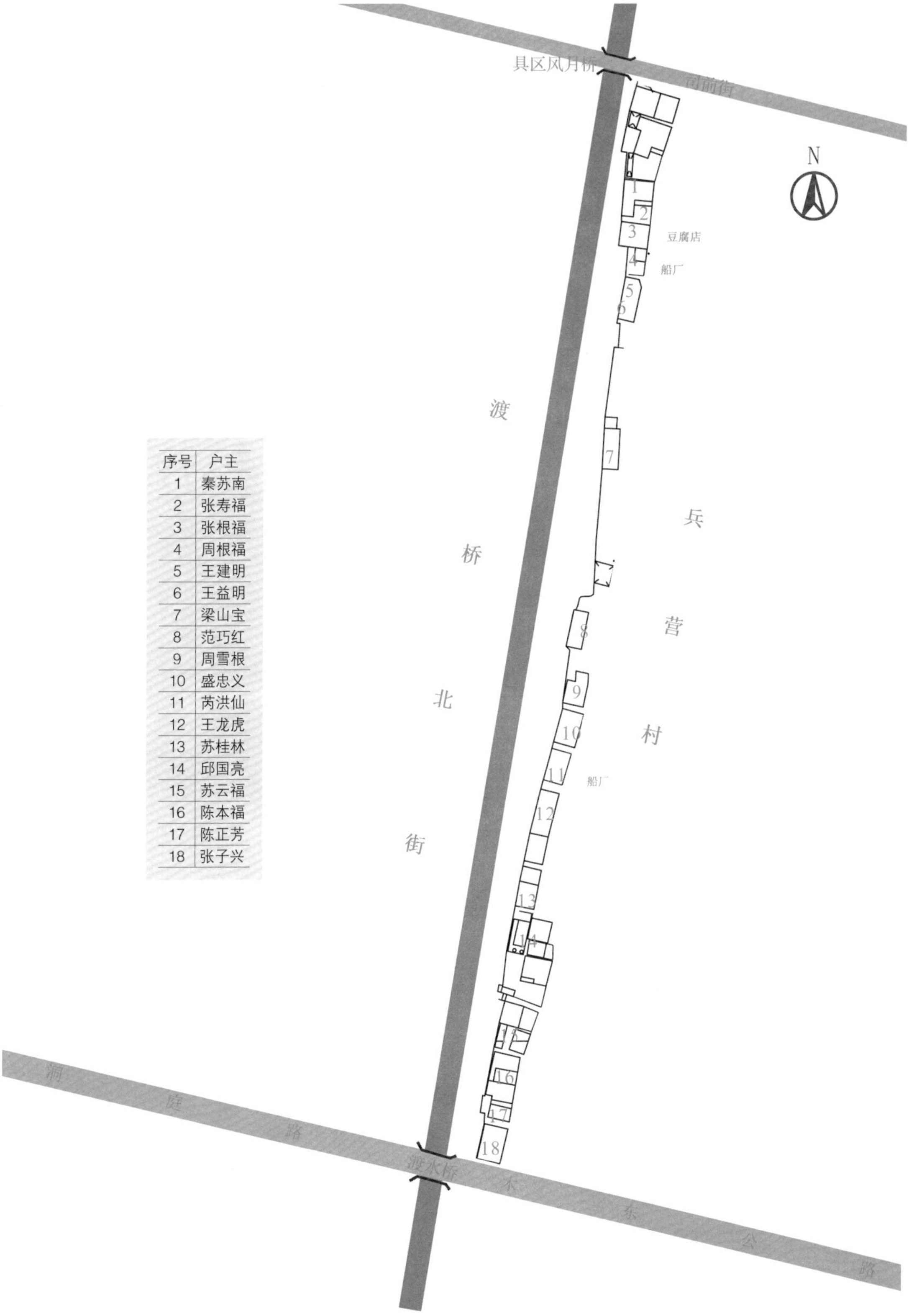

序号	户主
1	秦苏南
2	张寿福
3	张根福
4	周根福
5	王建明
6	王益明
7	梁山宝
8	范巧红
9	周雪根
10	盛忠义
11	芮洪仙
12	王龙虎
13	苏桂林
14	邱国亮
15	苏云福
16	陈本福
17	陈正芳
18	张子兴

渡桥南街简图

七、兵营村

兵营村顾名思义，原来在境内驻过武装机构，现遗址已废。东、南连木东公路，西临渡水港，北与司前街接壤。

清雍正年间属遵礼乡二十七都七图。民国年间先后编入吴县第十七区渡水桥镇、吴县第十二区渡桥镇、东山区渡桥镇所属保甲。

中华人民共和国成立初，属渡桥乡晨光初级社。1956 年属渡桥乡晨光高级社。1958 年属洞庭人民公社六营一连。1961 年更名为晨光大队第五、第六生产队。1969 年改为晨光大队革命委员会第五、第六革命生产领导小组。1979 年 3 月又改为晨光大队第五、第六生产队。1983 年 7 月为晨光村民委员会第五、第六村民小组。2003 年 12 月至今属渡桥村村民委员会。

境内村民以鱼塘、水产养殖为主，兼种橘子、茶树等。改革开放后一部分剩余劳力转向交通运输、工商企业工作。从业人数平均每户 1 至 2 人。村上 90% 以上的农户翻建了楼房。

兵营村当时没有市面，都是村民居住地。今因紧靠木东公路，沿村东南两面均开设商铺、点心店。

兵营村主要居民为晨光村，2017 年共有 66 户人家，陈姓、苏姓居多，90% 的居民翻建了新房和别墅。

兵营村

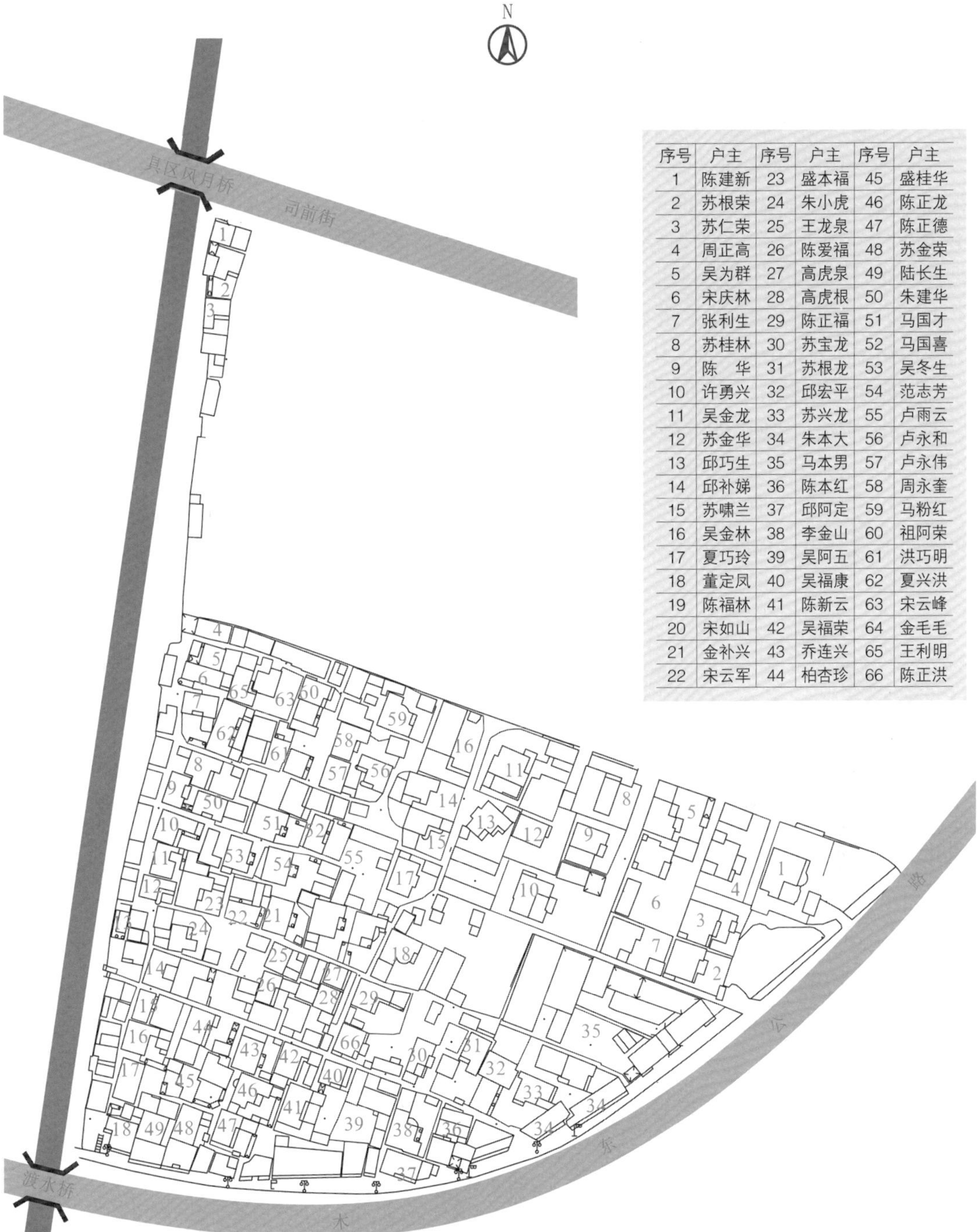

序号	户主	序号	户主	序号	户主
1	陈建新	23	盛本福	45	盛桂华
2	苏根荣	24	朱小虎	46	陈正龙
3	苏仁荣	25	王龙泉	47	陈正德
4	周正高	26	陈爱福	48	苏金荣
5	吴为群	27	高虎泉	49	陆长生
6	宋庆林	28	高虎根	50	朱建华
7	张利生	29	陈正福	51	马国才
8	苏桂林	30	苏宝龙	52	马国喜
9	陈　华	31	苏根龙	53	吴冬生
10	许勇兴	32	邱宏平	54	范志芳
11	吴金龙	33	苏兴龙	55	卢雨云
12	苏金华	34	朱本大	56	卢永和
13	邱巧生	35	马本男	57	卢永伟
14	邱补娣	36	陈本红	58	周永奎
15	苏啸兰	37	邱阿定	59	马粉红
16	吴金林	38	李金山	60	祖阿荣
17	夏巧玲	39	吴阿五	61	洪巧明
18	董定凤	40	吴福康	62	夏兴洪
19	陈福林	41	陈新云	63	宋云峰
20	宋如山	42	吴福荣	64	金毛毛
21	金补兴	43	乔连兴	65	王利明
22	宋云军	44	柏杏珍	66	陈正洪

兵营村简图

八、司前街

司前街在具区风月桥南堍，东连木东公路，南邻兵营村，西临渡水港，北与汤家扇接壤。明成化十七年（1481）东山巡检司署衙设于此，足见当年渡桥地位的显著。

清雍正年间属遵礼乡二十七都七图。民国年间先后编入吴县第十七区渡水桥镇、吴县第十二区渡桥镇、东山区渡桥镇所属保甲。

中华人民共和国成立初，属渡桥乡晨光初级社。1956 年属渡桥乡晨光高级社。1958 年属洞庭人民公社六营一连。1961 年更名为晨光大队第七生产队。1969 年改为晨光大队革命委员会第七革命生产领导小组。1979 年 3 月又改为晨光大队第七生产队。1983 年 7 月为晨光村民委员会第七村民小组。2003 年 12 月至今属渡桥村村民委员会。

境内村民以鱼塘、水产养殖为主，兼种橘子、茶树等。改革开放后一部分剩余劳力转向交通运输、工商企业工作。从业人数平均每户 1 至 2 人。村上 90% 以上的农户翻建了楼房。

境内道路修整，主干道为水泥路。2015 年开始进行美丽乡村建设，村容村貌更加整洁。境内东山渡桥小学创办于抗战前，1984 年恢复为一所农村完小。2012 年合并到江苏省东山实验小学，2016 年学校建筑改办村民喜宴大厅。

2017 年，村上有 49 户人家，以吴姓、张姓居多。今因市镇建设发展，一部分外村居民在此盖建别墅，村域面积比原来扩大了一倍。

司前街

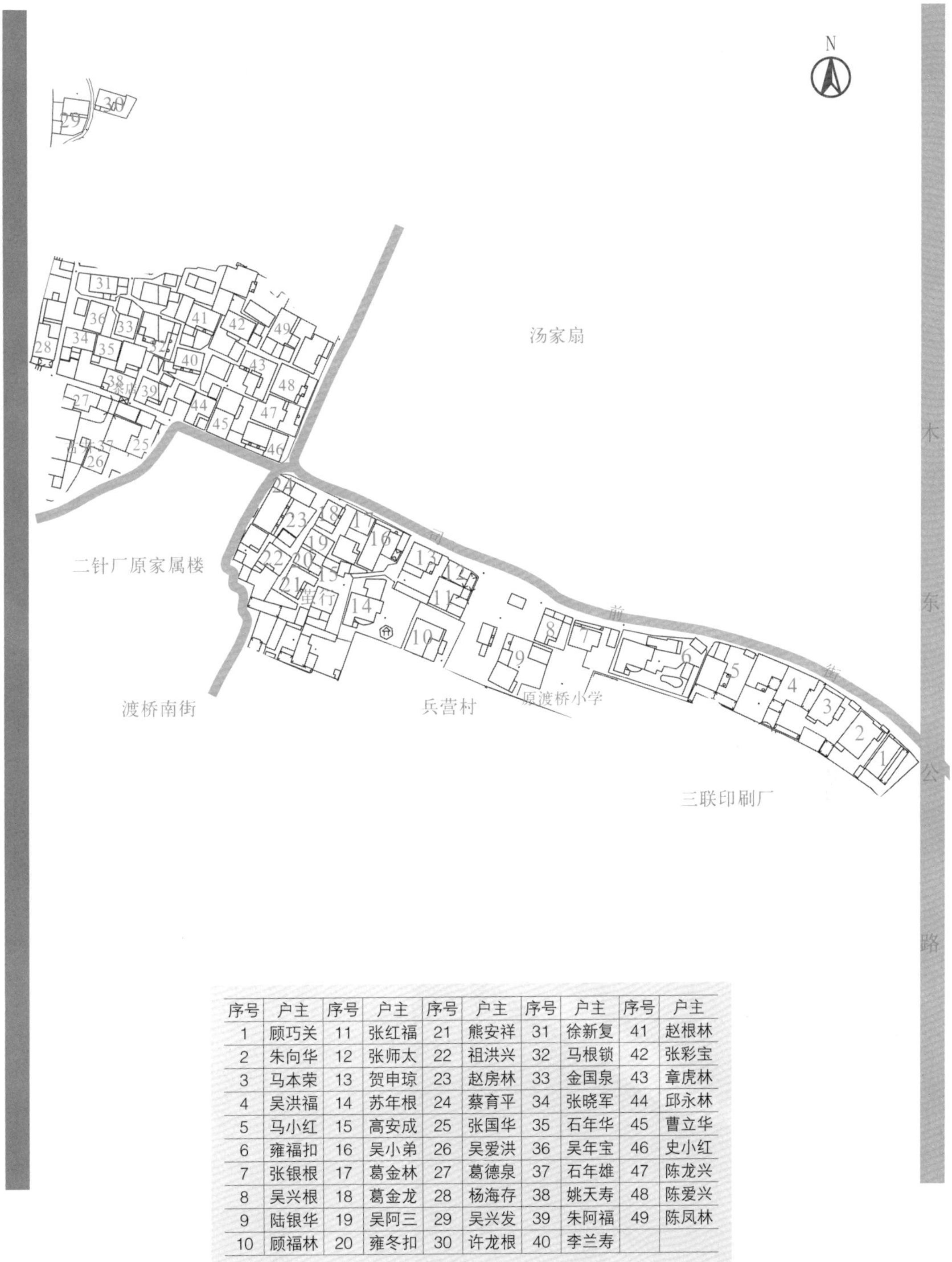

序号	户主	序号	户主	序号	户主	序号	户主	序号	户主
1	顾巧关	11	张红福	21	熊安祥	31	徐新复	41	赵根林
2	朱向华	12	张师太	22	祖洪兴	32	马根锁	42	张彩宝
3	马本荣	13	贺申琼	23	赵房林	33	金国泉	43	章虎林
4	吴洪福	14	苏年根	24	蔡育平	34	张晓军	44	邱永林
5	马小红	15	高安成	25	张国华	35	石年华	45	曹立华
6	雍福扣	16	吴小弟	26	吴爱洪	36	吴年宝	46	史小红
7	张银根	17	葛金林	27	葛德泉	37	石年雄	47	陈龙兴
8	吴兴根	18	葛金龙	28	杨海存	38	姚天寿	48	陈爱兴
9	陆银华	19	吴阿三	29	吴兴发	39	朱阿福	49	陈凤林
10	顾福林	20	雍冬扣	30	许龙根	40	李兰寿		

司前街简图

九、汤家扇

汤家扇在具区风月桥南堍东侧。东临木东公路，南接司前街，北与新塘村接壤，西连渡水港。渡桥汤氏始迁祖汤奕世，北宋南迁移居广东中山，元代时移居洞庭东山翁巷村，居处称汤家场。后又分两支居住，一支到具区风月桥（渡水桥）东南，名汤家扇；一支在殿前张师殿右侧，曰汤家弄。渡桥汤家扇明清时期人口较多，后因几次迁移，今汤家扇已无汤姓人氏，村上人口以吴姓、陈姓为主。

清雍正年间属遵礼乡二十七都七图。民国年间先后编入吴县第十七区渡水桥镇、吴县第十二区渡桥镇、东山区渡桥镇所属保甲。

中华人民共和国成立初，属渡桥乡晨光初级社。1956 年属渡桥乡晨光高级社。1958 年属洞庭人民公社六营一连。1961 年更名为晨光大队第八生产队。1969 年改为晨光大队革命委员会第八革命生产领导小组。1979 年 3 月又改为晨光大队第八生产队。1983 年 7 月为晨光村民委员会第八村民小组。2003 年 12 月至今属渡桥村村民委员会。

20 世纪 70 年代，晨光八队有一支“铁姑娘队”，有队员 13 人，队长陈端宝，平均年龄 21 岁，她们岸上能挑担，下河能挖泥，个个都是生产队的标兵，成为当时东山“农业学大寨”运动的先进典型。

境内村民以鱼塘、水产养殖为主，兼种橘子、茶树等。改革开放后一部分剩余劳力转向交通运输、工商企业工作。从业人数平均每户 1 至 2 人，2017 年村上有住户 60 户，90% 以上的农户翻建了楼房。

境内车辆可从木东公路通至司前街近渡水桥 200 米处，其他均为水泥路面。原渡水港东有一小河道，叫茶亭港。一边通往朱茂三间村方向，一边通向苏东河。中间有两座平板麻石桥。2017 年，桥已被水泥路面覆盖，河道虽存但不再通航。

20 世纪 70 年代建有吴县第二针织厂、东山镇农科站，2017 年年底厂房、站房均在，用途已改。东山环卫站设在境内，木东公路沿线分布 10 多家工厂。

汤家扇

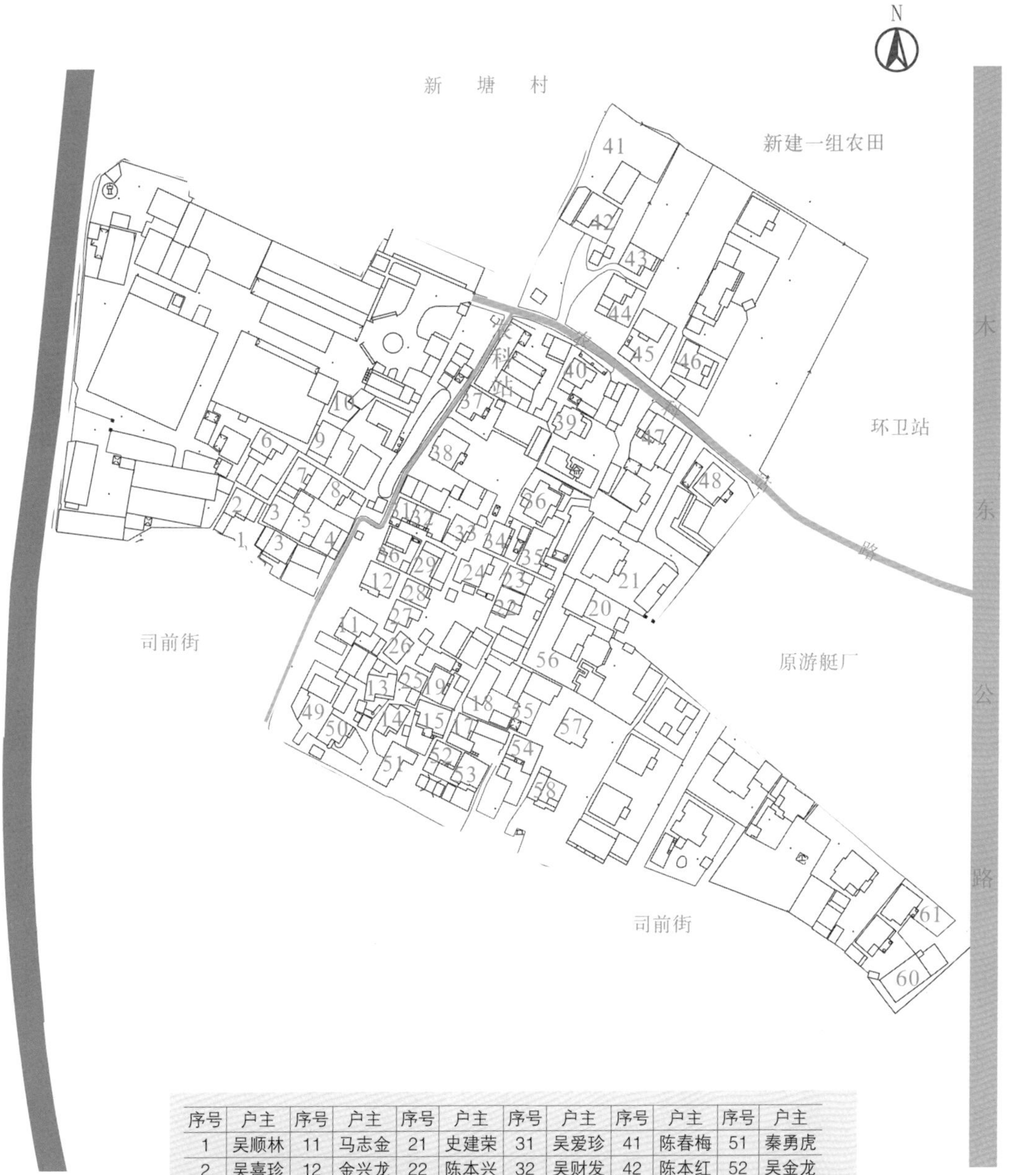

序号	户主	序号	户主	序号	户主	序号	户主	序号	户主	序号	户主
1	吴顺林	11	马志金	21	史建荣	31	吴爱珍	41	陈春梅	51	秦勇虎
2	吴喜珍	12	金兴龙	22	陈本兴	32	吴财发	42	陈本红	52	吴金龙
3	陈凤英	13	许根火	23	陈本大	33	顾雪文	43	李兰寿	53	吴年小
4	沙根兴	14	顾福林	24	彭康男	34	蔡连珍	44	袁三妹	54	董根林
5	姚补泉	15	吴春凤	25	陆永奎	35	马连锁	45	陈本发	55	张咬脐
6	苏　瑛	16	顾福兴	26	李兰宝	36	马扣锁	46	吴　月	56	葛金福
7	龚三媛	17	赵　斌	27	周香玲	37	陈泉兴	47	陈凤生	57	吴钧梅
8	李兴根	18	赵有喜	28	金　龙	38	陈连兴	48	顾红兴	58	章根林
9	郑建鹏	19	陈文甫	29	朱利荣	39	顾　伟	49	唐发荣	59	吴根大
10	陈本雄	20	张来友	30	王如意	40	吴喜林	50	左洪财	60	吴爱大

汤家扇简图

十、新塘村

位于木东公路西北侧，东靠西泾头，南侧通木东公路，西连汤家扇，北与太湖村接壤。

新塘村是一个较早形成的自然村落，清代康熙、乾隆年间，河南、河北、苏北的农民因灾荒移居西太湖，围垦太湖滩涂，他们陆续定居渐成村落，因与太湖边新筑的塘圩较近，所以叫新塘村。

清雍正年间属遵礼乡二十七都七图，民国年间先后编入吴县第十七区渡水桥镇，吴县第十二区渡桥镇、东山区渡桥镇所属保甲。

中华人民共和国成立初，属新建初级社，1958年属洞庭人民公社六营一连。1961年更名新建大队第一生产队，1969年为新建大队革命委员会所辖。1979年3月改为新建大队第一生产队，1983年7月为新建村村民委员会第一村民小组。2003年12月至今属渡桥村村民委员会。

改革开放后，新塘村劳动力转向工商企业，一部分人从事建筑和运输工作，村民收入提高较快。至2017年年底，村上95%的农户翻建了楼房，盖小别墅的人家也越来越多。

2017年有农户86户，侯姓、吴姓居多。

新塘村

序号	户主	序号	户主	序号	户主	序号	户主
1	侯兆岗	23	侯兆军	45	吴洪扣	67	吴庆华
2	侯兆明	24	周永富	46	王建高	68	房米才
3	沈桂林	25	王金兰	47	吴龙扣	69	房米盛
4	沈桂森	26	马永平	48	罗阿珍	70	房米田
5	秦法珍	27	许和珍	49	周庆红	71	吴银宝
6	沙洪宝	28	马秀平	50	马福平	72	竺友林
7	侯兆庆	29	朱留军	51	阮金才	73	喻振龙
8	葛龙扣	30	朱留平	52	韦巧根	74	喻振高
9	张思宝	31	王步春	53	王建林	75	朱春娥
10	侯兆喜	32	王春英	54	吴喜扣	76	竺根林
11	侯兆森	33	吴来扣	55	陈扣林	77	竺建军
12	侯兆祥	34	喻鸿飞	56	吴春扣	78	马明生
13	葛建胜	35	喻振涛	57	王文龙	79	竺诗君
14	葛龙兴	36	吴志兴	58	朱根喜	80	竺斌君
15	葛才华	37	吴志良	59	周永贵	81	房红娣
16	杨义龙	38	陈扣林	60	吴富敏	82	马北平
17	葛来娣	39	杨义林	61	陈金杏	83	季发强
18	王继文	40	侯兆鹏	62	王胜龙	84	侯兆广
19	陈春妹	41	许龙法	63	房红兰	85	曹正才
20	杨义军	42	许建强	64	周菊英	86	吴羊扣
21	肖楚芬	43	吴志龙	65	袁付根		
22	陈继文	44	房米发	66	袁兴根		

新塘村简图

十一、葛家渡

葛家渡（亦作葛家渎）原先是东山的一个渡口。南宋初，葛氏随驾南渡，过太湖，见此山水绝伦，又觅得先祖葛洪早年在此炼丹之仙踪，甚为惊喜，特选此定居。遂成为东山葛氏始祖。后开河挖港形成村庄，名曰葛家渡。葛家渡是葛氏定居武山之后开垦形成的，当时葛家渡所处之西泾山东北角凤凰山（小山头）之下，面临太湖滩涂，离渡水港不远，其处尚是一片荒坡，向无人烟，仅有一泾与外湖缺口相连。葛氏定居之后，在垦殖的同时，率众开山辟壤疏浚小径，拓宽挖深，砌驳岸，筑码头，使之成为武山一带出入苏山的主要航道。当年的渡水港水面宽达 500 米，最狭的地段也有 200 米，这就带来了交通上的许多不便，正是出于这种原因，葛家渡的疏通更显重要。

南宋名将岳飞在太湖东西山征集民船抗金时曾临葛家渡，挥笔写下“中州流世泽，南国起人文”一联。明著名文学家赵宧光抵东山访问葛家，特赠言并书“地因姓名，坐以仙著”八个字。葛家渡历史悠久，故东山有“先有官庄葛家渡，后有翁巷席家湖”之说。

葛家渡分东西两部分，葛家渡（东）东靠新河村，南接五七农场，东山大道从西穿境而过，北连渡口村；葛家渡（西）东南连接东山大道，西接新塘圩，北连渡口村。

清雍正年间属遵礼乡二十七都七图。民国年间先后编入吴县第十七区渡水桥镇、吴县第十二区渡桥镇、东山区渡桥镇所属保甲。

中华人民共和国成立初，属金星初级社。1956 年属金星高级社，1958 年属洞庭人民公社六营一连。1961 年更名为新建大队第二、第三生产队、金星大队第九生产队。1969 年改为新建大队第二、第三革命生产领导小组、金星大队革命委员会第九革命生产领导小组。1979 年 3 月改为新建大队第二、第三生产队，金星大队第九生产队。1981 年 12 月金星大队第九生产队改为西泾大队第九生产队。1983 年 7 月为新建村民委员会第二、第三村民小组、西泾村民委员会第九村民小组。2003 年 12 月至今属渡桥村村民委员会。

2017 年有 130 户农户，陆姓、杨姓居多。村民大多以种植果树为主。近年来劳动力转移，特别是年轻人和大学生转向城镇工作。有 10 多家办起了民营企业。部分还从事餐饮、屠宰、运输等行业的工作。

葛家渡

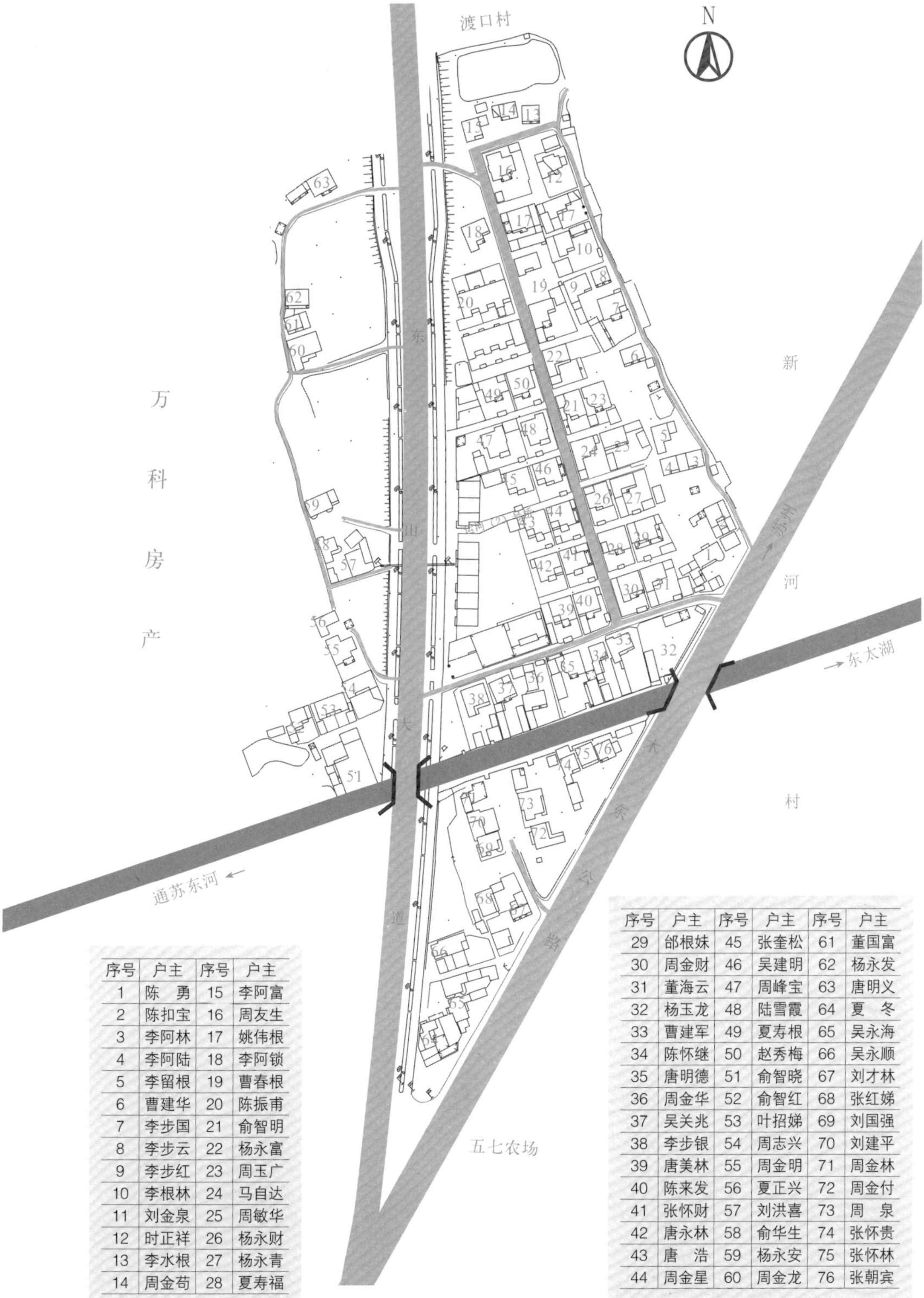

序号	户主	序号	户主
1	陈　勇	15	李阿富
2	陈扣宝	16	周友生
3	李阿林	17	姚伟根
4	李阿陆	18	李阿锁
5	李留根	19	曹春根
6	曹建华	20	陈振甫
7	李步国	21	俞智明
8	李步云	22	杨永富
9	李步红	23	周玉广
10	李根林	24	马自达
11	刘金泉	25	周敏华
12	时正祥	26	杨永财
13	李水根	27	杨永青
14	周金苟	28	夏寿福

序号	户主	序号	户主	序号	户主
29	邰根妹	45	张奎松	61	董国富
30	周金财	46	吴建明	62	杨永发
31	董海云	47	周峰宝	63	唐明义
32	杨玉龙	48	陆雪霞	64	夏　冬
33	曹建军	49	夏寿根	65	吴永海
34	陈怀继	50	赵秀梅	66	吴永顺
35	唐明德	51	俞智晓	67	刘才林
36	周金华	52	俞智红	68	张红娣
37	吴关兆	53	叶招娣	69	刘国强
38	李步银	54	周志兴	70	刘建平
39	唐美林	55	周金明	71	周金林
40	陈来发	56	夏正兴	72	周金付
41	张怀财	57	刘洪喜	73	周　泉
42	唐永林	58	俞华生	74	张怀贵
43	唐　浩	59	杨永安	75	张怀林
44	周金星	60	周金龙	76	张朝宾

葛家渡（东）简图

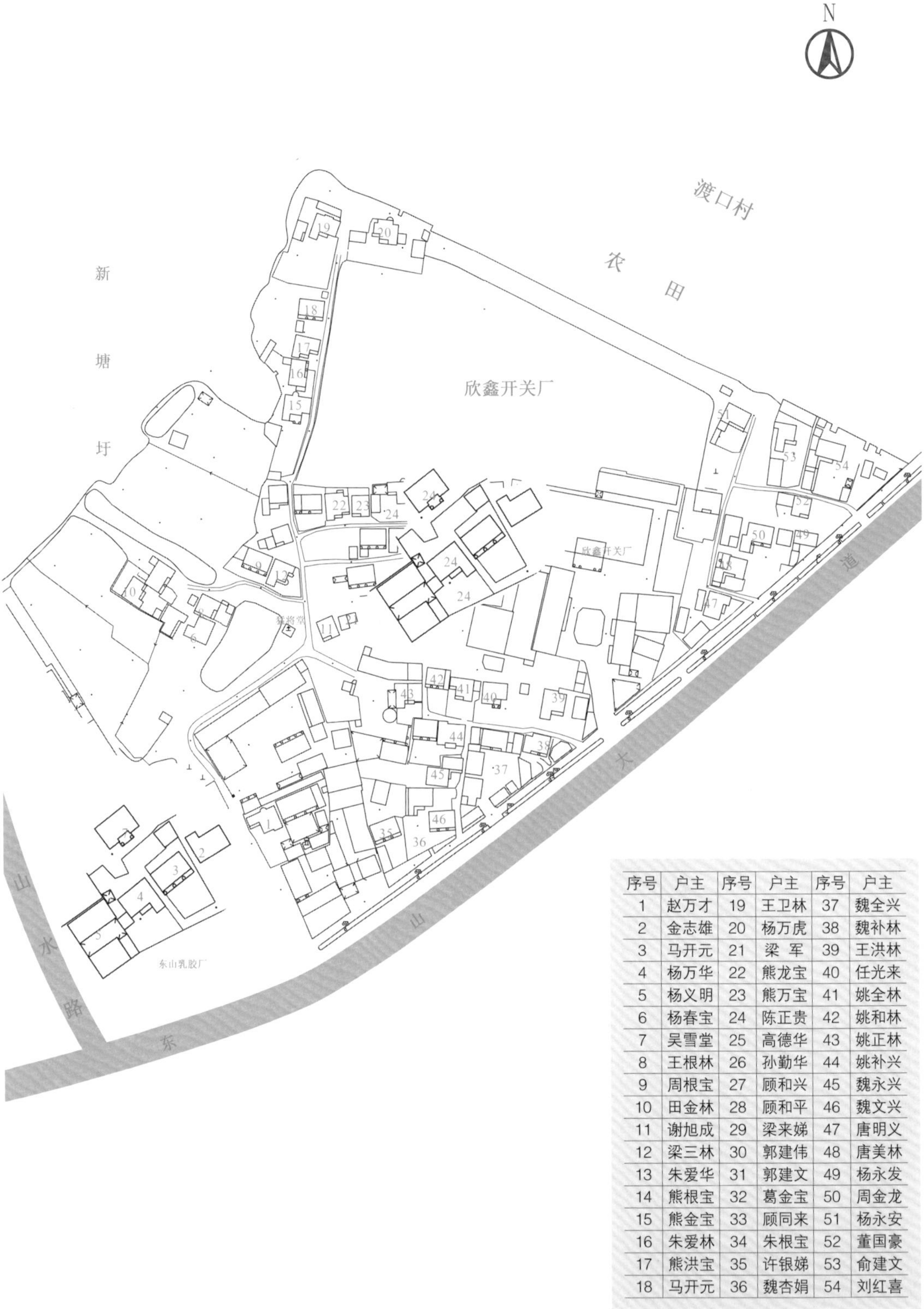

序号	户主	序号	户主	序号	户主
1	赵万才	19	王卫林	37	魏全兴
2	金志雄	20	杨万虎	38	魏补林
3	马开元	21	梁 军	39	王洪林
4	杨万华	22	熊龙宝	40	任光来
5	杨义明	23	熊万宝	41	姚全林
6	杨春宝	24	陈正贵	42	姚和林
7	吴雪堂	25	高德华	43	姚正林
8	王根林	26	孙勤华	44	姚补兴
9	周根宝	27	顾和兴	45	魏永兴
10	田金林	28	顾和平	46	魏文兴
11	谢旭成	29	梁来娣	47	唐明义
12	梁三林	30	郭建伟	48	唐美林
13	朱爱华	31	郭建文	49	杨永发
14	熊根宝	32	葛金宝	50	周金龙
15	熊金宝	33	顾同来	51	杨永安
16	朱爱林	34	朱根宝	52	董国豪
17	熊洪宝	35	许银娣	53	俞建文
18	马开元	36	魏杏娟	54	刘红喜

葛家渡（西）简图

十二、新河村

新河村是一个移民村，原先有多个自然村，包括石板路、牛舌头、唐家墩、莲墩等自然村，总称新河村。

新河村东邻渡口村，西、北接葛家渡、村后底，南为耕地，是水路进入东山境内的第一个自然村落。

清康熙、乾隆年间，来自河南、河北、苏北等地的农民因灾荒移居东西太湖边，将太湖滩涂围垦，陆续定居，渐成村落，村以新河村命名至今。

清雍正年间属遵礼乡二十七都七图。民国年间先后编入吴县第十七区渡水桥镇、吴县第十二区渡桥镇、东山区渡桥镇所属保甲。

中华人民共和国成立初，属新建初级社。1956 年属新建高级社，1958 年属洞庭人民公社六营一连。1961 年更名为新建大队第三、第四生产队。1969 年改为新建大队革命委员会第三、第四革命生产领导小组。1979 年 3 月改为新建大队第三、第四生产队。1983 年 7 月为新建村民委员会第三、第四村民小组。2003 年 12 月至今属渡桥村村民委员会。

2017 年有农户 52 家，周姓、吴姓居多。1987 年以前以种植水稻、小麦、油菜为主，养鱼养蚕为辅。1988 年后，种植橘子、茶树、枇杷等。

改革开放以后，劳动力转向工商企业、建筑和运输工作。2017 年年底，95% 的农户翻建了楼房，盖小别墅的人家也越来越多。全村拥有轿车 80 多辆。

整个自然村 80% 新装了路灯，村内主干道均为沥青和水泥路面，部分河道进行了清淤，还新筑了驳岸。

新河村

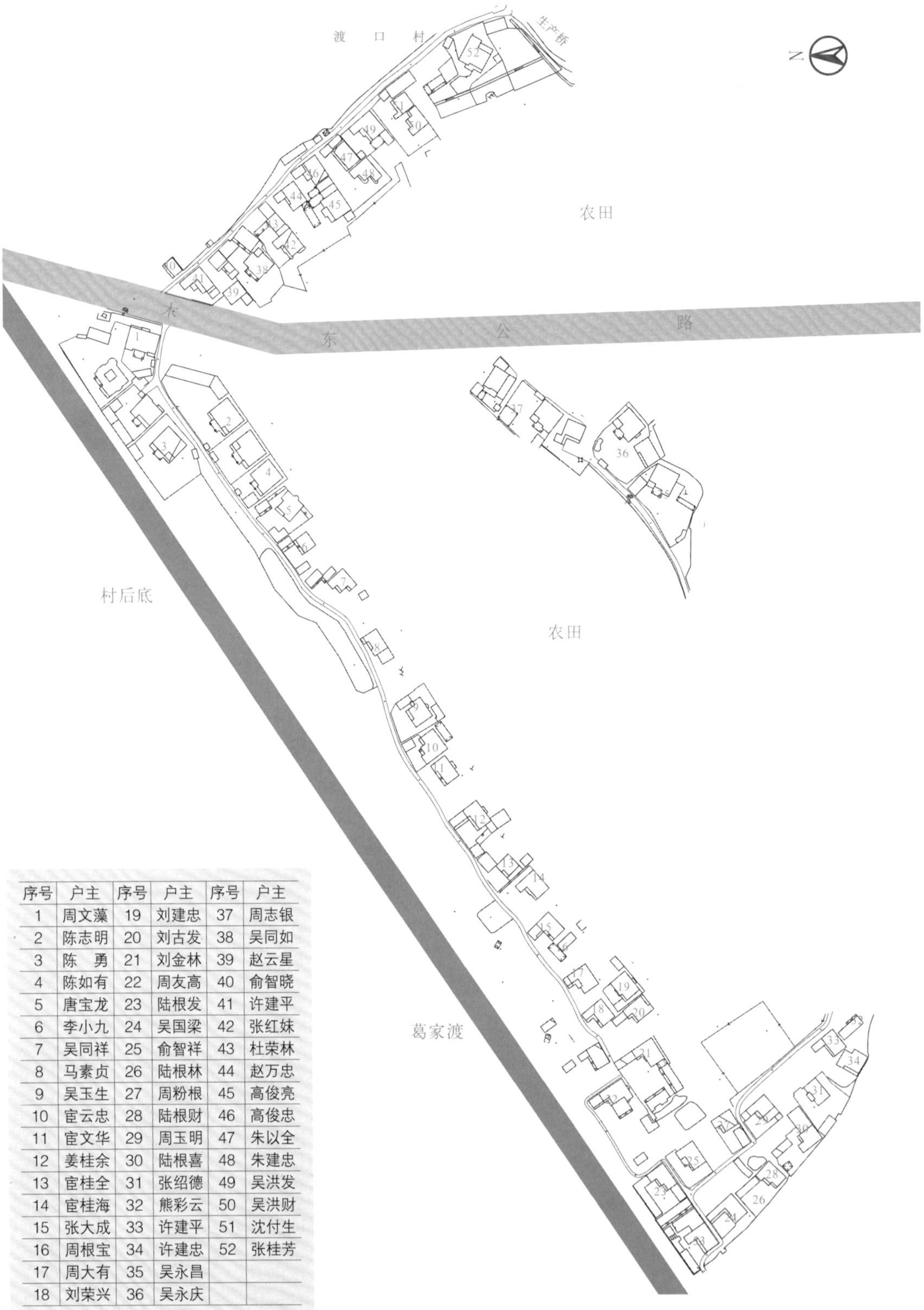

序号	户主	序号	户主	序号	户主
1	周文藻	19	刘建忠	37	周志银
2	陈志明	20	刘古发	38	吴同如
3	陈　勇	21	刘金林	39	赵云星
4	陈如有	22	周友高	40	俞智晓
5	唐宝龙	23	陆根发	41	许建平
6	李小九	24	吴国梁	42	张红妹
7	吴同祥	25	俞智祥	43	杜荣林
8	马素贞	26	陆根林	44	赵万忠
9	吴玉生	27	周粉根	45	高俊亮
10	宦云忠	28	陆根财	46	高俊忠
11	宦文华	29	周玉明	47	朱以全
12	姜桂余	30	陆根喜	48	朱建忠
13	宦桂全	31	张绍德	49	吴洪发
14	宦桂海	32	熊彩云	50	吴洪财
15	张大成	33	许建平	51	沈付生
16	周根宝	34	许建忠	52	张桂芳
17	周大有	35	吴永昌		
18	刘荣兴	36	吴永庆		

新河村简图

十三、婆罗桥

婆罗桥位于木东公路婆罗桥至菖蒲桥河。东邻东山蔬菜园，南连新河村，西与新塘圩交界，北接渡口村。

婆罗桥得名与婆罗老妈有关。相传婆罗老妈从小为葛氏收养，其年老病危之际，把所有积蓄交于村上葛氏，嘱其建造小桥，以便村民通行。葛氏圆她意愿，造了一座小桥，并将桥定名为婆罗桥，村也以桥命名。

清雍正年间属遵礼乡二十七都七图。民国年间先后编入吴县第十七区渡水桥镇、吴县第十二区渡桥镇、东山区渡桥镇所属保甲。

中华人民共和国成立初，属新光初级社。1956 年属晨光高级社。1958 年属洞庭人民公社六营一连。1961 年更名为新建大队第五生产队。1969 年改为新建大队革命委员会第五革命生产领导小组。1979 年 3 月改为新建大队第五生产队。1983 年 7 月为新建村民委员会第五村民小组。2003 年 12 月至今属渡桥村村民委员会。

2017 年有农户 90 家，陈姓、周姓、张姓居多。村民原来以种植水稻、小麦、油菜为主，养蚕为辅。1983 年后农村改革，大多以种植橘子、茶树、枇杷为主，也有部分农民种植蔬菜。1993 年劳动力转向务工、经商。

婆罗桥村落整洁，主干道路为沥青、水泥路面，村内粉墙黛瓦，绿化成片，是典型的田园小村。

婆罗桥

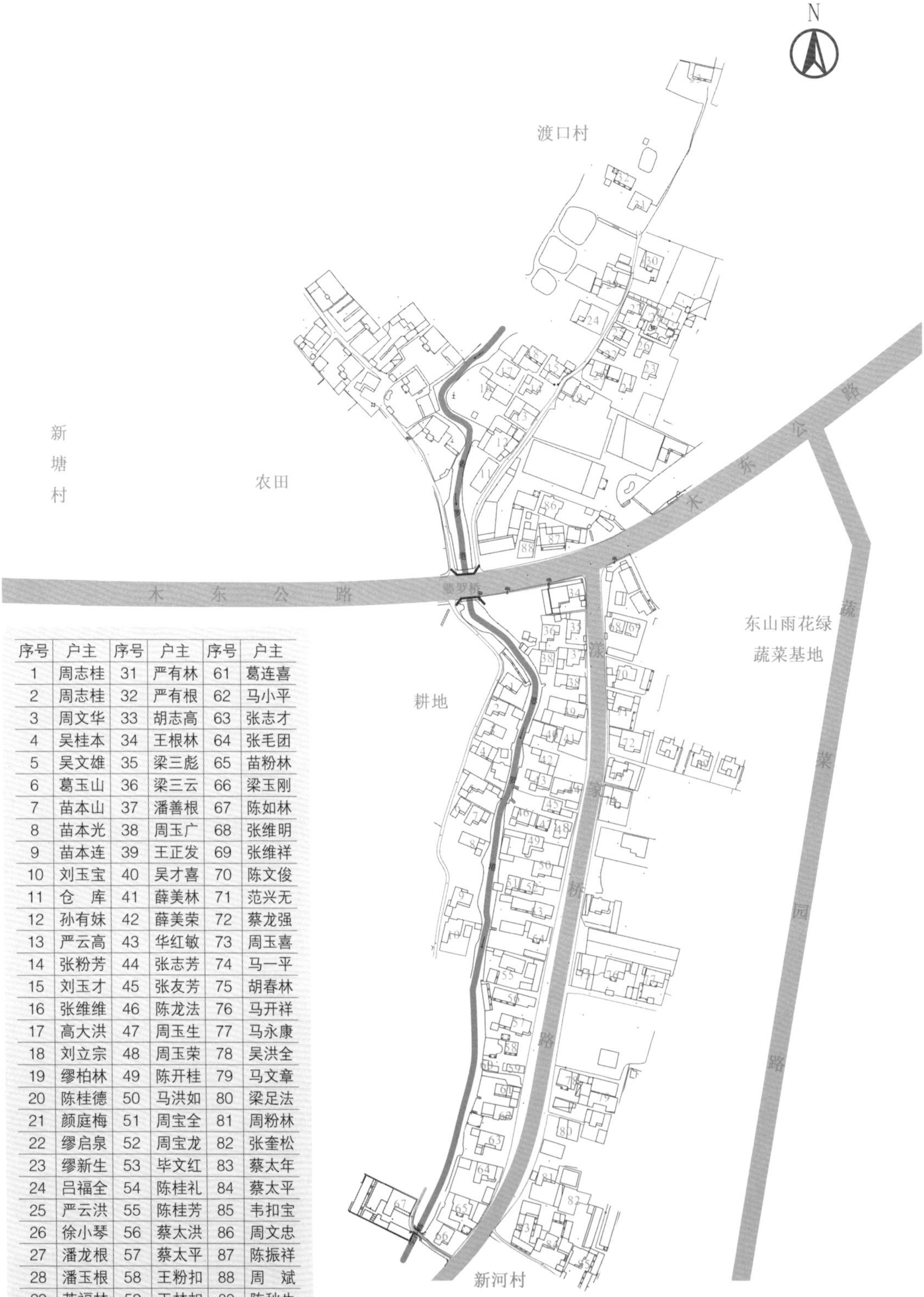

序号	户主	序号	户主	序号	户主
1	周志桂	31	严有林	61	葛连喜
2	周志桂	32	严有根	62	马小平
3	周文华	33	胡志高	63	张志才
4	吴桂本	34	王根林	64	张毛团
5	吴文雄	35	梁三彪	65	苗粉林
6	葛玉山	36	梁三云	66	梁玉刚
7	苗本山	37	潘善根	67	陈如林
8	苗本光	38	周玉广	68	张维明
9	苗本连	39	王正发	69	张维祥
10	刘玉宝	40	吴才喜	70	陈文俊
11	仓　库	41	薛美林	71	范兴无
12	孙有妹	42	薛美荣	72	蔡龙强
13	严云高	43	华红敏	73	周玉喜
14	张粉芳	44	张志芳	74	马一平
15	刘玉才	45	张友芳	75	胡春林
16	张维维	46	陈龙法	76	马开祥
17	高大洪	47	周玉生	77	马永康
18	刘立宗	48	周玉荣	78	吴洪全
19	缪柏林	49	陈开桂	79	马文章
20	陈桂德	50	马洪如	80	梁足法
21	颜庭梅	51	周宝全	81	周粉林
22	缪启泉	52	周宝龙	82	张奎松
23	缪新生	53	毕文红	83	蔡太年
24	吕福全	54	陈桂礼	84	蔡太平
25	严云洪	55	陈桂芳	85	韦扣宝
26	徐小琴	56	蔡太洪	86	周文忠
27	潘龙根	57	蔡太平	87	陈振祥
28	潘玉根	58	王粉扣	88	周　斌
29	芮福林	59	王林扣	89	陈秋生
30	吕双全	60	王大龙	90	李阿子

婆罗桥简图

十四、西泾头

西泾头村背靠西泾山，南侧又有西泾港，其村便有西泾头村之称。

西泾头东邻陈岭头，西连东山大道，南与东山科技工业园接壤，北与席家新村交界。

清雍正年间属蔡仙乡三十都三图。民国年间先后编入吴县第十七区渡水桥镇、吴县第十二区渡桥镇、东山区渡桥镇所属保甲。

中华人民共和国成立初，属金星初级社。1956 年属金星高级社，1958 年属洞庭人民公社六营二连。1961 年更名为金星大队第一生产队。1969 年改为金星大队革命委员会第一革命生产领导小组。1979 年 3 月改为金星大队第一生产队。1980 年 12 月改为西泾大队第一生产队。1983 年 7 月为西泾村民委员会第一村民小组。2003 年 12 月属渡桥村村民委员会。

西泾头现有一“猛将堂”，每逢初一、月半，都有年老村民、善男信女焚香祭祀。每年年初一到年初六有村民自发组织的猛将巡游活动。随着美丽乡村建设的推进，西泾港的一头，在桥边建了一条马路，老百姓的出行更方便，汽车可以开到家门口。

西泾头村民以前主要种植水稻，兼种一些果树。2000 年始，市镇建设加快，工业园区征地，村民土地减少，从事其他产业的越来越多。村民生活改善较快，大多翻建了别墅。

2017 年有 44 户人家，姚姓、席姓居多。

西泾头

序号	户主	序号	户主	序号	户主	序号	户主
1	蔡　红	12	周招福	23	刘宝生	34	裘正林
2	孙福林	13	姚贤林	24	裘卫庆	35	柏福兴
3	姚如珍	14	孙仁林	25	裘连庆	36	柏福才
4	孙卫华	15	姚雪林	26	陆阿宝	37	姚纪荣
5	孙春东	16	姚雪民	27	陆永根	38	周全林
6	周建平	17	姚传兴	28	刘小勤	39	刘　剑
7	孙本大	18	姚全兴	29	裘连庆	40	周仁福
8	张文奎	19	刘宝龙	30	朱建福	41	汪正林
9	周凤兴	20	吴寿全	31	王玉珍	42	陈根林
10	姚庆荣	21	秦金宝	32	王玉林	43	雍二扣
11	姚伏根	22	秦金根	33	汪小林	44	刘连生

西泾头简图

十五、席家新村

席家新村是20世纪90年代新建的一个村落，是西泾头向东北方向的延伸，村上有农户18家，村内别墅较多，道路宽广通畅，村口是渡桥社区西泾卫生服务站。

席家新村

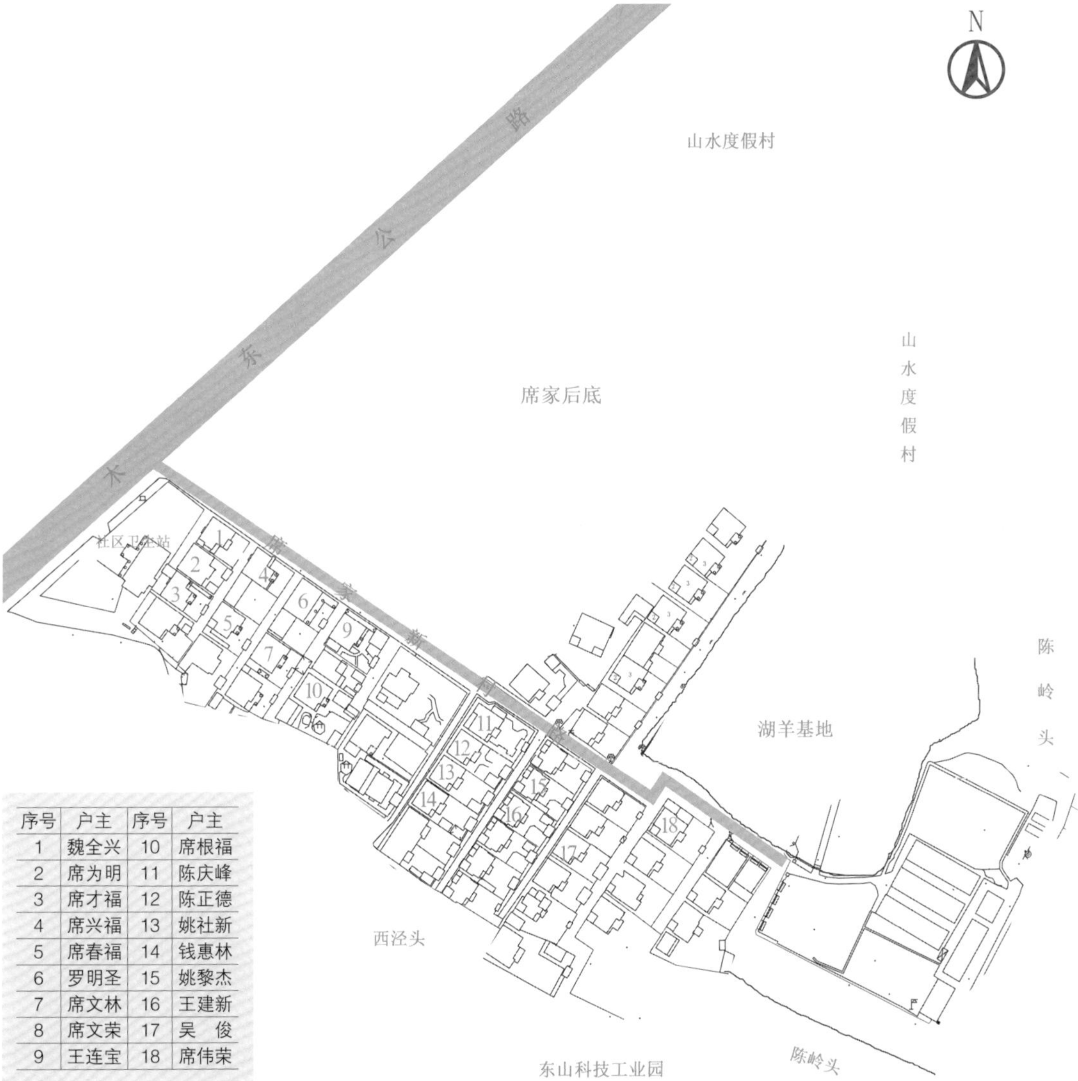

序号	户主	序号	户主
1	魏全兴	10	席根福
2	席为明	11	陈庆峰
3	席才福	12	陈正德
4	席兴福	13	姚社新
5	席春福	14	钱惠林
6	罗明圣	15	姚黎杰
7	席文林	16	王建新
8	席文荣	17	吴　俊
9	王连宝	18	席伟荣

席家新村简图

十六、陈岭头

陈岭头的名称来源有两种说法。一曰：宋室南渡，驸马郑钊抵东山后首居于岭旁，故原称郑岭头。后世，东山人的发音郑、陈一致，便成为陈岭头。另一说：武山是郑家的属地。土地改革时，郑氏的田产被分，郑岭头便改名为陈岭头。

陈岭头东邻下路头，南接东山科技工业园，西连西泾头，北与山水度假村接壤。

清雍正年间属蔡仙乡三十都四图。民国年间先后编入吴县第十七区渡水桥镇、吴县第十二区渡桥镇、东山区渡桥镇所属保甲。

中华人民共和国成立初，属金星初级社。1956 年属金星高级社，1958 年属洞庭人民公社六营二连。1961 年更名为金星大队第二生产队。1969 年改为金星大队革命委员会第二革命生产领导小组。1979 年 3 月改为金星大队第二生产队。1980 年 12 月改为西泾大队第二生产队。1983 年 7 月为西泾村民委员会第二村民小组。2003 年 12 月至今属渡桥村村民委员会。

陈岭头村名胜古迹较多。村旁武山主峰名西泾山，山顶有一庙宇武峰寺，历史悠久，至今香火甚旺。村内一条河道，名陈岭港。村内古桥三座，其中两座青桥，一座康桥。还有古银杏树两棵。

村内共有农户 54 家，施姓、钱姓、陈姓居多。村民以前以种植水稻、果树为主。今村民多方面经营，除种植橘子、枇杷、茶树、白果等以外，还从事工业、运输业等。

陈岭头

序号	户主	序号	户主	序号	户主	序号	户主
1	金传兴	15	朱夫林	29	陈巧龙	43	施兴男
2	张建新	16	朱裕茂	30	陈加生	44	陈恒基
3	张全寿	17	顾雨晨	31	陈加生	45	施永兴
4	柏桂珍	18	朱夫才	32	邵福男	46	宋兴大
5	秦宝龙	19	施根林	33	宋兴根	47	施兴财
6	汪勤龙	20	邵春荣	34	钱美林	48	施兴泉
7	钱庆林	21	邵福男	35	钱和平	49	姚洪林
8	邵林男	22	姚爱珠	36	钱和兴	50	陈荣华
9	施弘豪	23	沈万金	37	沈荣林	51	施龙兴
10	夏元松	24	金季兴	38	钱月文	52	姚根福
11	钱庆福	25	柏勤生	39	施兴福	53	陈桂兴
12	吴荣华	26	柏长兴	40	钱秋生	54	施积生
13	李建良	27	柏雪娣	41	沈万金		
14	柏永年	28	柏连生	42	钱进荣		

陈岭头简图

十七、下路头

东临禾家湾，南接东山科技工业园，西与陈岭头交界，北和山水度假村接壤。

清雍正年间属蔡仙乡三十都四图。民国年间先后编入吴县第十七区渡水桥镇、吴县第十二区渡桥镇、东山区渡桥镇所属保甲。

中华人民共和国成立初，属金星初级社。1956 年属金星高级社，1958 年属洞庭人民公社六营二连。1961 年更名为金星大队第三生产队。1969 年改为金星大队革命委员会第三革命生产领导小组。1979 年 3 月改为金星大队第三生产队。1980 年 12 月更名为西泾大队第三生产队。1983 年 7 月为西泾村民委员会第三村民小组。2003 年 12 月至今属渡桥村村民委员会。

2017 年有农户 38 家，施姓、沈姓居多。

下路头

序号	户主	序号	户名	序号	户主
1	席富才	14	姚仁元	27	沈庆林
2	席富兴	15	姚纪元	28	钱根元
3	钱富仙	16	沈庆林	29	施银根
4	俞小毛	17	钱建明	30	施凤兴
5	施仁林	18	沈仁德	31	沈正林
6	施阿仁	19	金其林	32	沈才兴
7	钱根宝	20	施云龙	33	施元福
8	陈留荣	21	钱庆生	34	施丽华
9	石巧巧	22	金加生	35	施林福
10	沈三男	23	沈庆德	36	施建荣
11	钱庆星	24	钱小明	37	钱小磷
12	戴生发	25	施小狗	38	施阿四
13	钱小文	26	席富元		

下路头简图

十八、禾家湾

禾家湾东、北邻五七农场，西与下路头交界，南接东山科技工业园。

清雍正年间属蔡仙乡三十都四图。民国年间先后编入吴县第十七区渡水桥镇、吴县第十二区渡桥镇、东山区渡桥镇所属保甲。

中华人民共和国成立初，属金星初级社。1956 年属金星高级社，1958 年属洞庭人民公社六营二连。1961 年更名为金星大队第四、第五、第六生产队。1969 年改为金星大队革命委员会第四、第五、第六革命生产领导小组。1979 年 3 月改为金星大队第四、第五、第六生产队。1980 年 12 月更名为西泾大队第四、第五、第六生产队。1983 年 7 月为西泾村民委员会第四、第五、第六村民小组。2003 年 12 月至今属渡桥村村民委员会。

禾家湾原称吴家湾。以种植水稻为主，“吴”与“禾”吴语发音相近，后便习惯称之为禾家湾。改革开放之后，村民主要以种植花果为主，兼养殖。种植品种有银杏、梅子、枇杷、橘子、茶叶等，最著名的要数湖羊。禾家湾白切羊肉有 800 多年的历史，为东山名优食品之一。

禾家湾有一河一道。一河名曰“禾家浜”，河水经朱家桥流向太湖。一道为东山到吴巷山的主干道。原是条砖石路面，今地下是自来水污水管道，路面也改成水泥路和沥青路。村内有古井 4 口、古榆 1 棵。

2017 年有 116 户，吴姓、陈姓、金姓居多。今剩余劳力已转向各行各业，有养殖湖羊的，还有从事运输业、建筑业、工商业的。全村有轿车 120 多辆。

禾家湾

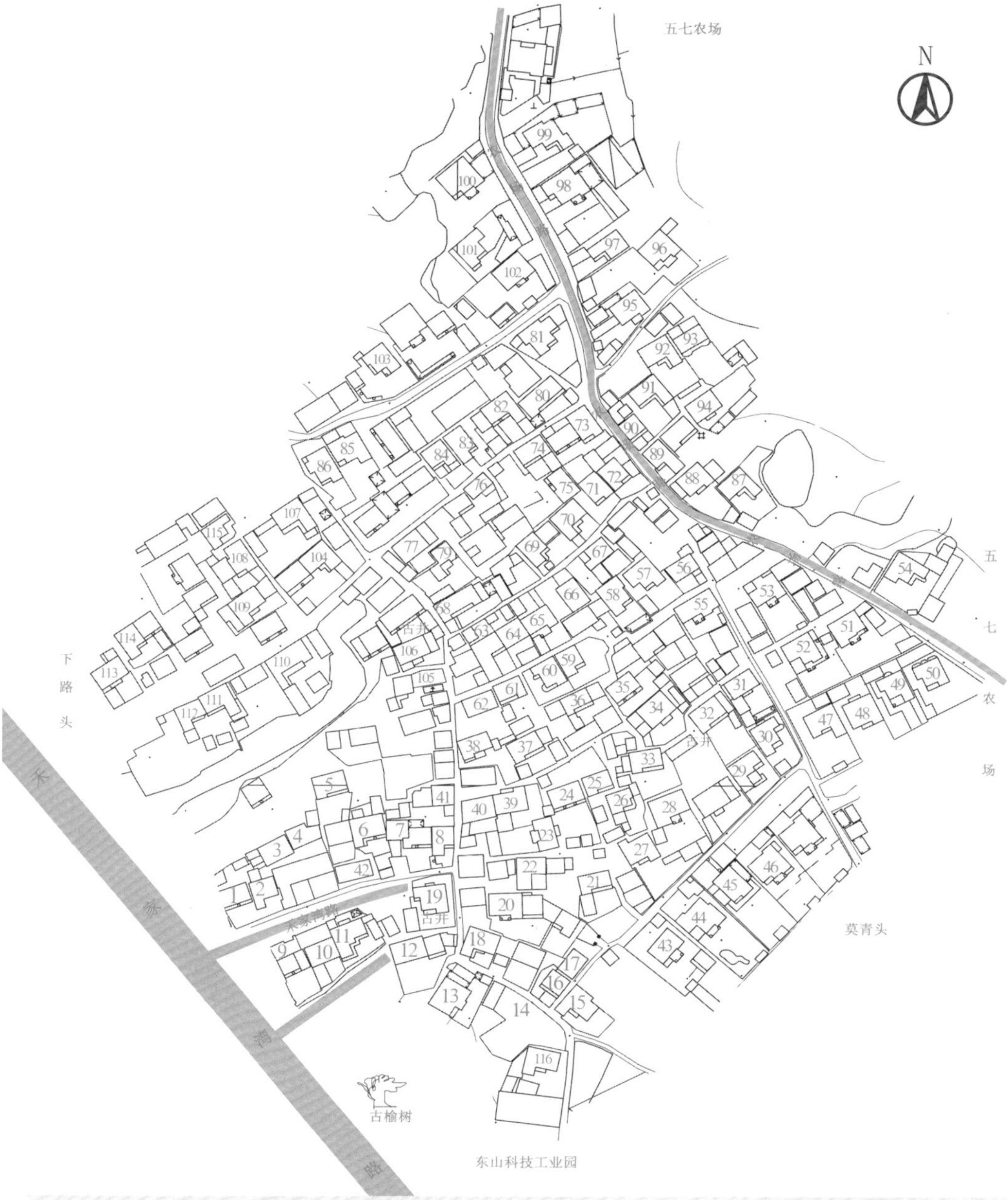

序号	户主	序号	户主	序号	户主	序号	户主	序号	户主	序号	户主	序号	户主	序号	户主	序号	户主
1	施兰琪	14	陈巧龙	27	金洪明	40	俞金妹	53	叶长兴	66	陈洪林	79	施兰庆	92	吴秀龙	105	徐林元
2	吴梅根	15	王建华	28	吴福兴	41	朱寿昌	54	陈补龙	67	吴纪康	80	吴春林	93	吴补林	106	邱方荣
3	孙金花	16	王建新	29	陈秋兴	42	徐林根	55	吴阿荣	68	姚红春	81	吴兴龙	94	吴卫林	107	袁春荣
4	徐勤龙	17	王建林	30	吴云康	43	陈华珍	56	吴招大	69	陈云来	82	吴云火	95	金林福	108	秦德康
5	徐　雪	18	王仁纪	31	吴正康	44	吴春荣	57	吴卫荣	70	吴福康	83	金本大	96	叶龙根	109	徐云荣
6	徐毛德	19	吴争荣	32	吴永兴	45	施兰芬	58	吴卫星	71	吴永康	84	金本福	97	吴彩林	110	施福财
7	吴　方	20	王建春	33	吴雪海	46	吴海龙	59	金福根	72	吴云康	85	陈利平	98	姚富根	111	姚如珍
8	吴美龙	21	陈胜男	34	吴根法	47	周招大	60	陈伟忠	73	吴富兴	86	陈嘉伦	99	吴华良	112	吴坤荣
9	徐洪根	22	陈夫男	35	金云根	48	陈补根	61	陈伟明	74	叶兴根	87	陈云芳	100	陈富财	113	陈宝国
10	夏元生	23	陈补林	36	吴丁兴	49	夏补生	62	吴云林	75	叶建荣	88	吴进男	101	陈洪明	114	陈宝根
11	夏象新	24	陈玉林	37	金阿多	50	朱阿六	63	陈富财	76	叶龙根	89	吴云来	102	邱方荣	115	施银根
12	陈建康	25	陈补龙	38	陈健健	51	徐云荣	64	陈富男	77	陈富兴	90	陈云财	103	钱建华	116	金玲芳
13	吴勇平	26	吴卫国	39	吴林兴	52	施凤兴	65	陈雪峰	78	施承秋	91	叶长兴	104	陈康龙		

禾家湾简图

十九、莫青头

东临东山气象台，南与东山科技工业园接壤，西与禾家湾交界，北连五七农场。

清雍正年间属蔡仙乡三十都四图。民国年间先后编入吴县第十七区渡水桥镇、吴县第十二区渡桥镇、东山区渡桥镇所属保甲。

中华人民共和国成立初，属金星初级社。1956 年属金星高级社，1958 年为洞庭人民公社六营二连。1961 年更名为金星大队第七生产队。1969 年改为金星大队革命委员会第七革命生产领导小组。1979 年 3 月改为金星大队第七生产队。1980 年 12 月更名为西泾大队第七生产队。1983 年 7 月为西泾村民委员会第七村民小组。2003 年 12 月至今属渡桥村村民委员会。

境内有一座小丘陵，名莫青山，山的东面建有莫青山果树区。2017 年，自禾家湾起筑小公路直通村内，建停车场约 250 平方米。村内有农户 9 家，以陈姓为多。

莫青头

序号	户主	序号	户主	序号	户主
1	陈洪元	4	屠桂仙	7	陈云福
2	金兴林	5	杨胜龙	8	陈洪明
3	金春林	6	陈洪仁	9	杨云林

莫青头简图

二十、官庄

官庄原来分为上官庄、下官庄两个自然村，今发展较快，两个自然村的中间已被村民住宅连成一个自然村落。

官庄位于距东山镇政府驻地东南3000米的武山东南。东与苏州振兴冷拉异型钢有限公司相邻，南与渡口村交界，西与江苏省果树研究所交界，北与五七农场接壤。

官庄之名，源于宋代驸马郑钊南迁武山并在此建造了庄园。官庄一条街是南宋后期东山最早的繁华商街。“三里官庄街，晴天不怕太阳晒，雨天可穿绣花鞋”，可见其建筑之盛，街道之华。后来具区港（渡水港）上建起了具区风月桥，人们逐步向靠山的翁巷、席家湖集聚，官庄开始衰落。

清雍正年间属蔡仙乡三十都八图。民国年间先后编入吴县第十七区渡水桥镇、吴县第十二区渡桥镇、东山区渡桥镇所属保甲。

中华人民共和国成立初，属金星初级社。1956年属金星高级社，1958年属洞庭人民公社六营二连。1961年更名为金星大队第八生产队。1969年改为金星大队革命委员会第八革命生产领导小组。1979年3月改为金星大队第八生产队。1980年12月更名为西泾大队第八生产队。1983年7月为金星村民委员会第八村民小组。2003年12月至今属渡桥村村民委员会。

2017年有农户21家，吴姓、李姓居多。村民以种植果树为主，村内有很多银杏树。近几年村民又大量种植枇杷、茶树，还根据不同的季节种植无公害蔬菜。

境内有江苏省常绿果树研究所、江苏省地质疗养院（山水度假村），曾有江苏省吴县五七农场、吴县仪表元件二厂。

官庄

序号	户主	序号	户主
1	陆小狗	12	李永芳
2	施补财	13	龚富根
3	陆玲娣	14	马云才
4	顾夫荣	15	龚富生
5	金本大	16	李泉兴
6	魏兴林	17	吴洪勤
7	李春元	18	吴洪林
8	芮凤兴	19	吴洪根
9	吴兴根	20	李泉林
10	李根芳	21	金兴林
11	李传兴		

官庄简图

二十一、席家后底

东临山水度假村，南与太湖村相连，西、北与新塘圩接壤。

清雍正年间属遵礼乡二十七都七图。民国年间先后编入吴县第十七区渡水桥镇、吴县第十二区渡桥镇、东山区渡桥镇所属保甲。

中华人民共和国成立初，属金星初级社。1956 年属金星高级社，1958 年属洞庭人民公社六营二连。1961 年更名为金星大队第九生产队。1969 年改为金星大队革命委员会第九革命生产领导小组。1979 年 3 月改为金星大队第八生产队。1980 年 12 月更名为西泾大队第九生产队。1983 年 7 月为金星村民委员会第九村民小组。2003 年 12 月至今属渡桥村村民委员会。

2017 年村内有农户 12 家，席姓居多。

席家后底

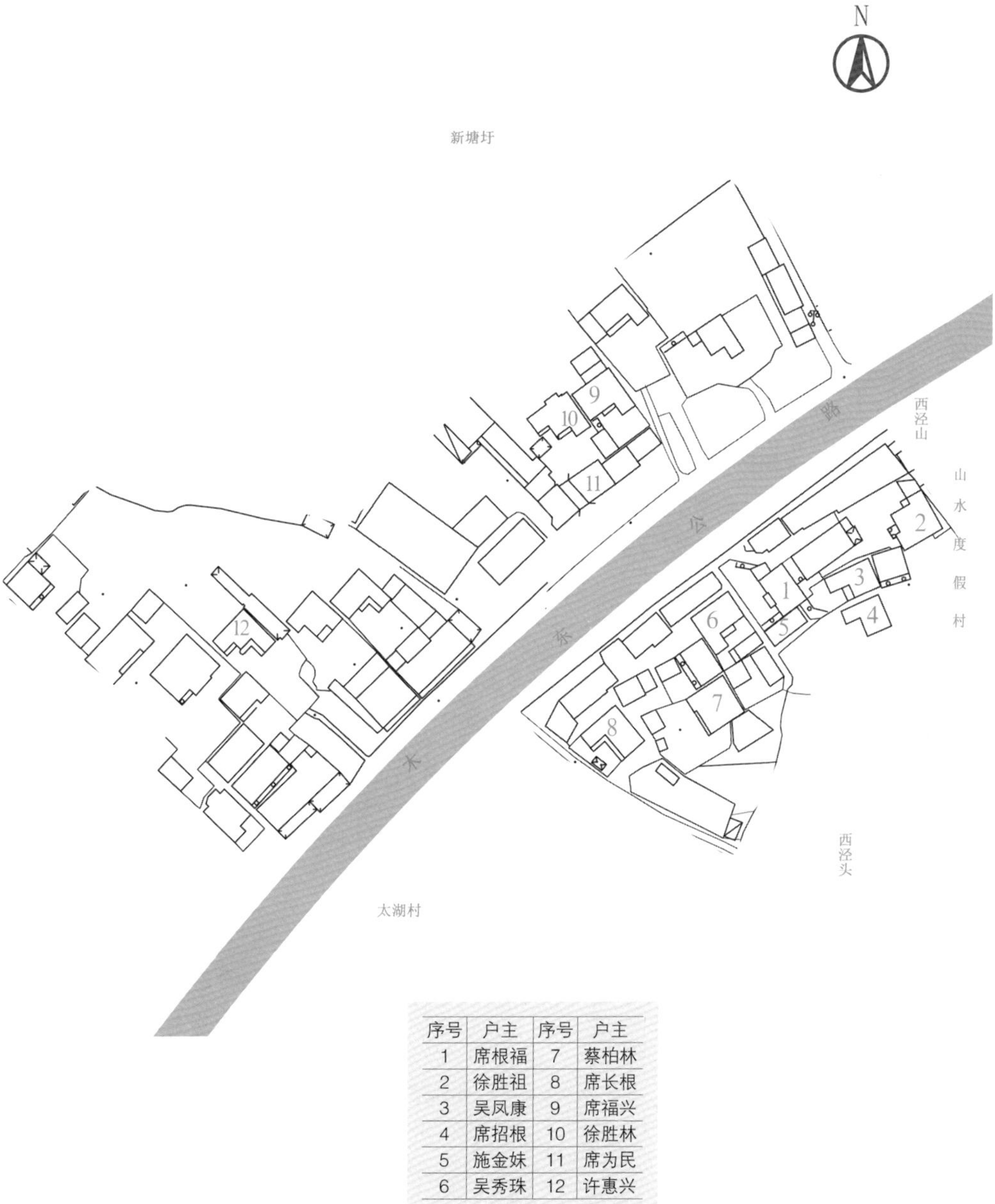

序号	户主	序号	户主
1	席根福	7	蔡柏林
2	徐胜祖	8	席长根
3	吴凤康	9	席福兴
4	席招根	10	徐胜林
5	施金妹	11	席为民
6	吴秀珠	12	许惠兴

席家后底简图

二十二、村后底

东西临五七农场，南与江苏省果树研究所相邻，北与葛家渡交界。

清雍正年间和民国时期，村后底的历史沿革和建置变迁与葛家渡相同。中华人民共和国成立后，村后底的历史沿革和建置变迁与席家后底相同。

2017 年村上有农户 20 家，陆姓、陈姓居多。

村后底

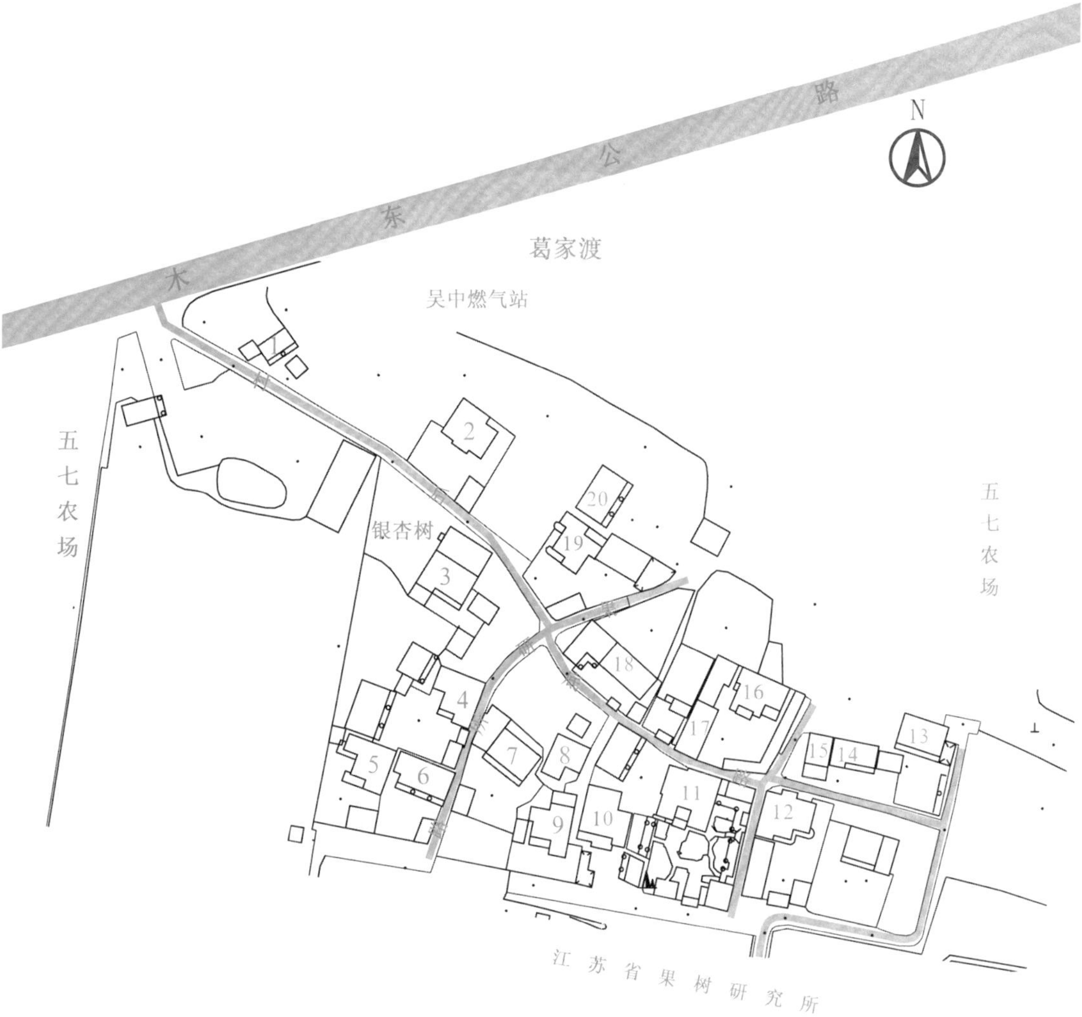

序号	户主	序号	户主
1	顾月珍	11	虞国年
2	陆云才	12	顾仁良
3	马云男	13	陈庆丰
4	陆云根	14	虞昌本
5	陆林根	15	孙兰女
6	陆林生	16	陈仁林
7	陈美娥	17	王明红
8	孔根娣	18	陈云全
9	顾于良	19	陆连根
10	顾国良	20	陆云才

村后底简图

第二章 人口

渡桥地处东山东北部，水陆交通便利，其氏族大多来自中原，宋代就是有较多人口的村庄，其中最具代表性的为官庄。明清乡镇志对户籍人口只统计到乡镇，无图（村）的记载。本章较为详细的人口情况，从民国时期开始记述。

第一节　人口总量

1943 年刻印的《乡志类稿》东山镇保甲户口调查表载：渡桥 7 保 78 甲 1784 户，共 3014 人，其中男 1619 人、女 1395 人；武山 9 保 89 甲 745 户，共 3231 人，其中男 1662 人、女 1569 人。当时两乡镇比现在的渡桥村范围广、地域大，包括吴巷、朱茂等村。

1951 年，渡桥含吴巷、渡口、朱茂等 11 个村，共 128 个组，1121 户，5731 人，其中男 2875 人、女 2856 人。

1959 年，渡桥晨光村含新建村有 410 户，1501 人，其中男 745 人、女 756 人；金星村有 364 户，1294 人，其中男 577 人、女 687 人。

1961 年，渡桥晨光大队有 256 户，846 人；新建大队有 138 户，642 人；金星大队有 247 户，844 人。

1963 年，渡桥晨光大队有 266 户，913 人，其中男 431 人、女 482 人；新建大队有 190 户，645 人，其中男 325 人、女 329 人；金星大队有 257 户，872 人，其中男 467 人、女 409 人。

1978 年，渡桥晨光大队有 320 户，1262 人；新建大队有 212 户，1032 人；金星大队有 294 户，1169 人。

1985 年，渡桥晨光村有 319 户，1165 人；新建村有 225 户，985 人；西泾村 307 有户，1163 人。

1995 年，渡桥晨光村有 363 户，1183 人；新建村有 316 户，1063 人；西泾村有 364 户，1207 人。

2002 年，渡桥晨光村有 355 户，1088 人；新建村有 295 户，1054 人；西泾村有 350 户，1314 人。

2017 年，渡桥村有 1024 户，3561 人，其中男 1705 人、女 1856 人。

表 2-1　　1971 年—2002 年晨光大队（村）人口一览表

年份	户数(户)	人口(人)	年份	户数(户)	人口(人)	年份	户数(户)	人口(人)
1971	295	1256	1982	317	1096	1993	364	1187
1972	394	1259	1983	316	1190	1994	363	1193
1973	311	1273	1984	319	1185	1995	363	1183
1974	309	1275	1985	319	1165	1996	363	1190
1975	309	1284	1986	340	1163	1997	354	1175
1976	320	1287	1987	340	1182	1998	353	1171
1977	317	1273	1988	353	1193	1999	350	1121
1978	320	1262	1989	357	1187	2000	351	1104
1979	306	1193	1990	375	1174	2001	350	1101
1980	310	1198	1991	364	1183	2002	355	1088
1981	318	1186	1992	366	1189			

表 2-2　　1971 年—2002 年新建大队（村）人口一览表

年份	户数（户）	人口（人）	年份	户数（户）	人口（人）	年份	户数（户）	人口（人）
1971	209	968	1982	232	1003	1993	291	1034
1972	209	984	1983	232	1007	1994	307	1057
1973	209	996	1984	230	998	1995	316	1063
1974	231	1004	1985	225	986	1996	323	1057
1975	231	1010	1986	226	977	1997	283	1057
1976	212	1013	1987	245	975	1998	286	1056
1977	212	1028	1988	245	974	1999	285	1050
1978	212	1032	1989	245	972	2000	286	1055
1979	212	1008	1990	269	1010	2001	289	1050
1980	212	1006	1991	277	1012	2002	295	1054
1981	225	1009	1992	285	1012			

表 2-3　　1971 年—2002 年金星西泾大队（村）人口一览表

年份	户数（户）	人口（人）	年份	户数（户）	人口（人）	年份	户数（户）	人口（人）
1971	277	1139	1982	306	1172	1993	365	1202
1972	277	1150	1983	307	1173	1994	362	1202
1973	277	1153	1984	307	1166	1995	364	1207
1974	283	1153	1985	307	1163	1996	350	1208
1975	283	1163	1986	317	1164	1997	349	1200
1976	289	1161	1987	307	1170	1998	353	1189
1977	294	1177	1988	334	1182	1999	352	1168
1978	294	1169	1989	334	1191	2000	350	1155
1979	294	1159	1990	334	1203	2001	349	1142
1980	298	1158	1991	357	1209	2002	350	1314
1981	306	1177	1992	363	1211			

表 2-4　　2003 年—2017 年渡桥村人口一览表

年份	户数（户）	人口（人）	其中	
			男（人）	女（人）
2003	1008	3267	1584	1683
2004	1023	3273	1585	1688
2005	1027	3278	1589	1689
2006	1024	3286	1599	1687
2007	1031	3297	1594	1692
2008	1031	3306	1594	1703

续表

年份	户数（户）	人口（人）	其中	
			男（人）	女（人）
2009	1033	3308	1592	1714
2010	1036	3320	1596	1724
2011	1034	3349	1574	1745
2012	1032	3384	1619	1765
2013	1028	3392	1629	1763
2014	1026	3440	1651	1789
2015	1030	3483	1670	1813
2016	1023	3527	1694	1833
2017	1024	3561	1705	1856

第二节　人口变动

中华人民共和国成立后，社会安定，渡桥人口呈现出生率高、死亡率低的状况。20世纪70年代提倡晚婚晚育，人口出生平稳增长。80年代实行计划生育，人口出生率逐步下降。90年代由于村民收入水平提高，医疗状况改善，人口死亡率下降。2016年国家出台生育二孩政策，人口出生率明显提高。

中华人民共和国成立后，人口迁进迁出主要是青年应征入伍、军人复员退伍、中学生考入大中院校，其他为婚嫁迁移。

表2–5　　1964年晨光大队、新建大队、金星大队人口变动情况统计表

大队	总户数（户）	总人数（人）	出生（人）			死亡（人）			迁入迁出（人）		
			合计	男	女	合计	男	女	合计	男	女
晨光	243	972	13	10	3	3	2	1	6	1	5
新建	185	736	25	12	13	4	2	2	4	3	1
金星	246	958	33	14	19	5	2	3	3	2	1

表2–6　　1974年晨光大队、新建大队、金星大队人口变动情况统计表

大队	总户数（户）	总人数（人）	出生（人）			死亡（人）			迁入（人）			迁出（人）		
			合计	男	女	合计	男	女	合计	男	女	合计	男	女
晨光	311	1273	16	9	7	7	3	4	0	0	0	3	2	1
新建	209	996	19	11	8	11	7	4	2	0	2	2	1	1
金星	277	1153	8	3	5	6	2	4	2	2	0	1	1	0

表 2-7　　1985 年晨光村、新建村、西泾村人口自然变动统计表

村名	总户数（户）	总人数（人）	出生（人）			死亡（人）			迁入（人）		迁出（人）		本镇移动（人）	
			合计	男	女	合计	男	女	省内	省外	省内	省外	移入	移出
晨光	319	1165	18	6	12	6	3	3	2	1	11	2	17	39
新建	225	986	10	6	4	5	3	2	2	0	2	2	6	21
西泾	307	1163	13	7	6	11	7	4	1	2	3	0	7	12

表 2-8　　1994 年晨光村、新建村、西泾村人口变动情况统计表

村名	总户数（户）	总人数（人）	出生（人）			死亡（人）			迁入（人）		迁出（人）		本镇移动（人）	
			合计	男	女	合计	男	女	省内	省外	省内	省外	移入	移出
晨光	363	1193	16	6	10	8	4	4	3	3	6	—	11	13
新建	307	1057	23	12	11	6	5	1	9	9	6	—	29	29
西泾	362	1202	12	7	5	7	4	3	1	1	2	1	10	14

表 2-9　　2004 年—2017 年渡桥村人口变动情况统计表

年度	总户数（户）	总人数（人）	出生（人）		死亡（人）		迁入（人）		迁出（人）		本镇移入（人）		本镇移出（人）	
			男	女	男	女	男	女	男	女	男	女	男	女
2004	1023	3273	5	8	12	14	15	14	2	6	27	33	25	37
2005	1027	3278	8	10	15	14	11	13	2	8	15	15	13	16
2006	1024	3286	13	4	12	10	14	13	6	6	5	5	4	8
2007	1031	3297	9	9	15	10	6	18	5	1	15	17	15	17
2008	1031	3306	10	10	21	6	8	7	3	4	7	9	3	8
2009	1033	3308	12	9	16	12	4	10	2	4	9	16	8	6
2010	1036	3320	8	14	8	12	2	4	—	2	—	—	—	—
2011	1034	3349	10	19	13	13	8	11	—	—	11	12	6	8
2012	1032	3384	20	21	12	13	10	22	6	5	1	1	1	1
2013	1028	3392	10	9	11	13	7	8	4	5	4	6	1	2
2014	1026	3440	25	27	10	12	7	10	3	4	—	1	4	5
2015	1030	3483	14	17	13	12	8	8	2	3	23	23	9	11
2016	1023	3527	24	26	11	14	7	10	4	3	6	5	1	1
2017	1024	3561	23	20	14	17	8	8	5	5	14	12	2	3

第三节　人口构成

一、民族

渡桥村 99% 是汉族，少数民族有 3 个：壮族、彝族和白族，这些少数民族人口大多是近 10 年因婚嫁而迁入的。少数民族人口共 7 人，壮族 1 人，居住在晨光；彝族 3 人，分别居住在晨光、新建、西泾；白族 3 人，居住在晨光。

二、姓氏

据 2017 年渡桥村常住人口户籍姓氏统计，现渡桥村共有姓氏 163 个，吴、陈、张、周、王、施、姚、李为人口较多的姓氏。

（一）吴姓

吴姓为吴中望族，也为东山名门，历史悠久，名人辈出。渡桥（武山）吴姓始祖是濮娄，因避祸改为濮姓，其子孙在东山传了 40 多代。南宋初年，出了一个名百生的名士，才率众恢复吴姓。渡桥吴姓主要居住在西泾官庄、禾家湾以及新建新塘村、新河村。

（二）陈姓

东山陈氏源于何处，一说为浙江湖州，一说为苏州金阊。渡桥陈姓主要居住在西泾头、陈岭头、渡桥南街、汤家扇以及新建新河村、婆罗桥等。

（三）张姓

张氏迁山时间为唐代后期，一部分定居在三山、长圻，一部分向四周迁移，也包括渡桥。渡桥张姓主要居住在晨光司前街、张家下脚、网泾浜和新建婆罗桥等。

（四）周姓

周氏旧时为东山望族，现为东山大姓。东山周姓为三支，一支杨湾、一支周湾、一支陆巷，一些后裔又迁移东山其他各地。渡桥周姓主要居住在西泾头、新建婆罗桥和新河村等。

（五）王姓

王姓为东山明清以来著名的世族大族之一，一部分后裔散居在东山各地。渡桥王姓主要居住在西泾禾家湾以及新建新塘村、婆罗桥。

（六）施姓

东山施姓先祖南宋迁东山，定居施巷，其后裔迁移东山各地。渡桥施氏主要居住在张家下脚、禾家湾、陈岭头、下路头。

（七）姚姓

东山姚姓约在明代迁来东山，大部分从浙江湖州迁来。渡桥姚氏主要居住在西泾头、禾家湾、沈家岸。

（八）李姓

东山李姓具体迁山时间不详，但从东山一些家族南宋自汴梁居东山李湾的记载来看，李姓迁山应早于南宋。渡桥李姓主要居住地是西泾官庄和新建新河村。

表 2–10　　2017 年渡桥村人口姓氏统计表（按姓氏人数排列）

单位：人

姓氏	人数	姓氏	人数	姓氏	人数	姓氏	人数
吴	345	俞	28	田	10	聂	3
陈	301	高	28	韦	9	阮	3
张	182	江	25	黄	8	时	3
周	144	侯	25	范	8	史	3
王	131	胡	25	芮	8	郜	3
施	104	竺	23	宦	8	邹	3
姚	103	柏	23	姜	7	谭	3
李	98	韩	22	雍	7	陶	3
徐	94	梁	21	章	6	颜	3
金	91	潘	20	何	6	庄	3
朱	87	宋	20	石	6	仇	3
马	82	邱	20	孔	5	包	2
刘	74	魏	19	万	5	鲍	2
叶	72	严	19	虞	5	毕	2
盛	71	缪	18	左	5	邓	2
杨	70	曹	18	喻	5	雷	2
顾	63	房	17	肖	5	林	2
沈	62	郑	17	沙	4	毛	2
钱	61	薛	17	汤	4	伍	2
陆	57	汪	17	谢	4	仲	2
赵	47	吕	16	丁	4	卓	2
董	41	熊	16	贾	4	谷	2
葛	39	苗	14	贺	4	单	2
许	39	戴	13	杜	4	钟	1
席	38	邵	13	彭	4	申	1
袁	37	卢	12	常	3	屠	1
孙	36	龚	11	成	3	温	1
唐	35	任	11	洪	3	翁	1
夏	33	罗	10	华	3	殷	1
秦	31	乔	10	蒋	3	于	1
苏	30	裘	10	冯	3	余	1
蔡	29	郭	10	鲁	3	卞	1

续表

姓氏	人数	姓氏	人数	姓氏	人数	姓氏	人数
薄	1	耿	1	蒲	1	费	1
查	1	贡	1	浦	1	封	1
刁	1	桂	1	戚	1	伏	1
霍	1	黎	1	荣	1	傅	1
季	1	柳	1	佘	1	甘	1
解	1	龙	1	孟	1	鹿	1
庾	1	倪	1	莫	1	娄	1
臧	1	钮	1	景	1	梅	1
翟	1	庞	1	匡	1		

三、年龄

据渡桥村人口资料统计，2017 年年底全村人口 3561 人（男 1705 人、女 1856 人），其中，0—9 周岁 339 人（男 162 人、女 117 人），10—19 周岁 177 人（男 81 人、女 96 人），20—29 周岁 502 人（男 240 人、女 262 人），30—39 周岁 395 人（男 190 人、女 205 人），40—49 周岁 596 人（男 289 人、女 307 人），50—59 周岁 692 人（男 336 人、女 356 人），57—69 周岁 442 人（男 212 人、女 230 人），70—79 周岁 283 人（男 137 人、女 146 人），80—89 周岁 126 人（男 53 人、女 73 人），90 周岁以上 9 人（男 2 人、女 7 人）。

渡桥村物阜民富，长寿老人较多。

表 2–11　　2017 年渡桥村健在的 80 至 89 周岁老人一览表

姓名	性别	出生年月	地址
王爱珍	女	1929.7	西泾一组
吴全珠	女	1929.1	西泾二组
钱启根	男	1930.11	西泾三组
邵才云	女	1930.11	西泾三组
姚富根	男	1930.7	西泾四组
周巧云	女	1928.12	西泾六组
朱寿昌	男	1930.2	西泾七组
朱根喜	男	1930.8	新建一组
陈扣宝	男	1929.11	新建二组
吴雪堂	男	1929.12	新建二组
徐翠花	女	1928.7	新建三组
唐兰女	女	1928.5	新建三组
胡志高	男	1930.9	新建五组
吴志祥	男	1930.9	新建五组

续表

姓名	性别	出生年月	地址
郑凤英	女	1929.4	新建五组
姚雪芳	女	1930.2	晨光一组
金根生	男	1929.4	晨光二组
盛胜锦	男	1930.8	晨光三组
高泉源	男	1929.10	晨光五组
苏云福	男	1931.1	晨光五组
浦金英	女	1930.1	晨光七组
龚三媛	女	1928.1	晨光八组
吴云珠	女	1931.6	晨光八组
周巧寿	女	1931.7	新建一组
俞小妹	女	1931.8	西泾六组
邱阿四	女	1931.10	西泾七组
周凤英	女	1931.10	新建二组
郑美林	男	1931.11	晨光八组
吴寿全	男	1931.12	西泾一组
张粉扣	女	1932.2	新建三组
侯德银	男	1932.2	新建一组
周粉年	女	1932.2	新建一组
顾巧关	男	1932.3	晨光七组
张凤娟	女	1932.3	晨光二组
邱仁云	女	1932.5	西泾三组
魏杏娟	女	1932.5	西泾九组
吴银宝	女	1932.5	新建一组
陈福仙	女	1932.7	西泾六组
周招大	男	1932.7	西泾七组
金还生	男	1932.8	西泾七组
朱根宝	男	1932.9	新建二组
乔小妹	女	1932.10	西泾八组
徐仁金	女	1932.12	西泾五组
谢阿才	男	1933.1	晨光一组
马金林	男	1933.2	晨光四组
吴福珠	女	1933.4	西泾二组
夏正兴	男	1933.5	新建三组
陆文英	女	1933.7	晨光五组

续表

姓名	性别	出生年月	地址
苗秀英	女	1933.7	新建二组
沈才兴	男	1933.8	晨光三组
吴仁云	女	1933.8	西泾五组
陈爱云	女	1933.9	西泾二组
杨秀英	女	1933.11	晨光二组
汪云娥	女	1933.11	西泾一组
秦阿毛	男	1933.11	晨光七组
赵云星	男	1934.2	新建四组
马小狗	男	1934.2	西泾八组
叶招娣	女	1934.3	新建三组
邱凤仙	女	1934.5	晨光三组
陈根娣	女	1934.5	晨光六组
张粉女	女	1934.6	新建三组
刘古夫	男	1934.7	晨光一组
周桂英	女	1934.8	晨光一组
丁爱娣	女	1934.8	晨光一组
竺招娣	女	1934.9	新建五组
金志雄	男	1934.10	晨光七组
吴端仙	女	1934.10	西泾三组
朱庆芳	女	1934.10	西泾四组
陈桂礼	男	1934.12	新建五组
李小英	女	1935.1	晨光一组
程阿菊	女	1935.3	屯湾五组
陈阿三	男	1935.6	晨光五组
袁云娣	女	1935.7	晨光二组
何兴玲	女	1935.7	西泾七组
张金妹	女	1935.7	晨光二组
孔根娣	女	1935.8	西泾九组
吴进男	男	1935.8	西泾五组
吕素珍	女	1935.8	新建五组
吴林宝	男	1935.9	晨光一组
朱招娣	女	1935.9	新建四组
卢雨林	男	1935.9	晨光六组
马秀英	女	1935.10	晨光五组

续表

姓名	性别	出生年月	地址
金才云	女	1935.10	晨光七组
陈云生	男	1935.10	西泾四组
熊忠太	男	1935.11	晨光七组
葛怀珠	女	1935.11	新建二组
苗为庭	男	1935.12	新建五组
吴爱仙	女	1935.12	西泾三组
沈翠云	女	1935.12	西泾三组
庄银凤	女	1936.1	西泾五组
马爱珍	女	1936.2	西泾八组
徐林根	男	1936.2	西泾六组
沈林娣	女	1936.2	晨光五组
金福根	男	1936.3	西泾六组
钱根兴	男	1936.3	西泾三组
徐定金	女	1936.4	西泾六组
葛德泉	男	1936.6	晨光七组
马四娟	女	1936.7	西泾八组
王彩金	女	1936.8	晨光五组
杨万华	男	1936.8	新建二组
陈阿荣	男	1936.9	晨光三组
邵二妹	女	1936.11	西泾九组
马冬英	女	1936.11	晨光七组
竺兴林	男	1936.11	新建一组
吴同如	男	1936.12	新建四组
高菊仙	女	1936.12	晨光二组
章兰英	女	1937.2	晨光八组
张子兴	男	1937.2	晨光五组
王招媛	女	1937.4	晨光六组
赵来珍	女	1937.5	新建三组
叶祖根	男	1937.6	晨光二组
张国才	男	1937.6	西泾九组
刘爱华	女	1937.6	新建五组
盛福林	男	1937.9	晨光三组
吴有娣	女	1937.9	晨光一组
秦长安	男	1937.10	西泾一组

续表

姓名	性别	出生年月	地址
顾富仙	女	1937.11	晨光二组
宋凤娟	女	1937.11	晨光四组
邱阿定	男	1937.11	晨光五组
袁长林	男	1937.11	晨光八组
王大龙	男	1937.11	新建五组
朱庆云	女	1937.12	西泾七组
周进步	女	1937.12	新建四组
罗阿珍	女	1937.12	新建一组
苗为其	男	1937.12	新建五组
陆爱宝	女	1937.12	西泾九组

表 2-12　　2017 年渡桥村 90 周岁以上老人一览表

姓名	性别	出生年月	地址
竺阿宝	女	1922.11	晨光二组
葛小珠	女	1923.7	晨光一组
孙彩英	女	1924.3	晨光一组
沈云珠	女	1925.3	晨光二组
仇惠芬	女	1926.1	西泾二组
周招娣	女	1936.10	晨光五组
成志存	男	1926.10	晨光一组
叶金男	男	1924.4	晨光四组
成巧珍	女	1927.8	晨光一组

四、文化程度

中华人民共和国成立前，渡桥村区域儿童入学率低，读书子女少，成年人中尤其是女性中半文盲较多。中华人民共和国成立初，成年人上夜校，学习文化，参加扫除文盲活动，使半文盲人数逐渐减少。同时，学龄前儿童基本入学，具有小学以上文化程度的人数不断增加。1990 年普及九年义务制教育后，初高中学历人数大幅度增加。进入 21 世纪，高校扩大招生，大学生的比例也逐年提高。

2017 年年底，渡桥总人口 3561 人。学龄前儿童 271 人，占 7.7%；小学文化程度 1403 人，占 39%；初中文化程度 1217 人，占 34.3%；高中（含职高、中专）文化程度 329 人，占 9.3%；大学（含专科）文化程度 215 人，占 6.1%；半文盲、文盲 126 人，占 3.6%。

第三章　古迹

渡桥历史悠久，古迹遍布。春秋时已成为吴王游观采食之地。宋室南迁，驸马郑钊、北方望族葛氏等迁居武山，当时武山建筑成群，景观较多，为渡桥留下了丰富的文化遗址。历经千百年风雨，这些古迹或仅存其名，已无其迹，或依稀可辨。

第一节 司署宅第

一、司前街

在渡水桥之南，明成化十七年（1481）设东山巡检司署于此，司署前之街即被称为司前街，沿用至今。2017 年，建司前街门楼 1 座，以志纪念。

二、集贤圃

位于渡桥老街东端，与连璧桥相连，背山面湖，风光独秀，有“亭榭水石之胜甲吴中”之称。乾隆《吴县志》载:“集贤圃，在洞庭东山风月桥北，里人翁彦升筑，后归席太仆本桢，名东园。”园中景观极多，有开襟阁、群玉堂、来远亭、飞香径、朱渡桥、一叶居、寒香斋、漪漪馆、积秀阁等建筑。清初售予席本桢，园内建筑移建到翁巷花园弄，取名东园，今存部分建筑。

附：历史上的司署宅第

一、东山巡检司署

明成化十七年由江苏巡抚都御史王恕奏设，初设于东山渡水桥南侧，处理日常军政事务，配 40 名弓箭手，设 8 个营汛哨所，兼管地方治安等武事。明清交替之际司衙被毁，借渡水桥南侧民房处理公务。清康熙二十三年（1684）由武山乡贤吴时雅出资重建，因设太湖营兵备，故巡检司仅置 12 名弓兵，不再兼武。乾隆元年（1736），东山设太湖厅理民同知加督捕衔专理东山民事公署，从而替代了巡检司，今废。

二、太湖营把总署

清康熙四年（1665）由浙江总督赵廷臣和江南总督郎廷佐提议，经朝廷批准，设太湖营把总署，分委千把总 6 名，其中千把总 1 名驻东山，初期未置署衙，千把总借翠峰寺办公。康熙二十三年由武山乡绅吴时雅倡建署衙于渡水桥湖亭西，凡十一间。后改千总署。今址无迹可辨。

三、江南太湖营副将署

在渡水桥北，清光绪十五年（1889）由副将廖德旺自行义捐，改建于连璧桥东沈家岸都司旧署之废基。大门临河，为营船聚泊之所，有兵丁 30 名，习称协台衙门。民国后改水警队部。由前清太湖协镇张占魁部改编，人数 157 人，名称为江苏省水上警察第二区第八队，驻于渡水桥。后一度改警察为公安，仍驻渡水桥。抗日战争中，东山被日军占领，在此设检问所，往返行人一律要脱帽向日军鞠躬行礼，还要被搜身检查行李包裹，受尽耻辱，抗战胜利后废。

四、教场

旧在东山副将署东三里湖亭旁（即原关帝庙湖口，今庙早废），面积 57 余亩，有演武厅 6 间，厢房 2 间，旗台 1 座。清雍正三年（1725），由地方绅士捐建。民国后充作公产变卖。

五、郑驸马故居

在武山西泾山之阴。宋驸马都尉郑钊，扈从高宗南渡，定居于此，成为东山郑氏始祖，其遗迹今已无存。

六、葛宅

为明代著名诗人葛一龙故居，位于武山翔翅山。时有社会名流云南陈眉公、金陵顾与治、楚中钟伯敬及谭友夏等诸友造庐结欢，登坛唱和，极一时之盛。葛宅有吟坛、彦会堂、篆园、古桂堂、艳雪斋、晚香亭、巢饮阁、明月轩、尺木居等建筑，今仅存遗址。

七、俞氏保宁堂、保佑堂、保仙堂

位于渡桥。前清时期，俞氏保宁堂曾获朝廷“光前裕后”匾额一方。之后，又在保宁堂旁建保佑堂、保仙堂，规模较大，建筑恢宏。民国末年拆除开办东山茧行，现仅存遗址。

第二节　桥亭坊道

一、铁梗桥

原名积善桥，位于陈岭港。宋代建，清代曾维修过，民国初期桥栏损坏，改装铁梗护栏，故名铁梗桥。如今铁梗已无，桥身被圈进光硕科技公司之内，桥身保存较好。

二、具区风月桥

又称渡水桥，位于东山与武山之间，横跨具区港，亦称渡水港。具区港由东北至西南，长达 12 千米，贯穿东山，隔断了东山与武山的通路。最初交通赖船只摆渡，故桥处旧时曾有“渡口”之称。以后废舟渡改架木以通行人，元至正年间，始有周富七郎出资建石板桥。至明景泰元年（1450）毁坏。自此持续 40 多年未曾修复。后里人集资，架简易木桥，河宽桥高，时出险情。明弘治九年（1496），武山人粮长吴天祐睹状，毅然出巨资重建渡水桥。此举得到当时郡守、邑宰等地方首脑的赞誉和嘉奖。工程进行期间，朝廷工部大臣姚方曾亲临督视。

建造渡水桥耗工 9800 工，木料 2300 根，花岗石 1200 块，石灰 12.5 吨，金百铤（铤即锭，古代用金银铸成贝状、颗状或块，用作货币流通，每铤重 156 克至 312 克）。桥身全部为石质，三孔，长 48 米，高 8.7 米。两端桥堍石堤各长 120 余米，十分壮观。

历约 400 年至民国初年，桥渐有损，由吴氏后裔吴礼门加以修筑，故今仍完好。虽两端桥堍今为民房所占，已失旧貌，而桥身仍不失当年雄姿。

商务印书馆出版之《辞源》中列有“风月桥”条目，即指此桥，可见其历史地位和知名度。

具区风月桥 1986 年被列为吴县文物保护单位。

东山双桥：具区风月桥、连璧桥

三、连璧桥

俗称“领兵桥”，建于清代，位于渡桥殿泾港港口。为石质平桥，殿泾港水流从桥下注入渡水港。渡水桥与连璧桥形成曲尺状双桥，成为渡桥一大景观。

四、武山古道

建于隋唐，从渡桥南街起，有石板路到吴家祠堂边，沿武山畔沿青砖路到官庄，再经石板路、菖蒲桥、婆罗桥、寒山庵至四摆渡口止，沿途山中树木茂盛，今存部分路段。

五、渡水桥路

建于清代，自长泾浜至锡嘉桥。原是砖砌路面。今自连璧桥以东不能通行。连璧桥起西至公路桥堍为渡桥街，延至锡嘉桥，改铺水泥路。

六、殿泾港路

渡水桥至殿前浜场之路，清光绪年间由太湖同知孙敏骥倡修。清宣统年间，叶懋鎏等重又募修。砖砌路面，已有损坏。光绪四年（1878）初，由雷玉春倡建路边港沿并贯木为栏，人们称为“雷公栏”，后由三善堂出资易木为石栏。1973 年因筑防空洞和知青点所需，石栏被拆去。1998 年 11 月，扩建殿泾港路，两头分别连接渡水街和殿前老街，长度 420 米，港两侧安装石条栏杆、石狮，并栽种柳树。

附：历史上的桥亭坊道

一、仙桥

位于西泾港上，有外仙桥（平桥）和内仙桥（拱桥）两座，始建于宋代，已毁。

二、安波亭

古称云海亭，位于渡水港东岸，建于宋绍兴年间，石柱、地基和亭顶均由花岗石建筑，毁于1936年。

三、湖亭

明初建于东山渡水港东出口，面临小北湖，初名湖亭，系当年出入东山水口的标志性建筑。明万历年间由翁氏建造集贤圃把湖亭围入园中。今废。

四、渡水桥桥亭

建于清乾隆年间，桥亭位于石桥桥面正中，为木构方亭，民国初年吴氏出资整修时拆除。

五、养力亭

位于殿泾港左侧，建于清光绪四年（1878），由副将雷玉春倡捐募资而建，为理教劝戒烟酒分会，壁嵌郑公鹤亭、张公金台纪念碑。1958年建造震泽县花果厂被拆除。

六、孙公亭

位于殿泾港左侧，清光绪二十二年（1896），太湖厅第九十九任同知孙毓骥倡议建造，供路人休息避雨之用。后人纪念他的功德而命名为孙公亭，亭有联曰“山中司马心如镜，路人行人口似碑”,可见为官清正造福人民则名垂千古。1958年建造震泽县花果厂被拆除。

七、武山茶亭

建于清乾隆五十七年（1792），位于武山观音庵前，为前来焚香的善男信女提供歇息场所，还供路人休息饮茶。1956年建木东公路拆除。

八、尚义坊

在武山，明成化年间，为赈荒中书舍人吴天袷立，今废。

九、节孝总坊

在渡水港东原湖亭节烈祠前，建坊年代失考，清咸丰十一年（1861）毁，光绪十一年（1885）重建，今废。

十、节妇坊

建于清道光年间，在原吴家祠堂附近，西泾河旁，有两座并列，毁于咸丰十一年（1861）。

第三节　山石林泉

一、濮公墩

即武山锦鸠峰，峰高20米。相传春秋时，季子之孙吴濮娄，因避夫差之乱，率众卜居于此，墩因得名。墩下有季子祠，祠旁有寿宁庵，有泉曰寿宁泉。清代诗人陆燕喆隐居武山锦鸠峰下，以笔耕自给，学生称鸠峰先生。今墩尚在，祠、庵、泉均废。

二、禾家湾榆树

位于禾家湾村口大路旁，树龄 200 年，树干高 20 米，树围粗 150 厘米，生长茂盛，整棵树冠覆盖达 35 平方米。

三、陈岭头银杏树

一棵位于陈岭头中部，四周均为民宅，树龄 350 年，树干高 25 米，树围粗 200 厘米，长势良好。另一棵位于村北路口，树龄 200 年，树干高 20 米，树围粗 150 厘米，生长茂盛。

四、渡水桥义井

建于明代，位于渡水桥东堍沿街，井圈为青石，内外均为圆形，直径 60 厘米，井口绳印深凹，今井仍使用。

五、禾家湾古井

建于明代，位于禾家湾村四周，四口井间隔 100 米左右，井圈为青石，外形呈六角形，内形为圆形，直径 70 厘米，井口绳印深凹，今仍供禾家湾村民使用。

附：历史上的山石林泉

一、蔡仙丹灶

在武山之凤凰山。相传东汉蔡经在此炼丹。有丹灶石，广百余米，上有圆穴，径约半米，横石中连，可置釜鼎，下一圆穴，径相同，高则倍之。能容束薪。旧时武山一带，称蔡仙乡，即以此故。今丹灶无存。

二、吟坛

位于武山翔翅山麓，明葛友梅筑，为其子葛一龙吟咏之地，有彦会堂、明月轩等建筑，今无迹可辨。

三、寿宁泉

在武山濮公墩下。元至正年间，吴寿宁于季子祠旁构建精舍，曰寿宁庵，凿泉于道旁，以饮路人之渴者。今废。

四、廉泉

在武山吴季子祠侧。今废。

五、金锣井

在官庄永福寺外墙边，是寺僧为照顾村民用水而凿，故称义井。因寺内小僧将铜锣掉在井内，多次打捞未见，日后村民用水时，时有锣声响起，故名金锣井。今废。

第四节 寺庙祠堂

一、永福寺

位于武山官庄，背靠西泾山，面向东太湖，建于梁大同二年（536），初名永宁禅院。宋崇宁元年（1102），更名为荐福寺。元至正年间，赐名永福寺。明弘治年间僧惠栗重修，清咸丰十一年（1861）毁。2006年4月村民集资重建，庙宇三间，供奉观音菩萨一尊。

二、武峰寺

原名武山庵，位于武山西泾山巅，所建无考，清咸丰十一年（1861）毁，光绪十九年（1893）里人重建。2003年11月村民自筹资金重建，改名为武峰寺，庙宇六间一厢房，供奉观音菩萨三尊。

三、锡嘉桥猛将堂

位于锡嘉桥堍，面积较小，不足20平方米，但历史悠久，堂内原有清乾隆帝的敕文，供奉小猛将一尊。

四、禾家湾猛将堂

位于禾家湾，原堂已毁，2009年村民自筹资金重建，供猛将神一尊。

附：历史上的寺庙祠堂

一、三官堂

位于渡水桥北侧，西晋驸马沈坤捐建，今废。

二、寿宁庵

在武山锦鸠峰下。元至正年间，吴寿宁建于先茔之右，先建祠，后改庵，由吴氏捐田为庙产添置香火，毁于20世纪50年代初。

三、太湖神庙

在渡水桥东，清顺治年间席本桢建，咸丰十一年（1861）毁，陆燕喆撰碑记尚存。所祀神为明代长兴王天英。清嘉庆十六年（1811）始官祭，今废。

四、关帝庙

在渡水桥北，建于清同治七年（1868）年间，今废。

五、吴延陵季子祠

在武山锦鸠峰下，元至正五年（1345），由裔孙吴逢辰建。清康熙二十四年（1685）裔孙吴时雅重修，有清徐乾学撰《吴延陵季子祠碑记》留后。

六、吴家祠堂

建于明代，早年有房三进，石牌坊两座。中华人民共和国成立之后，金星大队部曾设于此，后改饲料加工厂，2008年在原址上建西泾卫生服务站。

七、节烈祠

清雍正三年（1725）建，位于渡水桥东湖亭嘴，咸丰十一年（1861）毁。

八、葛氏宗祠

清同治八年（1869），由葛正甫、葛洪山倡议捐建。葛又梅又增置万五公以下四世先祖的木刻雕像。1919年，葛揆中来山修谱，同时将仅存的五楹旧屋作了修缮，以利供祀。今废。

第五节　碑刻墓葬

明清两代，渡桥境内有许多碑刻墓葬，经过600多年的历史风雨，这些碑刻墓葬已不复存在，现将一些有记载的碑刻墓葬胪陈如下，以便查考。

一、永福寺记碑

明碑，正书。弘治四年（1491）贺元忠撰，吕蔡特篆，今废。

二、吴天祫墓表

明碑，正书。弘治十一年（1498），吴宽撰。原在吴天祫墓地。今废。

三、重建渡水桥记碑

明碑，正书。弘治九年（1496），杨循吉撰。原在渡水桥桥堍。今废。

四、沈氏祠堂记碑

明碑，正书。隆庆四年（1570），陈鎏撰并书，陆书道篆，原存渡水桥三官堂，今废。

五、吴延陵季子祠碑记

清碑，正书。康熙三十二年（1693），徐乾学撰，原存武山锦鸠峰，今废。

六、宋驸马都尉郑钊墓

在武山，遗址无存。

七、宋宣政教官吴泽墓

在武山濮公墩下，遗址无存。

八、明翰林院庶吉士吴文之墓

在武山，遗址无存。

九、明诗人葛一龙墓

在武山，遗址无存。

十、明吴天祫墓

在西泾山，明弘治十一年（1498）立，遗址无存。

第四章　农村经济体制改革

民国时期，当地富户的田地由大多数贫苦农民耕种，农民缴纳田租，生活勉强维持。

中华人民共和国成立后，经过土地改革，封建土地私有制变为农民土地所有制，广大农民有了自己的土地。经过农业合作社、人民公社等运动，逐步建立了社会主义集体所有制，使农业生产有较大的发展，但由于“左倾”思想影响以及自然灾害侵袭，农业生产发展缓慢。

1978年，中共十一届三中全会召开后，农村实行家庭联产承包责任制，调整经济结构，发展农村经济。

进入21世纪，渡桥村实行土地流转机制，成立股份合作社，形成了新的经济体制。

第一节　土地改革

中华人民共和国成立前，渡桥村农民都是个体生产，土地为私人所有，由于天灾及人祸因素，土地逐步兼并，出现两极分化，大部分土地集中在少数人手中，农民所占极少数土地。1951 年土地改革统计资料显示：渡桥乡地主户数占 1.3%，人数占 2.21%，土地占 36.87%；富农户数占 1.15%，人数占 1.48%，土地占 4.13%；工商资本家、中农户数占 23.42%，人数占 28.47%，土地占 25.96%；贫农户数占 45.46%，人数占 39.91%，土地占 14.89%，其他户数占 28.67%，人数占 27.93%，土地占 18.15%。

1950 年 6 月，《中华人民共和国土地改革法》公布。1950 年 10 月，东山渡桥乡所属的一村、二村、桥南、桥北、新河、西泾、禾家湾等村进行土地改革，这些村的土地改革经过宣传政策、培训干部、划分阶级成分、斗争地主、登记土地、征用没收和分配土地财产、改造基层政权等步骤，至 1951 年 7 月基本结束。

土地改革（1950 年）

土地改革中，经过群众评议和上级批准，进行了阶级成分划分。约召开斗争大会10多次，斗争地主3人，全村90%的群众参加斗争大会。渡桥乡所属的一村、二村、桥南、桥北等村，划定地主4户，富农196户，中农196户，贫农、雇农654户。

1951年7月开始，向农民发放土地、房产所有证。渡桥一村226户792人，原有土地540亩，土地改革中分得775亩；原有房屋626间，土地改革中分得36间；原有宅基地40亩，土地改革中分得3亩，一村共发农民土地房产所有证239张。桥南村135户479人，原有土地748亩，土地改革中分得575亩；原有房屋441间，土地改革中分得31间；原有宅基地29亩，土地改革中分得3亩，桥南村共发放农民土地房产所有证194张。桥北村102户406人，原有土地450亩，土地改革中分得土地500亩；原有房屋357间，土地改革中分得23间；原有宅基地27亩，土地改革中分得1.5亩，桥北村共发农民土地房产所有证142张。新河村180户678人，原有土地281亩，土地改革中分得1333亩；原有房屋71间，土地改革中分得房屋225间，原有宅基地5.5亩，土地改革中分得27亩。新河村共发农民土地房产所有证182张。禾家湾村159户537人，原有土地524亩，土地改革中分得581亩；原有房屋492间，土地改革中分得6间，原有宅基地32亩，土地改革中分得3亩，禾家湾村共发农民土地房产所有证195张。

第二节　农业合作社

一、互助组

土地改革后，农民分得土地，生产积极性高涨。1951年9月，一些农民为解决农忙劳动力不足的困难，采取自愿结合、相互伴工的形式，进行互助合作，组成临时性、专项性、季节性的伴工互助小组，后发展成为常年互助组。

1952年春，贯彻中共中央《关于农业生产互助组的决议》后，有的短期性互助组转为常年性互助组，开展爱国增产竞赛运动，促进互助合作和农业生产的发展，时渡桥乡内办起一些互助组，其中晨光互助组、新建互助组办得比较成功。

【晨光互助组】　互助组由袁安甫、姚方山组织发起成立，是当时东山区渡桥乡最早的一个互助组。互助组充分发挥组内男女正劳动力的作用，组内共有农户10户，其中8户有晚稻24.7亩，人口只有45人，内有正劳力29人。1953年8月适逢严重干旱，22名男性正劳力，日夜轮班车水抗旱，其余7名正劳力都是妇女，虽未投入车水抗旱，但在家负责割草、煮饭、看小孩等工作，有些妇女兼顾2户家庭。由于互助组合理分配劳力，特别是把正劳力用到生产最需要之处，使生产生活两不误。

【新建互助组】　由韩龙女组织发起成立，有农户10户54人，正劳力17个，半劳力12个，耕牛2条，农船4只，水车6部，组内98亩田均是临近太湖的新塘圩塘田，地势低洼，终年积水。中华人民共和国成立前，这里的田是十年九无收。1951年，农民个体生产，收成差，稻谷亩产357斤。1952年组织互助组，生产获得丰收，1户亩产为826.5斤，5户亩产为700斤，最低的户亩产也达到564斤，全组平均亩产654.5斤，互助组获得“东

渡桥互助组（1952 年）

山区渡桥乡旱稻丰收组”的称号。

二、初级农业生产合作社（简称初级社）

1954 年 2 月，中共震泽县委要求各地试办初级社，渡桥乡各村出现了多家初级社。

【晨光初级社】 1954 年 3 月成立，社长袁安甫，副社长姚方山，是东山区渡桥乡首个初级社。该社入社农户 39 户，正劳力 38 人，其中男 36 人，女 2 人；半劳力 24 人，其中男 2 人，女 22 人；经营稻田 298 亩，旱地 19 亩，桑地 24 亩，鱼池 19 亩，养蚕 15 张，共划分三个生产小队，实行季节包工。1954 年东山遭遇特大洪水，晨光初级社的荡田遭淹失收，由于党组织给予扶助，社员团结起来进行生产自救，恢复生产，1955 年入社户数扩大到 107 户，秋粮全面丰收，稻谷亩产达 701 斤，比全县所有农业初级社的平均产量高出 73 斤，创出全县互助组大面积增产的最高纪录。

【新生初级社】 1954 年 9 月 17 日成立，位于渡桥，社长盛仁海，副社长张荣海，入户农户 39 户，劳动力 83 人，耕种稻田 171.5 亩，旱地 25 亩，鱼池面积 154 亩，桑地 21 亩，养蚕 30 张，生产形式由生产小队划片包干。

【震新初级社】 1954 年 10 月 19 日成立，位于西泾，社长陈才新，副社长沈根龙。入户农户 30 户，耕种稻田 80 亩，旱地 27 亩，草山 50 亩，鱼池面积 35.9 亩，桑地 35.9 亩，养蚕 50 张，生产形式由生产小队负责，划片包干。

西泾还有震西初级社，社长为施金福、钱启根；金星初级社，社长为陈法生、陈根大。

新建村初级社有新达初级社，社长为孙红玉；新光初级社，社长为范广善；新建初级社，社长为高国林。

初级社期间，保留社员生产资料所有权，实行土地入股，耕畜和农具作价归合作社或由合作社租用。合作社实行统一经营，统一核算，一般按土地 4 份、劳动力 6 份进行分配结算，社员有少量自留地。

三、高级农业生产合作社（简称高级社）

1956年，震泽县在水稻、花果、渔业三种地区选择浦庄、后山、渡桥3个乡试办高级农业生产合作社，之后，晨光高级社、金星高级社先后诞生。

【晨光高级社】 1956年3月成立，该社由6个初级社、2个互助组以及40多个单干户合并而成，社长袁安甫，副社长姚方山。入社农户427户，社员1438人，共计男726人，女712人，正劳力434人，半劳力280人，共有土地2798亩，其中水旱田847亩，荡田1453亩，鱼池315亩，旱地83亩，桑地65亩，还设畜牧场一个，社员自留地35亩。社内有牛36头，农船63只，风车6部，喷雾器18只。高级社通过选举分别建立社务管理委员会和监理委员会。高级社分4个大队、18个小队进行生产管理，实行按劳取酬，统一分配。

1956年11月，晨光社晚稻丰收，亩产达709斤，包括小麦产量在内，总产达188万斤，比1955年增加36万斤。社员按照“三定”政策确定口粮分配标准，一人户750斤、两人户1400斤、三人户1800斤。全社分配口粮、交足公粮、留足种子后还有余粮59万斤。国家征购任务只有18万斤，加上增产增购22万斤，多卖余粮19万斤，支援了国家建设。高级社由于生产能力提高，社员生活也较原来好转。晨光社未办社前427农户中有120户要减公粮，165户寅吃卯粮，半年吃青米，借高利贷。高级社成立后，1956年分红分掉现金21000元，连11户五保户生活也得到了照顾。

【金星高级社】 1956年上半年成立，社长吴根男，副社长朱久乐，会计朱光华。高级社跨金星、朱茂两个村。社址在金星大队蒋家祠堂内，入社农户346户，社员1253人，其中男627人，女626人；正劳力428人，半劳力311人。共有土地2238.76亩，其中水旱田1058.34亩，鱼池面积739.15亩，旱地147亩，桑地222.77亩，社员自留地71.5亩，社内有牛15头，农船68艘，风车8部，犁3把，喷雾器11只。高级社分别建立社务管理委员会和监理委员会。社务管理委员会设农业生产、副业生产、财务管理、文化福利、治安保卫5个小组。监理委员会设经济、生产、纪律3个小组，监察社务工作。金星高级社设8个大队、17个小队进行生产管理，实行按劳取酬，统一分配。

第三节　人民公社

1958年9月10日、9月12日，东山后山、前山分别建立洞庭人民公社和东山人民公社，同年9月21日，两社合并为洞庭人民公社。

人民公社把基层政权和集体经济组织合为一体，政社合一，分设公社、大队、生产队三级管理机构，实行“统一经营，分级领导”。原高级社改为生产大队，生产大队设党支部和大队管理委员会，大队实行党支部领导下的分工负责制，大队副书记大多兼任大队长或副大队长，分管有关专项工作。大队在公社统一领导下管理本大队农副工三业生产和社员政治、文化生活及社会福利事务，调解民事纠纷。生产队是实施生产的基本单位，由队长、副队长和会计组成队委会。

公社成立初，地主、富农通过本人申请，上级批准，可被吸收为候补队员，社员私有牲畜归集体所有，土地、树木、水利设施、工场仓库等全部归公社所有。实行组织军事化、生产战斗化、生活集体化，大队改为营，生产队改为连，以公社为基本核算单位，社员口粮实行供给制。时渡桥乡为第六营，下设 4 个连，原晨光高级社为第一连，原金星高级社为第二连，连之下为排和班，军事化管理至 1959 年 9 月结束。

1958 年 10 月，实行吃饭不要钱，提出“放开肚皮吃饭，鼓足干劲生产”的口号。时兴大办食堂之风，渡桥境内共有食堂 73 个，渡桥 29 个，其中桥头 9 个、桥南 7 个、小山 4 个、婆罗桥 9 个；西泾 44 个，其中西泾 21 个、禾家湾 8 个、陈岭头 15 个。由于盲目开放食堂，粮食浪费现象严重，以致社员的口粮不能保证，1961 年年初渡桥停办食堂。

为纠正当时人民公社“一大二公，一平两调”的不正确做法，1961 年春，贯彻中央《农村人民公社工作条例（草案）》（简称“农业六十条”）和国民经济“八字”方针。是年末，贯彻执行中央关于调整农村人民公社基本核算单位的指示，确定公社、大队、生产队“三级所有，队为基础”的经济管理制度。之后，生产队成为基本核算单位，贯彻按劳分配原则，实行生产队“劳力、土地、牲畜、大型农具”四固定，恢复社员自留地、饲料地，鼓励社员发展家庭副业。

1961 年 9 月，晨光大队、新建大队、金星大队均设管理委员会，在公社统一领导下，管理本大队农、副、工三业生产和社员政治文化生活，调解民事纠纷。生产队为基本核算单位，由队长、副队长、会计组成队委会，组织生产队生产业务，安排社员生活。

1961 年 9 月，晨光大队设 8 个生产队，总户数 256 户。人口 855 人，其中男 420 人，女 435 人。劳动力 427 人，其中正劳力 267 人，半劳力 157 人。耕地面积 628 亩，其中水旱田 477 亩，荡田 22 亩，旱田 51 亩，社员自留地 78 亩，桑地 58.2 亩，鱼池 336 亩。有木犁 8 把，脱粒机 17 台，喷雾机 19 只，风车 10 台，农船 33 条。新建大队设 5 个生产队，总户数 188 户，人口 642 人，其中男 312 人，女 330 人。劳动力 255 人，其中正劳力 99 人，半劳力 115 人，辅助劳力 41 人。耕地面积 667 亩，其中水旱田 496 亩，荡田 105 亩，社员自留地 66 亩。有木犁 12 把，脱粒机 16 只，喷雾机 15 只，风车 10 台，农船 27 条。金星大队设 9 个生产队，总户数 247 户。人口 833 人，其中男 403 人，女 430 人。劳动力 507 人，其中正劳力 459 人，半劳力 38 人，辅助劳力 10 人。耕地面积 781 亩，其中水旱田 645 亩，旱田 45 亩，社员自留地 91 亩。有木犁 12 把，脱粒机 14 只，喷雾机 23 只，风车 18 台，农船 18 条。

“文化大革命”期间，晨光、新建、金星大队管理委员会改称“大队革命委员会”，生产队改称为“革命生产领导小组”。

1979 年 3 月，晨光、新建、西泾 3 个大队撤销“革命委员会”称号，恢复大队原称；生产队也撤销“革命生产领导小组”，恢复小队原称。

1980 年 12 月，金星大队更名为“西泾大队”。

1983 年实行政社分设。7 月，小队、大队管理委员会由村民小组和村民委员会替代，人民公社制度不复存在。

表 4-1　晨光大队生产队部分任期队长、会计名单

年份	队别	队长	会计
1969	一队	江洪男、吴宗福	韩宁芳
	二队	陈才法、陈传兴	徐荣根
	三队	沈积兴、盛阿三	盛金城
	四队	张顺兴、叶狗大	钱福珠
	五队	李阿兴、陈春狗	吴补男
	六队	盛子才、马加庆	陈阿二
	七队	沈阿二、吴小狗	张富荣
	八队	陈连兴、金阿二	王信培
1973	一队	江洪男、吴宗福、王志成、姚爱珍	王其仁
	二队	顾富仙、郑才法、叶根林、顾根大、顾红英	顾根大
	三队	沈积兴、盛黑狗、吴招仙	张福康
	四队	张顺兴、叶狗大、马凤娟	叶美宝
	五队	李阿兴、陈春狗、邱全娥	夏琴娣
	六队	马加庆、盛忠义、姚凤娣	罗茂昌
	七队	陈传兴、吴小狗、李巧珍	盛桂英
	八队	金阿二、许根大、马志金、陈端宝	吴喜珍
1978	一队	徐金龙、乔毛男、杨金娣	金传诗
	二队	陈传兴、郑才法、盛巧凤	顾根大
	三队	盛阿三、盛寿林、吴招仙	张福康
	四队	叶爱根、高福兴、马凤娟	叶美宝
	五队	陈正福、陈春狗、苏根娣	夏琴娣
	六队	马加庆、周永福、万引娣	罗茂昌
	七队	朱阿连、顾连泉、李巧珍	盛桂英
	八队	陈金兴、李兰秀、吴桂珍	吴喜珍

表 4-2　新建大队生产队部分任期队长、会计名单

年份	队别	队长	会计
1969	一队	曹步高、黄国才	侯德宝
	二队	顾毛二、朱才宝	梁足韵、梁三林
	三队	陈银春、夏正兴	杨春林
	四队	朱义泉、吴同如、宦宝发	许洪林
	五队	缪启奎、张芬芳、吴志祥、周志瑞	喻思德

续表

年份	队别	队长	会计
1973	一队	曹步高、吴连成	侯德宝
	二队	顾毛二、朱才宝	田金根
	三队	夏正兴、陈银春	张红妹
	四队	朱义泉、吴同如、宦宝发	许洪林
	五队	缪启奎、周志瑞、蔡太平	陈龙发
1978	一队	喻思德、朱来发、夏云宝	沈金锁
	二队	梁三林、杨小龙、葛怀珠	田金根
	三队	杨永安、周忠明、彭阿连	俞建中
	四队	朱以全、刘荣兴、潘玉香	许洪林
	五队	蔡太平、陈贵芳、郑凤英	陈龙发

表 4–3 金星大队生产队部分任期队长、会计名单

年份	队别	队长	会计
1969	一队	周金福、姚荣安	王仁福
	二队	张兴生、钱虎根、施兴才	吴德初
	三队	施雪根、沈荣根、沈兴林	施如福
	四队	吴阿二、施补兴	瞿三男
	五队	陈夫林、金子兴	胡其生
	六队	吴四男、吴金荣	朱定发
	七队	杨连生、陈长男	王哲林
	八队	陈根大、朱补兴	虞昌华
	九队	席根兴、吕仁子	王利云
1973	一队	周仁兴、陈长根	周梅华
	二队	钱虎根、张阿三	邵根林
	三队	沈兴林、钱连兴	金于良
	四队	金仲钦、姚洪春	陈于法
	五队	陈夫林、陈传兴	吴主成
	六队	吴四男、徐林根	金留珍
	七队	杨连生、陈长男、陈福林	徐云根
	八队	李二男、陆长根	王新宝
	九队	姚才兴、陈云泉	姚补兴

续表

年份	队别	队长	会计
1978	一队	孙福林、裘炳庆	陈小平
	二队	施根林、柏长兴、张阿三	张金寿
	三队	沈兴林、钱连兴、钱阿多	金介生
	四队	金仲钦、何爱英	施如福
	五队	金子兴、袁夫荣	金留珍
	六队	吴品男、徐林根	金留珍
	七队	杨连生、陈长男	夏补生
	八队	魏长生、吴兴根	王新宝
	九队	席兴福、魏全兴	王丽英

第四节　家庭联产承包责任制

一、推行过程

1983年春，东山农村推行家庭联产承包责任制，农业生产实行“统一经营、分业承包、联产到户、包干分配”的制度。具体做法：土地实行人口分地。社员上交按国家任务和集体提留数再按责任田分摊，税费包管上交，农业税按耕地总面积分摊到户。对生产资料的处理和使用保管作出明确规定，并以村为单位建立农机、植保、管水等专业组织，实行独立核算，自负盈亏。农田基本建设资金来源，一般依靠村公共累积，用工按劳力分摊到户，劳动报酬作义务工处理。

晨光、新建、西泾3村的联产承包责任制，采取“分田到户，联产承包”责任制，方法是把各农田参照前三年农作物的产量来定产量，定产值，折成股数，再把生产队的人数和口粮数折成股数进行平均分配承包，除上交公积金、公益金、农业税、管理费等之外，所有农产品归承包户自己种植，自己出售，收入归己。

实施家庭联产承包责任制，调动了农民的生产积极性，农业产量大幅度提高。1984年，晨光村水稻产量96.95万斤，比1982年的78.07万斤增产18.88万斤；新建村水稻产量113.73万斤，比1982年的101.33万斤增产12.40万斤；西泾村水稻产量75.89万斤，比1982年的53.41万斤增产22.48万斤。1984年，晨光村内塘养殖产量570担，比1982年的355担增产215担；新建村内塘养殖产量135担，比1982年的61担增产74担；西泾村内塘养殖产量110担，比1982年的40担增产70担。

家庭联产承包责任制后，各村经济收入、农民所得也有了较大幅度的增加。1984年，晨光村经济收入、农民所得分别为39.91万元、27.68万元，比1982年的36.47万元、23.25万元分别增加3.44万元、4.43万元；1984年新建村经济收入、农民所得分别为40.84万元、30.40万元，比1982年的30.63万元、15.84万元分别增加10.21万元、14.56

万元；1984 年西泾村经济收入、农民所得分别为 42.95 万元、33.16 万元，比 1982 年的 38.57 万元、25.51 万元分别增加 4.38 万元、7.65 万元。

家庭联产承包责任制使农村出现了种植专业户，据 1987 年数据资料显示：新建村有周宝山、陈小龙等专业户，西泾村有吴裕生等专业户。

二、制度完善

1990 年 8 月，晨光村、新建村、西泾村按照东山镇人民政府制定的《关于完善农业生产责任制的意见》，重点完善合同制度，健全承包机制，针对当时生产的发展、户口劳力变化而承包基数未变的情况，造成收益上的差距，按照“大稳定，小调整”的原则，采取土地调节、经济调节、就业调节完善农业生产责任制。晨光、新建、西泾三村都组建班子、制定章程、确定调节方案，使村里的农业生产责任制更加合理。

1984 年开始，晨光、新建、西泾三村进行农村产业结构调整，减少种粮面积，在新塘圩、西泾山种植柑橘，引进温柑新品。2003 年始又发展枇杷、碧螺春茶叶生产，使农业生产结构逐步趋向市场化。

1998 年 8 月，晨光、新建、西泾三村为稳定和完善农村土地承包关系，向村民发放土地承包经营权证书，土地承包期自 1998 年始再延长 30 年不变。3 个村共有 1033 户农户进行新一轮的农村土地承包，并签订了家庭承包合同 1033 份，颁发土地承包经营权证 1015 份，家庭承包经营的耕地面积为 3055 亩。

2010 年始，农村联产承包土地开始流转。据当年的“苏州市土地续包及流转情况统计年报表”显示：渡桥村 22 个村民小组，共有 899 户，人口 2814 人，实际耕地面积 3055 亩，其中确权耕地面积 2799 亩，入股土地面积 200 亩。

表 4–4　　家庭联产承包责任制期间部分联队队长名单

晨光村		新建村		西泾村	
组名	队长	组名	队长	组名	队长
一组	徐福元	一组	马喜章	一组	吴寿全、孙仁林
二组	徐玉文	二组	顾同山	二组	柏长兴
三组	盛新荣	三组	陈银春	三组	沈正林
四组	高福兴	四组	朱义全	四组	叶阿二、金仲庆
五组	陈正德	五组	蔡太平	五组	金子兴
六组	梁山宝			六组	陈泉兴、徐毛德
七组	吴爱红			七组	杨连生、陈长男
八组	金兴龙			八组	芮洪生、龚富根
				九组	席根兴、任光来

第五节　经济合作组织

一、经济合作社

1983年7月，恢复乡、村建制，晨光、新建、西泾三村均设立村民委员会，成立经济合作社。

晨光、新建、西泾三村的经济合作社为所在村的经济组织，设社长、副社长和会计等职。村经济合作社承担全村的农业、多种经营、村办企业的生产服务和协调工作，管理村内所有的土地和资产。2003年12月，晨光、新建、西泾三村合并为一个渡桥村，三个村经济合作社也合并为渡桥村经济合作社。

2003年，渡桥村经济合作社资产总额713万元，其中固定资产209万元，长期投资11万元，流动资产493万元，负债总额107万元，所有者权益（即村集体资本）576万元。

2008年，渡桥村经济合作社资产总额1458万元，其中固定资产1090万元，流动资产319万元，负债总额633万元，所有者权益（即村集体资本）826万元。

2015年，渡桥村经济合作社资产总额5170万元，其中固定资产3097万元，流动资产287万元，负债总额996万元，所有者权益（即村集体资本）4174万元。

2017年，渡桥村经济合作社资产总额5718万元，其中固定资产3579万元，长期投资1080万元，流动资产573万元，无形资产（商标权、专利权）756万元，负债总额1158万元，所有者权益（即村集体资本）4857万元。

晨光村经济合作社历任社长：沈积兴、姚阿四

新建村经济合作社历任社长：吴同桢、张大成、杨永安

西泾村经济合作社历任社长：徐裕林、施兴泉、席根福

渡桥村经济合作社历任社长：席根福、陈庆峰、宋炜、董燕明

二、专业合作社

1．渡桥生态农业专业合作社

为使村民在农村家庭承包经营的基础上继续增产增收，按照“自愿入股，按股分红，利益共享，风险共担，民主管理，民主监督，依法登记，依法经营”的原则，2012年6月15日，渡桥村组建生态农业专业合作社。

合作社名称为“东山镇渡桥生态农业专业合作社”，性质是由村民以土地承包经营权作价出资，它是自主联合、民主管理的互助性经济组织。合作社设成员大会，全社有成员106名，其中农村居民105名，村经济合作社1个。合作社出资总额551万元，其中货币出资381万元，农村土地承包经营权作价出资170万元。合作社有生态农业基地850亩，用来组织成员种植农产品，并组织收购销售成员的农产品，开展与农业生产经营有关的技术培训，提高农业产业化和农民组织化的程度，促进农民增加收入。

2．渡桥村社区股份合作社

成立社区股份合作社也称作“股权固化”改革。“股权固化”是指将原村级集体资产，

按照一定标准将股权份额量化给集体经济组织成员，实行股权量化到人，固化到户，以户为单位，“增人不增股，减人不减股”，不因家庭成员户籍、人口发生变化而调整股权，让农民拥有长久稳定的集体资产收益权利。

渡桥村根据东山镇股权固化改革的工作程序，2015 年 6 月 17 日成立了渡桥社区股份合作社股权固化改革领导小组和工作小组，组织干部群众学习股权固化改革精神，分别在晨光、新建、西泾三个村召开座谈会，利用村务公开栏开设股权固化改革专栏进行宣传，发放宣传资料，做到家喻户晓。7 至 8 月份工作小组清产核资，理清资源性资产、公益性资产和经营性资产，对盘盈盘亏资产进行登记、造册、公示。9 至 10 月，工作人员入户调查，摸清每个农户家庭成员信息，登记上表，调查结果由调查人员和家庭户主签字确认，报经济合作社社员代表大会讨论确定享受成员。11 月份对确权过程中产生的问题进行汇总归类，依据指导方案对问题进行对照判别，将股权配置结果在村务公开栏公示 7 天，报镇农经部门审核通过。

2015 年 12 月 25 日，渡桥村社区股份合作社召开成立大会，97 名社员代表出席大会，大会通过了“东山镇渡桥村社区股份合作社章程”，选举产生了股份合作社理事会和监事会成员，确认 1646.2 万元为村级集体经营性资产净值，共设总股份 3216.5 股，按家庭发放股权证书。

2016 年，渡桥村正式挂牌成立“东山镇渡桥社区股份合作社”。

表 4–5　　渡桥社区股份合作社“股权固化”配置表

序号	组别	户数（户）	享有基本股人数（人）	股数（股）	享有享受股权人数（人）	股权（股）	合计享受人数（人）	合计配置股权（股）
1	晨光一组	76	165	165	40	20	205	185
2	晨光二组	71	183	183	37	18.5	220	201.5
3	晨光三组	32	103	103	18	9	121	112
4	晨光四组	33	76	76	14	7	90	83
5	晨光五组	43	109	109	33	16.5	142	125.5
6	晨光六组	28	79	79	16	8	95	87
7	晨光七组	40	111	111	28	14	139	125
8	晨光八组	46	130	130	26	13	156	143
9	新建一组	78	206	206	68	34	274	240
10	新建二组	28	79	79	27	13.5	106	92.5
11	新建三组	64	179	179	57	30	239	209
12	新建四组	48	140	140	55	27.5	195	167.5
13	新建五组	92	272	272	96	48	368	320
14	西泾一组	53	147	147	38	19	185	166
15	西泾二组	56	152	152	42	21	194	173

续表

序号	组别	户数（户）	享有基本股人数（人）	股数（股）	享有享受股权人数（人）	股权（股）	合计享受人数（人）	合计配置股权（股）
16	西泾三组	44	132	132	19	9.5	151	141.5
17	西泾四组	34	96	96	21	10.5	117	106.5
18	西泾五组	30	72	72	18	9	90	81
19	西泾六组	34	94	94	36	18	130	112
20	西泾七组	34	103	103	23	11.5	126	114.5
21	西泾八组	32	97	97	18	9	115	106
22	西泾九组	45	108	108	34	17	142	125
合计	—	1041	2833	2833	767	383.5	3570	3216.5

附一：吴中区东山镇渡桥社区股份合作社章程

（草　案）

2015年12月25日

第一章　总　则

第一条　为了适应社会主义市场经济发展的需要，进一步深化农村改革，明确村级集体经济组织财产的权属，充分发挥集体经济组织和社员两个积极性，巩固壮大集体经济，努力实现共同富裕目标，根据《中华人民共和国农民专业合作社法》《江苏省农民专业合作社条例》等有关法律、法规和政策，决定成立吴中区东山镇渡桥社区股份合作社（以下简称“本社”）。特制定本章程。

第二条　本社是以社会主义公有制为主体的社区性合作经济组织，实行独立核算，民主管理，利益共享，风险共担，确保集体资产保值增值。经济性质核定为社区股份合作社法人。

第三条　本社所属的集体财产、土地等经营性、资源性、非经营性资产，均为本社全体成员所有，任何单位和个人不得侵占、肢解。

第四条　本社经营范围：集体资产的投资、经营和管理。

第五条　本社受村总支领导，并接受上级主管部门的指导、管理和监督。

社员：凡获本社股权并承认本章程的人员均为本社社员。

股权固化：按本章程规定配置的股权实行量化到人、确权到户、户内继承的原则，股权保持长期稳定。不得私下买卖、抵押，不得退股提现。

第二章　股权方式和股权配置及分配对象

第六条　股权方式：股份量化到人、固化到户。

第七条　资产量化时间：2014年12月30日。

第八条　人员确认、股权固化时间：全镇统一2015年12月25日为最终截止日。

第九条　股权配置及分配对象

（一）股权配置为基本股和享受股两种。基本股配置股权为1股，享受股配置股权为0.5股。

（二）分配对象

1.享有基本股股权人员

（1）股权固化截止时间户籍在村，同时参加二轮土地承包（1998年8月1日之前）并确权承包土地性质的人员。

（2）股权固化截止时间户籍不在村，同时参加二轮土地承包（1998年8月1日之前）并确权承包土地性质的人员。指大、中专院校在读学生、现服义务兵役人员（含士官）、因小城镇建设户籍迁出的人员、服刑在押人员（在押期刑期内不享受分红）。

2.享有享受股股权人员

（1）股权固化截止时间户籍在村，但未参加二轮土地承包（1998年8月1日之后）未确权承包土地性质的人员（指新生儿、婚迁人员）。

（2）股权固化截止时间户籍不在村，但参加二轮土地承包（1998年8月1日前）并确权承包土地性质的人员（指户籍迁出性质的人员）。

3.不享受人员

（1）户口在村的公务员、事业编制人员及离退休干部和事业编制退休人员。

（2）原城镇居民户口返迁人员、外来挂靠人员。

（3）非法领养的人员。

（4）五保户供养人员。

4. 特别说明

（1）1998年二轮土地调整确权时间：根据吴委发〔1998〕44号文件精神，全市承包土地人口计算的截止时间为1998年8月1日。

（2）股权固化时户籍在村，并参加二轮确权的承包土地在本镇其他村的，股权全镇统一为现有户籍所在村确权0.5股；有二轮确权承包土地的原所在村确权0.5股。

（3）基本股与享受股不能同时享受。基本股成员享有完整的经济和民主权利；享受股成员只享有收益分配权，不享有表决权、选举与被选举权等。

（4）在股权固化实施过程中，对符合条件但有遗漏的人员可通过增补公示的办法进行落实股权，该项工作必须经社员代表大会决议通过。

第三章　股份与管理

第十条　股份。本社总股份由个人分配股构成。按截止日2014年12月30日，经东山镇权能改革工作小组及相关职能部门组成的审计小组内部审计确认的1646.2万元村级集体经营性资产净值为基准。共设总股份3216.5股，按家庭发放股权证书。

第十一条　原村经济合作社所有的农业用地、河塘等资源性资产、非经营性资产、文化卫生等福利设施以及无形资产暂不折股，这些资产由本社统一管理或发包出租。今后国家征用土地，除地面青苗费归经营者外，其他补偿一律属本社所有。

第十二条　本社负责经营和管理上述资产、股权，并受国家法律保护，任何单位和个人不得侵犯。

第四章　权利和义务

第十三条　拥有基本股的社员有选举权和被选举权。

第十四条　本社社员有下列权利：

（一）有权对本社的各项工作提出意见和建议，对财务、资产运行情况进行民主监督；

（二）有承包、租赁经营集体资产的优先权；

（三）享受本社提供的生产、生活服务和集体福利；

（四）有权对本社工作人员违法违纪行为向上级反映或举报。

第十五条　本社社员有下列义务：

（一）执行党和国家的方针、政策和法律、法规，遵守本章程和《村规民约》的各项规定；

（二）积极参加社区各项社会公益活动；

（三）按规定足额缴纳各类税、费；

（四）履行国家法律、法规规定的相应义务。

第五章　组织和机构

第十六条　社员代表大会

社员代表大会是本社的最高权力机构。本届社员代表共97名，社员代表由村民提名，公开征求全体社员意见后产生。社员代表每届任期3年，可连选连任。

社员代表大会每年至少召开一次，遇有特殊情况或半数以上社员代表提议，可以召开社员代表临时会议。

社员代表大会行使以下权力：

（一）通过和修改章程；

（二）选举和罢免理事会、监事会成员；

（三）审议和批准本社发展规划、年度计划、财务预（决）算和分配方案；

（四）听取理事会、监事会的工作报告；

（五）讨论和通过理事会提议的其他事项。

第十七条　理事会

理事会是社员代表大会选举产生的常设执行机构。理事会由 5 人组成，每届任期 3 年，可以连选连任。理事长和副理事长由理事会推选。理事长为本社的法定代表人。

理事会在成员代表大会闭会期间行使下列职权：

（一）执行社员代表大会决议；

（二）聘任、解聘本社所属部门的负责人；

（三）负责召开社员代表大会，并报告工作；

（四）决定发展计划、经营方针和投资方案，制订年度财务预算和决算，审批下年度计划和财务预（决）算及分配方案；

（五）决定本社内部机构的设置；

（六）制定本社的管理制度。

第十八条　监事会

监事会由社员代表大会选举产生。监事会由 3 名社员组成，任期 3 年，可以连选连任。监事会人员不得由理事、财务负责人兼任。

监事会行使下列职权：

（一）决定民主理财小组检查本社财务，并定期公布；

（二）对理事会成员、理事长执行社务进行监督，对理事会人员有违反法律、法规和本章程的行为，要予以纠正；

（三）提议召开理事会、临时成员代表大会；

（四）列席理事会会议。

第六章　财务与管理

第十九条　本社按《江苏省农村合作社会计核算管理办法（试行）》的有关规定进行核算，实行民主理财和监督。财务收支情况和资产营运情况，向社员公布，实行社务公开。

本社的财务部门，负责对下属企业实施财务指导、检查和监督。

第二十条　本社所有的财产，必须登记造册，建立台账。固定资产必须按规定提取折旧。

第二十一条　本社贯彻勤俭办社、民主理财的方针，开支要有预算，严格审批制度，正确处理国家、集体、社员三者关系，严格控制非生产性开支，杜绝铺张浪费。

第七章　收益与分配

第二十二条　本社的收益主要来源于资产发包、出租、转让的增值部分和其他相关的经营性收入。本社的可分配收益，是指当年的各项收入，减各项支出（包括社务支出），减应缴纳的税金。对土地等资源性资产的转让、征用等收入，暂以集体积累的形式扩充发展基金。

第二十三条　股红分配顺序：当年度可分配收益中

（1）弥补上年度经营亏损；
（2）提取 30% 公积金（发展基金）；
（3）提取 30% 公益金；
（4）用于公益事业建设基金；
（5）剩余 40% 部分按股分红。

第二十四条　本社的股红分配，严格遵循股权平等，同股同利的原则，每年一次。在每年终结算后于春节前兑现，凭股权证书领取。股权证书仅作领取红利的凭证，不作其他使用。股权证书遗失时要向本社报失，申请办理补发手续。

第二十五条　本社遇不可抗拒的自然灾害和不可预料的自然、市场变故而造成减收或亏损，可减发或停发当年红利，且第二年不再补发。

第八章　附则

第二十六条　本章程如与国家法律、法规相抵触时，按国家法律、法规执行。

第二十七条　本章程经第一届第一次社员代表大会通过后生效，由理事会负责解释。

附二：口述渡桥——叶爱根

采访对象：叶爱根，1948 年 2 月出生，原晨光村党支部书记、晨光村村委会主任
采访人：金本福
采访时间：2017 年 12 月 18 日
采访地点：东山历史文化研究会办公室

金：你是 1983 年晨光村党支部书记兼村委会主任，这两个职务你连任了四年，今天请你说说有关这几年晨光村的有关话题。

叶：好。

金：首先请问叶书记你是在怎样的情况下，既担任书记又做村主任?

叶：1983 年 7 月，根据行政体制改革，晨光大队改称晨光村村民委员会，当时我任村党支部书记一职。镇党委政府考虑晨光的特殊性，一是经济基础差，二是人员结构复杂。领导知道我之前担任大队赤脚医生，而且有十年医疗经验，人脉比较广，讲话有威信，与群众容易沟通，因此村主任职务叫我兼任，这样有利于开展工作。我是一名党员，服从领导是原则，因此，受命任职。

金：1983 年春，东山农村推行家庭联产承包责任制，你一上任就遇到这样的重大改革，请问你是怎样抓的?

叶：党的十一届三中全会以后，东山的农村改革，首先起步的是农村家庭联产承包责任制，即通常所说包干到户。农村家庭联产承包责任制，主要经历了“全面推进和配套完善”两个阶段。

金：请你先说说“全面推进”这个阶段的情况。

叶：包干到户就是在土地等生产资料公有制的基础上，生产队把集体土地、林牧副渔等承包到户，落实国家、集体、个人三者关系，并用合同形式固定下来，当时把它概括为“保证国家的，留够集体的，剩下的全是自己的”。

金：具体是怎样操作的?

叶： 划分承包田，是搞好家庭联产承包责任制的基础。我们把高田、塘田、旱地、鱼池、芦塘都实地丈量，根据实际面积，按照前三年的生产情况估产量、定产值，折成成数，再把生产队的人数和口粮数折成成数，进行平均分配承包，除了上缴公积金、公益金、农业税、管理费外，全部粮食、水产品归承包户自己收获，自己出售，收入归己。

金： 全面推行家庭联产承包责任制之后，农村变化大不大？

叶： 变化很大。由于全面推行家庭联产承包责任制，农民积极性十分高涨。1983 年，晨光村粮食产量、水产产量比 1982 年增加了 15%，副业增长更快，农民收入也成倍增长。

金： 全面推行家庭联产承包责任制激发了农民生产热情，深受群众拥护，但由于推行时间仓促，加上经验不足，在划分土地、农业服务等方面出现一些矛盾和问题，请你说说如何解决这些问题和矛盾的？也就是“配套完善”阶段的情况。

叶： 对推行家庭联产承包责任制后出现的一些问题，上级领导看得十分清楚，因此，从市里到县里、镇里，发了一系列完善这方面工作的文件。东山镇在 1986 年 1 月也制定关于完善联产承包责任制的规定，主要规定有杜绝出现抛荒；全家农转非和死绝户，承包田和自留地要收归集体；镇村办企业职工上缴平衡金；确保农副产品合同定购指标完成；实行以工建农，增加农业投资；加强土地管理，小范围调整土地承包；健全土地承包费收缴制度。村里根据上级文件按照“大稳定，小调整”的原则进行完善。此外，还要做好农村服务体系建设，如村里小组保留脱粒机、稻场，实行统一管理，确保农户能及时把稻、麦脱粒归库。村土地翻耕的拖拉机统一管理，按时挨户做好翻耕工作。村委会成立农业技术小组，通过广播和黑板报统一安排粮油作物的防病治虫工作。这些工作，可概括为“五有六统一”。

金： 哪“五有六统一”呢？

叶：“五有”是农业服务有健全的组织、有固定的人员、有配套的农机、有完善的设施、有规范的制度。“六统一”是以村为单位，统一作物布局、统一留种供秧、统一机械作业、统一灌溉、统一防病治虫、统一肥药供应。

金： 晨光村完善家庭联产承包责任制有哪些亮点吗？

叶： 有。新塘圩实行种植结构改革就是一个亮点。

金： 请具体说说好吗？

叶： 新塘圩位于环太湖大道边，晨光村面积有 550 亩，以前种植水稻。1984 年进行农作物改制，将 550 亩粮田改成果园，种植当时畅销的早熟温柑，后来又引进上海长兴岛无核蜜橘。

金： 在农作物改制过程中，有不同的意见和看法吗？

叶： 有。当时一部分墨守成规，一部分人受“以粮为纲”影响，认为历史传统不能变，针对这种情况，支部一班人对群众进行疏导，并向群众算了一笔账：1 亩稻谷，亩产 1000 多斤，总收入 700 多元；1 亩温柑，好的亩产八九十担，单价 0.6 元，总收入 5000 多元。通过测算，老百姓了解了粮改果的好处，积极性就来了，100% 的农户都停止种植稻麦，改为种植温柑。村里为扶植农户，成立果技专业队伍帮助农户防病治虫，统一喷洒农药，还聘请吴县果研所技术人员来村指导，培训了 10 名果技员为新塘圩果农服务，这一切深受群众的欢迎。

金： 农民种植温柑，尝到了甜头，可以用具体数字来说明吗？

叶：可以。20世纪80年代后期，新塘圩温柑转入盛产期，一般亩产大年在7000—10000斤，超万斤的（100担以上）好多户，年收入都超过了万元。农民的钱袋鼓了，生活水平也提高了。

金：叶书记在任上肯定还有不少事值得回忆，请再说说其他方面的事。

叶：农村家庭联产承包责任制稳定后，我们党支部、村委会一班人，重点放在发展村办工业上。

金：80年代，晨光村的村办工业是东山镇搞得比较成功的一个，请叶书记具体说说工业方面的话题。

叶：家庭联产承包责任制后，农村出现了较多的剩余劳动，要解决这一部分人的就业，只有靠发展工业。另一方面，村里有许多实事要办，只有发展工业才能增加村级收入。村里原来有一家纸盒包装厂，设备简陋，年产值不高，只有40多万。1983年，我们经乡政府牵线搭桥，与苏州市印刷总厂搞联营，选拔派遣13名年轻人去苏州印刷总厂进行培训，总厂也派了9名技术师傅来村指导。经过一年多筹备，1984年10月，苏州印刷总厂东山印刷分厂在晨光村建办了，吸收了一批本村工人，务工人员有300多人，基本上达到每户有1名务工人员。工厂年年搞投入，年年有产出，抓工厂管理，抓产品质量。1986年工业产值400多万元。晨光村工业的发展，还培养了一批人才，当初印刷厂10多名骨干如今都成了厂长老板，如蔡氏企业、雅利、三联包装印刷等，有些工业产值上亿元。

金：叶书记已经讲了许多，能不能把以上所讲的简单归纳一下。

叶：以上所说的可以概括为：分好一份农户责任田，搞好一项农业服务，种好一片橘林，建好一批厂。

金：叶书记在任上还有什么重要的事值得回忆？

叶：值得回忆的有很多，如发展工业后，村级经济有了实力，党支部村委会根据轻重缓急和老百姓反映最强烈的问题，搞了一些实事工程。

金：具体有哪些实事工程？

叶：简单归纳为“架好一根线，修好两条街”。

金：请分别介绍一下。

叶：架好一根线。当时村里电线杆全是石柱绑木棍，每有雷雨大风或冬季大雪，电杆倒了，电线断了，停电是小事，危害老百姓生命安全是大事，特别是农忙期间一直跳电，既影响生产又不安全。1985年秋季，村里筹集资金，在镇电力部门帮助下，全村8个村民小组全部调换电线杆，统一换成水泥杆，架好了几千米的照明线和机动线，既为群众生活服务，又确保农业生产动力。

修好两条街。渡桥南街、北街沿渡水港两侧，是渡桥集镇的主要街道，由于年久失修，路上坑坑洼洼，行人、车辆过往很不方便，大雨大雪后更是糟糕，村民叫苦不迭，村支部、村委会召集渡桥有关企事业单位负责人开会，讨论如何修筑。村里决定出资一半，各单位也十分支持，出资另一半。1985年秋天终于把1000多米的两条街修筑好，得到老百姓的称赞。

金：叶书记讲得简单扼要，重点突出。你后来离开村里，创建了亚美日用品厂，使该厂成为东山的明星企业。这些成功经历，离不开你在村里的工作实践。最后请你说说四年在村里工作的体会。

叶：体会很多，主要的一点就是支部书记是一班之长。要当好一班之长，我认为首先要团结一致；其次要分工明确，责任到人，奖罚分明。这些年里，我当书记、主任抓工业和农村建设，社长姚阿四抓农业，治保主任抓治安和环境建设，会计、妇女主任做好本职工作。每10天召开碰头会，汇报工作情况，讨论工作计划。这些是80年代工作的一些做法，放到现在，不一定合适，只能提供给现在的村干部作为参考。

金：叶书记今天讲了好多，这些回忆是非常有益的，很有教育启发意义，非常感谢。

第五章　农副业

渡桥境内土地肥沃，水系畅通，适宜水稻、元麦、小麦、油菜生长，历来是东山主要产粮区。当地除种粮外，还栽桑养蚕，种茶采茶，养猪养牛。

中华人民共和国成立后，农民组织起来，推广科学种田，农业生产水平提高，粮油产量增长。1983 年实行家庭联产承包责任制后，调整产业结构，新塘圩和西泾山周边变农田为果园，纯农业结构调整为兼顾花果种植业。20 世纪 90 年代中期，晨光、新建、西泾三村优化农村产业结构，种植经济作物，农产品质量提高。进入 21 世纪，渡桥村优化农副业结构，引导农民走现代农业之路。

第一节　耕种和产量

一、耕地土壤

渡桥村域的土壤品种主要有狗干土和小粉土两种。狗干土主要分布在晨光村、金星（西泾）村，新建村土壤大部分属狗干土，靠近摆渡口一带属小粉土。新塘圩（晨光村约550亩，新建村约850亩）的土壤均属小粉土。

狗干土的特点是黏性足，硬度高，但空间密，肥力适中，适合于种植水稻、小麦、油菜，其中也夹一些旱地，过去用以栽桑、种瓜、种蔬菜等，现已易桑种植柑橘、枇杷、茶树。

小粉土的质地粗且多粉粒，上部黄棕色，下部浅黄色，土壤的粉沙含量高，易淀浆板结，保肥性能较差，施肥适中也适宜种水稻、小麦、油菜，改良后也适合种植柑橘、枇杷、茶树。

西泾山丘陵地区的土壤为果园黄土，土壤深厚，1米以下不见基岩，是熟化程度较高的旱地土壤，主要种植果树。

二、耕种制度

旧时，村域内传统耕作制度是一年两熟。夏熟以小麦、油菜为主，兼种元麦、小麦、蚕豆等；秋熟以水稻为主，旱地种黄豆、山芋等。

中华人民共和国成立初期，仍沿袭旧时耕种制度。1959年后，渡桥村域内晨光、金星大队试种双季稻。1961年新建单独成立大队后也试种双季稻，1965年开始，水稻种植逐步由两熟向三熟制过渡，至1974年，三个大队的双季稻面积达100%。

二熟制改为三熟制后，粮食产量虽有提高，但农忙季节劳动力的矛盾非常突出，虽选用生产期较短的品种加以缓解，但每年的双抢季节（前季稻抢收，后季稻抢种）劳动力缺口很大，另因双季后作稻往往因种植过时脱节，后期受寒潮侵袭较多，稳产没有把握，且成本大，用工多，米质差，折率低，增产不能增收。

1977年，村域内停种双季稻，开始恢复稻麦两熟制。1983年实行家庭联产承包责任制后，调整产业结构，高田种植粮油作物，新塘圩稻田改种柑橘。20世纪90年代末，随着工业发展和市镇建设用地增多，渡桥、晨光、高田耕地基本上被征用，粮油作物停止种植。

三、作物栽培

1. 水稻

【育秧】一般在立夏前后浸种。旧式种田做法比较简单，耕种粗糙。一块田经过耕翻，上水后，用门板压平做成秧板，然后撒种落谷，再撒上草木灰即成。初级社开始，用泥水和药剂浸种，秧田做到平、光、滑。1957年开始，改水秧田为半旱秧田，秧田与大田比例为1∶8左右。种植双季稻时，育秧均采用药剂浸种，塑料薄膜育秧，这对抢季节促成熟有良好的作用。

【移栽】单季稻一般在夏至前后移栽，早熟品种在6月初移栽，晚熟品种在6月下旬

水稻收割（1975 年）

移栽。旧时移栽行距稀，株距大。1957 年，晨光高级社推广合理密植，株、行距比较适中。1970 年后，双季稻采用高密度移栽。1976 年，东山农业科技站迁到晨光大队第八生产队新址，并征用 30 亩农田作为晨光科学研究基地。东山农业科技站在晨光大队搞点，培训晨光各生产队农业技术员，进行良种培育和农业病虫害防治，推广了“水稻直播配套技术”。1990 年后推广水稻新品种，株行距比较规格。

【插秧】要求严格，以浅、直、匀为好。移栽后保持田间 1—2 寸水，促使其成活得早。

【田间管理】以水、肥、防止病虫害为主。秧苗活棵后浅水勤灌，促使分蘖，分蘖末期脱水轻搁田，促进根系生长。中期水浆以浅为主，大暑前后适当重搁田，扬花期保持浅水层。后期浅水勤灌，增加谷粒重量。中华人民共和国成立初期，秧苗移栽后半月要进行耥田，耥田不仅能除去杂草，还能疏松土壤，增加土壤通透性能。20 世纪 90 年代，采用除草剂和化肥混合使用除草。水稻主要病虫害有纹枯病、稻瘟病、稻飞虱等，一般用药剂、药粉防治，或担水泼浇，或兑水喷洒。

2. 三麦

三麦指小麦、元麦和大麦的统称，当地一般种植元麦较多，次为小麦，不种大麦。元麦作为酿酒的原料和养猪的饲料，小麦供食用。民国时，农民对三麦生产不够重视，粗耕粗种，产量较低。1957 年试行套播麦。1966 年实行精耕细作，实施宽垄深沟，薄片深翻。田间管理强调早施苗肥，施足腊肥，同时注意沟系配套，防止渍害。1974 年推广沙洲三麦高产栽培技术，耕作精细，既可防止地下水，又能扩大耕种面积。小麦一般在立冬后播种，芒种前收获。

3. 油菜

1954 年，村域内种植油菜以甘蓝型晚熟品种为主。种植方法为稀播，精做秧地，施足基肥。

1957 年后，针对油菜喜磷的特点，在秧苗育期施用磷肥，成活后施好追肥，冬季增施腊肥，抄沟壅土，防止冻害。清明前施好花肥，形成冬壮春发，并防止病虫害，1976 年东山农科站迁址晨光八队，引进 3 个油菜新品种：协 4、8518、选 26。1984 年全面推广免耕板田油菜，既省人工，产量又高。

四、粮油生产

20 世纪 70 年代渡桥村粮油生产所占东山农业生产的比重较大，它是东山主要产粮区，境内晨光、新建、金星（西泾）大队不但种植面积多，产量也比较稳定。随着改革开放发展工业和扩大市镇建设，至 2003 年年底，耕地面积由原来的 1234 亩减少到 965 亩。

表 5–1　　1962 年晨光、新建、金星大队粮油面积统计表

单位：亩

大队	水稻	三麦	油菜
晨光	737	248	170
新建	1089	302	184
金星	613	351	174

表 5–2　　1962 年晨光、新建、金星大队粮油产量统计表

单位：担

大队	水稻总产	三麦总产	油菜总产
晨光	4876	598	129
新建	6496	657	183
金星	4654	657	141

表 5–3　　1978 年—1989 年晨光、新建、金星（西泾）大队（村）水稻面积统计表

单位：亩

大队（村）	年份											
	1978	1979	1980	1981	1982	1983	1984	1985	1986	1987	1988	1989
晨光	877.0	877.0	877.0	4.2	6.0	876.8	876.8	876.8	874.8	874.8	874.8	867.8
新建	1133.0	1133.0	1133.0	3.8	5.2	1132.6	1132.6	1132.6	1132.6	1132.6	1132.6	1132.6
金星（西泾）	657.0	657.0	657.0	5.1	6.7	657.1	657.1	657.1	657.1	657.1	657.1	657.1

表 5–4　　1978 年—1989 年晨光、新建、金星（西泾）大队（村）水稻产量统计表

单位：万斤

大队（村）	年份											
	1978	1979	1980	1981	1982	1983	1984	1985	1986	1987	1988	1989
晨光	102.18	106.17	65.47	46.22	78.07	82.65	96.95	33.75	33.16	24.39	26.80	30.20
新建	118.37	124.15	90.44	59.04	101.33	106.59	113.73	76.91	57.05	55.80	57.14	54.70
金星（西泾）	72.85	72.94	52.59	36.65	53.41	61.97	75.89	64.98	57.14	58.57	62.00	62.80

表 5-5　　1978 年—1989 年晨光、新建、金星（西泾）大队（村）三麦产量统计表

单位：万斤

大队（村）	年份											
	1978	1979	1980	1981	1982	1983	1984	1985	1986	1987	1988	1989
晨光	18.57	24.67	24.92	18.70	25.42	18.80	23.39	16.05	6.42	11.10	8.80	5.57
新建	15.29	18.54	19.54	14.08	31.54	23.98	22.11	18.00	20.02	17.20	13.00	18.80
金星（西泾）	13.55	18.50	15.82	11.48	17.62	16.27	15.69	12.20	18.57	20.95	17.57	18.44

表 5-6　　1978 年—1989 年晨光、新建、金星（西泾）大队（村）三油菜籽产量统计表

单位：万斤

大队（村）	年份											
	1978	1979	1980	1981	1982	1983	1984	1985	1986	1987	1988	1989
晨光	3.29	4.67	2.06	4.15	5.95	4.79	4.79	7.60	6.80	7.06	4.55	6.00
新建	4.07	4.43	1.57	3.84	5.19	4.10	3.69	6.87	6.71	7.03	4.57	6.00
金星（西泾）	4.86	5.46	3.78	5.06	6.73	3.76	4.81	6.37	4.62	4.07	4.50	5.46

表 5-7　　1994 年—2002 年晨光村、新建村、西泾村农业经济主要指标一览表

年份	晨光村		新建村		西泾村	
	耕地面积（亩）	粮食总产量（吨）	耕地面积（亩）	粮食总产量（吨）	耕地面积（亩）	粮食总产量（吨）
1994	738	146	1135	282	1400	334
1995	892	153	1007	298	655	353
1996	445	154	643	298	878	353
1997	445	113	643	221	878	259
1998	445	105	643	117	878	76
1999	445	114	643	271	878	192
2000	445	110	643	265	878	183
2001	444	112	643	205	878	187
2002	416	—	629	—	706	147

表 5-8　　2003 年—2017 年渡桥村农业经济主要指标一览表

年份	耕地面积（亩）	粮食作物面积（亩）	粮食总产量（吨）
2003	1234	150	78
2004	1234	154	80
2005	1134	153	78
2006	1064	111	60

续表

年份	耕地面积（亩）	粮食作物面积（亩）	粮食总产量（吨）
2007	1064	118	60
2008	1064	108	60
2009	965	309	173
2010	965	30	17
2011	965	5	3
2012	965	—	—
2013	965	—	—
2014	957	—	—
2015	965	—	—
2016	965	—	—
2017	965	—	—

注：2012 年始，《吴中统计年鉴》对粮食作物面积和粮食总产量不作统计。

五、农田水利

渡桥村农田较多，水利尤为重要。民国太湖水利监测站设于渡桥，管理境内农田水利。中华人民共和国成立后，由于围垦整修，渡桥农田居东山之最。2000 年，晨光村有耕地 768 亩，新建村有耕地 1340 亩，西泾村有耕地 878 亩。渡桥村水系畅通：木东河长 2.5 千米，平均口宽 20 米；渡水港（渡桥境内）长 1.45 千米，平均口宽 25 米；生产河长 0.5 千米，平均口宽 8 米；直泾港长 2.8 千米，平均口宽 20 米；婆罗港长 0.5 千米，平均口宽 10 米；新塘圩内生产河道纵横贯通。

渡桥村内水利设施以渡水桥排涝站为主点，该站坐落在新建套闸西侧，建于 1986 年，2010 年移建在太湖村席家湖，新建配套用房 200 平方米，有 95K 电机配 32 轴流泵 4 台、排涝流量 8 立方米 / 秒，还有 500 千伏变压器一套，汛期担当渡桥村 2 万亩耕地的捕捞任务。

新塘圩水利工程有机电排灌机房 3 座，排涝流量 1.5 立方米 / 秒，沿太湖防洪大堤 887 米，内堤 2700 米。1991 年汛期，新塘圩经受特大洪涝灾害考验，虽经晨光、新建、湖湾、东山四个村干部群众奋力拼搏，保住了大堤安全，但整个大堤千疮百孔。1991 年 11 月起，晨光、新建等村出动劳动力 15000 多人次，突出 40 天，加高加固大堤 887 米，完成土方 43000 立方米。之后加强泵站建设，进行水土保持工作，杜绝在大堤上乱种乱垦现象，使圩内水系沟通，确保汛期发挥效益。1999 年，疏通新塘圩内 1000 米长的内河。2012 年渡桥村改造新塘圩老式泵房，新建一座泵房。

六、农具农机

民国时期，村域内农民种田使用农具均为小型农具，以铁耙垦田，人力车水，用木质稻床脱粒，农活都靠人工完成。中华人民共和国成立初期，基本保持原有状态。1958 年人民公社化后，耕田使用牛力，排灌用机械化代替人力。1980 年后，有小型拖拉机耕田，之后随着农业机械化的发展，收割脱粒、农副产品加工、农田运输逐渐实现机械化。2000 年后，农具农机逐步实现电气化，农业机械总动力不断提高。

表 5-9　　1963 年晨光、新建、金星大队农具统计表

大队	犁（把）	耙（把）	脱粒机（只）	喷雾器（只）	人力车（部）	风车（部）	牛车（部）	农船（条）
晨光	8	8	17	19	9	1	2	33
新建	12	5	16	15	8	2	1	27
金星	12	9	14	23	18	–	–	18

表 5-10　　1972 年晨光、新建、金星大队农业机械情况统计表

大队	手扶拖拉机（台）	手扶拖拉机秸车(台）	机电动脱粒机（台）	喷雾器（台）
晨光	4	1	8	42
新建	2	1	21	37
金星	1	–	10	42

表 5-11　　1994 年—2001 年晨光、新建、西泾村农业机械情况统计表

年份	晨光村农业机械总动力（千瓦）	新建村农业机械总动力（千瓦）	西泾村农业机械总动力（千瓦）
1994	350	810	335
1995	357	850	350
1996	357	875	350
1997	847	744	909
1998	951	768	1056
1999	951	772	1128
2000	498	772	1128
2001	498	613	681

表 5-12　　2002 年晨光、新建、西泾村农业机械情况统计表

村名	机械动力（千瓦）	拖拉机（台）	脱粒机（台）	农用水泵（台）
晨光	44	10	11	55
新建	56	10	8	42
金星	36	22	9	38

表 5-13　　2003 年—2015 年渡桥村农业机械情况统计表

单位：千瓦

年份	机械动力	年份	机械动力	年份	机械动力	年份	机械动力
2003	1592	2007	1500	2011	1200	2015	1200
2004	1500	2008	1000	2012	1200	2016	1200
2005	1500	2009	500	2013	1200	2017	1200
2006	1500	2010	500	2014	1200		

第二节　副业

一、栽桑养蚕

东山产桑养蚕历史上久负盛名。清《太湖备考》载:“桑出东西山，蚕时设市，（太）湖南各乡镇皆来贩鬻。”

唐宋时期，东山蚕桑已很普遍，至元代更盛。明代蚕桑又有发展，至明代中期，东山人开始利用鱼池埂而栽植桑树，时养蚕业比较兴盛。

清代后期，蚕桑在东山发展更快，其时，东山桑叶、蚕茧的收入占全年经济总收入的22%左右，家家农户基本上都栽桑养蚕，祖辈相传，历史上渡桥境内也是东山养蚕业的重要地区之一。

1936年,江苏省建设厅在东山殿泾港养力亭、孙公亭旁建造大有育蚕指导所,每届蚕汛,派员指导催种饲养方法，渡桥司前街东侧也建大有蚕种场，承担养蚕业务指导，至抗日战争爆发结束。

中华人民共和国成立后，政府重视蚕桑生产，除平地桑林和传统的鱼池埂上种植桑树外，荒地、湖滩都开垦种桑，同时建立三级养桑技术指导网，传授和培训栽桑育蚕的科学技术，养蚕期也由春蚕发展到夏蚕、秋蚕甚至晚秋蚕，当时养蚕已成为渡桥农村重要的经济收入之一。

1958年成立人民公社,开始集体养蚕产茧。1957年晨光大队(含新建大队)养蚕400张,产茧414担，售茧金额41400元；金星大队养蚕496张，产茧496担，售茧金额49570元。

1963年，晨光大队养春蚕34张，产茧2419.6斤；养秋蚕10.5张，产茧531斤；养晚秋蚕7.5张，产茧365.9斤。新建大队养春蚕5张，产茧326.3斤；养秋蚕2张，产茧81.8斤。金星大队养春蚕29张，产茧2167.1斤；养夏蚕3张，产茧165.5斤；养秋蚕5.5张，产茧295斤；养晚秋蚕14张，产茧684.2斤。

1974年后，晨光、新建、金星大队在公社蚕桑指导员的帮助下，配备蚕桑组长，逐步建立公社、大队、生产队三级蚕桑技术指导网，定期组织传授和培训栽桑养蚕技术，使蚕桑生产趋于稳定。1976年，晨光大队饲养蚕种191张，产茧11275斤，单产59斤，每张蚕种售茧的金额为86.74元；新建大队饲养蚕种22张，产茧1383斤，单产64斤，每张蚕种售茧的金额为88.20元；金星大队饲养蚕种295张，产茧20035斤，单产68斤，每张蚕种售茧的金额为99.57元。

1983年春，实行家庭联产承包责任制，由村民个体进行养蚕，由于调整产业结构，加上蚕茧收购价格降低，花果价格上升，村内兴起种橘热。1983年新建村率先退桑种果。1986年和1987年，晨光村和西泾村也相继退桑种果，养蚕越来越少，蚕茧产量锐减。1988年渡桥境内桑农纷纷废桑植橘，养蚕业也告结束。

表 5-14　　1966 年—1972 年晨光、新建、金星大队养蚕生产情况表

大队	年份													
	1966		1967		1968		1969		1970		1971		1972	
	蚕种（张）	总产（斤）	蚕种（张）	总产（斤）	蚕种（张）	总产（斤）	蚕种（张）	总产（斤）	蚕种（张）	总产（斤）	蚕种（张）	总产（斤）	蚕种（张）	总产（斤）
晨光	252	12369	236	9377	298	15728	396	19985	402	20771	384	16459	391	20227
新建	15	771.8	22	1231	46	2402	52	3354	72	4095	82	4022	85	4980
金星	465	20198	368	16352	481	23398	477	24318	486	25193	514	20753	565	27939

表 5-15　　1978 年—1986 年晨光、新建、金星（西泾）大队（村）蚕桑面积统计表

单位：亩

大队（村）	年份								
	1978	1979	1980	1981	1982	1983	1984	1985	1986
晨光	130.0	102.0	102.0	112.0	112.0	112.0	112.0	42.0	—
新建	40.0	40.0	39.0	55.5	55.5	55.5	—	—	—
金星（西泾）	211.0	211.0	197.5	197.5	197.5	197.5	197.5	57.0	30.0

表 5-16　　1978 年—1986 年晨光、新建、金星（西泾）大队（村）蚕茧产量统计表

单位：担

大队（村）	年份								
	1978	1979	1980	1981	1982	1983	1984	1985	1986
晨光	72.9	92.8	116.3	101.0	120.9	59.0	17.6	2.6	—
新建	16.3	26.0	34.0	30.0	23.4	2.1	—	—	—
金星（西泾）	145.8	150.0	192.6	165	175.0	103.6	80.9	67.0	28.0

二、水产养殖

渡桥村域内除种植粮油作物外，还有一小部分农户从事内塘水产养殖，早在高级社时，他们就开始养鱼，时晨光社有鱼池 55 只，水面 315 亩；金星社（含朱茂）有鱼池 153 只，水面 739 亩。1961 年新建成立大队后，也有少量鱼池，当时养殖品种为鲢鱼、草鱼等四大家鱼。

位于渡桥的苏州市水产研究所协助村里发展水产养殖，他们把淡水渔业研究开发工作的成果应用到农户的水产养殖业上，如水产品的引种、育种、鱼病防治；开发水产病害的防治药物，如鱼乐、蟹乐、虾蟹脱壳素、水体消毒灵、渔家乐等系列产品。

1983 年村实行家庭联产承包责任制后，从工从副的人员增加，水产养殖逐步减少。2013 年，因开发新镇区用地需要，西泾村全村和新建村 90% 的鱼池被征用，至今保留晨光村鱼池 61 只，水面 280 亩，也多数流转给其他农户经营水产养殖。

养蚕

水产养殖（1975 年）

苏州市水产研究所

表 5-17　　1962 年—1964 年水产面积产量统计表

大队（村）	1962 年			1963 年			1964 年		
	面积（亩）	单产（斤）	总产（斤）	面积（亩）	单产（斤）	总产（斤）	面积（亩）	单产（斤）	总产（斤）
晨光	188	106	200	189	141	266	188.5	143	270
新建	25	84	21	—	—	—	25	167	42
金星	46	182	84	34	132	45	40	217	87

表 5-18　　1978 年—1990 年晨光、新建、金星（西泾）大队（村）水产面积统计表

单位：亩

大队（村）	年份												
	1978	1979	1980	1981	1982	1983	1984	1985	1986	1987	1988	1989	1990
晨光	180.0	182.0	181.6	181.6	182.0	182.0	182.0	182.0	182.0	182.0	182.0	182.0	182.0
新建	92.0	72.0	91.6	91.6	92.0	92.0	92.0	92.0	92.0	92.0	92.0	68.0	52.0
金星（西泾）	32.0	32.0	32.0	32.0	32.0	32.0	32.0	36.0	36.0	36.0	36.0	36.0	36.0

表 5-19　　1978 年—1990 年晨光、新建、金星（西泾）大队（村）水产产量统计表

单位：担

大队（村）	年份												
	1978	1979	1980	1981	1982	1983	1984	1985	1986	1987	1988	1989	1990
晨光	382	336	286	339	355	464	570	900	1500	1500	1000	1250	1000
新建	43	40	87	55	61	12	135	200	400	470	450	230	210
金星（西泾）	30	90	39	39	40	15	17	180	200	120	100	20	20

表 5-20　　1997 年晨光村水产面积产量及品种统计表

水面面积（亩）	水产产量（担）	水产品种				
		草鱼（担）	鳊鱼（担）	花鲢、白鲢（担）	鲫鱼（担）	鲤鱼（担）
182	1400	395	200	557	96	149

三、茶树花果种植

1. 金星大队茶场

旧时，金星大队所辖的西泾山，有 140 多亩山地，是荆棘丛生、满山乱石的光山秃岭。1970 年，在“农业学大寨”运动中，金星大队党支部带领贫下中农，炸山开石，砌石坎，翻土填塘，平整土地，经过一个半月的奋战，共花 2.5 万个劳动日，开垦荒山 120 亩，砌坎 2000 米，开挖蓄水塘 2 个，种上 40 万株茶苗。1971 年，茶园遭遇少见的特大干旱，农民连续一个多月打水，挑水上山，抗旱保苗，结果因一年新生苗经不起持续干旱，80% 的茶苗干死。大队干部群众为恢复茶园生产，于当年冬天在 70 多亩山地上播下 7000 斤茶籽，并根据 1971 年干旱的教训，组成 27 人的专业队伍，根据地理和土质情况，又栽种了 30 多亩毛竹，3000 多枝桑苗，在山地周围种上 4800 棵白榆，2000 多棵楝树，在 20 多亩石牌山上种上 4000 多棵泡桐，200 多棵水杉，新砌石坎 2100 多米，建造瓦屋 3 间，草屋 13 间，添置汽油机 1 台，柴油机 1 台，水泥船 1 条。1972 年，茶园成片，林木成行，茶叶丰产，当年盈余 4000 多元。1973 年—1983 年，由于管理措施到位，茶园茶叶持续丰收。1983 年实行家庭联产承包责任制，茶园分给 27 个专业队员承包。1985 年，因发展工业建造厂房，当地填土紧缺，西泾山农民拥有拖拉机较多，装土出售经济效益较好，在经济利

益驱动下，农民纷纷取土毁茶，导致茶园荒废。

2. 新塘圩粮改果

新塘圩位于环太湖大道西侧，总面积1570亩。1985年以前种植水稻，由新建、晨光、湖湾、东山四个村种植。20世纪80年代中期，东山兴起柑橘热，1985年新塘圩进行农作物改制，将1570亩粮田改制成果园，并优化果品品种，以种植早熟温柑为主。位于渡桥的江苏省果树研究所承担了早熟温柑种植与管理的科技指导工作。首先引进早熟温柑新品种，然后围绕该品种的性能特点、适应环境、科学管理等方面，在晨光、新建两村举办农业技术员培训班，深入果园为果农现场传授管理知识。

90年代后新塘圩柑橘转入盛产期，亩产一般大年5700—7000斤，小年3000—4000斤，超万斤的橘园也时有出现。1990年产量在200担以上，年收入超万元大户有30多户，其中新建村一些大户年产量达400吨。

2003年以后，新塘圩果农改造老品种，引进新品种，变单一果品为多种果品，在种植结构调整中，柑橘面积日益减少，枇杷、茶叶逐步增多，品种结构趋向多样化。2012年，新塘圩因建工业小区和开发房地产，面积减为1200亩，其中，晨光500亩，新建700亩。

3. 西泾山桃子

东山栽桃已有千年历史。清《太湖备考》有“桃最美者名水蜜桃，出武山”的记载。

西泾村栽桃历史悠久，中华人民共和国成立后至1984年，每年栽桃面积保持在57亩左右，产量约250担。桃子最兴盛时期，位于西泾山的吴县果园场和吴县果研所（后为江苏省果研所）年年派果技员下乡实地指导栽桃、灭虫等技艺，使西泾桃子产量高，质量好，经济效益可观。20世纪80年代末至90年代初，桃树种植面积受市场价格影响而缩小，以致桃林大部分改为橘林。

表5–21 东山金星（西泾）大队（村）桃树种植面积统计表

单位：亩

年份	1978	1979	1980	1981	1982	1983	1984	1985	1986	1987	1988	1989
面积	44	66	66	66	66	66	66	5	5	5	42	42

表5–22 东山金星（西泾）大队（村）桃子产量统计表

单位：担

年份	1978	1979	1980	1981	1982	1983	1984	1985	1986	1987	1988	1989
产量	295	213	283	50	350	220	321	300	130	350	50	200

四、家畜家禽饲养

早在20世纪五六十年代，渡桥村域内的农民就把饲养家畜家禽作为一项重要的副业生产。

1956年11月高级社统计资料显示：晨光社社员养肉猪820头，养牛164头，养鸡1000只，养鸭3500只，养鹅500只；金星社社员养猪412头，养牛250头，养鸡457只，养鸭1570只，养鹅300只。

七八十年代，渡桥村饲养家畜家禽比较稳定。1990年以后，第三产业发展较快，村民务工者居多，村民大多不再饲养家禽家畜。

表 5-23　　1972 年晨光大队饲养家畜家禽统计表

队别	猪（头）	牛（头）	羊（头）	兔（只）	家禽（只）
一队	163	2	—	39	186
二队	87	2	11	35	77
三队	71	—	—	15	71
四队	67	2	3	30	78
五队	62	1	6	—	79
六队	62	3	1	21	133
七队	47	2	8	30	46
八队	104	1	—	18	139

表 5-24　　1972 年新建大队饲养家畜家禽统计表

队别	猪（头）	牛（头）	羊（头）	兔（只）	家禽（只）
一队	114	4	—	57	81
二队	106	2	—	23	63
三队	97	4	—	48	72
四队	102	4	—	36	69
五队	115	4	—	41	78

表 5-25　　1972 年金星大队饲养家畜家禽统计表

队别	猪（头）	牛（头）	羊（头）	兔（只）	家禽（只）
一队	82	1	47	52	350
二队	110	—	110	95	230
三队	124	1	80	130	190
四队	44	—	44	55	110
五队	38	—	32	31	80
六队	65	1	45	85	155
七队	80	1	55	110	125
八队	59	3	30	90	270
九队	64	2	35	105	240

表 5-26　　1975 年晨光、新建、金星大队饲养家畜家禽统计表

队名	猪（头）	牛（头）	羊（头）	兔（只）	家禽（只）
晨光	473	8	8	2	1890
新建	571	9	2	57	2945
金星	481	7	303	254	1719

表 5-27 1989 年晨光、新建、金星大队饲养家畜家禽统计表

队名	肉猪（头）	仔猪（头）	公猪（头）	母猪（头）	羊（头）	鸡（只）	鸭（只）	鹅（只）
晨光	300	—	—	25	14	500	500	—
新建	200	300	—	40	—	1500	1500	1000
西泾	250	50	2	57	300	1200	400	30

第三节 生产管理

一、核算单位

初级农业生产合作社时，保留社员生产资料所有权，实行土地入股，大型农具作价归社或合作社租用，实行合作社统一经营、统一核算，按土地、劳动力分配。

高级农业生产合作社时，生产资料有偿转为集体所有，由合作社统一经营、统一核算，按劳分配。

人民公社建立后，高级社的生产资料无偿给公社，在公社范围内统一领导、统一计划、统一经营、统一核算、统负盈亏的“一大二公”体制。

1961 年 10 月进行“三级所有，队为基础”的核算制试点。1962 年全面实施，确定生产队是人民公社、生产大队、生产队三级集体所有制经济中的基本核算单位。

1980 年、1981 年，公社先后两次调整生产队规模，晨光、新建、西泾 3 个大队的生产队规模基本保持原有格局，即晨光按自然村分为 8 个生产队，新建按自然村分为 5 个生产队，西泾按自然村分为 9 个生产队。

二、劳动管理

初级农业生产合作社时期，建立生产小组，劳动管理以包干制为主，在生产上实行农副结合，鼓励发展养猪、养羊和种树种菜。

高级社时期，村里种植业实行“四定三包”（固定生产队、固定耕作区、固定生产资料、固定劳动定额，包产、包工、包本），超产奖励制度，生产队安排农活，生产小组集中干活，社员劳动按定额记分。高级社的管理普遍实行“一长四员分工负责制”，即社长、会计员、采购员、保管员、饲养员在社长领导下，由四员分工分专业进行管理。

1958 年，为适应“大跃进”生产需要，人民公社把生产组织和武装组织相结合，劳动力按军队编制，公社建团，大队建营，生产队建连，生产组建排、班，由公社统一指挥调度。截至当年年底，公社下设 7 个营、23 个连、84 个排、239 个班。渡桥乡为第六营，下设 4 个连、14 个排、50 个班。晨光大队（含新建）为第一连，金星大队为第二连。

公社军事化组织有严格的劳动、学习和作息制度。为适应劳动力统一指挥和调度的需要，村里普遍建立公共食堂、托儿所和幼儿园。据 1959 年 5 月统计，共有食堂 63 个，其

中，晨光大队建有食堂29个，金星大队建有食堂34个，两个大队就餐农户1500多户，占农户总数的95%。同时有农村托儿所28个，幼儿园4个。

1962年，实行以生产队为基本核算单位，由生产队对队内劳动力按农事活动需要进行分组作业，生产队对生产小组实行定额管理，对劳动力实行“三基本”制度，即规定每人每户应完成的基本农活、基本劳动和基本工分。

“文化大革命”初期，推行“突出政治”的大寨式评工记分，即按政治思想好、出勤足、农活质量高、工效快的要求确定标兵和标兵工分，其他社员以标兵为样板，自报互评应得工分。

“文化大革命”结束后，农村劳动管理恢复“三基本”制度和定额记工、“四定奖惩”责任制（即定人员、定任务、定质量、定报酬，超产奖励、减产赔偿）。1983年实行家庭联产承包制后，农、副、工劳动按业实行合同管理制度。

三、分配管理

初级社的农民收益分配，按“劳力报酬应稍高于土地报酬”的规定，实行土地、劳动力按比例分配。

高级社取消土地报酬，实行按劳分配。社员分配一年两次，夏季预分，秋季决算。分配时先交农业税和出售余粮，后归还国家到期贷款和粮食预购定金，再提3%—5%的公积金和公益金，并留生产资金和0.2%—0.3%的行政管理费。

1958年成立人民公社，取消按劳分配制度，实行供给制和工资制相结合的平均分配方式。“吃饭不要钱”是供给制的主要表现。供给制的基本形式有伙食供给制、粮食供给制、基本粮草供给制和半粮草供给制四种。

1957年实行“人人定量，指标到户，实物到堂（公共食堂），凭票吃饭，节约归己”。

“文化大革命”时期，农村经济分配实行纯收入按劳动日计价分配。全年总收入扣去总成本，得纯收入，再将纯收入在国家（税金）、集体（积累）、社员（报酬）三者之间进行分配。社员报酬以可分配总额同总劳动日相除，得劳动日值。劳动者按实际劳动日数计得全年报酬。

1983年实行家庭联产承包责任制后，由原生产队统一核算分配，改为户、组、队、乡村企业等多种分配形式和多层次的合同结算。结算原则是信守合同、承包兑现，具体做法是核实产量和收支，按“交够国家的（税金等），留足集体的（公积金、公益金、管理费、劳动积累等），余下都是自己的（个人所得或全体村民所得）”原则进行分配。

表5–28　　1962年晨光、新建、金星大队社员分配水平表

队别	晨光	新建	金星
社员分配每人平均（元）	88.57	93.30	57.36

表 5-29　　1964 年、1965 年晨光、新建、金星大队社员劳动日单价统计表

晨光大队	劳动日单价（元）		新建大队	劳动日单价（元）		金星大队	劳动日单价（元）	
	1964 年	1965 年		1964 年	1965 年		1964 年	1965 年
一队	0.516	0.712	一队	0.44	0.48	一队	0.504	0.45
二队	0.73	0.768	二队	0.40	0.57	二队	0.57	0.647
三队	0.622	0.865	三队	0.466	0.66	三队	0.457	0.517
四队	0.611	0.774	四队	0.49	0.66	四队	0.41	0.43
五队	0.677	0.739	五队	0.535	0.66	五队	0.36	0.41
六队	0.49	0.625				六队	0.375	0.42
七队	0.46	0.545				七队	0.405	0.457
八队	0.45	0.572				八队	0.56	0.455
						九队	0.375	0.399

表 5-30　　1970 年—1973 年晨光、新建、金星大队社员分配水平表

大队	1970 年人均水平（元）	1971 年人均水平（元）	1972 年人均水平（元）	1973 年人均水平（元）
晨光	98.20	101.40	114.30	115.00
新建	112.30	121.40	130.35	113.00
金星	91.50	92.80	108.10	108.00

表 5-31　　1978 年—1989 年晨光大队（村）分配方案表

年份	纯收入（万元）	国家税金（万元）	上交累计（万元）	社员（村民）分配	
				分配金额（万元）	人均水平（元）
1978	19.71	0.67	2.26	16.78	137.00
1979	21.83	0.79	2.80	18.24	153.00
1980	19.09	0.82	0.90	17.37	145.70
1981	19.80	0.83	0.90	18.06	150.00
1982	26.47	0.86	2.37	23.25	195.00
1983	43.05	0.85	1.06	44.26	372.00
1984	29.57	0.82	1.10	54.28	457.00
1985	35.41	1.12	—	72.45	623.00
1986	39.63	1.40	—	88.23	763.00
1987	50.76	1.57	1.12	106.22	899.00
1988	57.90	1.57	1.10	122.90	1030.00
1989	59.57	2.57	1.00	136.00	1146.00

表 5-32　　1978 年—1989 年新建大队（村）分配方案表

年份	纯收入（万元）	国家税金（万元）	上交累计（万元）	社员（村民）分配	
				分配金额（万元）	人均水平（元）
1978	12.37	0.78	1.12	10.46	101.00
1979	16.26	0.91	2.25	13.09	129.00
1980	15.65	0.94	1.57	13.11	129.94
1981	13.25	0.97	1.12	11.16	110.74
1982	18.95	0.97	2.13	15.84	157.94
1983	24.75	0.46	1.13	24.13	240.00
1984	32.08	0.98	0.70	39.11	392.00
1985	35.68	1.27	—	40.26	409.00
1986	55.30	1.27	0.93	63.35	649.00
1987	73.86	1.55	2.30	80.75	828.00
1988	89.63	1.56	1.90	97.07	993.00
1989	95.52	2.50	1.33	107.49	1106.00

表 5-33　　1978 年—1989 年金星（西泾）大队（村）分配方案表

年份	纯收入（万元）	国家税金（万元）	上交累计（万元）	社员（村民）分配	
				分配金额（万元）	人均水平（元）
1978	15.18	0.39	1.45	13.34	114.00
1979	16.48	0.44	1.76	14.28	123.00
1980	18.70	0.44	1.52	16.73	144.65
1981	21.91	0.45	1.74	19.71	167.00
1982	29.08	0.45	3.12	25.51	217.64
1983	40.93	0.57	1.18	40.53	339.00
1984	35.43	0.47	1.81	48.32	414.00
1985	76.90	0.62	—	84.99	731.00
1986	79.61	0.65	0.38	93.57	804.00
1987	83.18	1.27	1.17	98.34	841.00
1988	86.39	1.27	1.00	100.12	848.00
1989	92.46	2.30	2.00	105.06	882.00

表 5-34　　1994 年—2002 年晨光、新建、西泾村村民分配水平统计表

年份	晨光村民人均纯收入（元）	新建村民人均纯收入（元）	西泾村民人均纯收入（元）
1994	4018	4000	3981
1995	4513	4490	4120
1996	5536	5509	5045
1997	5538	5513	5049
1998	6164	6114	5162
1999	5797	5716	5801
2000	5805	5805	5813
2001	5813	6267	5499
2002	5993	5790	5171

表 5-35　　2003 年—2017 年渡桥村民人均纯收入统计表

年份	村民纯收入（元）	年份	村民纯收入（元）	年份	村民纯收入（元）	年份	村民纯收入（元）
2003	6457	2007	9572	2011	17037	2015	27122
2004	7429	2008	10939	2012	17584	2016	30491
2005	8507	2009	12935	2013	20387	2017	32320
2006	8000	2010	13866	2014	26480		

第六章　东山湖羊

东山养殖湖羊已有800多年历史，是苏州湖羊的主产区。1983年9月，东山被列为江苏省首个湖羊资源保护区。1984年东山镇成立湖羊资源保种领导小组和技术小组，同年渡桥西泾成为湖羊保种基地。2008年7月，东山又被农业部命名为国家级湖羊保护区，渡桥成为国家级湖羊保护基地。2013年渡桥村成立湖羊产业协会。2014年“东山湖羊”成为国家地理标志商标。2016年东山湖羊科普馆开馆，展示东山湖羊产业的布局、白切羊肉的制作。

第一节　湖羊的历史

东山是湖羊的原产地，饲养湖羊始于宋朝，至今已有 800 多年历史。

湖羊的前身是生活在蒙古高原、外呼伦贝尔等地区的蒙古羊。先秦时代至魏晋南北朝时期，北方游牧民族与中原汉族在交往或战争中，客观上有了各类资源的互通，蒙古羊等畜类逐步进入中原。

五代十国时期，太湖流域一带属于吴越国，人们在与北方的契丹贸易交流中引进了羊及其他一些牲畜。

湖羊的品种形成，最早可追溯到东晋，湖羊的育成史则可追溯到 12 世纪初的宋室南迁。朝廷许多达官贵人看中了太湖洞庭两山风光秀丽、物产丰饶，气候温润，而且，两山位于太湖之中，远离战乱兵火，是居家生活颐养天年的极佳之地，于是在此安家，他们带来的牛羊也在此“落户”。

元朝时期，朝廷把优质绵羊作为礼品赠送地方官员，苏州知府把受赠的绵羊放到太湖地区饲养繁殖。这些胡地之羊，受太湖的自然条件影响，经过长期圈养和选育，逐渐形成为一个优良独特的稀有品种—— 湖羊。清《太湖备考》、民国《乡志类稿》《洞庭东山物产稿》及当代《洞庭东山志》中均有记载。

第二节　湖羊的特点

湖羊是世界稀有的白色羔皮羊品种，湖羊在太湖平原经过长期驯养，具有适应性强，耐舍饲、耐湿热等抗逆性特点。它生长快、成熟早、繁殖率高，是中国的一级保护地方畜禽种质资源，被列入了《国家畜禽遗传资源保护目录》。

湖羊体格中等，公、母均无角，头颈狭长，鼻梁隆起，眼大突出，多数耳大下垂，体躯较长，背腰平直，腹微下垂，尾扁圆，尾尖上翘，四肢结实，高而纤细。被毛全白，腹部被毛稀而短粗。羊尾为短脂尾，肥大呈扁圆形，且尾尖上翘。

湖羊性成熟早，四季发情排卵，可以做到“当年生，当年配种，当年产羔”。实现“一年二胎或二年三胎”。初产母羊每胎产羔 1—2 只，经产母羊每胎产羔 2—3 只，亦有少数可达到每胎 4—5 只。

湖羊早期生长快，三月龄断奶体重公羔 25 千克以上，母羔 22 千克以上。成年公羊体重 65 千克以上，成年母羊体重 40 千克以上。

湖羊食性杂，各种青、干草农作物秸秆，农副加工产品等都可作为饲料。

湖羊在本地饲养历史悠久，经长期的自然选择与人工培育，具有耐湿热等优良性状，对太湖东山的气候条件适应性强，耐粗饲、宜圈养，正常饲养管理下疾病很少发生。

第三节 养殖

一、平地圈养

历史上，东山湖羊的养殖规模很大。民国时期，东山尚有大片未开垦的草地，湖羊也曾像山羊一样被大量放养。时渡桥西泾禾家湾的农民每家都要养2—3只羊，放羊地点在西泾山周围的草地，早放晚归。中华人民共和国成立后，实行土地改革，后又实行农业合作化，发展粮油生产，土地被充分利用，湖羊养殖方法也由放养改为圈养。20世纪60年代，家家户户都养一圈或数圈湖羊。2000年后，因受市场经济影响，湖羊养殖数量逐年下降。2014年，村里重视湖羊产业，鼓励农民多养羊，平地圈养湖羊的头数增长较快。

二、高床养殖

渡桥农家养殖湖羊多为一家一户的小规模经营，饲养方式比较原始和落后，渡桥湖羊基地现代化科学方式的养殖，给农家的湖羊养殖提供了较好的示范作用。

与人们传统印象中又脏又臭的羊圈不同，渡桥湖羊基地的圈舍采用了江苏省农科院最新的高床养殖技术区别于东山农户传统的平地圈养模式，羊舍建在地势高而且干燥、排水通畅的地方，羊舍内距地面高度50—57厘米，利用竹板搭建漏粪羊床，羊粪通过竹板间的空隙漏到下面的坑道，圈舍另一侧安装有自动刮粪机，刮粪机定期将羊污和粪便收集到羊圈一侧的废物收集池内。羊舍基本实现“四自动”，即自动供水、自动温控、自动除便、自动通风，羊舍中安装有自动降温通风控制系统。夏季来临，羊舍温度达到39℃时，系统会自动对羊舍进行雾化喷淋降温，同时羊圈两侧的排风扇也将自动打开，通风换气。无论什么季节和天气湖羊都可以享受到最舒适的生活，室外还有宽敞的运动场，管理人员会定期把湖羊带出去运动、健身。羊舍的各个角落里都装有监控摄像头，该系统分为网络监控和安全监控两部分。网络监控主要用于工作人员观察羊圈里的湖羊生长和饮食情况，以及一些日常饲养管理。安全监控主要用于整个羊场外围的监控，实现安全防盗功能。工作人员在值班室里可以24小时实时监控、照顾。

羊舍墙上安装自动检测细菌值的仪器，定期检测空气中的细菌类别和数量，当达到危险值时会启动自动杀菌系统，这些设施可有效提高羊圈卫生清洁程度，减少湖羊各种疾病的发生，提高母羊受胎率、产羔率和成活率。

湖羊基地配套的果树牧草种植园，种植枇杷、杨梅、柑橘等果木，利用湖羊圈舍产生的优质羊粪培育果木，又通过雨污水收集循环系统灌溉果木，实现果品的全程无污染绿色生产。同时，果木的一些树叶可以加工成湖羊的饲料，降低湖羊养殖成本。东山是花果生产区，在果园种植牧草，可实现果牧草综合经营，再利用牲畜粪便作为有机肥料培育果树。

湖羊基地开展了非常规饲料资源养羊的研究，利用东山当地的农副产品如玉米秸、红薯藤等，通过与玉米等配伍，开拓饲料新来源，建立低成本饲料利用模式。

三、绿色循环模式

东山的湖羊养殖同东山的花果、蚕桑以及内塘养殖形成过一条互依互存的良性生产循环。

东山的洞庭红橘和白沙枇杷在全国享有盛誉，尤其是白沙枇杷，这是因为东山果农全部用羊厩粪作肥料培植果树，使之品质优良。

蚕桑在东山有着悠久的历史，湖羊与蚕桑有着密切的关系。羊厩肥也大量施于桑地，使桑树枝叶茂盛。春蚕头眠醒来后，一天要喂 10 次桑叶，而大量未食尽的残叶，晒干后捆成桑团，是湖羊过冬的最好饲料。桑叶喂羊，羊粪肥桑，相得益彰。

湖羊与内塘养殖同样有着紧密的联系。鱼塘中养得最多的鱼类是花鲢，它们以食有机肥为主，渔农一般每年都在鱼池里倒入大量羊厩肥作鱼的主要饵料。冬季干鱼池后，又将池中的河泥施池埂上的桑树。桑叶喂蚕，养蚕剩下的枯桑叶养羊，羊厩肥再施果木、桑地和喂鱼，周而复始，互依互存，形成绿色循环农业的模式。

第四节　加工

湖羊有理想的产肉性能，屠宰率在 50% 左右，料肉比约为 2∶1，净肉率 38% 左右。湖羊骨细肉多，肉质鲜美。目前绵羊肉的分级标准，湖羊母羊肉一、二级各占 50%。

东山渡桥的羊肉加工目前主要集中于食用方面，东山白切羊肉与藏书羊肉、双凤羊肉在苏州地区是三驾“羊”车并驱，闻名全国。“东山白切羊肉烹饪技艺”在渡桥西泾村禾家湾传承已达两百多年，2011 年被列入苏州市吴中区非物质文化遗产名录。2015 年 12 月，经苏州市吴中区文化体育局批准，姚培林成为吴中区非物质文化遗产“东山白切羊肉制作技艺”代表性传承人。

东山白切羊肉是取东山湖羊，去除头尾四肢内脏后，文火煨煮半夜，将骨剔出后用原汤继续将肉用文火熬煮，黎明将羊肉取出摊在荷叶上。荷叶的清香随着肉香扑鼻而来，香味四溢。东山白切羊肉毫无腥臊气，肉色白糯，味肥嫩鲜美，以禾家湾村烹调水平最高。

东山红烧羊肉也很出名，其方法是取东山湖羊，洗净切块、焖熟后出水除臊味，再放入酱油、桂皮、八角、姜片等烹制而成，香味独特，口味鲜美，是东山婚宴的必备菜之一。

渡桥村引导有条件的农户发展以湖羊为主题的农家乐、“羊家乐”，积极发展白切羊肉产品，带动湖羊餐饮产业，助推农民增收致富。村里开出了东荷羊肉馆、东翔羊肉馆、奇奇羊农家乐、西泾十二灶等 14 家证照齐全的“羊家乐”餐馆。以东荷羊肉馆为例，它已经取得了羊肉休闲食品 QS 认证，羊肉馆粗具规模，除了传统的白煨羊肉外，各种符合现代市场需求的创新品种也陆续推出，其中，针对三口之家的小型全羊宴尤其受到年轻食客的欢迎。东荷羊肉馆开拓电子商务，推出了真空包装品种，苏州市区的市民只须在网上下单，就可以在家中吃到当天烧制的羊肉食品。

第五节　湖羊保护

东山原为太湖中的岛屿，四面环水，直到清后期形成半岛，但依然与内陆有摆渡口一水之隔，所以东山羊种与外界隔绝，保证了湖羊的纯正血统。南京农业大学王根林教授研究团队首次发现中国湖羊存在控制多胎的主要基因，且该基因高度纯合，东山湖羊存在FecB多胎基因，纯合度可达90%左右，是高度纯化的高产品种。

随着经济的发展、交通的便利和种群数量的减少，不同品种的绵羊与湖羊的羊种杂交导致了近亲繁殖和基因流失，从20世纪80年代开始，随着建设的发展，草地面积的减少，湖羊的饲养逐渐有所降低。20世纪90年代以来，随着出口市场的疲软、后续开发的不足，湖羊养殖效益逐渐被其他行业超越，加上以农户为中心的保护模式，缺乏专门机构的扶持和保护，1998年东山镇湖羊产业存栏量仅达到2000头，每年出栏量不足1000头。渡桥西泾湖羊的养殖数量从1983年起一直在500头左右徘徊不前。苏州太湖地区的纯种湖羊面临着灭绝的危险，这引起农业部的高度重视，随即出台了许多湖羊保护的规划和措施。

一、自然保护区

1983年10月，由农业部畜牧兽医司、江苏省人民政府牵头，会同江苏省农林厅畜牧局、南京农业大学畜牧系、苏州市畜牧兽医站、吴县多种经营管理局和东山乡政府在吴县东山建立了中国第一个湖羊资源保护区——江苏省湖羊资源保护区。在保护区范围内，以东山镇渡桥村的西泾自然村及白沙、金湾和槎湾4个村为中心保护区，选定200头湖羊（公母比为1∶3）为保种群，由国家有关部门每年都给予一定的经济补贴。东山其他村列为一般保护区（或称缓冲区），对湖羊实行“生殖隔离”政策，主要任务是制止外来绵羊品种进入，

东山镇湖羊保护规划论证

淘汰劣质公羊，纠正对羔羊卖好留次的“倒选留”方法。而一旦中心保护区湖羊遭受自然灾害、疾病侵袭等意外时，可及时从缓冲区的羊群中重建保种群。湖羊资源保护区建立以后，又通过农民保种的形式建立中心保护区和一般保护区，以保证湖羊全部基因的完整和纯正。

二、动态保护

湖羊自然保护区的湖羊，不杂交不近交，对保种群的湖羊则进行综合选择，做到“保中有选”，实行动态保种。

在配种中，为保持基因型频率长期平衡，采用母羊等量分组，公羊按等比例轮转随机交配的方法。后代留种方式则采用家系等量留种，各家系等量选留优秀个体，以保证湖羊种质资源的纯正。

根据江苏省农林厅1984年下达的文件精神，吴县颁布“关于禁止任何绵羊进入东山湖羊资源保护区”的通告，对保护区内从事羊肉屠宰经销的农民商贩约法三章，明确要求凡从外地购进菜羊，必须立即宰杀上市，严禁留养。通过这些措施，东山湖羊遗传资源保护取得成效：保住湖羊基因库，既没有外来绵羊品种渗入，又防止近交，使品质进一步提高。保证核心区湖羊保种群的持续稳定发展，东山湖羊种群得到有效保护。取得较好的社会效益和生态效益。保种促进养羊生产，养羊促进果树的发展，良性循环改善土壤结构和生态环境，也提高养殖户的收入。

1996年，农业部畜牧兽医总站以签订合约的形式，对湖羊保护区工作提出了更加明确而具体的要求，并在资金上给予支持；省农林厅畜牧局也加大了对保护区的扶持力度，使保护区内湖羊保种和开发利用工作得到较快发展，并取得了较为显著的成果。据2005年统计，湖羊产羔率为271.11%，比1983年的225.50%提高了45.61个百分点；成年公母羊活重62.12千克和48.66千克，分别比1983年的33.3千克和30.1千克提高28.82千克和18.56千克，分别增长86.55%和61.66%。实践证明，利用东山镇独特的地理环境条件建立保护区进行活体保种成本低、效益好。

三、湖羊基地

2008年7月7日农业部发表第1058号公告，确定第一批国家级畜禽遗传资源基因库、保护区和保种场名单，确定东山为国家级湖羊保护区（编号：B3203002），建立国家级湖羊保护区东山渡桥基地。

2013年，在江苏省农科院的关心和支持下，国家级湖羊保护区东山渡桥基地制订了《苏州东山湖羊产业可持续发展规划》，明确了湖羊种质资源保护—种群扩繁—规模健康养殖—产品深加工—旅游休闲观光产业的发展方向。当年，总投资500余万元，占地面积100余亩，养殖规模可达2000头左右的湖羊基地粗具规模。2014年3月渡桥基地正式建成启用，建成规模养殖圈舍3000平方米；检测室、实验室657平方米，洋灰及草料堆沤池157平方米，产品展示及配套设施120平方米，还有生态驳岸300米，基地道路2800米，以及粪污收集循环设施，包括雨水收集沟、蓄水池、三格式净化池，配套果树和牧草种植25亩，最多能养殖2000头湖羊。2015年，东山渡桥湖羊基地通过省、市验收。

渡桥村把湖羊这一传统养殖项目列为一村一品建设项目，依托湖羊基地，加强种质资源保护和开发。建立种羊场和湖羊基因库，开展湖羊保种选育、扩繁及试验开发工作，逐

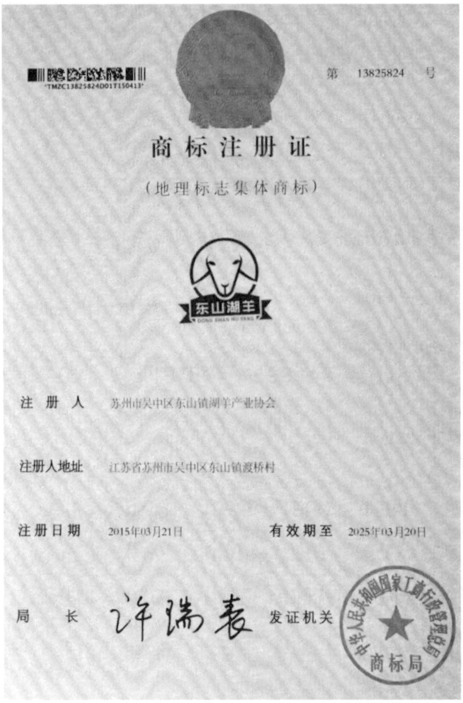
第 13825824 号

商标注册证

（地理标志集体商标）

注 册 人　苏州市吴中区东山镇湖羊产业协会

注册人地址　江苏省苏州市吴中区东山镇渡桥村

注册日期　2015年03月21日　有效期至　2025年03月20日

局　　长　许瑞表　发证机关

商标局

湖羊地理商标注册证

步从农户保种过渡至基地保种。

2014 年，吴中区委、区政府将东山湖羊保护基地列为 2015 年度区级实事工程，在原渡桥湖羊基地的基础上，新建射鹤山种羊养殖基地，作为东山湖羊种质保护中心，中心建有标准羊舍 4000 平方米，配备各种设施，使湖羊产业健康发展。

四、商标保护

2013 年，渡桥村成立了东山湖羊产业协会，并申请注册“东山湖羊”中国地理标志。2014 年 5 月 21 日，苏州市吴中区人民政府下发 2014 年 8 号文件，同意以苏州市吴中区东山镇湖羊产业协会的名义申请“东山湖羊”地理标志集体商标。2015 年 3 月，“东山湖羊”通过国家工商总局商标局公告，注册成为国家地理标志集体商标。

“东山湖羊”的商标是一只可爱的小羊头，能申请使用这个“国”字头商标的产品，其养殖地域必须为吴中区东山镇，不但如此，还有一些更精细的品质要求：在体型外貌上，要求具备“被毛全白，属异质毛，头狭长”等 10 余种特征；特性上，须符合“生长期短、成熟早、发展快”等条件；对于产羔率、体重、内皮比例等也都有非常严格的要求。只有同时符合上述所有条件的产品经营者，才可以申请使用这个地理标志集体商标。

“东山湖羊”地理标志集体商标以法律形式确认带有该地理标志的产品源于东山镇，使得东山的湖羊能够以统一的品牌进行市场推广。

表 6–1　　1983 年—2017 年渡桥村湖羊养殖情况一览表

单位：头

年份	养殖量	年份	养殖量	年份	养殖量
1983	410	1993	595	2003	428
1984	464	1994	575	2004	358
1985	520	1995	630	2005	326
1986	564	1996	618	2006	308
1987	534	1997	580	2007	322
1988	557	1998	576	2008	298
1989	624	1999	594	2009	310
1990	575	2000	523	2010	321
1991	586	2001	525	2011	355
1992	580	2002	495	2012	488

续表

年份	养殖量	年份	养殖量	年份	养殖量
2013	391	2015	580	2017	578
2014	493	2016	596		

第六节　湖羊科普馆

2016年7月，渡桥村投资200多万元，改造蔬菜基地2200平方米空置厂房，建成东山湖羊科普馆。科普馆采用现代声、光、电先进技术，集东山湖羊历史的展示和推广，科普知识的教育和传授于一体，全方位地推介东山的湖羊文化，展示东山湖羊产业的布局、白切羊肉的制作工艺、湖羊肉QS标准加工。

一、加工展示区

湖羊科普馆开馆

在科普馆的湖羊产品加工展示区里，厨房成了敞开式的“工厂车间”，不同于传统家庭作坊的烹饪模式，按照国家熟制品QS生产流程，由江苏省食品研究院进行技术指导，通过对羊肉的精选，从解冻清洗、分割整理到煮制再到冷却去骨、包装，如同工厂内的流水线。每个车间用玻璃窗隔开，整个过程清晰可见。同时在后厨，还有专门的化验室、工人消毒室、高温灭菌室等。为了提高安全卫生标准，加工展示区开发了湖羊加工新技术，在保留传统白切羊肉口味的基础上，开发出电锅炉烧制、标准化配方、高温灭菌储存等新技术，解决了原先市场化道路上的多个困境。电锅炉烧制在确保安全卫生的前提下，能够全程把控温度，标准化配方则确保了口感的一致性。高温灭菌后的羊肉能保存30天至6个月不等。湖羊产品加工展示区通过引入羊肉深加工项目，运用标准化生产工艺和现代保鲜技术，实现湖羊肉标准化生产，将羊肉加工成系列休闲旅游食品，丰富东山旅游产品市场。湖羊产品加工区展示羊肉的真空包装技术，该技术使东山羊肉逐渐走向全国各地。

在湖羊产品加工展示区里，湖羊的养殖、屠宰、加工都能被全程跟踪，每头羊都有专门的养殖编号，在宰杀前会有专门的检验检疫证，同时整个加工工艺流程会被记录下来，有具体的出厂报告。从源头上确保食品的安全，让老百姓吃得放心。

二、科普教育体验区

湖羊科普馆设立科普教育体验区，包括草原牧歌、迁徙之路、栖身太湖、儿童活动区等主题。馆内的人机互动游戏特别受到小朋友们的青睐，每个小朋友领取神秘任务卡后，可以了解到很多与羊相关的成语故事，可以体验湖羊迁徙的路线，了解东山湖羊的祖先们是怎样千辛万苦从西北迁徙到苏州的，能现场体验趣味游戏，比如3D打印体验、人机交互游戏、光影小游戏等。科普馆里还设置一个小羊主题的咖啡馆，整体布置都是以小羊为主题的动漫场景，各式手冲咖啡受到学生和家长的欢迎。

湖羊科普馆科普教育活动

三、参观游览区

东山湖羊科普馆、渡桥湖羊基地、渡桥村禾家湾湖羊产业特色村和东山蔬菜基地连在一起，形成一条集湖羊圈舍参观，湖羊文化展示，湖羊产品加工、销售及湖羊餐饮、农家有机果蔬采摘为一体的特色乡村旅游线路，游客们可以到基地参观、体验农事、亲近大自然。2015年为农历羊年，渡桥村制订"羊年领头羊"湖羊认领计划，当即有七组家庭签订湖羊认领协议。还举办首届小羊快跑羊村运动会，开展抓羊比赛、剪羊毛、纺毛线等多样化的休闲项目。每年"六一"节举行"画羊年华，激情奔跑"主题活动。基地还成功承办"七彩夏日——当一天放羊娃"等活动，湖羊牧场着力打造开心牧场项目，网络版的开心牧场非常受欢迎，新兴的现实版牧场推出，顺应市场发展的需求，成为一种时尚潮流。开心牧场把湖羊科研养殖、羊肉美食与林果休闲观光农业紧密结合，为游客提供养殖体验、羊羔认养等系列湖羊文化休闲体验项目。羊村运动会是经典保留节目，市民可以在此过一把"喜羊羊与灰太狼"的戏瘾。亲自给小羊割草、喂草，带它运动，为它刷毛。无论是家长还是孩子，都能觅得一份不一样的乡间野趣。

东山湖羊科普馆已经被命名为"苏州市未成年人社会实践活动基地"。基地建成以来，先后有东山实验小学、东山中心小学、太湖度假区小学、碧波小学的师生、《江苏省科技报》小记者团队和其他众多的游客到基地参观游览。活动吸引了沪苏宁杭游客到东山了解渡桥，品尝湖羊，逐步形成东山“春品茶、夏品果、秋品蟹、冬品羊，全年农家乐”的完整休闲旅游体系。

附一：江苏省湖羊资源（吴县东山）保护区湖羊保种户公约

湖羊是我国珍贵的白色羔皮羊品种，开展湖羊保种工作，是国家保护动物资源的一项重要措施，本户（　　）饲养的　羊　头愿承担国家下达的湖羊保种任务，并遵守如下各点公约：

一、接受保种管理组对湖羊保种工作的统一部署，对保种羊要进行编号、编组、建卡，并按计划进行配种。要积极参加湖羊保种的科普讲座活动，用科学来指导我们的工作。

二、对保种的湖羊，未经保种管理组的同意，决不能任意出售、调换或自行宰杀，如发现以上违章行为，愿承担赔款损失，款额到时另定。

三、保种羊在需要淘汰前，必须选留好后代幼羊，并报请保种管理组批准，淘汰后的种羊收入仍归畜主所有。

四、选定为保种的湖羊，每年享受国家给予的经济补贴，直到淘汰时为止，公羊补贴费每年分两期支付，母羊补贴费一次支付。

（此公约一式两份，由保种管理单位和湖羊保种户各执一份）

附二：口述渡桥——宋炜

采访对象：宋炜，1982 年 3 月出生，原渡桥村党总支书记，现任东山镇农林服务中心主任

采访人：叶新民

采访时间：2018 年 1 月 23 日

采访地点：东山镇农林服务中心办公室

叶：宋书记，你 2013 年 7 月去渡桥村当书记，2017 年 3 月离任，差不多 4 年时间，渡桥村的面貌发生了巨大的变化。作为一个 80 后的大学生村官，你能不能告诉大家，这种变化是怎么得来的？你去的时候是不是踌躇满志，或者胸有成竹，还是有一种年轻人志在必得的豪情呢？

宋：不能说是巨大变化，只能说是有一些变化吧。至于我去的时候，哈哈，恰恰相反，我有点惶恐。一下子把这副担子压在我身上，倒不是怕挑不起，而是怕挑起来以后，能不能走好。年纪轻，闯劲当然是有的，但毕竟光有闯劲是不够的。

叶：听说你去之前渡桥村的情况不太好，一年之内村书记换了三次，群众的反响很大啊。

宋：去渡桥前，我在三山村工作过几年，跟着老书记学到了许多东西，积累了些经验，但毕竟我是助手，相对来说责任和风险都不是很大。工作六年后，我竞聘镇三产服务业办主任，工作一年后很突然就被任命为渡桥村书记，毫无思想准备也没有回旋余地。三山村的老书记吴惠生对我说：“党委政府给你压担子，是好事情，不过你是外村人，可能难度会很大。”党委决定，我坚决服从，但我能不能待得下去，心里一点也没有底，更谈不上什么踌躇满志了。关键的时刻我想到了一个人，管正书记，吴县的老书记。管书记对我们

大学生村官非常关心，他与我是老干部和大学生村官结对的关系，我给他打了一个电话，他说，这是好事啊！年轻人压了担子才能更快成长。他勉励我说，认真做，大胆干！做事公道，不存私心，做事先做人。他的话壮了我的胆。

叶：去了以后很吃力吧。

宋：主要是心理压力大，有些人说："难道我们渡桥就没有人了，让个外地人来？""年纪太轻，阿来事咯？"……但大多数人还是相信党委政府的人事安排，认为只要能实实在在为村里干点事，也是拥护的，我觉得这就是我能够站稳脚跟的基础。我想，班子的引领作用是做好工作的关键，班子是团结的、坚强的，再难的事情也不怕。如果班子成员不齐心，带着私心杂念，各吹各的号，再容易的事情也做不好。我首先与村两委班子的领导加强沟通，虚心听取见解和建议。同时，我坚持民主决策，不搞一言堂，充分发挥班子集体领导的作用。我来的时候正逢伏天大旱，我深入到抗旱一线，与群众一起流汗，大家看在眼里，看到我是个实实在在的干事情的人，慢慢地大家就接受我了。

叶：万事开头难，看来这个头开得不错。

宋：不但是开头难，接下来还面临着一大堆难事。比如建房中遗留的问题，矛盾挺大，有人把村委会办大厅的玻璃门都砸了。新官不理旧债不行，要有解决的办法，一是严格按照上级的政策处理；二是耐心细致地做说服解释工作；三是帮助群众解决一些实际困难。一次不行反复多次，到渡桥的第一年中，我的大部分精力几乎都花在解决历史遗留问题，化解各类矛盾方面。一件一件地化解，化解一件少一件，逐步理顺关系，在这个过程中也全面熟悉掌握了渡桥村的情况。我觉得在渡桥的工作经历对我来说真是一个锻炼的好机会，真正是练了内功，与过去当配角是完全不一样的。

叶：可以想见，真的不容易，接下来可以大刀阔斧做事情了吧。

宋：做一个村干部，村民的福祉要时刻记在心上。要设身处地为村民办事。把村级经济搞上去、多做点民生实事是大家的共同心愿，群众的满腔希望就寄托在我们一班人身上。

渡桥经济状况最差的时候全村年收入不足 20 万元。2007 年以来通过整合土地资源，兴建了 13000 米的工业厂房，工业厂房和资源性发包的租金收入成为村经济的重要来源。我到任后盘活集体资产，厂房出租增加了几十万元收入。通过与太旅集团签约，"一村两楼宇"落地后，马上可以增加 100 多万元的收入。2016 年村级收入已达 577 万元，集体净资产 4168 万元。虽然渡桥村依靠土地资源开发实现了"由农转工",集体收入实现了飞跃。但要想实现未来经济的可持续发展还存在一些症结，如土地资源受限，发展同质化，缺乏特色。与其他村相比，我们村枇杷、杨梅、橘子等都有，但是特色并不鲜明，最大的特色就是湖羊。渡桥村是东山湖羊传统生产区，养羊有 800 多年历史，禾家湾的"白切羊肉"代代相传也有 200 多年历史，怎样把这个品牌优势重新打响，形成一村一品项目，是我很关注的事情。

叶：所以，大家戏称你是"羊倌"。

宋：羊倌就羊倌吧，感觉比村官好听。

叶：宋书记，既然你也认可了羊倌这个称谓，那么，请你多谈谈羊吧。

宋：东山湖羊的祖先是蒙古羊，秦汉时期就迁徙至中原地区。在北宋末期，金兵入侵，宋室南迁，许多人落户于太湖洞庭两山，于是这些蒙古种的北方羊也就落户到这里了，所以，东山养羊的历史有八百多年了。这些北方羊因战乱来到江南，却因祸得福，受太湖的自然条件影响，经过长期圈养和选育逐渐形成为一个优良独特的稀有品种—— 湖羊。而东山是湖中之岛，相对封闭，这倒保证了湖羊的优选、提纯和复壮。东山湖羊同湖州等地湖羊相比纯种率最高，具备生长快、抗逆能力强等优势，更重要的是湖羊具有更高的繁殖率，就是我们通常所说的多胞胎基因。

大家都知道，我们东山以前几乎家家养湖羊，主要用于屯肥，作为农作物的肥料。随着经济结构的变化，农业生产方式的改变，年轻劳力又不乐意从事农业生产，目前东山养湖羊的人越来越少了，最少时不足 2000 头，再不保护，就存在灭种的风险。

叶：我看你不但是个羊倌，简直是个羊博士了。

宋：现在大家都知道，国家级湖羊保护基地在我们渡桥。其实，湖羊保护区的建设在 20 世纪 80 年代就开始启动了，江苏省于 1983 年在东山建立了国内首个湖羊资源保护区。2006 年，国家公布了一批国家畜禽遗传资源保护名录，湖羊是保护品种之一。2008 年，东山镇被列为国家级湖羊保护区。对这个保护区的建设和发展，我特别要说明的是，在我的前面，东山动物防疫站已经有好几任领导带领群众白手起家，艰苦创业，他们比我更辛苦，我只不过是在前人的基础上继后罢了。现在，湖羊的种质资源保住了，湖羊开始“东山再起”了，东山湖羊在苏州地区乃至全国都有了一定的影响。

国家级湖羊保护区渡桥基地的建设得到了各级领导的关心和重视。东山镇曾把湖羊基地建设作为实事工程项目来抓。苏州市委副书记陈振一、苏州市副市长王鸿声、吴中区委书记俞杏楠等领导都曾来基地视察，陈振一书记提出了“保品牌、保种质、保规模、保服务”的四保要求，强调要加快东山湖羊的保护与发展。

在具体业务方面，省农科院和区农业局派专家深入基地，2013 年，经区、镇两级政府部门牵头组织，省农科院召集专家编制了《苏州东山湖羊产业可持续发展规划》；规划了湖羊种质资源保护—种群扩繁—规模健康养殖—产品深加工—旅游休闲观光产业发展方向。

2014 年，《东山湖羊保护与利用中心项目规划》出炉。在此期间，苏州市、吴中区多次召集农业、国土、环保、财政、水利等部门，协商讨论东山湖羊发展事项，对保护种群、打造品牌、创新经营等环节提出一揽子目标和任务。为保护和发展这个名贵畜种，苏州市、吴中区、东山镇三级政府协力推进，最终将在东山形成“两大保种中心、十大养殖基地”的格局。

后来我们又成功注册了“东山湖羊”的国家地理标志商标，申请地理标志商标是国际上保护特色产品的一种通行做法，目前在苏州大市范围内共有 8 个地理标志注册商标，东山镇就占了两个。一个是洞庭山碧螺春，还有一个就是东山湖羊。

叶：“东山湖羊”国家地理标志商标的成功注册究竟有什么意义呢？

宋：通过申请地理标志证明或集体商标，可以有效地保护优质特色资源品牌和促进特色行业的发展。申请了地理标志集体商标之后，这个范围之外所有养殖的湖羊都不能以东山湖羊的名义开展经营活动。它以法律形式确认了带有该地理标志的产品源于东山镇，使得当地的湖羊能够以统一的品牌进行市场推广，在同类产品中得到最大程度的市场认知和认可，无形中在同类产品中提高了自身的档次，消费者对于东山湖羊的品质也会更加信赖。

叶：我看到最近几年来，媒体对东山湖羊基地的报道不下四十篇，渡桥基地注册了微信公众号，又推出了“手机养湖羊”活动，颇受瞩目，尤其是吸引了许多小朋友参加，现在你们基地真的是很热闹。

宋：这也是我考虑的一个方面。湖羊保护基地是以科研为主的，但科研也要面向大众。湖羊种群的保护，要走出一条新路，靠老办法会越来越吃力。其中发动民间力量参与是一条好途径。社会参与得越多，东山湖羊的保护和发展就会越顺畅。

我考虑的另一个方面是湖羊保护不应只靠政府纯投入，最终应由产业本身来实现。产品附加值高了，当地农民饲养积极性才会提升。未来东山湖羊的产业链将继续延长，一边输出种羊、商品羊，一边开发羊肉系列产品和羊毛羊羔皮等延生产品，同时结合以羊为主题的休闲科普旅游，发展“羊家乐”，融合三次产业发展，最终实现靠产业本身而非纯投入来保护湖羊的种质资源。

叶：宋书记，在我的头脑里，羊就是吃的，鱼羊鲜嘛，你能不能对我们“吃货”说点什么呢？

宋：当然当然，民以食为天。“白切羊肉烹饪技艺”是吴中区非物质文化遗产，渡桥尤其是禾家湾的白切羊肉烹饪技艺代代相传已有200多年的历史，渡桥村已经启动了“东山湖羊非遗文化产业开发项目”，建设符合食品认证的羊肉产品。我们建成的东山湖羊科普馆集东山湖羊文化推广、白切羊肉制作工艺展示、科普宣传教育展示，羊肉标准加工等功能于一体，已经吸引了许多客人。

村里开出了东荷羊肉馆、东翔羊肉馆、奇奇羊农家乐，西泾十二灶等四家取得证照的“羊家乐”餐馆，今后将有更多符合资质的“羊家乐”开出来。现在，东山白切羊肉已经走出东山，苏州再不是“藏书羊肉”一家的天下，而是藏书羊肉、东山羊肉、双凤羊肉三驾“羊”车并驱了。现在，通过真空包装技术，东山羊肉也已经逐渐走向全国了。

叶：那真是“吃货们”的福音了。说完了吃，我们来说说游吧，通过羊（小朋友们都称呼为“喜羊羊”），渡桥的旅游已经成为一个亮点，渡桥在这方面还将有哪些举措呢？

宋：东山有句民谚，“先有官庄葛家渡，后有翁巷席家湖”，东山镇是从官庄葛家渡向现在的镇区推进的。渡桥的兴盛也早于东山主镇区，东山主镇区盛于南宋，而渡桥自西晋驸马沈坤挂冠离都，携朝英公主南下卜居于此就逐渐兴盛起来。渡桥又被称为“太湖第一关”，因为渡桥港是清末和民国时期乃至新中国初期东山的交通枢纽，朝廷钦差来往所住的驿站、明初所设的巡检司就建在渡桥，在我们渡桥有一条司前街，还有一个兵营村。20世纪早期街上店铺林立，有酱园店、茧站、染坊、鱼行、书场、烟杂店、药材店、理发店、铁匠店和米厂等三四十家，十分繁荣，这种状况直到东山通路公路才发生改变。

现在保存完好的渡水桥是横跨渡桥港的古桥，有八百多年历史，是太湖地区唯一的三孔大石桥，渡水桥周边其实处处都是景色，这里沿河、沿街景观布局非常原生态，所以我们希望来东山的游客能够更多关注到这里。

叶：作为东山人，我小时候去上海、苏州都是在渡桥乘客轮的，那时候的渡桥称作东山的“观前街”一点也不错，可现在渡桥的确冷寂了。那么打算怎么来改变这样的状况呢？

宋：东山镇启动了“殿泾港、南北街”康居村庄整治，将在保持现有道路交通格局的基础上，对路网进行提升，同时对破旧民宅的外立面进行统一改造，利用现有闲置小学改造成村庄公共服务用房和停车场地等。基础设施提升之后，把村民重新聚拢到渡水桥边恢复过去的桥头文化景观。这也是对渡水桥实在的保护。

我们要把恢复渡桥历史文化同改善村民文化生活结合起来，同建设美丽乡村结合起来。美丽乡村建设不是简单的刷刷墙，更要为村民干点实事，提升他们的幸福指数。我们共投入50多万元，通过腾退渡水桥边原来一个红木家具厂建设了渡桥村老年日间照料中心，里边设置了听书的渡桥书场、看书的乡贤书屋、画画练书法的水墨渡桥（室）、供村民看电视休息的休闲室和下棋的活动室，渡水桥畔又响起了说书声。

叶：前景喜人，到时候我也要经常到渡桥的茶馆坐坐。时间不早了，最后一个问题，在东山12个大村里，除了被授予国家历史文化名村和传统村落的陆巷、杨湾、三山、翁巷之外，渡桥是第一个提出修村志的，修村志也是要花一笔钱的哦，你是怎么考虑的?

宋：渡桥历史文化积淀非常深厚，渡桥百姓世世代代有着良好的村风、民风，这是一笔宝贵的文化遗产，我们不仅要着眼于今日，还要将历史文化传承下去，现在了解渡桥历史文化的老人已经不多了，所以，这件事情非常紧迫，现在不做，更待何时?

叶：谢谢宋书记，我们一起努力。

附三：东山湖羊民间故事

一、白切羊肉刀的来历

东山镇上有三把刀很出名，一把是秦家涧沿上的劈篾刀，又称竹刀。别看这把铁家伙又厚又重，能把胳膊粗的竹头劈得纸头一样薄，然后编织成各类竹器。第二把刀是潦里人下太湖割草的横刀，那是在一根三米多长的竹头上，安装上两把五厘米宽的扁的牛头横刀，割起湖底水草来得心应手。还有最出名的是禾家湾里的一把切白煨羊肉的小刀，别看这把刀小，可锋利无比，既能作经营羊肉的工具，要是遇到战争，还可以当作武器作战。据说，这三把刀还与元末姑苏王张士诚有关呢。

元朝末年，张士诚起兵反元，攻下平江后在苏州做了皇帝，国号大周，人称姑苏王。张士诚刚称帝时，采取了不少安民措施，苏州一带的老百姓都很感激他。东山离苏州只有几十里路，不少有学问的人都去投奔姑苏王。有个叫叶德新的东山人还当上了张士诚的右丞相。不久，和尚出身的朱元璋打败了北方大大小小的草头王，统一了中原。接着，又派大将徐达和常遇春率20万大军进攻江南。眼看明军就要打到平江城下，张士诚着急起来，忙召帐下文臣武将商量对策。叶德新奏本说：“臣家乡东山是个藏龙卧虎、人才辈出的地方，只要万岁给臣三个月时间，让我回东山招募乡勇，训练三支人马，就可打败这姓朱的贼秃和尚。”姑苏王听后大喜，当即令库里拿出一大笔钱财，催叶德新速速回岛训练新兵。

叶德新一回到东山，出高价请名匠打造了三千根长枪、三千把大刀和三千把小刀，三三得九，九千件武器。他先到素有“拔出拳头就打人”的潦里村招兵。勇猛剽悍的潦里人原是辽帮的后裔，北宋时被杨家将打败后，有一支部落流浪到东山，在太湖边定居下来，以养鱼为生。因潦里人粗野而贫穷，备受镇上大户人家欺侮。叶德新站在港口振臂一呼，潦里港东港西的年轻人都积极报名当兵，一下组织起了一支三千多人的水军。接着，叶德新又来到以开山采石为生、乡民臂力过人的秦家坞里，以大周朝的名义贴出告示，要招募保家卫国的忠勇之士，三千人的大刀队又很快组建起来。最后，叶丞相赶到被称作“矮脚虎”村的禾家湾里，四处游说，建起了一支三千多人的盾牌兵。这支盾牌兵个个身怀绝技，一手拿着雪亮的尖刀，一手拿着坚固的盾牌，进可以攻，退可以守，成为一支劲旅。正当叶德新带领九千湖东子弟兵，准备上前线作战时，传来了明军攻破苏州城，张士诚被杀掉了的消息。

朱元璋一进苏州城，听手下说张士诚有个大臣在东山岛上训练了三支军队，准备抵抗明军，顿时火冒三丈，令军师刘伯温亲自带兵到东山查个水落石出，把人捉起来全部杀头。刘伯温很快率领大军乘船到了东山，踏上湖岛一看，只见太湖边，手拿长柄横刀的渔民在太湖边捞草；山涧旁，手持竹刀的涧沿上人正在劈篾；大街上，一手握着雪亮小刀，一手挥着干荷叶的禾家湾人，正在叫卖白切羊肉。刘伯温顿时傻了眼，哪来什么大刀队、长枪队和盾牌兵，回城复命说，东山屯兵纯属谣传。

原来，叶德新得知姑苏王兵败被杀，大周朝灭亡后，估计朱元璋对他训练的三支队伍一定不肯放过，东山人凶多吉少。他同几个有见识的老者一商量，终于想出了一个瞒天过海的消灾办法。马上把大刀队的刀头在涧沿上磨平，成了一把有刃无头的劈篾刀；又把长枪队的枪尖截掉，安装上牛头横刀，两件作战武器变成了两样生产工具。而盾牌兵么，又把木制盾牌朝头上一戴，手握小刀卖起白切羊肉来。就这样，东山人逃过了一场劫难，白切羊肉刀也流传到了现在。

（杨维忠《东山民间故事》）

二、状元与白切羊肉

相传明朝辰光，东山吴巷山上有个叫阿巧的姑娘，从小死了爷娘，13 岁就被狠心的嫂嫂卖脱，送到禾家湾里一家姓吴的人家当了童养媳。

这吴家是东山的一家屠宰大户，终年以杀羊卖肉为生。吴老板家大业大，生财有道。每年春上，吴家总要买进大批小羊，放到家中羊栏里喂养。待到了冬里，羊圈里的羊只只长得膘肥体壮，就杀了煮成红烧羊肉卖钱。这样，大把大把的票子就进了吴老板的腰包。

吴老板信奉和气生财，倒是个善心人，但老板娘很凶，门槛也精得要命。为了发羊财，以往吴家雇了两个短工，专门替他家捉草喂羊。自从小媳妇阿巧姑娘进了门，吴家就把两个割草人辞退了，几十只羊要吃的草，全丢给了一个只有 10 多岁的小姑娘。俗话讲，羊是开口货，日日张开嘴巴要嚼草。稍有一点饿，弗管日里夜里，就伸长着颈，拉长调子咩咩叫。阿巧姑娘弗管天好落雨，日日挑着一双担出门捉羊草。朝朝鸡叫做到鬼叫，还是喂不饱这群“羊白嚼”。夜快羊一叫，婆婆就要骂阿巧偷懒，草捉得少，饿坏了羊，常拧得阿巧身上青一块，紫一块，全身没有一搭地方有好肉。

立冬一过，吴家红烧羊肉就开始上市，阿巧就更苦了。日里，她整天站在店铺前，一包一包卖羊肉；夜里，她又整夜蹲在灶跟头，一锅一锅烧羊肉。要是烧火辰光打了瞌睡，婆婆会用烧红的火钳烫她的手脚。阿巧被打后，常一个人在灶屋偷偷哭，想亲娘。

一天夜里，吴家杀了一只一百多斤重的大雄羊，去掉内脏和四足，净肉放了满满一锅子。婆婆备好了酱油、茴香和桂皮等烧羊肉的作料，又关照了阿巧几句，就全家上床睡觉了。煮到后半夜，阿巧朝锅里放了一把盐，羊肉烧到一半，就困得实在不来三哉，在灶间迷迷糊糊睡着了。一觉醒来，东方已经发白。阿巧睁开眼一看，灶膛里的火已经熄了，她慌忙揭开锅盖看羊肉，弗好，可闯大祸哉！一锅羊肉，汤水已全部煮干，因没有下作料，一只羊烧成了两块白色的大糕。原来一锅子汤汤水水，全被灶火焖干，回到了羊肉里。阿巧心想，这下完了，不被婆婆打个半死，也得脱一层皮。

这天，刚好是东山一个大神仙的生日，禾家湾人都去龙头山烧香敬神仙。婆婆起床后，拉长喉咙把阿巧喊到跟前，板起面孔说：“羊肉摊头摆出点，嘴巴爷叔婶娘喊勤点，上半日要把一只羊肉全卖完。”见阿巧低着头不说话，这婆娘又恶狠狠地说：“卖弗脱羊肉，小心转来剥你的皮。”说完，拎起烧香篮走了。

阿巧看着这一锅子烧得像饭糕一样的羊肉，眼泪水滴滴答答落下来，心想有得等着挨婆婆的打，倒不如把白糕羊肉拿到店铺上去卖卖看，阿会得有几个好心人，把我的烧干羊肉买仔去，让我渡过这个难关。阿巧一边卖，一边哭，感动了弗少过路人。大家晓得了阿巧的难处，凑了点钱，合伙买了半只羊肉，又切小分开后，像年糕一样拿在手里吃起来。谁知一尝，味道鲜美肥嫩，一点也没有羊肉的腥臊气，大伙都说，白煨羊肉比红烧的羊肉好吃多了，一下把一只大雄羊买了个精光。这件奇事一传十，十传百，一下子传遍了整个洞庭东山。

再说这年春上，东山出了个名叫施槃的新科状元。这施槃年少得志，22岁就金榜题名，皇帝想招他为驸马，但施状元不肯舍弃家中的结发之妻，死活不答应这门亲事，结果触犯了皇帝的龙颜，落了个一介白衣状元还乡。施状元官没有做成，但回到东山后，夫妻恩爱，日脚过得蛮开心。可有一件事，施状元心里总是闷闷不乐。原来施槃出生在禾家湾，从小就欢喜吃羊肉，但妻子是上山头人，怕闻羊腥味，从来不碰羊肉碗，桌上一有羊肉，两人总是分桌吃饭。

当施槃听说禾家湾里有个姑娘，烧煮的白煨羊肉一点也没有羊腥气，就登门拜访阿巧，并买了一荷包回家。状元夫人一吃，又鲜又嫩，腥臊全无，马上要相公再去多买点来。从此，这对恩爱夫妻寒冬里吃羊肉就能一桌吃饭了。

施状元十分感激阿巧姑娘，帮他解决了家中这一大难题。他想，用啥来谢谢阿巧姑娘呢？一想有了，提笔挥毫为吴家羊肉店写下了“洞庭山珍，白切羊肉”八个大字。状元郎的字一笔值千金，吴老板马上请人做了一块斋匾，又把字镌刻到斋匾上，挂在店堂前招徕生意，东山的白切羊肉就这样出了名。

现在，东山禾家湾里百多户人家，家家都会煨煮白切羊肉。每年一到冬季，全村一百多条羊肉担在东山古街上一字儿摆——那些卖羊肉的汉子或大嫂，也有年轻后生和姑娘，他们都一手操着雪亮的切羊肉小刀，一手拂着还带有点清香的干荷叶，吆喝着：“买白切羊肉来！阿要买白切羊肉！”形成一道十分壮观的风景线。

（杨维忠《东山民间故事》）

三、羊肉担里逃生

凌晨，吴瑞生老人挑着沉重的羊肉担，从禾家湾朝摆渡口的方向走去。这天摆渡口气氛有点异常，三步一岗，五步一哨，十分紧张。走到渡口就被全副武装的哨兵卡住了。“缉拿钦犯，禁止通行！”哨兵说。“兵爷，行行好，为了生活，我是每天要到渡村去卖羊肉的。可怜可怜老人吧！我这一大把年纪了。”吴瑞生说。

说也奇怪，一下子不知从哪里飞来一大群金苍蝇，嗡嗡嗡乱叫乱飞，还有浓重的气味，十分难闻，令人恶心，大家按着鼻子，忙不迭说：“快走！快走！”老人提心吊胆，总算顺利通过了关卡，谢天谢地。

吴瑞生不是往渡村街市去卖羊肉，而是向人迹罕至的荒凉处走去，到了四顾无人的地方，神秘兮兮，打开圆桶形羊肉担，提起上层，抱出下层之物，令人惊讶的是，竟是一个活生生的人，一个孩童。老人是孩童的舅公，祖孙稍作乔装打扮，到河边。雇只小船，入太湖，逃之夭夭。

这是怎么回事呢？故事应该从头讲起：时间是在明朝初年，地点是太湖中的洞庭东山五（吴）巷和六（陆）巷。事件是东山要出真命天子，大明必须灭之。

明朝军师刘伯温，卦算阴阳，早朝上奏，江南紫微星现起，有出新皇帝之预兆。朱元璋听了，决定君臣二人下江南，私巡察访。在太湖小船上，刘伯温手指占卜、八卦预测：东山陆巷要出新皇帝、军师（周孟纪），吴巷出皇后，七坞八湾出长枪队、朴刀兵、大刀兵、盾牌兵等，水军在槎湾的藏船坞。

刘伯温还认定陆巷山顶的蒋家坟，是龙穴。有个叫蒋癞痢的，极有可能篡位。刘伯温命官兵掘地三尺。破风水，擒玉龙，用二十四只金钉，钉成二十四道山弯。并派水陆两路大军将东山团团包围，但蒋癞痢无影无踪。奇怪？真的插翅飞了不成！刘伯温再卜算阴阳，大惊失色。他算出钦犯已在三千金甲兵的保护下，突破包围，离开东山。但这是绝对不可能的，刘伯温召见水陆两军头目，水军说："太湖东山水面的船只，已被封锁，苍蝇也别想出去。"

陆路摆渡口守军听到"苍蝇"二字，就是一个激灵，不敢隐瞒真相，只能马上如实报告："陆路对东山的唯一出入口——摆渡口，把守严密，无人通过。但是，戒严第一天的清晨，疏于防范，曾放过一个到渡村去卖羊肉的老头。肮脏恶心，羊肉担上躲满了金苍蝇。"

刘军师大惊失色说："这些都是伪装，羊肉担上躲满的金苍蝇，就是护送的三千金盔金甲兵啊。"

（周泳逊）

四、东山羊肉

相传明朝正德年间，东山岛上施槃考中了头名状元。状元夫人姓张，东山本地人，是一个社会地位低下的小鱼商的女儿。施槃考取状元以后，正德皇帝招他做驸马，他宁死不答应，于是惹怒了皇帝，不给他封官，打发他回老家。施槃是条硬汉子，想回家就回家吧，反正家里多少有点产业，不会饿死。他心里也很气愤，但是并不懊悔，反而感到心安理得。张氏呢？见丈夫宁愿丢掉乌纱帽，不学陈世美，更是高兴百倍。

夫妻俩恩恩爱爱，相敬如宾，可以说事情一百桩，有九十九桩如意。哪一桩不如意呢？这就是施状元好吃羊肉，不喜食鱼，闻得鱼腥就要反胃；而张氏恰恰相反，是一个无鱼吃不下饭的人，又偏偏最讨厌羊肉，闻到羊膻气就要恶心。既然如此，只好各敲各的鼓，各打各的锣，分两只灶头做菜。逢年过节，按照老规矩，必须在同一个灶头上炒菜，同一张桌子吃饭，这时只好不买鲜鱼和羊肉。不知内情的朋友亲眷，背后说他们吝啬，他们不得不为此做番解释。施槃考中状元以后，这件生活琐事被张扬出去，一传十，十传百，很快便成了东山岛上家喻户晓的新闻。东山岛人对施槃非常尊敬，把他当作做人的楷模，对他们的事情自然非常关心，好心肠的人为使状元夫妇能够同灶吃饭动起脑筋来了，想找出一条烧鱼没有鱼腥味，烧羊肉没有羊膻气的办法来。为此，东山岛上家家户户炊烟不断，忙得不是过年像过年。

本来，东山岛的前山镇上，有一个名叫王小二的饭店老板，因为赚了点银子，不学好，厌旧喜新，经常在家里无理取闹，真是大吵三六九，小吵天天有，弄得左邻右舍鸡犬不宁。后来饭店关门，妻子带着孩子回了娘家，王小二也逐渐穷了。见施状元为妻子弃官回乡，他也回心转意了，和妻子破镜重圆，重开饭店，一心一意扑在店里，日子又一天天好起来。因此，他们一家把施状元看作恩人。王小二夫妇听到了状元府的事后，决心在烧鱼和煮羊肉这事上创出新办法。果然皇天不负有心人，他们经过千百次试验，终于烧出了只有肉香没有膻味的羊肉，也烧出了只有鱼香没有腥气的鱼。他们把这两道菜的烹饪方法写成方子，送到状元府，从此状元夫妇就不再分灶做菜、分桌吃饭了。

王小二夫妇烧煮鲜鱼和羊肉得法，味道鲜美可口，慕名而来的吃客多得不得了。生意一天比一天兴隆，财源一天比一天茂盛，小饭店变成了大饭店。施状元为还他的情，送他一块亲手书写的金字招牌："两鲜斋"。这个"鲜"字，就是由鱼和羊两个字合成的，点明这爿饭店的特色。

六百多年来，"两鲜斋"几易其主，店名也被改了。但是烧煮鲜鱼和羊肉的技术还是传了下来，成为东山菜馆的特色。

（李洲芳）

渡桥村工业小区(三)
苏州市吴中区东山印刷厂
苏州市协伟塑胶有限公司
苏州博为豪精密机械有限公司
苏州淳恩精密模具有限公司
苏州安科斯特机械有限公司
苏州前名电器有限公司
苏州市乐业机械厂

第七章　工商业

渡桥村工业起步较早，在人民公社化时期，晨光大队就有饲料加工厂、农具厂、修船厂。

1978年，中共十一届三中全会之后，大队（村）开始兴办工业。1998年，实行企业产权改制，企业转制为私营企业。2017年，境内有97家私营企业，工业门类主要有印刷、乳胶、五金三大类。

渡桥老街历来是东山重要的商业区之一。改革开放后，商业从渡桥老街转移到渡桥公路桥两侧，并沿木东公路延伸到西泾山山水度假村一带，沿线商业网点形成一个较为兴旺的商业区。2017年共有个体工商业175家。

第一节　工业

一、队（村）办工业

清代末年东山小手工业开始形成，至中华人民共和国成立前夕，已发展有铁、竹、木等门类的私营手工业。1978 年，中共十一届三中全会召开后，乡村工业异军突起，大队（村）兴办工业。1998 年始，实行企业产权改制，1988 年，晨光村有纸盒厂和印刷厂 2 家企业，职工人数 550 人，年总产值 650 万元；新建村有锻压制件厂、羽绒服装厂、五金厂、机械配件厂 4 家企业，职工人数 66 人，年产值 61.78 万元；西泾村有革胶厂、纸管厂、机械配件厂等 5 家企业，职工人数 355 人，年产值 129.56 万元。

表 7–1　　1978 年—1989 年村办工业职工人数统计表

单位：人

队（村）名	年份											
	1978	1979	1980	1981	1982	1983	1984	1985	1986	1987	1988	1989
晨光	93	95	85	85	90	110	253	426	350	573	542	588
新建	10	29	57	59	20	19	58	44	70	107	66	16
金星（西泾）	40	54	71	82	96	97	103	200	221	135	93	57

表 7–2　　1978 年—1989 年晨光、新建、金星（西泾）大队村办工业职工工资总额统计表

单位：万元

队（村）名	年份											
	1978	1979	1980	1981	1982	1983	1984	1985	1986	1987	1988	1989
晨光	2.95	2.83	4.27	4.75	6.15	6.57	14.57	32.40	45.74	44.57	73.21	91.90
新建	0.37	1.89	3.86	3.30	1.45	0.69	3.69	2.74	5.71	8.64	7.51	1.61
金星（西泾）	0.96	1.52	2.85	3.51	4.28	4.76	6.07	9.21	9.25	11.11	11.74	8.15

表 7–3　　1978 年—1989 年晨光、新建、金星（西泾）大队村办工业总产值统计表

单位：万元

队（村）名	年份											
	1978	1979	1980	1981	1982	1983	1984	1985	1986	1987	1988	1989
晨光	12.66	17.02	43.57	44.35	43.80	49.00	77.44	199.66	240.97	324.99	650.00	800.00
新建	1.39	10.53	19.94	16.70	6.76	3.41	12.98	18.80	38.94	57.01	61.78	6.06
金星（西泾）	2.41	3.87	9.53	16.93	16.68	17.22	20.17	36.04	42.09	71.63	129.56	90.93

表 7-4　　1978 年—1989 年晨光、新建、金星（西泾）大队村办工业销售收入统计表

单位：万元

队（村）名	年份											
	1978	1979	1980	1981	1982	1983	1984	1985	1986	1987	1988	1989
晨光	12.66	17.02	43.57	44.35	43.80	49.00	79.56	182.65	221.09	296.43	375.84	384.28
新建	1.39	10.35	19.94	16.70	6.76	3.41	13.23	18.80	31.69	24.73	17.98	5.34
金星（西泾）	2.14	3.87	9.53	16.93	16.68	17.22	20.17	36.04	41.31	57.04	66.16	43.35

表 7-5　　1978 年—1989 年晨光、新建、金星（西泾）大队村办工业上缴税金统计表

单位：万元

队（村）名	年份											
	1978	1979	1980	1981	1982	1983	1984	1985	1986	1987	1988	1989
晨光	0.69	0.81	2.10	2.13	2.10	2.10	3.88	7.57	11.59	14.30	17.07	19.00
新建	0.07	0.12	0.47	0.76	0.42	0.17	0.45	0.63	1.23	0.96	0.85	0.25
金星（西泾）	—	—	—	0..35	1.17	1.23	1.33	2.26	2.91	3.78	5.33	3.56

表 7-6　　1978 年—1989 年晨光、新建、金星（西泾）大队村办工业利润总额统计表

单位：万元

队（村）名	年份											
	1978	1979	1980	1981	1982	1983	1984	1985	1986	1987	1988	1989
晨光	0.75	0.57	7.56	7.61	7.84	10.90	3.82	1.37	6.63	4.92	1.53	2.06
新建	0.14	0.97	4.11	2.50	0.84	0.47	0.39	-5.01	0.95	-13.31	0.09	0.01
金星（西泾）	0.02	0.69	2.47	6.56	3.16	3.70	1.76	1.58	0.52	-3.54	0.02	0.01

表 7-7　　1996 年晨光村村办企业情况表

厂名	建厂年份	主要设备	主要产品	职工人数（人）	固定资产（万元）	产值（万元）	销售（万元）	利润（万元）	效益（万元）	税金（万元）
东山包装纸箱厂	1978	单面瓦楞机	纸箱纸盒	90	71.30	787	733.26	18.57	150.20	26.10
东仪印刷包装有限公司	1987	印刷机	印刷品	100	206.37	751	708.30	7.80	123.00	25.40

表 7-8　　1996 年新建村村办企业情况表

厂名	建厂年份	主要设备	主要产品	职工人数（人）	固定资产（万元）	产值（万元）	销售（万元）	利润（万元）	效益（万元）	税金（万元）
新建五金厂	1995	仪表车床	仪表螺母	10	11.50	151	145	11	29.30	7.70
新建机械配件厂	1994	冲床	螺母	7	7.57	8	6.8	0.7	2.65	0.23

表 7–9　　1996 年西泾村村办企业情况表

厂名	建厂年份	主要设备	主要产品	职工人数（人）	固定资产（万元）	产值（万元）	销售（万元）	利润（万元）	效益（万元）	税金（万元）
东山革胶厂	1980	锅炉反应锅	胶粘剂	12	10.00	275.10	140.90	4.27	20.50	2.00
东山纸管厂	1982	锅炉	纸管筒	17	1.63	135.10	87.50	3.79	8.49	0.98
东山友华机械配件厂	1992	车床冲床刨床	五金配件	35	14.29	271.80	185.10	8.54	20.4	2.30

二、民营企业

中华人民共和国成立后，私营小手工业生产逐步发展。1954 年在合作化高潮中，东山铁、木、竹等手工业作坊，单干工匠组织起来建立洞庭手工业系统所属的“五社一组”（洞庭铁器社、洞庭木器社、洞庭竹器社、洞庭造船社、洞庭缝纫社和洞庭白铁组）。

村工业小区

渡桥境内“五社一组”中，主要有铁阿龙铁铺和一些单干木匠，为当地农民打造铁器农具以及木制的生产三车（水车、风车、牛车）。

比较有名的是洞庭造船社。1954 年 1 月，渡桥的船匠、橹匠共 20 多人组建洞庭造船厂筹备组。1955 年正式成立洞庭造船社，社址在渡桥严家坟，社主任是汪二宝、高全元。1958 年转为地方国营吴县第二造船厂。1961 年，恢复为洞庭造船社。造船社沿渡水港北岸而建，方便水产养殖地区农户造船修船。东山有四分之一的大队以养鱼为主，称为水产片，船只较多，船型特殊。船吨位均在 1.5 吨以下，便于船在鱼池埂上拔进拔出，由于农时季节关系，春季以修抽水机船为主，夏、秋季修造农船、渔船，冬季生产比较清淡。

造船社主要生产项目是农船、渔船修造和制作船橹，也承接运输货物驳送及轮船的修造，直到 1971 年造船社并入吴县油毡厂，才停止造船生产。

1978 年，在大办乡镇企业的浪潮中，东山又在渡桥洞庭造船社原址上建办公社船厂。

1997 年，东山镇乡镇工业实行产权制度改革，至 1998 年年底，渡桥境内的村办企业均转制为民营企业。

2000 年，东山镇出台一系列奖励政策，鼓励民营企业加快发展，使农村涌现出一大批民营企业，是年晨光村增加 3 家民营企业，新建村增加 4 家民营企业，西泾村增加 5 家。至 2017 年，渡桥境内共有 97 家民营企业。

表 7-10　　1997 年—2002 年晨光村民营工业经济主要数据表

年份	企业个数	工业产值（万元）	产品销售收入（万元）	四项经济效益（万元）	利税总额（万元）
1997	2	8073	7281	922	294
1998	2	7045	5949	874	318
1999	3	5705	5183	767	257
2000	5	5183	—	457	279
2001	5	6322	5440	882	342
2002	17	10670	8591	1304	550

表 7-11　　1997 年—2002 年新建村民营工业经济主要数据表

年份	企业个数	工业产值（万元）	产品销售收入（万元）	四项经济效益（万元）	利税总额（万元）
1997	2	8073	7281	922	294
1998	2	7045	5949	874	318
1999	3	5705	5183	767	257
2000	5	5183	—	457	279
2001	5	6322	5440	882	342
2002	17	10670	8591	1304	550

表 7-12　　1997 年—2002 年西泾村民营工业经济主要数据表

年份	企业个数	工业产值（万元）	产品销售收入（万元）	四项经济效益（万元）	利税总额（万元）
1997	3	614	585	74	26
1998	3	571	507	74	26
1999	3	579	526	78	27
2000	5	629	—	—	28
2001	5	962	828	134	52
2002	13	2214	1835	338	108

表 7-13　　2003 年—2005 年渡桥村企业经济主要数据表

年份	企业个数	工业产值（万元）	产品销售收入（万元）	四项经济效益（万元）	利税总额（万元）
2003	45	15955	14973	2116	1022
2004	45	14319	13103	2217	1090
2005	44	14320	10575	2693	1443

表 7-14　　2006 年—2017 年渡桥村企业经济主要数据表

年份	各类企业个数（个）	营业总收入（万元）
2006	44	14012
2007	44	10620
2008	64	18003
2009	64	13557
2010	64	12701
2011	64	20792
2012	64	18097
2013	74	—
2014	86	—
2015	92	—
2016	97	—
2017	97	—

民营企业选介

【蔡氏印刷企业】　苏州东仪包装印刷有限公司成立于 2001 年，与苏州市宏大彩印包装印务有限公司、苏州雅利印刷有限公司同属于蔡氏家族企业。企业注册 1800 万人民币。企业坐落在东山镇科技工业园，占地面积 35700 平方米，建有厂房 20000 平方米，设备齐全。2017 年年底公司有职工 380 人，其中专业技术人员占总人数的 76% 以上。苏州市宏大彩印包装印务有限公司创建于 1992 年，占地面积 40000 多平方米，建筑面积 5700 平方米，总投资 5700 万元人民币。公司坐落在东山科技工业园，从事高档彩色包装、广告海报、不干胶标签等产品印刷。

【东山三联包装印刷有限公司】　苏州市东山三联包装印刷有限公司组建于 2001 年，坐落在东山科技工业园区口，东山大道北侧。占地面积 15000 多平方米，拥有固定资产 2000 多万元。公司设备齐全。可承印全国各地高、精、细包装印刷产品。2002 年通过 ISO9001：2000 质量认证，被列为出口企业。

【吴中区教育印刷有限公司】　苏州市吴中区教育印刷有限公司是一家集研发、设计、生产、制作、销售、服务于一体的包装企业。公司成立于 1988 年，现有员工 350 人，有标准厂房 8800 平方米，设备齐全。2003 年通过 ISO9000：2000 质量认证。

第二节　商业

明清时期，形成街市，百商云集，店铺林立。1956 年 11 月，木东（木渎到东山）公路通车，东山市镇商业迅速发展，渡桥商业略受影响。20 世纪 90 年代，东山商城建立，渡桥商业中心逐步转移到洞庭路南端。2011 年，东山建立新镇区，渡桥商业区随之形成，东山大道两侧成为渡桥新的商业中心。

一、渡桥商业中心

随着市场经济确立，计划经济时代设立的部门（如粮管所、水产站、物资站等）逐步撤销以及小城镇建设发展，渡桥集镇的商业活动中心出现了两次大的转移。第一次是 20 世纪 90 年代，镇区洞庭路、银湖路建成商业区，渡桥一些商市由南向北转移到洞庭路、银湖路，与东山商城连接。第二次是 2010 年以后，由于新镇区的建设，渡桥一些商市转向木东公路（东山大道）沿线，现洞庭路连接木东公路沿线，170 多家商店连接，成为渡桥境内新的商业中心，早先繁华的渡桥老街，商店寥寥无几，退出商业中心的历史舞台。

表 7-15　　2017 年渡桥境内企业一览表

序号	企业名称	企业地址
1	苏州荣荣机械配件有限公司	渡桥南埂
2	苏州市金园吸塑制品厂	渡桥村
3	苏州市大隆五金电动工具厂	渡桥村
4	苏州市中宝经编织物厂东山分厂	渡桥南街
5	苏州市富尔得阀门有限公司	渡桥村
6	苏州市晟永机械厂	渡桥南街（桥东）
7	苏州艾玛尔电器厂	渡桥村葛家渡 46 号
8	苏州市盛世凯祺广告传媒有限公司	渡桥村晨光四组
9	江苏德邦物流有限公司东山分公司	渡桥村晨光张家下脚 124 号
10	苏州昊腾自动化科技有限公司	渡桥村新建五组
11	苏州瀚德科精密金属制品有限公司	渡桥村葛家渡 46 号
12	苏州旷森贸易有限公司	渡桥村新建五组
13	苏州华尔亮电器配件厂	渡桥村葛家渡 46 号
14	苏州再来企业管理咨询服务部	渡桥村新建四组
15	苏州瑞盈工艺品有限公司	渡桥村工业小区
16	苏州仁峰商贸有限公司	木东公路渡桥段
17	苏州天水碧农产品有限公司	渡桥村新建三组
18	苏州日盛吸塑包装制品厂	渡桥村西泾九组
19	苏州益瑞木业有限公司	渡桥村新建三组
20	苏州吴中区东山港东仪表配件厂	渡桥工业开发区
21	苏州市吴中区东山太湖文教彩印厂	渡桥村
22	苏州市吴中区永盛织造厂	渡桥村
23	苏州欣林电器配件有限公司	渡桥北街兵营村 90 号
24	苏州鑫诚佳精密机械有限公司	渡桥村新建工业小区

续表

序号	企业名称	企业地址
25	苏州恒鸿包装制品有限公司	渡桥村新建工业小区
26	苏州市乐业机械厂	渡桥村工业小区
27	苏州云天塑胶有限公司	渡桥村工业小区
28	苏州明利特精密塑胶有限公司	渡桥北街兵营村 90 号
29	苏州腾东电气厂	渡桥村葛家渡 46 号
30	苏州优丽斯日用品有限公司	渡桥南街（桥东）
31	苏州庆鑫五金厂	渡桥村西泾一组
32	苏州市东山标准件有限公司	渡桥北街 89 号
33	苏州锦太包装材料厂	渡桥村
34	苏州优丽斯干燥剂制品厂	木东公路渡桥南堍
35	苏州容城机电有限公司	渡桥北街兵营村 9 号
36	苏州市和协机械制造有限公司	渡桥村西泾二组
37	苏州市耀发塑业有限公司	渡桥村西泾
38	苏州市协伟塑胶有限公司	渡桥村工业小区
39	苏州豪杰喆鞋业有限公司	渡桥南街（桥东）
40	苏州嘉祥包装有限公司	渡桥村工业小区
41	苏州市君君汽车服务有限公司	木东公路渡桥南堍
42	苏州市吴中区东山装卸站	渡桥村
43	苏州市吴中区东山新城机械厂	渡桥村
44	苏州市吴中区东山磁性材料厂	渡桥南街
45	苏州市吴中区东华商贸加油有限公司	渡桥村
46	苏州市吴中区敏敏五金电器有限公司	渡桥村（东太路）
47	苏州市茂盛塑料配件厂	渡桥村
48	苏州市福马塑业有限公司	渡桥村新建三组
49	苏州市日鑫模具制品厂	渡桥村
50	苏州华升塑料包装印刷有限公司	渡桥工业园 C 区
51	苏州东山佳鑫五金厂	渡桥村
52	苏州市宏成印刷有限公司	木东路 118 号渡桥村工业小区二区
53	苏州腾峰电器厂	渡桥村
54	苏州市吴中区东山电气控制设备厂	渡桥村
55	苏州锦湖食品有限公司	渡桥村新建工业小区
56	吴中区东山恒丰五金厂	渡桥村新建一组
57	苏州市园之东五金厂	渡桥村新建三组
58	苏州淳恩精密模具有限公司	渡桥村永盛织造厂内

续表

序号	企业名称	企业地址
59	苏州市家诚农产品有限公司	渡桥村葛家渡 46 号
60	苏州知匠道贸易有限公司	渡桥村晨光五组
61	苏州斯瑞尔斯密封技术有限公司	渡桥村葛家渡 46 号
62	苏州查尔德电子科技有限公司	渡桥村葛家渡 46 号
63	苏州玖鼎金属制造有限公司	渡桥村葛家渡 46 号
64	苏州市启惠五金有限公司	渡桥北街兵营村 90 号
65	苏州市吴中区东山兴福仪表五金厂	渡桥水产站
66	苏州市吴中区东山有机喷涂厂	渡桥村
67	吴中区东山东升家具加工厂	渡桥南街
68	苏州市吴中区东山孙伟新红木家具厂	渡桥南街（桥东）
69	苏州市吴中区东山利珍绰丝工艺厂	渡桥村
70	苏州市吴中区东山江记明清红木家具加工厂	渡桥北街 19–21 号
71	苏州市吴中区东山朱美红木加工厂	渡桥村
72	苏州市吴中区东山金晓机械厂	渡桥南街
73	苏州市吴中区东山惠翔五金厂	渡桥北街兵营村 90 号
74	苏州市吴中区东山海平机械厂	渡桥南街（桥东）
75	苏州市吴中区东山双宝机械厂	渡桥北街兵营村 90 号
76	苏州市吴中区东山随缘蜡艺制品厂	渡桥北街 1 号
77	苏州市吴中区东山达龙汽车修理厂	渡桥村新建三组
78	苏州市吴中区东山华皓机械厂	渡桥北街兵营村 90 号
79	吴中区龙泰工艺纸盒厂	渡桥村晨光五组
80	吴中区东山利星五金厂	渡桥村西泾三组
81	吴中区东山聚鑫精密机械厂	渡桥北街兵营村 90 号
82	吴中区东山振杰五金厂	渡桥北街兵营村 90 号
83	吴中区东山翔明五金加工厂	渡桥北街兵营村 90 号
84	吴中区东山宏顺机械厂	渡桥村新建工业小区
85	吴中区东山超群玩具厂	渡桥街粮管所边
86	吴中区东山徐敏红木家具厂	渡桥工业小区
87	吴中区东山顺艺五金厂	渡桥村新建工业小区
88	吴中区东山赞发精密五金厂	渡桥村葛家渡 46 号
89	吴中区东山联创机械配件厂	渡桥村新建五组
90	吴中区东山翔盛五金厂	渡桥北街兵营村 90 号
91	中国石化销售有限公司苏州中油东山站	渡桥北街兵营村 92 号

续表

序号	企业名称	企业地址
92	吴中区东山明骏五金厂	渡桥村新建四组
93	吴中区东山新锐机械厂	渡桥村西泾二组
94	吴中区东山国全五金厂	渡桥村兵营村 90 号
95	吴中区东山马氏红木家具加工厂	渡桥村西泾一组
96	苏州业邦精密机械有限公司	渡桥村晨光七组
97	苏州叠意古建园林有限公司	渡桥村西泾一组

表 7-16　　2017 年渡桥境内个体工商户一览表

序号	个体工商户名称	个体工商户地址
1	苏州市吴中区东山千户涂料店	渡桥村晨光
2	苏州烛之缘香烛经营部	渡桥村新建四组
3	苏州丽之源化妆品咨询服务部	渡桥村蔬菜园东
4	苏州市俞记蟹业有限公司	渡桥村晨光七组
5	苏州市吴中区东山福康副食品店	渡桥村
6	苏州市吴中区东山渡桥渔需品商店	渡桥村
7	苏州市吴中区东山陈丽娟商店	渡桥南 100 米
8	苏州市吴中区东山曹立华杂货店	渡桥南街
9	苏州市吴中区东山镇卫国烟杂店	渡桥街 10 号
10	苏州市吴中区东山镇渡桥金继忠杂货店	渡桥北街
11	苏州市吴中区东山房林杂货店	渡桥村
12	苏州市吴中区东山镇本云杂货店	渡桥村
13	苏州市吴中区东山根福烟杂店	渡桥村
14	苏州市吴中区东山新鸿祥汽车装潢部	渡桥村
15	苏州市吴中区东山杨士兴电动自行车修理店	渡桥南街 57-1 号
16	苏州市吴中区东山俞振龙杂货店	渡桥村
17	苏州市吴中区东山乔玉妹副食品店	渡桥村
18	苏州市吴中区顺心杂货店	渡桥村新建五组婆罗桥 30 号
19	苏州市吴中区东山宏生废旧金属回收站	渡桥村西泾二组
20	苏州市吴中区东山书彬废品收购站	渡桥村新建三组
21	苏州市吴中区东山秀珍废品收购站	渡桥村
22	苏州市吴中区东山小许副食品店	渡桥村新建
23	苏州市吴中区东山青山碧水农产品经营部	渡桥村
24	苏州市吴中区东山燕源土特产经营部	渡桥南街兵营村 88 号
25	苏州市吴中区东山秋生杂货店	渡桥新建村三组

续表

序号	个体工商户名称	个体工商户地址
26	苏州市吴中区东山新昌水暖店	渡桥村晨光四组
27	苏州市吴中区东山郑丽华电瓶车修理店	渡桥新建村五组
28	苏州市吴中区东山殷氏推拿服务部	渡桥村晨光三组
29	苏州市吴中区东山亚军电瓶车店	渡桥村晨光五组
30	苏州市吴中区东山邓江麻将机店	渡桥南埦
31	苏州市吴中区东山建华杂货店	渡桥南埦
32	苏州市吴中区东山明星建材店	渡桥村
33	苏州市吴中区东山福林装潢材料店	渡桥村
34	苏州市吴中区东山常正东废品收购站	渡桥村
35	苏州市吴中区东山常四林废品收购站	渡桥村
36	苏州市吴中区东山梁志明废品收购站	渡桥村
37	苏州市吴中区东山隆盛卷帘门经营部	渡桥村
38	苏州市吴中区东山常乃福废品收购站	渡桥村
39	苏州市吴中区东山陆启轩废品收购站	渡桥村
40	苏州市吴中区东山马士亮水果店	渡桥村新建一组
41	苏州市吴中区东山佛缘香烛店	渡桥村新建一组
42	苏州市吴中区东山方长荣家具加工场	渡桥村
43	苏州市吴中区东山新生装卸服务部	渡桥村西泾一组
44	苏州市吴中区东山保印麻将机店	渡桥村西泾
45	苏州市吴中区东山禾家湾果园场	渡桥村禾家湾
46	苏州市吴中区东山玉露农产品经营部	渡桥村
47	苏州市吴中区东山小华钢材经营部	渡桥村
48	苏州市吴中区东山明俊馒头店	渡桥南埦
49	苏州市吴中区东山苏尚广告服务部	渡桥晨光村四组
50	苏州市吴中区东山华新电动工具店	渡桥村
51	吴中区东山兵哥哥保健按摩馆	渡桥村桥头
52	吴中区东山杨振水果店	渡桥村
53	吴中区东山张氏农产品经营部	渡桥村新建一组
54	吴中区东山西泾电动车修理店	渡桥村
55	吴中区东山徽宇古建材料经营部	渡桥村
56	吴中区东山好迪灯饰经营部	渡桥村七组
57	吴中区东山吴云康羊肉加工场	渡桥村西泾六组禾家湾 89 号
58	吴中区东山姚洪春羊肉加工场	渡桥村西泾四组禾家湾 39 号

续表

序号	个体工商户名称	个体工商户地址
59	吴中区东山姚富根羊肉加工场	渡桥村西泾禾家湾 33 号
60	吴中区东山陈玉林羊肉加工场	渡桥村西泾六组禾家湾 86 号
61	吴中区东山施积生羊肉加工场	渡桥村西泾二组郑岭头 3 号
62	吴中区东山钱月文羊肉加工场	渡桥村西泾二组
63	吴中区东山陈补弟羊肉加工场	渡桥村西泾六组禾家湾
64	吴中区东山钱月林羊肉加工场	渡桥村西泾二组郑岭头 5 号
65	吴中区东山吴富康羊肉加工场	渡桥村西泾四组禾家湾
66	吴中区东山吴补林羊肉加工场	渡桥村西泾五组
67	吴中区东山徐林娟羊肉加工场	渡桥村西泾五组
68	吴中区东山吴秀英羊肉加工场	渡桥村西泾五组
69	吴中区东山永兴彩钢瓦经营部	渡桥村
70	吴中区东山东发汽配门市部	渡桥村西泾一组
71	吴中区东山朱蓉蓉羊肉加工场	渡桥村西泾六组禾家湾 65 号
72	吴中区东山陈建平废品收购站	渡桥村晨光五组
73	吴中区东山嘉乡源农产品经营部	渡桥村渡桥南街
74	吴中区东山永固水泥经营部	渡桥村西泾一组
75	吴中区东山付英水果店	渡桥村晨光一组
76	吴中区东山王文跃杂货店	渡桥村新建三组
77	吴中区东山凤铝铝合金经营部	渡桥村
78	吴中区东山东翔农产品商行	渡桥村兵营村 92 号
79	吴中区东山梁家副食品店	渡桥村新建五组
80	吴中区东山阿贵家庭农场	渡桥村新建直泾港东塆
81	吴中区东山张记水产品经营部	渡桥村新建一组
82	吴中区东山小虎电瓶车店	渡桥村晨光
83	吴中区东山笑乐水果店	渡桥村晨光四组
84	吴中区东山俞志明货运车行	渡桥村新建三组新河村 10 号
85	吴中区东山顺鑫调剂商行	渡桥村西泾
86	吴中区东山建红红木家具店	渡桥村西泾
87	吴中区东山施巷港农产品经营部	渡桥村晨光
88	吴中区东山老虎水暖店	渡桥村
89	吴中区东山林虎农产品经营部	渡桥村晨光
90	吴中区东山振国农产品经营部	渡桥北街张家下脚 61 号
91	吴中区东山广源农产品经营部	渡桥村新建三组
92	吴中区东山俞智宏货运车	渡桥村新建三组新河村 16 号

续表

序号	个体工商户名称	个体工商户地址
93	吴中区东山渡桥家具店	渡桥村晨光五组
94	吴中区东山德力文化用品经营部	渡桥村晨光四组
95	吴中区东山吴越飘香农产品经营部	渡桥村晨光五组
96	吴中区东山东建投农产品经营部	渡桥南街兵营村
97	吴中区东山小石农产品经营部	渡桥村晨光七组
98	吴中区东山小马水果店	渡桥村
99	吴中区东山顺达舷外机修理部	渡桥村二组
100	吴中区东山小潘门窗店	渡桥村晨光七组
101	吴中区东山惠荣饲料店	渡桥装卸站内
102	吴中区东山吴氏水产品经营部	渡桥村晨光七组
103	吴中区东山渡桥窗帘店	渡桥村晨光
104	吴中区东山万佳乐副食品店	渡桥村西泾一组
105	吴中区东山尚品窗帘店	渡桥村晨光
106	吴中区东山银仙农产品经营部	渡桥村西泾二组 23 号
107	吴中区东山强强汽车美容服务部	渡桥村晨光
108	吴中区东山富韵农产品经营部	渡桥村西泾一组
109	吴中区东山焕云小吃店	渡桥村晨光五组
110	吴中区东山禾家湾奇奇羊农家乐饭店	渡桥村西泾六组禾家湾
111	吴中区东山泉龙农产品经营部	渡桥村晨光五组
112	吴中区东山王家富杂货店	渡桥村
113	吴中区东山西泾山调剂商行	渡桥村西泾九组
114	吴中区东山和元聚农产品经营部	渡桥村新建三组葛家渡
115	吴中区东山银银副食品店	渡桥北街沈家岸 38 号
116	吴中区东山小丫头农产品经营部	渡桥村新建一组
117	吴中区东山渡桥装潢经营部	渡桥村晨光五组
118	吴中区东山大拇指包子店	洞庭路渡桥
119	吴中区东山诚实建材经营部	渡桥北街殿泾港 5 号
120	吴中区东山吴永庆货运车行	渡桥村新建四组
121	吴中区东山小胡办公用品店	渡桥村新建五组
122	吴中区东山腾达马术俱乐部	渡桥村晨光新塘圩
123	吴中区东山泽兰堂砖艺坊	渡桥村西泾九组木东路旁
124	吴中区东山红樱农产品经营部	渡桥村禾家湾 40 号
125	吴中区东山羽哲脚手架租赁部	渡桥南堍
126	吴中区东山大耳朵亲子游乐服务部	渡桥村晨光张家下脚 124 号

续表

序号	个体工商户名称	个体工商户地址
127	吴中区东山永华果园场	渡桥村晨光八组
128	吴中区东山石井湾苗木场	渡桥村新建四组
129	吴中区东山东立农产品商行	渡桥村西泾山
130	吴中区东山开泰装饰服务部	渡桥村晨光
131	吴中区东山诚泽土石方工程队	渡桥晨光村四组
132	吴中区东山得雨轩农产品商行	渡桥村西泾
133	吴中区东山松源建材经营部	渡桥村西泾一组
134	吴中区东山星宏商务信息咨询服务部	渡桥村晨光八组
135	吴中区东山王运动水果店	渡桥村新建三组葛家渡 3 号
136	吴中区东山农园四季农产品经营部	渡桥村西泾山
137	吴中区东山新立五金经营部	渡桥兵营村 92 号
138	吴中区东山董二男房屋维修部	渡桥村晨光二组
139	吴中区东山车友汽车维修部	渡桥兵营村 92 号
140	吴中区东山龙缘建筑工程部	渡桥村新建二组
141	吴中区东山王记水果店	渡桥村新建三组
142	吴中区东山小施农产品经营部	渡桥村西泾三组
143	吴中区东山政通市政工程部	渡桥村晨光一组
144	吴中区东山顺通建材经营部	渡桥村银湖桥旁
145	吴中区东山顺心如意包装经营部	渡桥村西泾九组
146	吴中区东山知孝道贸易商行	渡桥村晨光五组
147	吴中区东山随意小吃店	渡桥村晨光五组
148	吴中区东山庆华冷作店	渡桥村新建一组
149	吴中区东山天进建筑工程部	渡桥村东山大道旁
150	吴中区东山华泽贸易商行	渡桥村晨光一组
151	吴中区东山雨萌水果店	渡桥村新建三组
152	吴中区东山玉庭农产品经营部	渡桥加油站旁
153	吴中区东山刘效军废品收购站	渡桥南街汤家扇 56 号（永盛织造厂内）
154	吴中区东山江记建筑工程部	渡桥村晨光一组
155	吴中区东山钦雨会务社	渡桥村西泾二组
156	吴中区东山夏天副食品经营部	渡桥村新建村东山大道边
157	吴中区东山新建水果店	渡桥村新建五组
158	吴中区东山苏式农产品经营部	渡桥村新建五组
159	吴中区东山名捕渔具店	渡桥村晨光五组

续表

序号	个体工商户名称	个体工商户地址
160	吴中区东山利明副食品店	渡桥村晨光四组网泾浜 22 号
161	吴中区东山爱群农产品经营部	渡桥村晨光六组
162	吴中区东山苏园果子农产品经营部	渡桥村晨光五组
163	吴中区东山雨花楼点心店	渡桥村渡水桥
164	吴中区东山新塘圩苗圃	渡桥村晨光八组
165	吴中区东山月月化妆工作室	渡桥村新建四组
166	吴中区东山加枫装饰材料经营部	渡桥村西泾一组
167	吴中区东山姚洪林化肥店	渡桥村西泾一组
168	吴中区东山东鑫装潢工程部	渡桥村晨光五组
169	吴中区东山建刚建材经营部	渡桥村西泾三组
170	吴中区东山晨光副食品店	渡桥村晨光七组
171	吴中区东山谢大宝理发店	渡桥村晨光五组
172	吴中区东山西泾保健按摩服务部	渡桥村
173	吴中区东山渡桥小吃店	渡桥村晨光三组
174	吴中区东山奇奇副食品店	渡桥村新建一组
175	吴中区东山房红珍理发店	渡桥村晨光四组

二、渡桥老街

渡桥既是东山市镇通往武山的必经之路，又是东山水上交通的运输枢纽，东北到苏州、上海，南到吴江，西出太湖到西山、湖州、宜兴等地均在这里启航，特别是清末民初轮船码头的兴建，使这里往来客商云集，市河舟船不绝，商贸交易兴隆。民国年间，谈商论市，当地有“渡桥轮船叫三叫，东山物价跳三跳”之说，足见渡桥商业在东山的显赫地位。

渡桥老街位于东山镇以东，因渡水桥（具区风月桥）而得名。渡桥始建于元朝，明末清初发展成街市，形成集镇。民国时期集镇从北桥堍沿渡水港向西 300 米，向南跨渡桥延伸到司前街 120 米，街市呈曲尺形，市河（渡水港）穿镇而过，两岸分别为南街和北街，以渡桥北街最为热闹。

民国时期的店面一般是外店内坊，外店营业，内坊作为加工商品的场所或仓库。店铺商户有一半以上是外地商人。有安徽的徽帮，主要经营粮食、糟坊、菜馆、面铺等；浙江的绍兴帮，重点经营染坊、烛坊、烟杂店等；太湖南岸（南浔、湖州）一带人，大多经营油店、酒店、米店等；还有一些苏北人经营零星小卖。商业店铺有米行、茶馆、书场、理发店、浴室、饭馆、旅馆、糕饼店、糖果店、烟杂店、百货店、肉店、豆腐店、蔬菜行、山地货行、香烛店、药材店、茧行、木行、船行、橹行、铁匠铺、铜匠铺、皮匠铺、箍桶店、缸甏店、裁缝店等 40 多家。还建徽州会馆（详情无考），专门处理外商（主要是徽商）在渡桥的商业业务事项。

比较著名的店铺有：梅记米行、协万春米行、同泰森米行、裕润米行、益丰米行、罗记米行；森福楼茶馆、得意园茶馆、近水台茶馆、张记茶楼、吴记茶馆、龙泉茶馆；洞庭大菜馆（洞庭饭店）、王记饭馆、邱记饭馆、胡记糕团店；协大昌百货店、高鸿昌百货烟杂店、王记食品店、孔阿三杂货店；阿宋肉店；张记豆腐坊、彭氏豆腐店；宋生山地货行、三和山地货行；薛小毛蔬菜行；石森源（存济堂）药材店；盛阿甫船行、朱寿庆船行、沈余庆船行；蔡寿福橹行、朱阿二橹行；铁阿龙匠铺、沙记铁匠铺；蔡记铜匠、王记铜匠；张巧巧皮匠店、江才良皮匠铺；浦百庆缸甏店。

中华人民共和国成立后，首先在渡桥建立国营粮食管理所，分管东山镇粮食征收和市民粮油供应，附设粮油门市部。渡桥商业体制以供销合作社为主体，集体商业为辅助。东山供销社建在渡桥的除物资门市部之外，还有孵坊食品店、水产公司门市部等。东山集体商业，在渡桥也设立商业经营部等。这一时期共有大小商店30多家，分布于渡桥南北街。

1956年，木渎至东山公路（木东公路）通车，使东山市镇商业日益兴旺，加上渡桥轮船码头的撤销，渡桥的商业兴旺程度略降。但因当时实行的是计划经济，渡桥境内有东山计划经济的半壁江山，建在渡桥的东山粮食管理所、东山粮库、东山米厂、东山供销社渡桥生产资料经营部、东山水产中心站、东山茧行仍开业经营，每逢粮油收购季节，渡水港内船只遍布，农民夏缴小麦、油菜籽，秋缴稻谷，还有各个时期卖茧子的，因此渡桥北街人群熙熙攘攘，非常热闹。计划经济时代，东山市镇居民和农村人口户口迁入迁出，均要到渡桥东山粮管所办理粮油关系（1993年3月始废除），因此渡桥老街商业稍有影响。

附一：历史上的渡桥集镇

1. 官庄街

官庄位于东山镇东南方的武山西北麓，距镇3千米。南宋驸马郑钊在扈从宋高宗南渡后定居此地，故称官庄街。郑宅规模宏伟，高墙广厦。其时官庄十分兴盛，街道上店铺林立，街面长廊相接，长约1500米。当年有“三里官庄街，晴天不怕太阳晒，雨天可穿绣花鞋”的民谣。以后官庄逐渐衰落，至今已是居民聚集之地，但仍有古街残迹可认。

2. 葛家渡渔市

宋室南迁时，宣义郎葛万五及弟葛万九随军南下，途经太湖，见湖山佳丽幽胜，又登武山，并见先祖葛洪炼丹遗迹，于是定居在此。元末明初，万五公五世孙泰二在原有葛家渡（又称葛家渎）的基础上，疏浚四周泥沙，又辟渡缺口为摆渡口，由此葛家渡逐渐兴旺起来，形成了商埠，成为当年一度兴盛的渔港闹市。清末民初，葛家渡渔市逐步萧条，直到停市。

附二：口述渡桥——席根福

采访对象： 席根福，1957年3月出生，原西泾村党支部书记、渡桥村党总支书记
采访人： 金本福
采访时间： 2017年11月21日
采访地点： 渡桥村村委会

金： 席书记，你担任西泾村党支部书记近9年，请你说说多年在村里工作的体会，好吗？

席： 在西泾村工作近9年，体会很多，最深的一点是一个村支部书记，特别是本乡本土人担任书记，一定要记住这一点：你来自群众，必须为群众服务，为群众谋福，一个支

部书记的主要职责是带领支部一班人，真抓实干，发展经济，造福百姓。

金： 能举几个具体事例来说明吗？

席： 好的。大家知道，东山是传统的湖羊之乡，已有800多年历史，而西泾村是东山湖羊的原产地。早在1984年，西泾村就被列为江苏省湖羊保种资源保护区。村里与养羊户签订保种合同，并对农户实行补贴，保证圈存数。白切羊肉烹制在西泾村特别是禾家湾历史悠久，已流传200多年，白切羊肉是西泾村的拳头产品，也是村民致富的主要途径。每年10月到春节四个月中，村里屠宰湖羊有上万头。从事湖羊销售的农户有二三十户，他们十分辛苦，但收入也比较可观。由于屠杀湖羊数量日益增多，带来一些环境污染问题，村支部对这一问题非常重视，并采取措施，整治屠宰环境。一面投入资金，规范农户羊舍，使羊粪便进入粪池；一面整顿屠宰场所，使屠宰的血水、脏水进入污水道，要求农户及时清理屠宰脏物，做到日产日清，并装运到污水池。通过整治，村里养羊、杀羊都严格实行环境卫生管理。这样一来，既保证了白切羊肉的质量，又维护了村民的身体健康，更保障了湖羊农户的经济收入。

金： 这真是一举多得的好事、实事。

席： 确实如此，群众也由此感到村干部事事处处都为百姓着想。

金： 席书记，你在西泾村书记任上，还实施了其他实事工程吗？

席： 讲到西泾村实事工程还有很多。我们西泾村底子薄，经济基础差，长期有“穷金星”（西泾村之前称金星大队）之称。我一上任，就确立了发展经济是第一要务的思想，首先抓好“壮大集体经济”这个重点。

金： 那你从什么地方着手，抓好发展经济这一要务呢？

席： 西泾村办企业原有革胶厂、纸管厂、机械厂三家。这些企业也在1997年先后转制成为民营企业。1998年开始，村里一方面鼓励村民发展民营企业，先后办起了万能胶水厂、塑料包装厂、胶粘剂厂、制胶厂、绗缝厂等5家企业。2000年工业产值570多万，利润15万元，上缴税金10多万。另一方面于2001年在科技工业园A区建造了东山第一个工业小区，建造了一幢两层的建筑面积1580平方米的标准厂房，厂房出租使村里掘到了第一桶金。

金： 村里经济发展有了起色，你是如何安排这些资金的？

席： 俗话说，有钱就像船底有水，有水船就可以行驶。我始终认为，村里有些实力了，首先要为老百姓办些实事。于是，西泾村的基本建设搞了起来，为村民通自来水，安装闭路电视，平整道路，疏浚河道……真正让群众感到村里环境变美了，生活质量变高了。

金： 这些实事工程，群众拥护吗？他们支持你的工作吗？

席： 为村民办实事，老百姓看得见，摸得着，他们从内心拥护村里的举措，绝大多数村民支持村里的工作。譬如：收缴两税（农业税、农林特产税）是一件费劲的事，20世纪八九十年代，东山农村干部普遍认为收缴两税是最困难的事。而西泾村却截然不同，村民上缴两税自觉主动，既足额缴纳又及时完成。有些困难户，村里发动党团员进行捐助，所以当时西泾村收缴两税是跑在东山镇的前列的。所以，我总结了一句话，叫村干部为群众办实事，老百姓为干部解难事。

金： 还有其他事例能说明群众支持村干部的工作吗？

席： 不但有，而且有好多，别的不说，单说说西泾村村民为建设东山科技工业园所作的贡献。2001年东山镇决定建科技工业园，也就是工业园的一期工程，现在称A区，一期工程征用的土地70%是西泾村的，还有一小部分是晨光村的。党委政府下达了征地的硬任务。怎么办呢？一是干部带头做好家属思想工作，带头签订征地协议；二是耐心细致宣传政策，做好群众说服教育工作。村民在干部模范作用影响下，陆陆续续签订征地协议。村里对一些经济困难农户适当给予补助。尽管当时征用土地补偿只有2万元/亩，但绝大多数群众无怨无悔，为加快工业园区建设进程作出了贡献。老百姓的这种顾全大局的精神使我们村干部很受感动，同时我也立下了今后更好服务群众的决心。

金：2003年12月，晨光、西泾、新建3个村合并为一个渡桥村，你担任渡桥村党总支书记，任务很重，面临这样一个大村的摊子，你是怎样开展工作的？

席：要说在小村工作，是一心扑在工作上；面临大村错综复杂的工作，那只能全心扑在工作上。

金：由于众多原因，2004年渡桥村被列为吴中区经济薄弱村，请问席书记，你怎样带领干部群众奋斗拼搏，终于在2008年甩掉经济薄弱村的帽子？

席：渡桥村由于发展不平衡，总体来说，经济比较薄弱，并村初年村年收入不足20万元。2004年被列为区级集体经济薄弱村（吴中区17个，其中东山5个），我们在镇区的直接领导下，经过几年努力，村级经济逐渐好转。

金：请具体说说渡桥村摆脱经济薄弱的简单过程？

席：好。列入经济薄弱村后，在区镇有关部门扶助下，特别在区委组织部直接支持下，发展经济被注入了动力，村经济状况出现了生机，增加了后劲。在工业投入方面，2004年投入资金40多万元，筹建金牛垂钓中心，使村里每年有15万元的租金。另租出湖滨路157亩土地，先后由席氏家园、东山游客中心使用，村里每年进账57万元租金。2005年投入资金280多万元，建造标准厂房3300平方米，2006年投入资金200多万元，对工业小区标准厂房增设供电、自来水等基础设施。当年工厂租用入驻。2007年对晨光、新建新塘圩橘园补增变电设备。2008年又投入500万元，建造标准厂房5000平方米，办公集体宿舍楼800平方米，并大力拓宽招商思路，使来村租厂房的企业越来越多，使村级经济收入稳步增长。经过近五年的不懈努力，渡桥村终于在2008年甩掉经济薄弱村的帽子。现每年村里有固定收入200多万元。

金：近五年时间甩掉经济薄弱村帽子，实属不易，能不能简单总结你们党总支一班人在这段时间内的工作作风？

席：总结一下这阶段党总支的工作作风，可用三句话概括，那就是“知难不畏难”“吃苦不叫苦”“受怨不埋怨”。作风出效率，作风出成果。

金：刚才听了你的介绍，感到渡桥村建工业小区标准厂房是一大亮点。请你说说，你当时是如何萌发这一想法的？

席：村里要脱贫致富，重要抓住突破口，其中重要的突破口就是建工业小区标准厂房。我在西泾小村当书记时，建工业小区厂房进行出租掘到了金，尝到了甜头。因此在大村书记任上，我想把这一点做亮。要珍惜土地，珍惜水资源，在西泾山上种上经济作物，开发湖边湿地。增加经济收入，把盘子越做越大。2005年至2008年连续建立两个工业小区，标准厂房达15000平方米，而且出租率100%，每年为村增收150多万元。这一模式，后来在东山推广，摆渡口、吴巷等工业小区应运而生。因此，可以自豪地说，渡桥村建工业小区标准厂房的做法，在全镇起到了引领和指导作用。

金：你在渡桥村当了9年书记，后被调任蔬菜园主任，一年后，你重返渡桥村书记岗位，又干了半年，请问你在这半年时间里，有什么事最值得回忆？

席：2013年2月至7月，我受命又任渡桥村党支部书记，这半年中印象最深的是镇政府下达的万科房地产公司66亩征地任务。

金：随着法制的健全，透明度的增加，老百姓维权意识的增强，征地被形容为“天下第一难”。当时，你带领总支一班人，是如何完成这一艰巨任务的？

席：当镇政府下达征地任务后，我团结一班人发扬迎难而上的精神，提出了“5+2”和“白＋黑”的口号，即工作日期五天再加双休两天，工作时间白天加晚上，干部分工登门动员、宣传政策、个别谈话、落实任务，对钉子户采用磨嘴皮子的方法，不厌其烦进行疏导工作，直到做通思想工作为止。同时也做好失地农民的经济补偿工作。苦战三个月，终于及时完成任务，受到上级的表扬。

金：从这一事情中，你体会最深的是什么？

席：体会最深的是加强领导班子的团结是做好一切工作的保证，团结能感动群众，团结能战胜一切。

金：作为两度任职渡桥村书记，你对现在村里的年轻干部有什么期望和建议？

席：作为一个老书记，我期望渡桥村党总支、渡桥村村委（简称两委）领导班子首先要团结，要保持高度的党性，与党中央保持一致；其次要有憧憬（目标），要有冲劲；再次要有工作思路，脚踏实地，身正令行，造福群众。希望渡桥村两委班子，团结奋斗，再接再厉，再创辉煌。

金：席书记的谈话，既是对自己工作的总结，也是对渡桥村年轻干部的勉励。相信渡桥村的干部群众在老书记的精神鼓舞下，一定能创出更好的业绩。谢谢席书记接受采访。

附三：口述渡桥——姚阿四

采访对象：姚阿四，1946年出生，原晨光村党支部书记、经济合作社社长

采访人：金惠华、计龙根

执笔：计龙根

采访时间：2018年1月8日

采访地点：姚阿四家中

金：从1980年3月担任晨光村副大队长至2006年9月渡桥村党总支副书记退休，在这漫长的27年里，你不但为晨光村做了不少工作，而且为渡桥村的发展作出了较大的贡献。今天主要请你说说这些年有关晨光村改革发展的话题。

姚：好的。

金：1987年吴县兴起了大办乡村工业的热潮，晨光村积极响应县政府号召，村办工业走在了东山镇的前列，你村党支部是如何抓的？

姚：1987年5月，我担任了晨光村党支部书记。作为“班长”的我，宗旨是一心要把村搞好，决心改变“穷晨光”的面貌，带领全村村民走富裕之路。我首先加强党的基层建设，先后发展党员30多个，形成了一个坚强的领导班子。在工作中，我学习总结历届村老书记的工作经验，取长补短，团结村党支部一班人，为改变村贫穷面貌而努力工作。

当时村稻田改果园的农业生产逐步稳固发展，村支部一班人觉得农业基础扎实了，要进一步壮大集体经济，就要狠抓村办工业，使村民富起来。不久，村党支部想方设法在村里办起了制盒厂、印刷厂。村里规定每户至少有一位村民进厂务工，厂里的加工任务发放到各家各户，每人参与手工制盒的粘贴，做到全民动员，各户得益。村民日里务农，夜里务工，工厂、农业两不误。经过全村干群的努力，当年制盒厂产值 1000 多万元，印刷厂产值 800 多万元，全年两厂利润 100 多万元，上缴村利润 50 多万元。单是合资东仪厂等两个厂，就有 200 多名职工，平均每人全年工资收入 3000 多元（在当时是可观的收入了）。当时不少农户的农业、务工收入都超过万元，成了名副其实的万元户。1990 年，晨光村还清了村里的 18 万贷款和农户的 8 万贷款，全村既没外债，又没内债，彻底摘掉了“穷晨光”的帽子。2000 年，村办厂总产值 8000 多万元，利润 570 多万元，从此村民逐渐富裕起来了。

金：晨光村当时创建“苏州市示范村”的成果十分显著，请你谈谈创建“苏州市示范村”的主要内容是什么？

姚：创建“苏州市示范村”的主要内容是“一个加强、一个加快”，即加强农村基层组织建设，加快农村现代化建设。

金：请你讲讲晨光村创建“苏州市示范村”的经过。你作为村党支部书记是怎样抓党的基层建设的？

姚：我重点是抓建设一个团结、坚强、群众拥护的党支部领导班子，培育锻炼一支富有战斗力的队伍。我把自己的工作设想、要求向党员讲明，团结一班人，努力工作，党支部工作作风比较民主，战斗力比较强。

金：村党支部领导班子建设好了，怎样加快农村现代化建设，并带领村民致富的？

姚：村党支部战斗力加强了，选准一条适合当地加快经济发展的好路子很重要。首先，村党支部积极做通农户工作，参与产业大调整。通过调整产业结构，稻田改果园，村民由低收入转向高收入，尝到了甜头。其次是大办乡村工业，村里不断完善了经营体制，健全民主管理，村办企业提高了产品质量，增加了企业效益，村民经济收入得到了稳定增长、生活逐渐富裕了。

金：村里有钱了，村党支部怎样带领村民改善村貌、改善村民生活的？

姚：村党支部通过这几年的努力，以村办企业为经济基础，以广大农户务工为依托，增加农业收入为目标，农户收入超万元。村里富裕了，这时党支部把为百姓要做好事、做实事提上了议事日程，带领村民踏踏实实地办实事。

金：在创办“示范村”中，你们遇到了哪些困难？怎样克服的？

姚：在创建过程中，村里确实遇到不少困难，最突出的是村民建房问题，遇到困难做到大家商量解决。造房是村民生活中最大的事，改善房屋环境，缺乏土地。党支部及时反映给镇党委、政府，要求给予政策上、资金上的扶助。在镇政府的关心支持下，村里统一规划、安排土地，鼓励村民积极造房，有条件的村民都行动起来了，拆除了土墙、茅屋，盖起了一排排楼房、别墅，住上了宽敞、明亮的新屋。

金：在村民造房过程中，肯定也有不少困难户，你们是怎样处理的？

姚：注意对弱势群体给予资金补贴的帮助。其中有个村民，因他劳改三年后回村，没能力翻建新屋，村里知道后出钱帮助他改造住房，使他也住上了新房子。同时村里还帮助他结婚，使他安居乐业，避免了他二次犯罪。

金：村民住房改善了，村里在村貌改变的配套设施上做了哪些事？

姚：村民住房改善了，村里决定继续为村民做事，整修道路。党员、积极分子带头清理路面。做到条条道路钢性化，水泥道路通畅、宽敞、整洁。村路改善好了，接着解决村民吃水问题，帮助各生产队打大井一眼，避免村民喝不卫生的河水。同时全村搞好粪便管理，农户的粪坑填没或消除，村里出资帮助各生产队建造化粪池，杜绝粪水流入河道。后来全村在地下安装自来水管道，村民喝上了干净的自来水，我村成为全镇较早的“卫生村”。为方便村民上下河道，建造或整修大小河岸台阶48座。当时，村里还出资配合镇广播站架线路，做到有线广播进入每家每户。村里还给家家安装了电话，每户补贴了100元，我村成为全镇第二个“电话村”。村里还给各农户安装闭路电视，村民的生活质量越来越高。这时村里的经济实力也强了。

金：渡桥村在村党支部的领导下，农业现代化程度、农业工业现代化程度、农村生活水准、村镇建设和环境卫生等工作在我镇处于领先地位，具体取得了什么荣誉？

姚：在2000年4月，经过苏州市有关部门的调查、考察，晨光村被中共苏州市委、苏州市人民政府评为“加强农村基层组织建设、加快农村现代化建设示范村”，同时我也被中共苏州市委组织部、中共苏州市委农村工作部授予“农村现代化建设带头人”荣誉称号。

金：你在村工作中曾担任过村经济合作社社长，请你说说村里经济合作社方面的事。

姚：晨光村经济合作社抓的农业生产是：稻田、水产、蚕桑。全村水稻面积共有870多亩，搞好稻田生产，首先是依靠村农科站做好全村稻田样板，组织各队农户参观、学习。其次是抓好日常生产管理，依靠村农科站的力量，全村统一稻田治虫打农药、灌水、及时施肥等稻田农活，粮食生产逐年提高。

为了使村民富起来，1984年我村党支部进行了全村产业结构调整，把新塘圩570亩稻田改成果园。当时有些村民不够理解，村党支部一班人对群众进行思想疏通，给村民算了一笔经济账，通过对比显示，经济收入肯定增多，农户了解了粮改果的好处，积极性高了，决定把稻田改成种植当时畅销的温柑。村支部为了让村民安心种好果树，想法帮村民购买树苗，还成立果技专业队，统一对农户指导果园管理，帮助辅导给果树打药治虫、施肥等农活，为农户服务，深受村民欢迎，从此农户收入逐年增加。

金：你在抓好稻田改果园生产外，其他副业生产是怎样搞的呢？

姚：蚕桑生产方面：我带领农户村民外出走访，虚心向蚕桑先进单位学习取经。同时我配合镇蚕指导员的工作，走家串户，为农户解决养蚕中的实际困难，指导农户科学养蚕，全村的养蚕产业顺利进行，产量持续增加。

晨光有鱼池80多只，养殖水面共180多亩。我们首先为农户解决鱼苗问题，其次根据村水产专管员的指导，结合实际情况，公布水产养殖注意事项及病虫害预防，帮助各农户解决实际困难。遇到台风及狂风暴雨季节，我带领农户日夜巡查鱼池，以防洪水泛滥造成鱼埂裂堤而出现池鱼外逃，鱼池安全度过了汛期，稳住了鱼产量，减少了不必要的损失。

金：你担任村经济合作社社长多年，请问在工作实践中有什么经验、教训和体会？

姚：村经济合作社社长的主要职责是配合村书记、村主任工作，着力点是抓好村里的经济，包括农副业生产和集体资产的管理。新形势下，还有搞好农业专业合作社的工作，这是农村改革的方向。希望现在在职的负责经济合作社的同志要多探讨，力求使经济合作社成为村里发展经济的重要载体。

第八章　基层组织

中共晨光大队、金星大队支部委员会建于1957年1月，中共新建大队支部委员会建于1961年9月。1980年12月，中共金星大队支部委员会更名中共西泾大队支部委员会。1983年7月分别称为中共晨光村、新建村、西泾村支部委员会。2003年12月成立中共渡桥村总支委员会，下设晨光、新建、西泾三个支部。

中华人民共和国成立初，渡桥地域以自然村组建村行政单位，属东山区渡桥乡。1958年9月，洞庭人民公社成立，政社合一，分别称晨光大队、金星大队。1961年9月新建大队单独建制，1969年5月至1979年3月分别为晨光、新建、金星大队革命委员会。1980年12月，金星大队更名为西泾大队。1983年7月政社分设，又分别改为晨光村、新建村、西泾村，均设村民委员会。2003年12月，3村合并更名为渡桥村村民委员会。

20世纪50年代中期起，村里先后设立妇女、青年等群众组织，并延续至今。

第一节　大队（村）党组织

一、晨光大队（村）党组织

1. 中共晨光大队（渡桥管区）支部委员会

1957年1月，中共晨光大队支部委员会有党员21人，邹松林、徐如生任支部书记，袁安甫、李阿兴、沈积兴、韩掌南任支部副书记。

1960年11月，洞庭人民公社实行体制改革，撤大队建置，成立和平、杨湾、东山、新潦、渡桥、市镇六大管区，管区下辖直属生产队，直属生产队建立党支部，属管区党总支领导。时渡桥管区下设渡桥、桥南、西泾、小山、婆罗桥、四摆渡、中和、东和、漾家桥、下塔、吴巷、邱家桥、鸡山、朱茂、禾家湾、陈岭16个生产队，原晨光大队分成渡桥、桥南、小山、婆罗桥4个生产队。盛仁福任渡桥生产队党支部书记，姚方山任桥南生产队党支部书记，韩掌南任小山生产队书记党支部书记，吴伯大任婆罗桥生产队党支部书记。

1961年9月撤管区，恢复晨光大队建制，建立中共晨光大队支部委员会。1961年10月至1962年12月，党支部有党员17人，姚方山任支部书记，韩掌南任支部副书记，陈传兴、顾惠民任支部委员，沈积兴、董士林任党小组长。

1963年，中共晨光大队支部委员会有党员16人，袁安甫任支部书记，姚方山（兼组织委员）任副书记，韩掌南、盛仁福、顾惠民任支部委员。

1964年7月，中共晨光大队支部委员会有党员17人，袁安甫任支部书记，姚方山任支部副书记，韩掌南、盛仁福任支部委员。

1966年“文化大革命”开始后，公社、大队党组织陷于瘫痪，在之后三年内，党支部停止组织活动。

2. 中共晨光大队支部委员会

1968年4月，洞庭人民公社革命委员会成立。1969年5月各大队成立革命委员会。1969年9月，洞庭人民公社革命委员会整党建党领导小组同意晨光大队革命委员会整党建党小组恢复成立晨光大队党组织，时有党员20名，韩掌南任支部书记，袁安甫任支部副书记，顾惠民、顾龙兴、苏本兴任支部委员。

1970年3月，中共晨光大队支部委员会有党员21人，韩掌南任支部书记，袁安甫、沈积兴任支部副书记，顾惠民、顾龙兴、苏本兴任支部委员，陈传兴、沈积兴、张顺兴任党小组长。

1974年9月，中共晨光大队支部委员会有党员26人，苏本兴任支部书记，沈积兴、袁安甫任支部副书记，顾龙兴、顾惠民任支部委员。

1980年，中共晨光大队支部委员会换届选举，苏本兴任党支部书记，沈积兴任党支部副书记，姚阿四、叶爱根任支部委员。1982年4月，韩宁芳增选为支部委员会委员。

3. 中共晨光村支部委员会

1983年7月，村级体制改革，撤销大队建立行政村，成立党支部，叶爱根任党支部书记，姚阿四、韩宁芳、宋如宝任支部委员。是年有党员24人。1985年7月增选盛云林为支部委员。

1987年5月，基层党支部换届选举，姚阿四任党支部书记，宋如宝、韩宁芳、盛云林任支部委员。是年有党员24人，党小组3个。

1989年9月增选徐金龙为晨光党支部纪检委员。

1991年10月，基层党支部换届选举，姚阿四任支部书记，宋如宝任支部副书记，吴金龙、顾林林、盛云林任支部委员。是年有党小组3个，党员29人，其中在村镇企业工作的党员10人。

1994年9月，基层党支部换届选举，姚阿四任支部书记，宋如宝、吴金龙任支部委员。是年有党员34人，党小组3个。

1996年，董燕明增选为党支部委员。

1997年8月，基层党组织换届选举，姚阿四任晨光大队支部书记，宋如宝、吴金龙任支部副书记，盛本福、韩宁芳、董燕明任支部委员。是年有党员40人，党小组3个。

2000年7月，基层党组织换届选举，姚阿四任支部书记，盛本福任副书记，陈正德、叶美宝任支部委员。

2001年11月，盛本福任晨光大队支部书记，姚阿四任支部副书记，陈正德、叶美宝、陶玉珍任支部委员。是年有党员43人。此届党支部任职至2003年12月。

表8-1　1957年—2003年中共晨光大队（渡桥管区）支部委员会书记、副书记更迭表

组织名称	职务	姓名	任期
中共晨光大队支部委员会（1957.1—1960.11）	书记	邹松林	1957.1—1960.1
		徐如生	1960.1—1960.11
	副书记	袁安甫	1957.9—1960.11
		李阿兴	1957.4—1960.11
		沈积兴	1957.4—1960.11
		韩掌南	1957.4—1960.11
中共渡桥管区渡桥支部委员会（1960.11—1961.9）	书记	盛仁福	1960.11—1961.9
中共渡桥管区桥南支部委员会（1960.11—1961.9）	书记	姚方山	1960.11—1961.9
中共渡桥管区小山支部委员会（1960.11—1961.9）	书记	韩掌南	1960.11—1961.9
中共渡桥管区婆罗桥支部委员会（1960.11—1961.9）	书记	吴伯大	1960.11—1961.9
中共晨光大队支部委员会（1961.9—1966.6）	书记	姚方山	1961.9—1964.6
		袁安甫	1964.6—1966.6
	副书记	韩掌南	1961.9—1966.6

续表

组织名称	职务	姓名	任期
中共晨光大队支部委员会（1969.9—1983.7）	书记	韩掌南	1969.9—1974.9
		苏本兴	1974.9—1983.5
		叶爱根	1983.5—1983.7
	副书记	袁安甫	1969.9—1980.4
		沈积兴	1974.9—1983.5
中共晨光村支部委员会（1983.7—2003.12）	书记	叶爱根	1983.7—1987.5
		姚阿四	1987.5—2001.11
		盛本福	2001.11—2003.12
	副书记	宋如宝	1992.7—1998.12
		吴金龙	1996.7—1998.12
		盛本福	2000.7—2001.10
		姚阿四	2001.11—2003.12

二、新建大队（村）党组织

1. 中共新建大队支部委员会

1961 年 9 月撤渡桥管区，新建从晨光划出单独成立大队，建立中共新建大队支部委员会，是年有党员 6 人，支部书记袁安甫，副书记薛永和。

1962 年 9 月，新建支部副书记薛永和主持工作。

1963 年 10 月，薛永和任新建支部书记。是年有党员 18 人。

1966 年“文化大革命”开始后，公社、大队党组织陷于瘫痪，在之后的三年内，党支部停止组织活动。

2. 中共新建大队支部委员会

1968 年 4 月洞庭人民公社革命委员会成立。1969 年 5 月大队成立革命委员会。1969 年 9 月，洞庭人民公社革命委员会整党建党领导小组，同意新建大队革命委员会整党建党领导小组恢复成立新建大队党支部组织，由薛永和、吴雪堂、高国林组成支部委员会，薛永和任支部书记。是年有党员 8 人，设党小组 1 个，陈银春为党小组长。

1974 年 7 月，新建大队党支部有党员 14 人，支部书记薛永和，副书记吴雪堂，支部委员高国林。

1976 年 7 月增补缪启奎为新建支部委员。

1977 年 10 月调整新建支部领导成员，缪启奎担任支部副书记，主持支部工作，支部委员吴雪堂、高国林。是年有党员 13 人。

1979 年 5 月，缪启奎任新建大队支部书记，增补吴同桢为支部委员。

1982 年 3 月，新建大队支部有党员 13 人，由缪启奎、曹春根、吴同桢组成支部委员会。缪启奎任支部书记。此届党支部成员任职至 1983 年 7 月。

3. 中共新建村支部委员会

1983 年 7 月，村级体制改革，撤销大队。设立行政村，建立党支部。是年有党员 14 人，支部书记为缪启奎，曹春根、吴同桢为支部委员。纪检、宣传委员曹春根（兼），组织委员吴同桢（兼）。

1985 年 1 月，调整新建村支部领导班子成员，由吴同桢、缪启奎、时正祥组成支部委员会，吴同桢任支部书记，缪启奎、时正祥为支部委员。

1987 年 6 月，基层党支部换届选举，由吴同桢、周洪生、杨永安组成支部委员会，吴同桢任支部书记，周洪生、杨永安任支部委员，组织、纪检委员周洪生（兼），宣传委员杨永安（兼）。是年有党员 13 人，其中在乡镇企业工作的有 3 人。

1989 年 8 月，增选陈龙发为支部委员。

1991 年 10 月，基层党支部换届选举，由吴同桢、陈龙发、周峰宝组成支部委员会。吴同桢任支部书记，陈龙发任组织、纪检委员，周峰宝任宣传委员。

1994 年 9 月，基层党支部换届选举，由吴同桢、陈龙发、周峰宝组成支部委员会。吴同桢任支部书记，陈龙发任支部副书记兼组织委员，周峰宝任纪检委员，是年有党员 22 人，设党小组 2 个。

1996 年 6 月，调整新建村支部主要领导成员，周峰宝任支部书记。

1997 年 8 月，基层党支部换届选举，由周峰宝、陈龙发、夏寿根组成支部委员会，周峰宝任支部书记，陈龙法任支部副书记，夏寿根任支部委员。是年有党员 23 人，设党小组 2 个。

2000 年 7 月，基层党支部换届选举，由周峰宝、夏寿根、陈龙发组成支部委员会，周峰宝任支部书记，是年有党员 24 人，设党小组 2 个，该届党支部成员任职至 2003 年 12 月。

表 8–2　　1961 年—2003 年中共新建大队（村）支部委员会书记、副书记更迭表

组织名称	职务	姓名	任期
中共新建大队支部委员会（1961.9—1966.6）	书记	袁安甫	1961.9—1962.8
		薛永和	1963.10—1966.6
	副书记	薛永和	1961.9—1963.10
中共新建大队支部委员会（1969.9—1983.7）	书记	薛永和	1969.9—1977.10
		缪启奎	1977.10—1983.7
	副书记	吴雪堂	1973.5—1975.12
中共新建村支部委员会（1983.7—2003.12）	书记	缪启奎	1983.7—1985.11
		吴同桢	1985.1—1996.5
		周峰宝	1996.5—2003.12
	副书记	吴同桢	1983.9—1985.1
		陈龙发	1994.9—2003.12

三、金星、西泾大队（村）党组织

1. 中共金星大队（渡桥管区）支部委员会

1957 年 1 月，中共金星大队支部委员会有党员 13 人，吴根男任支部书记，钱启根、

陈法生任支部副书记。

1960年11月，洞庭人民公社实行体制改革，撤大队建置，成立和平、杨湾、东山、新潦、渡桥、市镇六大管区，管区下辖直属生产队，直属生产队建立党支部，属管区党总支领导。时渡桥管区下设渡桥、桥南、西泾、小山、婆罗桥、四摆渡、中和、东和、杨家桥、下塔、吴巷、邱家桥、鸡山、朱茂、禾家湾、陈岭16个生产队。沈积兴任西泾生产队支部书记，陈法生任禾家湾生产队支部书记，钱启根任陈岭生产队支部书记。

1961年9月撤管区，恢复金星大队建置，建立中共金星大队支部委员会。1963年5月，中共金星大队支部委员会有党员13人，吴根男任支部书记，陈法生任支部副书记，徐裕林、陈云生、俞金娣任支部委员。1965年增补钱根兴为支部委员。

1966年"文化大革命"开始后，公社、大队党支部陷于瘫痪，在之后三年内，党支部停止组织活动。

2. 中共金星大队支部委员会

1968年4月，洞庭人民公社革命委员会成立。1969年5月，各大队成立革命委员会。1969年9月，洞庭人民公社革命委员会整党建党小组同意金星大队革命委员会整党建党小组恢复成立金星大队党组织。是年有党员16人，陈法生任支部书记，徐裕林任支部副书记。

1973年—1974年，中共金星大队支部委员会有党员17人，陈法生任支部书记，徐裕林任支部副书记，钱根兴任支部委员。1975年增选宋兴根为支部委员。

1976年，金星大队支部有党员18人，钱虎根任支部书记，徐裕林任支部副书记，钱根兴任支部委员。

1980年，金星大队党支部换届选举，钱虎根任支部书记，徐裕林任支部副书记，施兴泉、王新宝任支部委员。同年12月，金星大队更名为西泾大队，党支部更名为中共西泾大队支部委员会，此届党支部成员任期至1983年7月。

3. 中共西泾村支部委员会

1983年7月，村级体制改革。撤销大队。设立行政村，建立党支部，钱虎根任支部书记，徐裕林任副书记，施兴泉任支部委员。

1987年6月，基层党支部换届选举，钱虎根任支部书记，徐裕林任副书记，施兴泉、陈荣兴任支部委员。徐裕林兼任组织委员，施兴泉兼任宣传委员，陈荣兴兼任纪检委员。村支部有党员17人，其中在乡镇企业工作的党员6人。

1991年10月，基层党支部换届选举，钱虎根任支部书记，施兴泉、陈荣生、徐巧生任支部委员，陈荣生兼任组织委员，徐巧生兼任宣传委员，施兴泉任纪检委员。是年，支部有党员24人。

1994年9月，基层党支部换届选举，钱虎根、徐巧生、陈荣生、王建春、席根福为西泾村支部委员。钱虎根为支部书记。是年，支部有党员27人。

1995年5月，席根福任西泾村支部书记。

1997年8月，基层党支部换届选举，席根福、徐巧生、王建春3人为西泾村支部委员，席根福任支部书记。是年，支部有党员27人。

2000年7月，基层党支部换届选举，席根福、姚正林、施本仙3人为支部委员。席根福任支部书记，姚正林任副书记。是年，支部有党员28人。此届党支部成员任期至2003

年 12 月。

表 8–3　1957 年—2003 年中共金星大队（渡桥管区）金星大队、西泾大队（村）支部委员会书记、副书记更迭表

组织名称	职务	姓名	任期
中共金星大队支部委员会（1957.1—1960.11）	书记	吴根男	1957.1—1960.11
	副书记	钱启根	1957.1—1960.11
		陈法生	1957.1—1960.11
中共渡桥管区西泾支部委员会（1960.11—1961.9）	书记	沈积兴	1960.11—1961.9
中共渡桥管区禾家湾支部委员会（1960.11—1961.9）	书记	陈法生	1960.11—1961.9
中共渡桥管区郑岭支部委员会（1960.11—1961.9）	书记	钱启根	1960.11—1961.9
中共金星大队支部委员会（1961.9—1966.6）	书记	吴根男	1961.9—1966.6
	副书记	陈法生	1961.9—1966.6
中共金星大队支部委员会（1969.9—1980.12）	书记	陈法生	1969.9—1977.6
		钱虎根	1977.6—1980.12
	副书记	徐裕林	1969.9—1980.12
中共西泾大队支部委员会（1980.12—1983.7）	书记	钱虎根	1980.12—1983.7
	副书记	徐裕林	1980.12—1983.7
中共西泾村支部委员会（1983.7—2003.12）	书记	钱虎根	1983.7—1995.5
		席根福	1995.5—2003.12
	副书记	徐裕林	1983.7—1987.6
		姚正林	2000.7—2003.12

四、渡桥村党组织

2003 年 12 月，渡桥行政村成立党总支。原晨光、新建、西泾三个村党支部及村民委员会撤销，建立渡桥村村民委员会，并成立中共渡桥村总支部委员会，席根福、周峰宝、盛本福、姚阿四、陈正德、陈龙发、姚正林、施本仙、陶玉珍任渡桥总支委员会委员，席根福任总支书记，周峰宝、盛本福、姚阿四任总支副书记。党总支还建立晨光、新建、西泾三个支部，陈正德任晨光支部书记，陈龙发任新建支部书记，姚正林任西泾支部书记。是年渡桥村有党员 103 人，其中晨光村支部 42 人，新建支部 24 人，西泾支部 37 人。

2006 年 9 月，基层党支部换届选举，渡桥村总支委员会由席根福、陈正德、姚正林、施本仙、陈秋生、吴洪根组成，席根福任总支书记，陈正德任总支副书记，朱小虎任晨光支部书记，陈龙发任新建支部书记，姚正林任西泾支部书记（兼）。是年，村总支有党员 112 人，其中晨光支部 46 人，新建支部 28 人，西泾支部 38 人。

2009年9月，陈庆峰任渡桥村总支副书记，喻振高任总支委员。

2010年8月，基层党组织换届选举，渡桥村总支委员会由席根福、陈正德、陈庆峰、姚正林、施本仙、陈秋生、董燕明、喻振高组成，席根福任总支书记，陈正德、陈庆峰任总支副书记。董燕明兼任晨光支部书记，陈秋生兼任新建支部书记，姚正林兼任西泾村支部书记。是年，渡桥村总支有党员111人，其中晨光支部45人，新建支部26人，西泾支部40人。

2011年9月，董燕明任渡桥村党总支委员，兼任晨光村党支部书记。

2012年2月，陈庆峰任渡桥村总支书记，董燕明任总支副书记。2012年6月，陈秋生任渡桥村总支副书记，吴金龙任晨光支部书记，陈秋生兼任新建支部书记，姚正林任西泾支部书记。

2013年2月，席根福任渡桥村总支书记。同年7月，宋炜任渡桥村总支书记。

2013年7月，基层党组织换届选举，渡桥村总支委员会由宋炜、吴金龙、陈秋生、董燕明、姚瑜、喻振高组成，宋炜任总支书记，吴金龙、陈秋生、董燕明任总支副书记，吴金龙兼任渡桥支部书记，陈秋生任新建支部书记，姚正林任西泾支部书记。

2016年9月，基层党组织换届选举，渡桥村党总支委员会由宋炜、董燕明、陈秋生、喻振高、姚瑜、吴峰、吴月组成，宋炜任总支书记，董燕明、陈秋生任总支副书记，喻振高、姚瑜、吴峰、吴月任总支委员。吴峰兼任晨光党支部书记，喻振高兼任新建党支部书记，姚瑜兼任西泾党支部书记。

2017年3月，宋炜调任东山镇农林服务中心主任，由董燕明接任渡桥村党总支书记。

2017年年底，渡桥村有党员127人，其中晨光支部50人，新建支部37人，西泾支部40人。

2016年11月渡桥村第十一届村民委员会换届选举

2018 年中国共产党东山镇渡桥村党员大会

表 8-4　　2003 年—2017 年中共渡桥总支部委员会书记、副书记更迭表

组织名称	职务	姓名	任期
中共渡桥总支部委员会（2003.12—2017.12）	书记	席根福	2003.12—2012.2
			2013.2—2013.7
		陈庆峰	2012.2—2013.2
		宋　炜	2013.7—2017.3
		董燕明	2017.3—2017.12
	副书记	周峰宝	2003.11—2006.6
		盛本福	2003.11—2004.8
		姚阿四	2003.11—2006.9
		陈正德	2006.9—2012.2
		陈庆峰	2009.8—2012.2
		董燕明	2012.2—2017.3
		陈秋生	2012.6—2017.12
		吴金龙	2013.8—2014.12

第二节　大队（村）行政组织

一、晨光大队（村）行政组织

1. 晨光大队（渡桥管区）管理委员会

农村成立人民公社后，晨光高级农业生产合作社改称为晨光大队管理委员会，设大队长、副大队长、大队委员、大队会计、妇女主任、治保主任、民兵营长、团支部书记。

1959 年 9 月，晨光大队大队长袁安甫，副大队长姚方山，委员李广生、李阿兴，会计韩掌南。

1960 年 1 月，晨光大队大队长姚方山，副大队长李阿兴、顾惠民、李少胜，总会计韩掌南，会计沈小波。

1960 年 4 月，盛仁福任晨光大队大队长，高国林、姚方山、杨秀英任副大队长。

1960 年 11 月，洞庭人民公社实行体制改革，撤大队建置，成立和平、杨湾、东山、新潦、渡桥、市镇六大管区，管区下辖直属生产队，时渡桥管区下辖渡桥、桥南、西泾、小山、婆罗桥、四摆渡、中和、东和、杨家桥、下塔、吴巷、邱家桥、鸡山、朱茂、禾家湾、陈岭 16 个生产队。原晨光大队分为渡桥、桥南、小山、婆罗桥 4 个生产队。渡桥生产队队长沈小波，副队长张仁兴，队委王志成、江洪男、陶龙发、沈寿林、杨秀英，会计盛金城，统计员徐永根；桥南生产队队长张定凤，副队长盛玉狗，队委陈阿二、马志金、苏金根、董才林、陈云弟，会计郑茂林，统计员董才林；小山生产队队长高国林，副队长陈银春，队委赵云兴、王仁宝、陈根宝、薛小毛，会计穆春林，统计员王仁宝；婆罗桥生产队队长朱夫根，副队长薛永和，队委盛兴龙、陆杏生、王国奎、范允善、王素英，会计罗金华，统计员梁正韵。

1961 年 9 月撤管区，恢复晨光大队建置，韩掌南任大队长，盛仁福、顾富仙任副大队长。

1963 年，姚方山任大队长，会计韩掌南，治保主任盛仁福。

1964 年至 1969 年 5 月，大队长为姚方山，会计韩掌南，治保主任盛仁福、陈端宝。

2. 晨光大队革命委员会

1969 年 5 月，晨光大队成立革命委员会（简称革委会），韩掌南任大队革委会主任，袁安甫、顾龙兴任副主任，顾惠民、姚方山、蔡龙龙、韩宁芳任委员，顾惠民任会计。1970 年增选沈积兴为革委会副主任。

1974 年 9 月，苏本兴任晨光大队革委会主任，沈积兴、韩掌南、袁安甫、顾龙兴任副主任，顾惠民、姚方山、蔡龙龙、韩宁芳任委员，韩宁芳任会计，姚阿四任治保主任。

1976 年至 1979 年 3 月，苏本兴任晨光大队革委会主任，沈积兴、袁安甫任副主任，顾龙兴、顾惠民、蔡龙龙、韩宁芳任委员，韩宁芳兼任会计，姚阿四任治保主任。

3. 晨光大队管理委员会

1979 年 3 月，晨光大队撤销革委会，恢复大队管理委员会，沈积兴任大队长。1980 年增选姚阿四为副大队长，韩宁芳任会计，姚阿四兼任治保主任。此届村干部任职到 1983

年7月。

4.晨光村村民委员会

1983年7月,撤大队建置,恢复村建置,大队按所处村更名为行政村,设立村民委员会。晨光大队改称为晨光村村民委员会。同月,晨光村第一届村民委员会成立,叶爱根任主任,宋如宝、顾富仙任委员。韩宁芳任村会计,姚阿四任治保主任。

1987年6月,宋如宝任晨光村村民委员会主任。

1989年10月,晨光村第二届村民委员会换届选举,宋如宝任主任,沈积兴任副主任,陶玉珍、梁山宝、吴金龙任委员,韩宁芳任村会计、梁山宝(兼)任治保主任。

1992年10月,晨光村第三届村民委员会换届选举,宋如宝任主任,沈积兴任副主任,陶玉珍、梁山宝、吴金龙任委员,宋如宝负责生产建设,陶玉珍负责文教卫生,梁山宝负责治安保卫、民事调解,吴金龙负责社会保障,韩宁芳任会计。

1996年4月,晨光村第四届村民委员会换届选举,宋如宝、梁山宝、陶玉珍组成新一届村民委员会。宋如宝任主任,梁山宝、陶玉珍任委员,韩宁芳任会计。宋如宝负责生产建设,梁山宝负责民事调解,陶玉珍负责文教卫生。

1998年12月,盛本福任晨光村村民委员会主任。

1999年3月,晨光村第五届村民委员会换届选举,盛本福、陈正德、陶玉珍组成新一届村民委员会,盛本福为主任,陈正德、陶玉珍为委员,盛本福负责生产建设,陈正德负责民事调解、治安保卫、社会保障,陶玉珍负责文教卫生,会计叶美宝。

2001年12月,晨光村第六届村民委员会换届选举,陈正德为主任,梁山宝、陶玉珍为委员,会计叶美宝,此届村干部任职至2003年12月。

表8-5　　1959年—2003年晨光大队(渡桥管区)、晨光大队(村)行政领导更迭表

<table>
<tr><th>行政组织名称</th><th>职务</th><th>姓名</th><th>任期</th></tr>
<tr><td rowspan="9">晨光大队管理委员会
(1959.9—1960.11)</td><td rowspan="3">大队长</td><td>袁安甫</td><td>1959.9—1960.1</td></tr>
<tr><td>姚方山</td><td>1960.1—1960.4</td></tr>
<tr><td>盛仁福</td><td>1960.4—1961.2</td></tr>
<tr><td rowspan="6">副大队长</td><td>姚方山</td><td>1959.9—1960.1
1960.4—1960.11</td></tr>
<tr><td>李阿兴</td><td>1960.1—1960.11</td></tr>
<tr><td>顾惠民</td><td>1960.1—1960.11</td></tr>
<tr><td>李少胜</td><td>1960.1—1960.11</td></tr>
<tr><td>高国林</td><td>1960.4—1960.11</td></tr>
<tr><td>杨秀英</td><td>1960.4—1960.11</td></tr>
<tr><td rowspan="2">渡桥管区渡桥生产队
(1960.11—1961.9)</td><td>队长</td><td>沈小波</td><td>1960.11—1961.9</td></tr>
<tr><td>副队长</td><td>张仁兴</td><td>1960.11—1961.9</td></tr>
<tr><td rowspan="2">渡桥管区桥南生产队
(1960.11—1961.9)</td><td>队长</td><td>张定凤</td><td>1960.11—1961.9</td></tr>
<tr><td>副队长</td><td>吴金福</td><td>1960.11—1961.9</td></tr>
<tr><td rowspan="2">渡桥管区小山生产队
(1960.11—1961.9)</td><td>队长</td><td>高国林</td><td>1960.11—1961.9</td></tr>
<tr><td>副队长</td><td>陈银春</td><td>1960.11—1961.9</td></tr>
</table>

续表

行政组织名称	职务	姓名	任期
渡桥管区婆罗桥生产队（1960.11—1961.9）	队长	朱夫根	1960.11—1961.9
	副队长	薛永和	1960.11—1961.9
晨光大队管理委员会（1961.9—1969.5）	大队长	韩掌南	1961.9—-1962.12
		姚方山	1963.1—1969.5
	副大队长	盛仁福	1961.9—1962.12
		顾富仙	1961.9—1962.12
晨光大队革命委员会（1969.5—1979.3）	主任	韩掌南	1969.5—1974.9
		苏本兴	1974.9—1979.3
	副主任	袁安甫	1969.5—1979.3
		顾龙兴	1969.5—1976.1
		沈积兴	1974.9—1979.3
		韩掌南	1974.9—1979.3
晨光大队管理委员会（1979.3—1983.7）	大队长	沈积兴	1979.3—1983.7
	副大队长	袁安甫	1979.3—1980.3
		姚阿四	1980.3—1983.7
晨光村村民委员会（1983.7—2003.12）	第一届村主任	叶爱根	1983.7—1987.5
		姚阿四	1987.5—1987.10
	第二届村主任	宋如宝	1987.10—1992.10
	第二届村副主任	沈积兴	1989.10—1992.10
	第三届村主任	宋如宝	1992.10—1996.4
	第三届村副主任	沈积兴	1992.10—1996.4
	第四届村主任	宋如宝	1996.4—1998.12
	第四届村主任	盛本福	1998.12—1999.3
	第五届村主任	盛本福	1999.3—2001.12
	第六届村主任	陈正德	2001.12—2003.12

二、新建大队（村）行政组织

1. 新建大队管理委员会

1961 年 9 月，新建大队从晨光大队中划出，单独建置。新建大队管理委员会设大队长、副大队长、大队委员、大队会计、妇女主任、治保主任、团支部书记、民兵营长等职。高国林任大队长，陈银春、罗阿珍任副大队长，郑美林任会计，此届大队干部任职至 1969 年 5 月。

2. 新建大队革命委员会

1969 年 5 月，新建大队成立革命委员会（简称革委会）。吴雪堂任大队革委会主任，薛永和任副主任，高国林、周洪生、陈怀良任委员，郑美林任会计，高国林兼任治保主任，徐芳艳、吴同桢任副主任。

1974 年，增补周洪生为新建大队革委会副主任，调整薛永和为革委会委员，增补王扣成为革委会委员，此届革委会成员任职至 1979 年 3 月。

3. 新建大队管理委员会

1979 年 3 月，大队撤销革委会，恢复大队管理委员会，高国林任大队长，大队会计先后为吴同桢、喻思德，周洪生任治保主任，王扣成任副主任。

1981 年 12 月吴同桢任新建大队大队长，陈龙发任会计。

4. 新建村村民委员会

1983 年 7 月，撤大队建置，建立行政村建置，大队按所处村更为行政村名，设立村民委员会。新建大队改称为新建村村民委员会。同月，新建村第一届村民委员会成立，缪启奎、曹春根、徐芳艳组成新一届村民委员会，主任缪启奎，会计吴同桢，治保主任为周洪生、王扣成。

1987 年 5 月，周洪生当选为新建村村委会主任。

1989 年 10 月，新建村第二届村民委员会换届选举，周洪生任主任，陈龙发任副主任，陶素珍任委员，俞建中任会计，周洪生兼任治保主任。

1992 年 10 月，新建村第三届村民委员会换届选举，周峰宝任主任，熊金宝、陶素珍为委员，周峰宝负责生产建设和民事调解，熊金宝负责治安保卫和社会保障，陶素珍负责文教卫生。

1996 年 4 月，新建村第四届村民委员会换届选举，陈龙发、陶素珍、熊金宝组成新一届村民委员会，陈龙发任主任，陶素珍、熊金宝为委员。

1999 年 3 月，新建村第五届村民委员会换届选举，陈龙发、夏寿根、陶素珍组成新一届村民委员会，陈龙发任主任，夏寿根、陶素珍任委员，陈龙发负责生产建设和民事调解，夏寿根负责治安保卫，陶素珍负责文教卫生。俞建中任会计。

2001 年 12 月，新建村第六届村民委员会换届选举，陈龙发、夏寿根、王金云组成新一届村民委员会，陈龙发任主任，此届村干部任职至 2003 年 12 月。

表 8-6　　1961 年—2003 年新建大队（村）行政领导人员更迭表

行政组织名称	职务	姓名	任期
新建大队管理委员会（1961.9—1969.6）	大队长	高国林	1961.9—1969.5
	副大队长	陈银春	1961.9—1966.6
		罗阿珍	1961.9—1966.6
新建大队革命委员会（1969.5—1979.3）	主任	吴雪堂	1969.5—1979.3
	副主任	周洪生	1974.5—1979.3
		陈怀良	1974.5—1979.3
新建大队管理委员会（1979.3—1983.7）	大队长	高国林	1979.3—1981.12
		吴同桢	1981.12—1983.7

续表

行政组织名称	职务	姓名	任期
新建村村民委员会（1983.7—2003.12）	第一届村主任	缪启奎	1983.7—1987.5
		周洪生	1987.5—1989.10
	第二届村主任	周洪生	1989.10—1992.10
	第二届村副主任	陈龙发	1989.10—1992.10
	第三届村主任	周峰宝	1992.10—1996.4
	第四届村主任	陈龙发	1996.4—1999.3
	第五届村主任	陈龙发	1999.3-2001.12
	第六届村主任	陈龙发	2001.12-2003.12

三、金星、西泾大队（村）行政组织

1. 金星大队（渡桥管区）行政组织

农村人民公社化后，金星高级农业生产合作社改称金星大队。大队管理委员会设大队长、副大队长、大队委员、大队会计、妇女主任、治保主任、团支部书记、民兵营长等职。

1957 年 9 月，吴毛大任金星大队大队长、陈才星、陈根大、朱付根任副大队长。

1959 年 5 月，吴寿泉任金星大队大队长，吴阿宝任副大队长，吴宝根任大队委员。

1960 年 11 月，洞庭人民公社实行体制改革，撤大队建置，成立和平、杨湾、东山、新潦、渡桥、市镇六大管区，管区下辖直属生产队，金星分为西泾、禾家湾、陈岭 3 个直属生产队，属渡桥管区。吴寿泉任西泾生产队队长，竺兴林任副队长，周金福、王国才、胥荷元、张玉秋、裘德基任委员，袁跃甫任会计，喻思德任统计；徐裕林任禾家湾生产队队长，金根寿任副队长，吴永庆、吴阿宝、吴兴男任委员，陈夫林任会计，秦杏生任统计；吴志云任陈岭生产队队长，施阿大任副队长，金波生、张兴生任委员，金裕良任会计，施齐福任统计。

1961 年 9 月撤管区，恢复金星大队建置，大队长为徐裕林。

1966 年 5 月至 1969 年 5 月，金星大队大队长为钱根兴，会计金兴林。

2. 金星大队革命委员会

1969 年 5 月，金星大队成立革命委员会（简称革委会），大队革委会主任陈法生，副主任徐裕林、宋兴根，委员为夏补生、陈云生、钱根兴、俞金娣。

1975 年，金星大队革委会主任陈法生，副主任徐裕林，治保主任陈云生、会计金兴林。

1977 年 7 月，钱虎根任金星大队革委会主任，革委会委员不变。大队会计王新宝，治保主任陈云生。

1979 年 2 月，沈阿四任大队治保主任。

3. 金星大队管理委员会

1979 年 3 月撤销大队革委会，恢复大队建置，徐裕林任大队长，会计王新宝。1981 年 3 月，徐裕林任大队长，陈夫林任大队会计。

4. 西泾村村民委员会

1983 年 7 月，撤大队建置，恢复行政村建置，大队按所处村更为行政村，设村民委员会。同月，西泾村第一届村民委员会成立，钱虎根、施兴泉、席阿二组成新一届村民委员会，钱虎根为主任，施兴泉、席阿二为委员，会计陈夫林，治保主任沈阿四。

1986年6月，徐裕林为村民委员会主任，吴琴、陈夫林、施兴泉为委员。

1989年10月，西泾村第二届村民委员会换届选举，施兴泉、陈夫林、陈荣生、徐巧生、吴琴组成新一届村民委员会。施兴泉为主任，陈夫林、陈荣生、徐巧生、吴琴为委员，村会计陈夫林，治保主任沈阿四。

1992年10月，西泾村第三届村民委员会换届选举。姚洪荣、徐巧生、陈荣生、吴琴组成新一届村民委员会，姚洪荣为主任，徐巧生、陈荣生为委员。陈荣生负责生产建设，徐巧生负责社会保障，吴琴负责文教卫生。会计王建春，治保主任沈阿四。

1994年3月，徐巧生任西泾村委会主任。

1996年4月，西泾村第四届村民委员会换届选举，徐巧生、王建春、吴琴组成新一届村民委员会，徐巧生为主任，王建春、吴琴为委员，徐巧生负责民事调解，王建春负责生产建设，吴琴负责文教卫生，会计施本仙，治保主任王建春（兼）。

1998年2月，陆林生任西泾村村民委员会主任。

1999年3月，西泾村第五届村民委员会换届选举，金兴林、王建春、吴琴组成新一届村民委员会，金兴林为主任，王建春、吴琴为委员，金兴林负责生产建设，王建春负责治安保卫，吴琴负责文教卫生。会计施本仙，治保主任王建春（兼）。

2000年1月，姚正林任西泾村村民委员会主任。

2001年12月，西泾村第六届村民委员会换届选举。姚正林、王建春、吴琴组成新一届村民委员会，姚正林为主任，王建春、吴琴为委员，会计施本仙、治保主任王建春（兼）。此届村干部任期至2003年12月。

表8-7　　1957年—2003年金星大队（渡桥管区）西泾大队（村）行政领导人更迭表

行政组织名称	职务	姓名	任期
金星大队管理委员会（1957.9—1960.11）	大队长	吴毛大	1957.9—1959.5
		吴寿泉	1959.5—1960.11
	副大队长	陈才星	1957.9—1959.5
		陈根大	1957.9—1959.5
		朱付根	1957.9—1959.5
		吴阿宝	1959.5—1960.11
渡桥管区西泾生产队（1960.11—1961.9）	队长	吴寿泉	1960.11—1961.9
	副队长	盛兴林	1960.11—1961.9
渡桥管区禾家湾生产队（1960.11—1961.9）	队长	徐裕林	1960.11—1961.9
	副队长	金根寿	1960.11—1961.9
渡桥管区陈岭生产队（1960.11—1961.9）	队长	吴志云	1960.11—1961.9
	副队长	施阿大	1960.11—1961.9

续表

行政组织名称	职务	姓名	任期
金星大队管理委员会（1961.9—1969.5）	大队长	徐裕林	1961.9—1963.1
		陈法生	1963.1—1966.5
		钱根兴	1966.5—1969.5
	副大队长	俞金娣	1961.9—1963.12
金星大队革命委员会（1969.5—1979.3）	主任	陈法生	1969.5—1977.5
		徐裕林	1977.5—1979.3
	副主任	徐裕林	1969.5—1977.5
		宋兴根	1969.5—1973.5
		钱虎根	1977.5—1979.3
金星大队管理委员会（1979.3—1980.12）	大队长	徐裕林	1979.3—1980.12
西泾大队管理委员会（1980.12-1983.7）	大队长	徐裕林	1980.12—1983.7
西泾村村民委员会（1983.7—2003.12）	第一届村主任	钱虎根	1983.7—1987.6
		徐裕林	1987.6—1989.10
	第二届村主任	施兴泉	1989.10—1992.10
	第三届村主任	姚洪荣	1992.10—1996.4
	第四届村主任	徐巧生	1996.4—1998.2
		陆林生	1998.2—1999.3
	第五届村主任	金兴林	1999.3—2000.1
		姚正林	2000.1—2001.12
	第六届村主任	姚正林	2001.12—2003.12

四、渡桥村行政组织

2003 年 12 月，东山镇行政村调整，撤销原晨光、新建、西泾三个村的村民委员会，建立渡桥村村民委员会，新建立的渡桥村村民委员会驻地在原西泾席家后底。同年 12 月，渡桥村第一届（东山镇农村第七届）村民委员会成立，由周峰宝、陈正德、陈龙发、姚正林、梁山宝、王建春、吴洪根、俞建中、叶美宝组成渡桥村民委员会，周峰宝任主任，陈正德、陈龙发、姚正林任副主任，梁山宝、王建春、吴洪根、俞建中、叶美宝任委员，会计叶美宝，妇代会主任陶玉珍，团支部书记吴洪根，治保主任王建春，民兵营长梁山宝，关工委主任周峰宝，关工委常务副主任梁山宝。

2006 年 6 月，陈正德任渡桥村村民委员会主任。

2007 年 11 月，渡桥村第二届（东山镇农村第八届）村民委员会换届选举，由陈正德、梁山宝、姚正林、陈秋生、王建春、董燕明、陈庆峰组成村民委员会。陈正德任主任，姚正林，梁山宝、陈秋生任副主任，王建春、董燕明、陈庆峰任委员。会计叶美宝，妇代会主任陶玉珍，团支部书记吴月，治调主任王建春，民兵营长梁山宝，关工委主任陈正德，村关工委常务副主任梁山宝。

2008 年 8 月，姚瑜任渡桥村村委会主任助理。

2009 年 8 月，潘秀雯任渡桥村委会主任助理。

2010 年 11 月，渡桥村第三届（东山镇农村第九届）村民委员会换届选举，由陈正德、梁山宝、姚正林、陈秋生、董燕明、姚瑜、王建春、吴洪根、潘秀雯组成新一届村民委员会。陈正德任主任，梁山宝、姚正林、陈秋生任副主任，董燕明、姚瑜、王建春、吴洪根、潘秀雯为委员。会计施本仙，妇代会主任吴月，团支部书记吴月（兼），治调主任王建春，民兵营长梁山宝，关工委主任陈正德，关工委常务副主任梁山宝。

2011 年，潘秀雯任渡桥村妇代会主任。2012 年姚瑜任渡桥村团支部书记，吴峰任渡桥村民兵营长。

2012 年 2 月，董燕明主持渡桥村村委会工作。

2013 年 11 月，渡桥村第四届（东山镇农村第十届）村民委员会换届选举，由董燕明、陈正贵、潘秀雯、姚瑜、吴月、吴峰、徐雪龙组成新一届村民委员会。董燕明任主任，陈正贵任副主任，潘秀雯、姚瑜、吴月、吴峰、徐雪龙任委员。会计施本仙，妇代会主任吴月，团支部书记潘秀雯，治调主任王建春，民兵营长吴峰，关工委主任董燕明，关工委常务副主任梁山宝。

2016 年 11 月，渡桥村第五届（东山镇农村第十一届）村民委员会换届选举由董燕明、徐雪龙、吴俊、陈志明、周泉、常珊、周斌组成新一届村民委员会，董燕明任主任，徐雪龙任副主任，吴俊、陈志明、周泉、常珊、周斌任委员，会计施本仙，妇联主任吴月，团支部书记潘秀雯，民兵营长周斌，治调主任喻振高。

表 8-8　　2003 年—2017 年渡桥村行政组织领导人更迭表

组织名称	职务	姓名	任期
渡桥村村民委员会（2003.12—2017.12）	第一届主任	周峰宝	2003.12—2006.6
		陈正德	2006.6—2007.11
	第一届副主任	陈正德	2003.12—2006.6
		陈龙发	2003.12—2007.11
		姚正林	2003.12—2007.11
	第二届主任	陈正德	2007.11—2010.11
	第二届副主任	姚正林	2007.11—2010.11
		梁山宝	2007.11—2010.11
		陈秋生	2007.11—2010.11
	第三届主任	陈正德	2010.11—2012.2
		董燕明	2012.2—2013.11
	第三届副主任	梁山宝	2010.11—2013.11
		姚正林	2010.11—2013.11
		陈秋生	2010.11—2013.11
	第四届主任	董燕明	2013.11—2016.11
	第四届副主任	陈正贵	2013.11—2014.12
	第五届主任	董燕明	2016.11—2017.12
	第五届副主任	徐雪龙	2016.11—2017.12

第三节　大队（村）团体

一、晨光大队（村）团体

1. 贫下中农协会

为树立农村贫下中农的优势，1964年，在社会主义教育运动中建立了贫下中农协会（简称贫协）。同年5月，晨光村贫协成立，吴来法任贫协会长。“文化大革命”中，贫协一度被造反派组织替代。

1972年，晨光恢复贫协，并更名为贫下中农代表大会（简称贫代会），陈端宝任晨光大队贫代会主任，金阿二任副主任。1974年吴县召开第二届贫下中农代表大会，陈端宝、金阿二出席大会。

1976年，叶发林任大队贫代会主任。

1978年1月，姚阿四、吴兴发分别担任大队贫代会正副主任。

1980年后，晨光大队贫代会不再存在。

2. 青年组织

1959年，晨光大队建立中国共产主义青年团（简称共青团），马金林任团支部书记，支部委员吴兴林。

1961年，陈传兴任晨光大队团支部书记，吴忠福任支部委员，熊正太、姚夫林、唐补荣任团小组长。是年有共青团员64人。

1962年至1961年，任大有任晨光大队团支部书记。

1965年，韩宁芳任晨光大队团支部书记。

1966年，“文化大革命”开始后，公社、大队共青团组织陷于瘫痪。

1971年3月，中共洞庭公社委员会同意晨光大队恢复共青团组织，盛云林任大队团支部书记。是年有共青团员63人。

1973至1974年，苏本兴任晨光大队团支部书记。

1978年1月至1980年5月，叶福根任晨光大队团支部书记，盛忠义任副书记。

1980年5月，盛忠义任晨光大队团支部书记。

1983年7月，晨光村建立村民委员会，大队团支部改为村团支部，吴爱芳任团支部书记。

1988年，整顿共青团组织，陶玉珍、蔡月琴先后任团支部书记，盛本福、沈志强任支部委员。

1990年，晨光村共青团支部换届选举，由吴金龙、董燕明、李定英、盛本福、苏瑞荣、袁纯生组成新一届团支部委员会，吴金龙任支部书记，董燕明任支部副书记，组织委员李定英，宣传委员盛本福，文体委员苏瑞荣。是年有共青团员56人。

1994年1月至2003年12月，董燕明任晨光村团支部书记。

3. 妇女组织

1961年，晨光大队建立妇女委员会，大队妇女主任顾富仙。生产队建立妇女代表小组，组长由生产队妇女队长担任。时妇女队长：一队洪阿二，二队杨秀英，三队吴兆仙，四队王阿二，五队金福英，六队俞彩宝，七队吴巧女，八队陈银娣。

1966 年“文化大革命”开始后，公社、大队妇女组织停止活动。

1972 年，公社、大队重建妇女组织，时晨光大队妇女主任为韩宁芳，1977 年增选顾富仙为大队妇女主任，吴爱芳为大队妇女副主任。

1983 年 7 月，晨光村建立村民委员会，大队妇女委员会改为村妇女代表大会，妇代会主任为顾富仙，副主任为吴爱芳。

陶玉珍任村妇代会主任，任期至 2003 年 12 月。

4. 民兵组织

1957 年 1 月，徐如生、袁安甫任大队民兵营正副教导员，盛仁福任营长，沈积兴、姚方山、杨秀英任副营长。

1961 年 5 月，施长生任大队民兵营教导员，姚方山任营长，顾惠民任副营长。

1962 年，姚方山任大队民兵营教导员，陈传兴任副教导员，盛仁福任营长，顾富仙任副营长。

1963 年初，盛仁福任大队民兵营长，吴宗福任排长，乔毛男、任大有、董士林、盛阿五任班长。1963 年 5 月，袁安甫、任大有任正副教导员，姚方山任晨光大队民兵营长，盛仁福、顾富仙任副营长。

1964 年至 1965 年，袁安甫任大队民兵营教导员，顾龙兴任营长。

1966 年至 1968 年，受“文化大革命”冲击，民兵组织瘫痪。

1969 年，整顿恢复民兵组织，袁永兴任指导员，袁永林任班长，董雪林任副班长。

1972 年至 1973 年，顾龙兴任大队民兵营长，马志银任排长。

1977 年至 1982 年，宋如宝任大队民兵营长，盛伟民任副营长。

1983 年 7 月，晨光村成立村民委员会，宋如宝任村民兵排长，张凤明、金兴龙任班长。

1984 年，梁山宝任村民兵营长。

1992 年 7 月，梁山宝任村民兵营长（兼任排长），吴金龙任副排长，庄志刚、董燕明任班长。

2003 年，梁山宝任村民兵营长。民兵主要任务是维护社会治安和抢险救灾。

二、新建大队（村）团体

1. 贫下中农协会

为树立农村贫下中农的优势，1964 年在社会主义教育运动中建立了贫下中农协会（简称贫协）。同年 5 月，新建大队贫协成立，吴兆清任贫协会长，宦宝才任副会长。“文化大革命”中，贫协一度被造反派组织替代。

1972 年，农村恢复贫协，并更名为贫下中农代表大会（简称贫代会）。顾毛二任新建大队贫代会主任，陈银春任副主任，委员吴同桢。

1974 年，吴县召开第二届贫下中农代表大会，吴同桢出席了会议。

1980 年后，新建大队贫代会不再存在。

2. 青年组织

1961 年 9 月新建大队建立中国共产主义青年团（简称共青团），团支部书记沈小波。是年有共青团员 25 人。

1966年，“文化大革命”开始后，公社、大队共青团组织陷于瘫痪。

1971年3月，中共洞庭公社委员会同意新建大队恢复共青团组织，大队团支部书记沈富生，支部委员王根金、许洪林。是年有共青团员32人。此届团支部干部任期到1983年7月。

1983年7月，新建村成立村民委员会，大队团支部改名村团支部，村团支部书记为夏寿根。

1991年，周峰宝任新建村团支部书记，是年有共青团员38人。

1994年，吴洪根任新建村团支部书记，是年有共青团员41人。此届村团支部干部任职到2003年12月。

3. 妇女组织

1961年9月，新建大队建立妇女委员会，生产队建立妇女代表小组，组长由生产队妇女队长担任，时妇女队长：一队罗阿珍，二队唐凤英，三队曹来珍，四队薛小毛，五队王龙珍。

1963至1964年，新建大队妇女主任为蔡阿珍、严福珍。

1966年“文化大革命”开始后，公社、大队妇女组织停止活动。

1972年，公社、大队重建妇女组织，时新建大队妇女主任为徐芳艳。

1978年，增补潘玉香、葛怀珠为大队妇女主任、副主任。

1983年7月，新建村建立村民委员会，村妇女委员会改为村妇女代表大会（简称妇代会），徐芳艳任村妇代会主任。

1991年3月，陶素珍任新建村妇代会主任。

2000年3月，陶素珍任村妇代会主任，王金云（曾用名王巧珍）任村妇代会副主任，此届村妇代会干部任期到2003年12月。

4. 民兵组织

1961年，新建大队单独建置，大队成立民兵营，薛永和任教导员，沈小波任副教导员，高国林任营长，陈银春、罗阿珍任副营长。

1963年，薛永和任大队民兵营教导员，薛永和兼任营长，赵扣宝、罗阿珍任副营长。

1964年至1965年，周洪生任新建大队民兵营长。

1966年至1968年，受“文化大革命”冲击，民兵组织瘫痪。

1969年，周洪生任大队民兵营长。

1978年至1982年，曹春根任大队民兵营长，严永高任副营长。

1983年7月，新建村成立村民委员会，曹春根任民兵营长兼排长，夏寿福任班长，周大有任副班长。

1984年，曹春根任村民兵营长。

1987年，杨永安任村民兵营长。

1992年7月，熊金宝任村民兵营长，杨永安任民兵排长。

2003年，新建村民兵营主要任务是维护社会治安和抢险救灾。是年，吴洪根任村民兵营长。

三、金星、西泾大队（村）团体

1．贫下中农协会

为树立农村贫下中农的优势，1964 年在社会主义教育运动中建立了贫下中农协会（简称贫协）。同年 5 月，金星大队贫协成立，杨连生任贫协会长。“文化大革命”中，贫协一度被造反派组织替代。

1972 年，金星大队恢复贫协，并更名为贫下中农代表大会（简称贫代会），宋兴根、汪金龙分别担任金星大队贫协正副会长。

1974 年，吴县召开第二届贫下中农代表大会，汪金龙出席大会。

1976 年，增补夏补生为金星大队贫协委员。

1978 年 1 月，陈根大、孙福林担任金星大队贫代会正副主任。

1980 年后，金星大队贫代会不再存在。

2．青年组织

1959 年，金星大队建立中国共产主义青年团（简称共青团），徐裕林任团支部书记，吴全珍任副书记，何爱云、杨连生、吴兴男、张兴生、沈根任支部委员龙。是年团支部有团员 37 人。

1961 年至 1962 年，沈昌林任金星大队团支部书记，陈云生、钱虎根、张玉英任支部委员。

1963 至 1965 年，徐裕林任金星大队团支部书记，陈传林任副书记。

1966 年“文化大革命”开始后，公社、大队团组织于瘫痪。

1971 年 3 月，中共洞庭公社委员会同意金星大队恢复共青团组织，沈美宝、吴洪春先后任大队团支部书记，吴云娣、施兴才任支部委员。

1973 年至 1976 年，陈大男任金星大队团支部书记。

1977 年 1 月，沈美宝任大队团支部书记，魏林兴任副书记。是年团支部有共青团员 34 人。

1980 年 12 月，金星大队更名为西泾大队，团支部名称也随村名一起更改。

1981 年 4 月，王建春任金星大队团支部书记。

1983 年 7 月，西泾村建立村民委员会，大队团支部改为村团支部。

1988 年，整顿共青团组织，王建春任西泾村团支部书记，吴琴任副书记，吴补林、施本仙、吴招娣任支部委员。

1990 年，西泾村团支部换届选举，由王建春、施本仙、叶长兴、杨胜龙、徐智伟组成新一届团支部委员会，王建春任支部书记，施本仙任支部副书记，组织委员为叶长兴，宣传委员为杨胜龙，文体委员为徐智伟。是年团支部有共青团员 33 人。

1991 年，施本仙任西泾村团支部书记，支部委员不变，此届团支部干部任职至 2003 年 12 月。

3．妇女组织

1961 年，金星大队建立妇女委员会，俞金娣任大队妇女主任。生产队建立妇女代表小组，组长由生产队妇女队长担任。时妇女队长：一队张玉英，二队席阿二，三队施巧珍，四队何爱云，五队陈夫仙，六队徐福珠，七队魏凤宝，八队李云芝，九队沈凤仙。

1966 年“文化大革命”开始后，公社、大队妇女组织停止活动。

1972 年，公社、大队重建妇女组织，俞金娣时任金星大队妇女主任。

1976 年，增补王素英为金星大队妇女副主任。

1978 年 1 月，金星大队妇女主任为俞金娣，副主任为席阿二。

1980 年 12 月，金星大队更名为西泾大队，妇女组织同时更名。

1983 年 7 月，西泾村建立村民委员会，村妇女委员会改为村妇女代表大会，席阿二任村妇代会主任。

1991 年 3 月，吴琴任西泾村妇代会主任，此届妇代会干部任职到 2003 年 12 月。

4. 工会组织

2000 年 11 月，西泾村建立工会组织，姚正林、吴琴、王建春组成工会委员会，姚正林任工会主席，吴琴任女职工委员会主任，王建春任经济审查委员会兼争议调解委员会主任。

5. 民兵组织

1957 年 1 月，吴根男、陈洪生任正副教导员，吴毛大任营长，钱启根、朱甫根、吴阿宝任副营长。

1961 年 5 月，周宝生任营教导员，徐裕林任营长，姚荣安、吴爱英任副营长。

1962年，陈法生任大队民兵营教导员，徐裕林任营长，钱虎根、席阿二、沈昌林任副营长。

1963年，吴根男任大队民兵营教导员，陈云生任副教导员，陈法生任民兵营长，徐裕林、俞金娣任副营长。

1964 年至 1965 年，徐裕林任大队民兵营长。

1966 年至 1968 年，受“文化大革命”冲击，民兵组织瘫痪。

1969 年，徐裕林任大队民兵营长。

1977 年至 1980 年，吴洪春任大队民兵营长，施巧龙任副营长。

1980 年 12 月，金星大队改名为西泾大队，民兵营随大队名称更改为西泾大队民兵营。

1982 年，吴洪春任西泾大队民兵营长。

1983 年 7 月，民兵营长为施兴泉，并兼任排长，周建平任班长，朱夫才任副班长。

1984 年，施兴泉任村民兵营长。

1992 年 7 月，村民兵营长为徐巧生，副营长为陆林生、金兴林。

2000 年，王建春任西泾村民兵营长。

2003 年，民兵的主要任务是维护社会治安和抢险救灾。是年，王建春任民兵营长。

四、渡桥村团体

1. 青年组织

2003 年 12 月，晨光、新建、西泾三村合并成为渡桥村，原三个村团支部合并为渡桥村团支部。

2003 年 12 月，吴洪根任渡桥村团支部书记。是年团支部有共青团员 83 人。

2008 年至 2011 年，吴月任渡桥村团支部书记。是年团支部有共青团员 91 人。

2012 年，姚瑜任渡桥村团支部书记。

2013 年至 2017 年，潘秀雯任团支部书记。2017 年团支部有共青团员 102 人。

2. 妇女组织

2003 年 12 月建立渡桥村妇女代表大会（简称妇代会），陶玉珍任渡桥村妇代会主任。

2004 年至 2007 年，陶玉珍任渡桥村妇代会主任，吴月、吴琴、王金云（曾用名王巧珍）

任妇代会委员。

2008 年至 2010 年，吴月任渡桥村妇代会主任。

2011 年，潘秀雯任渡桥村妇代会主任，吴红珍、丁留秀、吴兰英任妇代会委员。

2013 年至 2017 年，吴月任渡桥村妇代会主任，吴琴、王金云（曾用名王巧珍）任委员。

3. 工会组织

2005 年，渡桥村第一届工会委员会成立，由姚正林任村工会主席，组成工会委员会。

2010 年 9 月，渡桥村第二届工会委员会换届选举，由陈庆峰、姚正林、施本仙、姚瑜、马开祥、史建荣、吴金林组成工会委员会，陈庆峰任工会主席，姚正林任工会副主席。施本仙、叶美宝、王建春为经审委员会成员，施本仙为经审委员会主任，王金云（曾用名王巧珍）、吴琴、吴月为女职工委员会成员，王金云（曾用名王巧珍）为女职工委员会主任。

2012 年至 2017 年，陈秋生任渡桥村工会主席。

4. 民兵组织

2003 年 12 月，东山晨光村、新建村、西泾村合并建立为渡桥村村民委员会，民兵组织也随之合并。是年，席根福任渡桥村民兵营教导员，梁山宝任营长，王建春、吴洪根任副营长。

2011 年，吴峰任渡桥村民兵营长。

2013 年 7 月，宋炜任渡桥村民兵营教导员，吴峰任营长。

2016 年，宋炜任渡桥村民兵营教导员，吴峰、周斌任营长。

2017 年，董燕明任渡桥村民兵营教导员，周斌任营长。

第九章　新农村建设

民国时期，村民以自然村落聚居，多数房屋低矮简陋。村落内砖石路较少，以泥路为主。

中华人民共和国成立以后到20世纪60年代，村内的基础设施建设缓慢。80年代以后，农村经济得到较快发展，村内基础建设加快，村级主干道、支路均铺设水泥路面，村民逐年翻建新房，住房配套设施更新，人居环境有了大的改善。

2010年始，渡桥村制订总体规划和城乡一体化建设方案，加快新农村建设力度，整治村庄、保护环境、建设美丽乡村，村容村貌焕然一新。村里重视精神文明建设，培育乡村文明新风。2008年渡桥村被评为“苏州市新农村建设示范村”。

第一节　总体规划和建设方案

2008年，渡桥村列入“苏州市建设社会主义新农村”行列，2010年渡桥村制订《东山镇渡桥村社会主义新农村建设总体规划》（以下简称《规划》）。2013年12月，渡桥村制定《渡桥村城乡一体化建设方案》（以下简称《方案》）。

《规划》分基本现状概述、发展条件分析、规划总则、经济发展与产业定位、基础设施建设、公益型社会服务设施建设、村庄建设、环境建设、和谐农村创建、近期主要建设项目、规划实施建议，共十一章，其中基础设施建设项目有清淤河道1000立方米，浇路3000米，铺设排污管道270米，绿化小区环境，安装路灯，厂区新增变电器，全村使用高清电视，新建垃圾站8个，配16名保洁员。公共设施建设项目有将渡桥小学并入东山实验小学，办好西泾社区卫生服务站，完善健身小区，传承抬阁文化，开设“一站式”社区服务中心。新农村建设项目有2011年的10个村庄，2015年进行建设的婆罗桥、渡桥南北街、殿泾港，2016年进行建设的有陈岭头、禾家湾、新河村，2017年进行建设的司前街、村后底、新塘村。

《方案》分指导思想、基本原则、发展目标、推进基层组织建设、建立统一领导分工协作的工作机制、广泛宣传发动和强化考评考核六个部分。

第二节　公共设施建设

一、河道清淤

1998年，晨光村全面疏通银湖路至殿泾港将军街的河道。1999年铺设新塘圩的田埂路。2004年渡桥村对境内直泾港婆罗港的淤泥进行清除，两河累计长度达2000米。2008年，对晨光二组至五组570多米的沟渠、围坳进行开挖清淤，还对西泾港实施清淤。2011年完成新建婆罗港2000米的清淤任务。2013年疏浚河道1200米。2016年，对陈岭港、西泾港实施河道整治工程。

二、道路交通

渡桥村道路交通建设起步较早，1995年晨光村修筑渡桥至东山标准件厂道路。1997年浇筑银湖路至殿泾港路面长530米，在殿泾港两侧新建麻石栏杆200米，修建茶亭港水泥路面250米，并对渡桥北街每条巷弄浇筑水泥路面。1999年铺设晨光村内水泥路以及新塘圩田埂路，还将渡桥小学至木东公路的泥路铺成水泥路，方便小学生往返学校。1998年新建村铺设村内主干道200米，1500米石板路，改建新塘圩3座桥梁，将2000米机耕

整修道路

路加宽加固。2002年浇筑西泾山至气象站的道路，使西泾村与吴巷山主干道相接。

2004年，渡桥村协助镇交通局进行辖区内5千米东山大道的建设。2008年，浇筑村域内水泥路面4000平方米。2009年在村域内浇筑路面1195米，其中官庄105米，席家新村80米，晨光原茧行路270米，其他自然村道路750米。2011年，浇筑晨光原粮管所前的道路800米，在晨光茶亭港处浇筑路面500米，在西泾港处浇筑路面400米。2014年进行湖羊基地道路建设，铺设生产道路2200米，观光道路350米，机耕路200米，是年还在西泾二组硬化路面200米。

三、供电

民国时期，村庄无电，晚上村民通常点火油灯，村民逢婚丧大事则用充气燃油的汽油灯。1974年9月望亭发电厂电源接通东山后，村里始有供电。如停电，村里配备发电机进行自发电。1985年东山电力扩容，分四条出线，分别为针织线、东山线、杨湾线、震东线，渡桥境内属针织线供电。20世纪70至80年代，村内配备电工，设置村级电房和供电设施。1996年，渡桥进行电气化、标准化建设，调整了用电布局，改善了用电设备，并全面推广安装触电保护器。1998年，进行电网改进，用电设施和电力由镇供电所统一管理。该期间新增变压器，改造配用线路，设置路灯，村民家家换上新型电子式电能表。

2006年，渡桥村对新建村的工业小区标准厂房进行供电增容，对晨光新建境内的果园增建80千伏变压器一套。2008年新建电房50平方米，增建200千伏变压器1套。2012年，在西泾头安装路灯20盏。2014年，在全村范围内的主干道路安装路灯157盏。2015年，在新建安置区内实施主电缆通电工程。2017年实现全村主干道路路灯全覆盖。

四、供水

中华人民共和国成立前，渡桥境内没有自来水，村民饮用太湖水及井水。中华人民共和国成立后相当一段时期内，村里开井，村民饮用井水。1985年政府打深井，建自来水厂，但主要供市镇居民。1993年东山镇新建自来水厂，取太湖水源，经过滤消毒，用大管道供应镇及周边农村。1999年，晨光村自来水全部进户。2003年新建村、西泾村的自来水也分别进户，实现村村通自来水。2010年对境内所有自然村的自来水用户，调换水管，更新用水设备。2015年渡桥村村民统一使用吴中区的自来水水源。2017年渡桥村自来水入户率达100%。

五、电信电视

1996年—1998年，晨光村、新建村、西泾村先后建成电话村。2002年，晨光、新建、西泾三村分别开通有线电视。2014年起，为改善村域内有线电视接收环境，对全村农户安装高清电视。2015年渡桥村1030户安装了高清电视，开通高清互动数字电视，村民家中电视画面布局新颖美观，并设有频道、点播、高清、资讯、生活、商务、娱乐等版块，操作简单便捷，不但收视效果好，而且能享受各类民生信息服务。2016年，渡桥村安装中国联通机房1个，建设中国电信信号塔1座，改善境内的通信环境。2017年智慧社区信息平台进入每家每户。

六、污水治理

2004年，渡桥村新建垃圾中转站10个。2005年在山水路全线铺设污水管道。2007年，渡桥村实行将三位一体（河道、道路、农村）制度，卫生责任落实到人，卫生任务包干到人。2009年，完成婆罗桥、葛家渡、西泾1.2千米的污水管网铺设，利用蔬菜基地的泵站，接通吴中区城南污水管网。2010年在渡桥兵营村、沈家岸处建设污水处理管网2.2千米，管径D150–D300，采用PVC材质，接入吴中区城南污水处理厂管网。

2012年，投入25万元在西泾头建造公共厕所和配套的卫生设施，铺设污水管网2000米，增添垃圾箱8只，增加5名保洁员，将村庄里的杂物进行清理回购，实现村庄垃圾日产日清。2013年，对新河村和西泾村进行污水管网铺设。

2014年在辖区内建造粪污收集循环设施，包括雨水收集沟、蓄水池、三格式净化池。增添垃圾清运箱18个，配备17名清洁人员，对村内道路河道等进行保洁，对晨光南北街进行污水管网铺设。

排设污水管道

七、卫生保洁

村里历来重视环境卫生工作，把卫生工作列入村委会重要工作目标，成立由村总支书记为组长的爱国卫生工作领导小组，制定了《渡桥村环境整治工作方案》，设立社区巡逻站社区、卫生服务站等日常机构，设专职工作人员10多名，对全村大街小巷进行保洁，在主要路段两侧设置85只垃圾箱，垃圾日产日清，清运率100%。垃圾收集房全封闭，符合卫生要求。定期清理东山大道两侧杂草和沙石杂物。开展村民卫生户评比活动，2003年以来，每年评出卫生清洁户。2012年创建江苏省卫生村时，全村改厕率达95%。2012年以来， 由于农村宅基地新建移建，又对50户进行改厕，新建水冲式公厕4座，全村改厕率提高到99.6%。2016年、2017年对渡桥卫生环境进行全面整治，建设粪污循环设施，增添垃圾清运箱，配备清洁人员对渡桥老街进行保洁。改建东山大道（木东路）垃圾中转站。2012年、2016年渡桥村分别被评为江苏省卫生村、江苏省生态村。

八、社区服务中心

社区服务中心位于东山山水度假村西侧，改建于2007年。中心大楼背西面东，侧面紧靠木东公路。大楼占地面积446.83平方米，结构呈长方形，整体三楼，局部四楼。一楼设办事大厅，共设建房、卫生、安全、民兵、民政、环保、社保、计划生育八个窗口，为村民提供医保、社保、社会调解、计划生育等一系列行政性服务。办事大厅采取“一站式”服务模式，方便村民办事。

社区服务中心一楼设有党员活动中心、妇女儿童活动中心、老年活动室、道德讲堂、调解室、警务室、图书室、阅览室等。二楼为村主任办公室及晨光、新建、西泾3个党支部办公室财务室、档案室和会议室。三楼为村党总支办公室，有可容纳100多人的会议室。

第三节　美丽乡村建设

一、村庄整治

2011年，渡桥村启动“村庄整治”工程，工程目标是改善村庄环境面貌，提高农民生活质量。2012年，渡桥村被列为吴中区村庄整治重点村。到2014年先后对西泾头、席家新村、陈岭头、葛家渡、村后底、席家后底、上官庄、下官庄、莫青头、下路头、禾家湾、新河村、新塘村、婆罗桥等14个自然村进行整治。

【西泾头】　2012年5月，对西泾头自然村进行综合整治。整治工程中，填土8000立方米，道路硬化4000平方米，安装路灯20盏，新建停车场1000平方米，改造农户住宅立面12000平方米，种植绿化2000平方米，铺设污水管网2000多米，受益农户50多户。

【席家新村】　2012年至2013年，对席家新村铺设主干道路，整修下水道，改造美化村民住宅外墙。2013年，该村被命名为江苏省三星级康居村。

【陈岭头】　位于山水度假村南侧，有村民55户。2012年修复村内路面300多平方米，清除露天粪坑5处，整修污水管道，清扫村内杂物57吨，改善了村庄的人居环境。

【葛家渡】　该村紧靠东山大道和山水路，交通便利，村上有农户30户。2012年投入7万元，美化农户住宅外墙3000平方米，浇制路面100平方米，清理杂物5吨。

整治村庄

【席家后底】　该村紧靠东山大道旁，交通方便。村上有农户 15 户。2011 年村庄整治中，美化村民住宅外墙2000平方米，清理杂物 5 吨，改善了村庄的人居环境。

【上官庄】　该村位于西泾村落之中，有农户 10 户。2012 年清理杂物 2 吨，清除露天粪坑 3 处，改善了村庄环境。

【下官庄】　该村位于西泾村落之中，有农户 16 户。2012 年，清理村内杂物 2 吨，浇制路面 110 平方米，改善了村庄环境。

【莫青头】　该村位于山水度假村南侧，有农户 10 户。2012 年投入 2 万元，清理村内杂物 2 吨，清除露天粪坑 3 处，对河道进行了清淤。

【禾家湾】　该村位于山水度假村南侧，有农户 100 户。2011 年至 2012 年，清扫村内杂物若干，清除露天粪坑 6 处，修复路面 1200 平方米，改善了村内交通。

【新河村】　该村紧靠东山大道，交通便利。2011 年—2012 年美化村民住宅外墙 5000 平方米，浇筑路面 1700 平方米，疏通河道 570 米，建停车场 300 平方米，还对村内所有沟渠清淤修复，使村民人居环境有明显变化。

【新塘村】　该村紧靠东山大道，交通方便，又近东山科技工业园，外来人口较多，卫生环境较差。2011 年至 2012 年集中整治，美化村民住宅外墙 5700 平方米，清除露天粪坑 13 处，清理杂物 35 处，经过综合治理，村庄人居环境有了明显变化。

【新建安置小区】　2013 年对该小区进行基本设施建设，平整道路，铺设污水管道。

二、乡村建设

2013 年，苏州市提出进行美丽村庄示范区的建设和行动计划。2015 年，渡桥村在区镇统一部署下，巩固村庄整治为基础，以提升村庄建设水平、塑造村庄特色和带动产业发展为重点，全面推进美丽乡村建设。

2015 年渡桥村美丽乡村的重点是婆罗桥、渡桥南北街、殿泾港。

2016 年渡桥村美丽乡村的重点是陈岭头、禾家湾、新河村。

2017 年渡桥村美丽乡村的重点是司前街、村后底、新塘村。

婆罗桥美丽乡村建设工程项目有：铺设 1850 米雨污水管道；砌成雨污水检查井、边井总计 68 座，安装塑料井 64 座；铺设混凝土路面 2100 平方米；清淤河道 2300 平方米；新建驳岸 145 米，建驳岸上景墙 165 米，建档墙 350 米；建村口标志 1 座；建小公园 1 个；建停车位 700 平方米；改造村民住宅立面 35000 平方米；绿化村口 200 平方米；安装路灯 35 套。

南北街、殿泾港美丽乡村建设工程项目有：铺设雨水管道总长 240 米；砌筑雨水井、

殿泾港改造

边井 35 座；修复沥青路面 1300 平方米，修复混凝土路面 2000 平方米；安装大理石栏杆 390 米；小径铺装 320 平方米；改造村民住宅立面 25000 平方米；安装路灯 30 套；新建围墙 30 米。

2015 年，改造禾家湾的雨水管网及路面，新塘圩的生产道路全部进行改建。

2015 年年底，婆罗桥、南北街、殿泾港被评为“吴中区三星级康居乡村”。

2016 年，在陈岭头自然村筑机动车道 2000 平方米，非机动车道 380 平方米，混凝土道路 3700 平方米，停车场 450 平方米；砌石驳岸 340 米；建造公共卫生间 1 座；喷涂墙面 570 平方米；铺装景观 570 平方米；安装路灯 57 盏。

2016 年，在禾家湾筑机动车道 2230 平方米，非机动车道 390 平方米，混凝土道路 3757 平方米，停车场 540 平方米，砌石驳岸 400 米；建桥梁 1 座；喷涂墙面 7000 平方米；铺装景观 680 平方米；安装路灯 62 盏。

2016 年，在新河村铺沥青道路 2256 平方米，建停车场 2035 平方米，驳岸使用杉木 238 吨，喷涂墙面 5800 平方米，安装路灯 28 套。

2017 年，对司前街、新塘村、村后底 3 个自然村进行美丽乡村建设的规划和立项。同年婆罗桥、南北街、殿泾港被评为“苏州市三星级康居乡村”。

第四节　村民自治

2002 年，晨光村创建苏州市村民自治模范村，此次创建是东山镇首批试点村。10 月 31 日晨光村接受区民政局的检查验收，11 月份通过苏州市的复查，当月被评为苏州市村民自治模范村。

在新农村建设中，渡桥村加强村民自治规范管理，2007 年 11 月，渡桥村村民委员会制定《渡桥村村民自治规范管理章程》，章程设 5 章 28 条：第一章总则，第二章社会秩序管理，第三章经济秩序管理，第四章村级组织管理，第五章实施和执行。

根据《渡桥村村民自治规范管理章程》，渡桥村从硬件和软件两个方面着手工作。

硬件方面，建立社区服务中心，设立村委会办公室和村民代表议事室，设置村务公开栏和村民联系箱。村务公开包括村里重大事项公布、财务收支公布等内容，公布时间及时，形式新颖，群众比较满意。

软件方面，制定各项规章制度，如村委会工作制度、村务公开制度、民主理财制度、民主评议干部制度等。在执行各项工作制度后，做好村委会工作台账，包括村委会每年的计划总结、村委会会议记录、村民代表大会记录、村民代表的意见、建议以及民主评议干部的记录。

村民委员会的选举工作是村民自治规范管理的重要内容。渡桥村依法做好每一届村民委员会的选举工作。从2003年12月5日至2013年11月9日进行4届村委会的换届选举，依照2000年8月26日的《江苏省村民委员会选举办法》，村委会选举工作坚持公平、公正、公开的原则，成立村选举委员会，制定选举工作方案，确定选举工作人员，组织选民登记，审查选民资格，公布选民名单，发放选民证，确定候选人名单，向选民告知选举日期、投票时间及地点方法，最后召开选举大会、组织投票选举、公布选举结果。

渡桥村2014年被评为“苏州市民主法治村”，2016年被评为“苏州市民主法治示范村”。

附一：渡桥村村民自治规范管理章程

第一章　总　则

第一条　为了确保国家的政策、法律、法规在我村全面贯彻落实，实现依法治村的总体目标，推动和促进两个文明建设，切实保障全体村民的权利，保障政治稳定，经济繁荣，秩序良好，村民幸福，特制定本章程。

第二条　本章程是经过全体村民共同讨论，村民代表大会通过的村民管理规范，对全体干部、村民具有同等约束力。

第三条　本章程在村党委的领导下，由村委负责组织实施，村民管理监督，它的制定修改补充和解释权属村民管理委员会。

第四条　村民依法对管理执行机构的组成人员有选举权，对章程制定有建议、监督实施和自觉遵守的义务。

第五条　本村村民都享有集体经济福利待遇规定的权益，对实施过程中有突出贡献的集体和个人，村委会应当给予表彰或奖励。

第六条　本村村民在外工作、外地人员在本村工作、生活的，适用本章程。

第七条　凡以前村委会制定的村规民约、村民守则、规章制度等与本章程有抵触的，则以本章程为准。

第二章　社会秩序管理

第八条　土地承包必须坚持大稳定的原则，如出现有能力耕种而不愿意接受承包者，村委会可指定承包责任人，出现抛荒地每年应承担一定数额的损失费。

第九条　土地属集体所有，用地必须经镇以上人民政府批准，不准擅自违法占地、违章搭建和堆砌，侵占集体道路，不准毁地取土，违者根据《中华人民共和国土地管理法》依法处理。

第十条　一切防洪抗旱水利设施、自来水设施应加以保护，对擅自设障、毁坏防洪抗旱水利设施、自来水设施，毁坏道路，除立即停止侵害、恢复原状外视情节可处200元以下罚款，后果严重的提请司法机关处理。若遇到洪水和不可抗力的自然灾害袭击我镇、我村时，必须听从村委会的指挥，无条件出工参加防汛和抗灾活动，违者处100元以下罚款；情节严重的，提请司法机关依法处理。

第十一条　搞好环境保护，维护生态平衡，认真落实《中华人民共和国森林法》。在封山育林地段凡私自上山砍柴或乱弄火种者，处100元以下罚款；情节严重的，移送司法机关处理。保护山林土地资源，坚决制止在承包地乱葬坟墓，违者将按东山镇2006年第47号文件精神给予相应的处罚。

认真搞好创建工作，维护环境保护，严禁在河道、小港、自然村主干道和公路两侧乱倒垃圾，乱堆建筑物，取消露天粪池，如发现根据情节处理，罚款50—1000元。

第十二条　严禁赌博和迷信活动，人人有劝阻或举报的权力和责任。

第十三条　严禁偷摸行为，对犯有偷窃行为或故意损坏公私财物者，应责令其退回原物或赔偿损失，并视情节处以200元以下或偷窃物价值1—5倍罚款，情节严重的提请司法机关处理。

第十四条　贯彻婚姻自由，依法办理结婚登记手续，夫妻双方政治、经济、家庭和财产地位一律平等，人人都应尊老爱幼，赡养老人是小辈的应尽义务和职责，使老人安度晚年。

第十五条　实行计划生育是每个公民应尽的义务，大力提倡一对夫妇只生一个小孩，少生优生，生育孩子后的夫妻应自觉落实有效的节育措施。反对非法同居和未婚先育，严禁无计划生育和私自领养孩子，违者按省《计生条例》相应条款处罚。对于干扰计生工作造成一定后果的其他责任人可处5000元以下罚款。

自觉完成对子女的九年制义务教育，抓好子女的家庭教育。

第十六条　依法服兵役是每个适龄青年的应尽义务，逃避兵役者，应按省政府规定给予处罚，对干扰阻挠服兵役者处1000元以下罚款。

第十七条　凡因民事纠纷双方发生打架的，双方应先交调处部门一定数额的抵押金，待纠纷按责任大小处理完毕后，一并结算。后果严重的，提请司法机关依法处理。

第三章　经济秩序管理

第十八条　村级集体经济属全村村民共同所有，建立民主理财小组，参与村委会对村级经济预算审议，对村级重大投入事项审议，参与村级财务管理，按季对村级财务活动审核。实行村务和政务公开，民主选举，民主决策，民主管理，民主监督。

第十九条　个人承包土地、河塘、稻田、企业的，承租者、承包者应按时缴纳承包费、租赁费及有关政策规定的税收、管理费等费用，对无理拒缴或欠缴者，可以依法停止其承包权并强行扣缴，延交日期应以银行利息加收。

第二十条　村经济合作社具体管理本村的财务工作，保证财务财产不受损失。

第二十一条　集体财产是集体所有制基础，受国家法律保护，任何单位和个人都不得毁坏、私分、贪污和挪用。

第二十二条　村民的承包地、承包田、河塘、池、港等所有权归集体所有，村民对承包地要勤劳耕作，不得抛荒，凡国家等有关部门为发展生产、工业、交通、建设、旅游等开发需征用土地，土地的征用费按国家有关规定赔偿，承包地的青苗费以当年价格、产量，按10年计算，一次性进行赔偿。

第二十三条　不准拖欠、挪用、贪污集体经济和擅自借用集体款。

第二十四条　村民小组、村委会应经常关心烈军属、贫困户和残疾人的生产和生活，并给予适当的支持和照顾，关爱对象的具体名单和关爱资助数额必要时予以张榜公布。

第四章　村级组织管理

第二十五条　村设立村民委员会，积极宣传党在农村各项方针、政策，听取村民对村务工作意见，对村级政务、经济、生产、财务工作提出合理化建议。设村民规范化管理委员会和村民管理监督小组，分别由5—7人组成，经村民代表会议选举产生，每三年换届选举一次，可连选连任。

第五章　实施和执行

第二十六条　本章程属村民自我管理、自我教育、自我服务的行为规范，全体村民应当认真学习，广泛宣传，自觉遵守。共产党员、共青团员和村、厂条线干部都应起到模范带头作用，为全体村民作表率。

第二十七条　村委会执行人员必须严格按本章程规定执行，贯彻本章程面前人人平等、赏罚分明的原则，切实做到秉公办事。

第二十八条　本章程的有关条款如与法律、法规、政策相抵触的，则以法律、法规、政策为准。

本章程自2007年11月14日起实施。

东山镇渡桥村村民委员会

2007年11月14日

第五节　精神文明

渡桥村在新农村建设中，重视精神文明建设，制定村规民约，村里助人为乐、见义勇为、扶贫帮困蔚然成风。1986年开始评选五好家庭、和谐家庭和最美家庭。共评选12期，28户入选，其中9户五好家庭，10户和谐家庭，9户最美家庭。

一、文明新风

1. 助人为乐

1981年元旦，晨光七队79岁的五保户李三吉，慢性气管炎突然发作，惊动左邻右舍，七队的社员纷纷前来看望。队长顾连全看到老人气喘吁吁的情景，决定送他去东山医院治疗，社员们连夜把老人抬到医院。队长凑了一些现金，为他办理住院手续，专门派青年社员吴念宝陪伴侍候。吴念宝早晨为他洗脸，晚上替他洗脚，一日三餐，端汤送水，问长问短。整整16个日日夜夜，吴念宝侍候李三吉就像对待亲人一样。

1981年10月22日下午，解放军某部队技术处工作人员开车到东山来执行任务。车刚到东山，汽车底部的十字方向节发生故障，向东山工业公司求援。公司财会组的韩掌南领他们跑遍东山街，也没有配到这个零件。为不误时机，韩掌南就把公司汽车上的方向节卸下来给部队车辆使用，使部队战士按时完成任务。

2010年春节，东山东仪包装印刷有限公司蔡龙龙、苏州宏达彩印包装印务有限公司蔡育平，去敬老院慰问老人，资助人民币5000元。

陆根才是渡桥村的一名普通的农民，2006年的一场车祸，使他痛失妻子。虽然妻子没有抢救成功，但妻子住院抢救期间正逢血库告急时，许多素不相识的人纷纷献血的场面，使陆根才十分感动。为感恩社会，他 20 多次踏上献血车，走入献血站。2012 年 2 月 23 日，东山镇三级干部会上表彰陆根才的先进事迹，陆根才荣获“苏州十大无偿献血之星”。

2. 见义勇为

1981 年 2 月 15 日下午 1 点多钟，新建二队青年社员吴某擅自驾驶手扶拖拉机，载着 5 个亲戚向东山镇方向开去。在渡桥汽车站附近，迎面开来一辆汽车，由于吴某驾驶技术不佳，连车带人翻入河中，吴某虽然脱逃，5 个亲戚却被车斗牢牢地扣在河底。当时正在附近劳动的晨光七队女社员们，在生产队长顾利泉的带领下，直奔现场。顾利泉顾不得卸衣脱鞋，跳下河去抢救。石才英等 16 个女社员也跟着跳下水，把落水者逐个拉出来。等大家上岸后，发现在车斗下还有一个小孩。顾利泉又返身下河，在车斗下摸索，终于将这个小孩救了上来。此时，晨光五队、六队的社员也闻讯赶到，大家纷纷拿出衣裳为落水者揩身换衣。68 岁的五保户梁老太也脱下身上的衣服来给他们穿上。由于晨光大队社员的全力抢救，5 名受难者全部脱险。

3. 扶贫帮困、助学助残

1988 年，晨光、新建、西泾三村有各类残疾人安排进制胶日化厂就业，其中晨光村 6 人，新建村 4 人，西泾村 3 人。

1988 年，晨光村对 1 户特困户补助 1050 元；新建村对 2 户特困户补助 700 元；西泾村对 4 户特困户补助 1400 元。

1991 年，晨光村对受灾、特困、优抚对象户 20 户发放补助 2500 元；新建村对受灾、特困、优抚对象 11 户发放补助 9250 元；西泾村对受灾、特困、优抚对象 27 户发放补助费 3000 元。

1999 年，晨光村对 11 个孤老统筹经费 10713 元；新建村对 15 个孤老统筹经费 26381 元。

2000 年，晨光、新建、西泾三村对 200 名困难群众进行生活补贴，每人 250 元，共计 50000 元。

2001 年，晨光、新建、西泾三村对困难户、五保户共 28 人进行生活补助，共计 5962 元。

2009 年，渡桥村发放困难户补助费 23850 元，五保户补贴 1440 元，老党员补贴 4200 元，老年人补贴 1200 元。

2010 年，渡桥村对重残人员 9 人发放生活救助费 11000 元。

2010 年春节，渡桥村发放困难群众临时生活救助费 28000 元，对 70 岁以上的老年人和困难党员进行慰问。

2011 年，渡桥村发放补助款 29 万余元，主要用于五保户、特困户生活困难补助。全村共有残疾人 57 名，为其办理残疾人“爱心卡”17 张。

2012 年，渡桥村干部 20 人为新建村白血病患者爱心捐款 3000 元。9 月 16 日，村内 120 人又为白血病患者募得捐资款 55657 元。9 月 19 日，村内 178 人为建造东山实小新校捐款 155210 元。

2015 年，渡桥村对 6 户孤寡、残疾人员进行“夏送清凉”慰问活动。

2016 年，渡桥村对五保户、困难户、大病户等 42 人补助救助 15700 元。

2016 年，渡桥村发放关爱党员基金 4980 元。

2017 年，渡桥村对五保户、困难户、大病户等 43 人补助救助 16700 元，扶助 1 户，发放 2000 元。

2017 年，渡桥村对 38 人发放党员关爱基金，共计 45000 元；对 401 名 70 周岁老年人发放补助金，共计40100元；还对149户发放计划生育奖励，共计8670元。

二、文明家庭

1986年，西泾村吴仁云、徐甫根家庭，新建吴关兆家庭被东山镇人民政府评为“五好家庭”。

1990年，渡桥村叶志和家庭被东山镇人民政府评为“五好家庭”。

1991年，金星村柏长兴、叶志和家庭，被东山镇人民政府评为“五好家庭”。

2006年，渡桥村俞建中、吴喜林、魏林兴家庭被东山镇人民政府评为“五好家庭”。

2010年，渡桥村沈桂林、盛利明家庭被东山镇人民政府表彰为“和谐家庭”。

2011年，渡桥村陈留荣、许正林、吴洪扣家庭，被东山镇人民政府评为“和谐家庭”。

2012年，渡桥村陈建康、顾巧英、张志友家庭，被东山镇人民政府评为“和谐家庭”。

2013年，渡桥村徐定金、李步银家庭被东山镇人民政府评为“和谐家庭”。

2014年，渡桥村周忠明、张美珍家庭被东山镇人民政府评为“最美家庭”。

2015年，渡桥村居民王丽琴家庭被东山镇人民政府评为“最美家庭”。

2016年，渡桥村徐全元家庭、周有高家庭被东山镇人民政府评为“最美家庭”。

2017年，渡桥村吴福康家庭、钱惠林家庭、周金付家庭被东山镇人民政府评为“最美家庭”。徐云兰家庭被吴中区人民政府评为“最美家庭”。

附二：渡桥村村规民约

一要遵纪守法、履行义务；不要违法乱纪、滋事肇事。
二要相信科学、反对迷信；不要听巫信教、崇邪拜教。
三要弘扬美德、尊老爱幼；不要虐待老人、歧视妇女。
四要彼此谦让、互相尊重；不要恶语伤人、以强欺弱。
五要艰苦创业、科技兴农；不要奢侈浪费、愚昧落后。
六要礼貌待人、热情好客；不要污言秽语、涣散懒惰。
七要男女平等、优生优育；不要性别歧视、违反国策。
八要美化环境、爱护公物；不要蚊蝇漫飞、陋习滥行。

东山镇渡桥村村民委员会
2007年11月14日

附三：口述渡桥——董燕明

采访对象：董燕明，1968年9月出生，渡桥村党总支书记、村委会主任（兼）
采访人：金本福
采访时间：2017年12月25日
采访地点：渡桥村党总支办公室

金：董书记是本乡本土的渡桥人吗？你祖辈也是在这里生活的吗？
董：我是在渡桥村土生土长的，祖祖辈辈在这里生活了好多代了。
金：那你对这里感情肯定是十分深厚的。

董：对。对生我养我抚育我成长的渡桥，感情非常深厚。这种朴素的感情，会产生一种动力，因此建设家乡、发展经济、努力工作，我认为自己责无旁贷。

金：请你说说个人在村里的工作经历。

董：我于1990年开始，在晨光村从事共青团的工作，当了4年的团支部副书记，10年团支部书记，也算是一个青年后备干部。

金：你从什么时候开始，从事村的行政工作和党务工作？

董：2007年11月、2011年11月渡桥村第二、三届村委会换届选举，我连续被选为村委会委员，具体负责村里的社会事业。

金：2012年2月，你开始主持渡桥村的村务工作，是吗？

董：对。2012年2月，我任渡桥村党总支副书记，并主持村务工作。直到2013年11月渡桥村第四届村委会换届选举，正式担任村委会主任。

金：作为村主任，要做的事很多，请问你带领村委会人员主要做了哪些事？

董：党的十八大以后，村里工作重点是发展村级经济，搞好民生工程，直接与群众相关的是村庄整治和美丽乡村建设。

金：先说说村庄整治这方面的工作好吗？

董：好。2012年，渡桥村被列为吴中区村庄整治重点村，渡桥村要整治的自然村特别多，排一排有10多个：新塘村、婆罗桥、西泾头、葛家渡、禾家湾、陈岭头、下路头、莫青头、上官庄、下官庄、村后底、席家后底、席家新村等。

金：有那么多自然村，具体是怎样整治的？

董：那么多自然村，只能分类型部署，分阶段实施。总体来说村庄整治分两类，一类是环境整治村；一类是三星级康居村，如西泾头。环境整治村重点是改善村庄环境面貌，提高农民生活质量，项目有杂物清洁、浇筑路面、外墙见新、清理露天粪坑、沟渠清淤、疏浚河道等。

金：那三星级康居村的要求肯定比较高的。

董：西泾头三星级康居村建设要求较高，它要对整个自然村进行综合整治。2012年至2013年，村里投入300多万对西泾头进行全面整治，填土8000立方米，道路硬化4000平方米，安装路灯20盏，新建1000平方米停车场，改造立面12000平方米，种植绿化2000平方米，铺设污水管网2000多米，受益农户50多户。由于全面整治收到显著的成果，西泾头被评为“吴中区三星级康居村”。

金：村庄整治使渡桥村的面貌起了哪些变化？

董：村庄整治使村里的人居环境有了明显变化，村庄绿了，河流清了，环境美了。

金：接下来请你谈谈美丽乡村建设情况。能否先说说美丽乡村建设与村庄整治、新农村建设的关系？

董：好。党的十七大后，农村掀起了建设社会主义新农村的热潮，之后搞城乡一体化建设以及村庄整治。十八大报告中提出建设美丽中国，之后，农村开展了美丽乡村建设，新农村建设是美丽乡村建设的基础，美丽乡村建设是社会主义新农村建设的延续。

金：那请你介绍一下渡桥村的美丽乡村建设情况，包括美丽乡村建设的定位和要求。

董：美丽乡村建设的目标定位是坚持“山水苏州，人文吴中”的建设目标，要求“强、富、美、高”。

金： 强、富、美、高的具体含义是什么？

董： 强、富、美、高的含义是“经济强、百姓富、环境美、社会文明程度高”。

金： 这是总的要求，宏观的要求，那具体的要求是什么？

董： 美丽乡村建设具体要求是以“望得见青山、看得见绿水、记得住乡愁”为方向，以巩固农村村庄环境整治成果为重点，大力推进农村生态文明建设，深化农村环境保护，不断提升农村基础设施和公共服务质量，优化农村产业结构调整，提高农民生产生活水平，目的要把渡桥的村庄建成生态优美、设施配套、经济繁荣、农民富裕的美丽村庄。

金： 美丽乡村建设分几大类型？

董： 美丽乡村建设分三大类，一类是美丽村庄，一类是康居村庄，还有一类是安居村庄。

金： 渡桥村的群众对美丽乡村建设持什么态度？有什么看法？

董： 为使美丽乡村建设有群众基础，实施过程中能得到群众的支持和拥护，2017 年初我们就司前街、村后底、新塘村开展美丽乡村建设问题，对群众进行抽样调查问卷，在三个村 257 户人家抽取 50 户村民参加，问卷结果如下：

1. 年龄分布：35 岁以下占 22%，35—57 岁占 58%，57 岁以上占 20%；

2. 性别分布：男占 64%，女占 36%；

3. 职业分布：商贸业、个体户占 28%，企业职工占 12%，农业人员占 54%，无业人员占 6%；

4. 政策了解情况：非常了解的占 8%，有些了解的占 67%，不了解的占 25%；

5. 对本村环境的满意度：很满意的占 2%，满意的占 24%，基本满意的占 36%，不太满意的占 26%，不满意的占 12%；其中不太满意的主要是指村庄规划不合理，公共设施不足等方面；

6. 对本村基础设施配套满意情况：满意的占 26%，基本满意的占 32%，不太满意的占 32%，不满意的占 10%。

统计发现，多数村民对美丽乡村建设是满意的，村民最希望解决的是新建公共设施（公共厕所、老年活动室、小公园等）、修建停车场、整理三线等内容。同时，问卷调查也发现了我们有些工作做得不够到位，宣传教育不够及时细致，导致一部分人不太满意。我们对这些不满意的人群，一方面做好解释工作，一方面实实在在改进，使他们看到行动，看到结果，由不满意变为比较满意。

金： 在美丽乡村建设中，你们能做到调查民意，这一点做得很好，同时也说明，搞美丽乡村建设必须要得到群众支持拥护，否则，脱离群众，不切实际，不会有成效的。

董： 对。

金： 渡桥村的美丽乡村建设是从哪一年开始的，有什么总体计划？

董： 渡桥村的美丽乡村建设是从 2015 年开始的，2015 年重点是南北街、殿泾港、婆罗桥；2016 年重点是陈岭头、禾家湾、新河村；2017 年重点是司前街、村后底、新塘村。

金： 具体围绕哪些进行美丽乡村建设？

董： 重点围绕道路硬化、路灯亮化、村庄洁化等来达到村庄显著变化；按照“四季常绿，三季有花”的要求，推进村庄道路绿化、硬化和美化，村内沟渠得到全面整治，达到“流畅、水清、岸绿、景美”的效果，并充分利用空闲地段，铺石筑径，配套建设文化娱乐设施和健身器材；形成协调美观的“路”“水”“园”整体景观。这些建设项目，群众看得见，摸得着，在这里不再重复了。

金：通过创建美丽乡村，村里发生了哪些变化？

董：通过美丽乡村建设，村民的思想也发生了变化。一方面社区文明生活方式被群众接受，保护环境、讲究卫生、文明向上的村风得到了提升；另一方面通过基础设施和环境整治，村容村貌大为改观，生活环境明显改善，资源得到有效利用，村民和谐幸福指数显著提高。

金：可以看出，渡桥村美丽乡村建设取得了丰硕的成果。请问，村里准备怎样来巩固这一成果？

董：美丽乡村建设是这几年村里的中心工作，村党总支、村委会牢固树立“发展是第一要务、项目是第一载体”的思想，进一步完善工作机制，做到制度化管理、项目化推进，巩固工作成果，引导干部群众珍惜创建成果、维护创建成果，形成长效机制，让更多农民从中受益。

金：今年3月，你担任村党总支书记兼任村委会主任，请你说说今后的工作思路和目标。

董：渡桥村下一年发展设想主要有三个方面：

一是调整优化产业结构，工、农、服务业齐抓并举，村级稳定收入是渡桥村开展后续村级经济发展和各项社会事业建设的有力保障。下一阶段，村将继续稳定推进工业项目转型，继续加强“一村两楼宇”等经济载体建设，进一步规范集体资产管理，积极对接厂区业主日益增长的物业服务需求，完善对入驻企业的物业服务，强化对厂区的水电、保安、保洁管理和变压器等物业的有偿使用，实现集体资产的保值、增值。在发展工业基础的前提下，逐步实现传统农业向现代高效农业的稳步转型，大力发展现代湖羊养殖和“羊家乐”，把湖羊产业与绿色生态旅游相结合，逐步实现工、农、服务业相互促进，共同发展。

二是争取政府扶持引导，大力发展湖羊产业。渡桥村湖羊基地的有效实践引起相关政府部门的高度重视，我村要抓住机遇，争取对村湖羊产业给予更多的政策资金扶持，加大湖羊资源保护力度，加快湖羊良种繁育、推广、利用体系建设。围绕东山湖羊规模养殖示范基地申报相关项目，争取财政资金的进一步支持。积极做好“东山湖羊”品牌经营、国家地理标志保护产品申请和省市级非物质文化遗产申报等工作。将湖羊资源作为吴中特色农产品，进行系列化宣传和重点性推介，不断扩大湖羊的知名度和名誉度。

三是坚持市场化运作，带动村民增收。通过“企业＋合作社＋农户”经营模式，鼓励闲散农户参与进来，培养壮大湖羊养殖人员队伍，鼓励引导农户采用现代养殖技术进行适度规模养殖，拓展湖羊产业链，推广“羊家乐”农家餐饮，加大产品深加工力度，突破传统湖羊消费的季节性、形式化限制，实现经营品种品味的多样化。同时要抓住新疆、甘肃等西北部省区退耕还草后对优质湖羊种羊需求的发展时机，推进东山高纯度湖羊种质资源，大力发展湖羊种羊贸易，打造湖羊良种供应基地。

金：董书记今天讲了很多，既总结了过去的工作，又谈了渡桥今后的发展方向，相信渡桥村在董书记的领导下，通过党总支和村委会班子的团结协作，一定能带领全体村民开创渡桥更加美好的明天。

董：蓝图已经制定，要想梦想成真，还要不断努力，奋发向前。我们两委班子决心再接再厉，再创佳绩。

附四：口述渡桥——周峰宝

采访对象：周峰宝，1964 年 9 月出生，原渡桥村党总支副书记、村委会主任，现任东山镇镇区办主任、动迁安置办公室主任

采访人：金本福

采访时间：2018 年 2 月 27 日上午

采访地点：东山镇动迁安置办公室

金：周主任好。并村前，你担任新建村村委会主任，又任新建村党支部书记，工作经历十分丰富，请你说说在新建村的工作情况，好吗？

周：好。我于 1991 年 10 月任新建村党支部委员，一年后任村民委员会主任。1996 至 2003 年 11 月担任新建村党支部书记，整整在小村工作了 12 个年头，这些年里，工作中的甜酸苦辣都尝过。

金：那先讲讲工作中的甜吧？

周：要说工作中的甜，就是工作中任务完成得好，心里感到甜滋滋的。回顾小村的工作，新建村党支部、村委会两套班子成员，心往一处想、劲往一处使，团结协作，带领村民发展生产、改善生活。经过多年努力，新建这个“苦”村，逐步翻身，走向富裕。村里出资铺设自来水管，使家家户户用上自来水。为全村每家每户开通闭路电视。这里还有一点可以充分说明，由于生产，经济发展，当时新建村的“两金一费”征收工作提前按额完成，多次受到镇党委政府的表彰。

金：那请你说说工作中的苦吧？

周：在经济相对薄弱的村工作，确实很苦。新建是个“苦”村，工业薄弱，经济实力差，村里要办的事又多，工作任务要完成，村干部的年终报酬要兑现，如何发挥干部的工作积极性，如何把新建村的经济发展搞上去，这确实是个苦活。于是我和党支部、村委会班子成员，同心协力，群策群力，搞了一些经济项目，抓了一些工业项目，如新塘圩搞经济作物开发，增加老百姓的经济收入；帮助一部分人利用公路两侧民房开店经商；还动员一些人从事交通运输工作。经过几年努力，村里农产品种植结构调好了，一些小工厂也开出来了，从事三产的人也越来越多，村里和村民的经济有了好转，新建村也逐步摆脱苦境，现在回想起来，这些工作确实是蛮“苦”的。

金：再说说工作中的辣吧？

周：在小村工作中，难免碰到一些难弄的人和事，虽然他们所占比例不高，但确实也比较“辣”手。如极少数人违反计划生育政策，逃东逃西，违规超生；一些人在征地拆迁中漫天开价，蛮不讲理。遇到这些辣手的事，党支部、村委会两套班子成员统一思想，统一行动，在耐心细致做好思想教育工作的基础上，适当满足一些人的合理要求，对一些蛮不讲理的人则毫不动摇，坚持原则，而且利用宣传阵地形成正确的舆论导向，使正气压倒邪气。在干部群众力量的威慑下，一些人也收敛了不良行为，一些问题合理合法地得到了解决。

金：2003 年 11 月，晨光、新建、西泾三村合并为渡桥村，你担任第一任渡桥村委会主任，请你谈谈自己怎样进行角色转换？怎样调节尽快适应新的工作岗位？

周：2003 年 11 月，我担任渡桥村委会主任，原来新建 1 个村，自己又是土生土长，

干部群众基础较好，开展工作有一定的优势。如今3村合并为1个大村，村多，干部多，群众更多，要开展好工作，一定要突破原来小村工作的框架。我想只要自己一心为公，虚心学习，平时与班子成员多碰头，多商量，以自己的实际行动感化其他村的干部，工作肯定能够做好。因此我每天早上召开碰头会，也可称作晨会。当时晨光村是陈正德负责，新建村是陈龙发负责，西泾村是姚正林负责。每天1小时的晨会，重点结合中心工作，讨论怎样贯彻，估计遇到什么问题，商量采取的措施。这种晨会制度产生了好的效果，它使村务工作有目标，有方法，有措施。

金： 请举几个实例。

周： 由于干部一条心，拧成一股劲，村务工作打开了新局面，如2004年下半年，光荣村10多户村民到渡桥违规圈地造房，村干部统一思想，统一行动，对违规建房进行突击整治。村里协同镇城管执法部门，连续3天集中行动，1天集中处理违规建房，该拆的拆，该填的填；2天时间办理超标处理手续，由于工作步调一致，整治工作获得预期效果。又如2003年至2005年，吴中区建设东山大道，征地拆迁任务主要在渡桥村，当时总指挥是党委书记姚长发，副总指挥是镇长陆月根，渡桥村负责拆迁具体事项，村里出动精干人马，一家一户动员，补偿工作一家一户落实，终于如期完成任务，受到区委区政府和东山镇的表彰。再如2015年下半年，村里进行失地农民城镇保险置换工作，村干部分3个小组，挨家挨户进行宣传发动（因一部分款要由村民个人负担）。由于工作到位，使大部分人及时办理社保置换，享受到了改革开放社会保障的成果。

金： 渡桥村的村民自治工作做得比较出色，曾被评为苏州市村民自治模范村，你当时担任村主任，请你讲讲这件事，好吗？

周： 村民自治工作的主要内容是由四个“民主”组成的，即民主选举、民主决策、民主管理和民主监督。

金： 请你说得具体一点好吗？

周： 民主选举指村民委员会的选举产生，是指村民委员会主任、副主任和委员的选举产生。村民委员会的选举，是民主决策、民主管理、民主监督的前提和基础，是村民自治最主要的环节。渡桥村在民主选举中，严格依照法律法规，依照法定程序把选举工作做好。每届村委会选举前，先成立村民选举委员会，村选举委员会组织群众学习选举工作法规和上级文件，做好宣传发动工作，然后制定选举工作方案和选举办法。召开选举工作会议，确定和培训选举工作人员，组织选民登记，审查选民资格，公布选民名单，发放选民证，组织有选举权的村民提名候选人名单，确定并公布选举日、投票时间、投票地点、投票方法。主持召开选举大会，组织选民投票选举，确定选举是否有效，公布选举结果和当选名单，并报乡（镇）村民委员会换届选举工作指导小组备案。选举工作结束，建立健全选举工作档案。渡桥村高度重视民主选举工作，每个步骤、每个环节都抓细抓实，因此选出了村民比较满意的村民委员会。

金： 请说说民主决策吧。

周： 民主决策就是按照有关法律法规在村里设立村民代表会议，研究决定村里的大事和群众关心的问题。村民直接参与民主决策，是依法实行村民自治的核心；选好村民代表，召开好村民代表会议是民主决策的关键。村民代表会议议事有五大原则：一是要以国家法律法规、方针、政策为依据；二是要以符合大多数村民利益为出发点；三是以有利于促进经济发展和社会稳定为目的；四是以村情为基础；五是少数服从多数。村民代表会议是按户数多少来确定的，一般是15户推选1人。村民代表会议的主要议题有村民委员会工作报告和财务收支情况；上级政府交办的任务；村民代表根据群众提出的议题。渡桥村的村民代表会议比较正规化，村民代表会议作出的决议，绝大多数被村党支部和村委会采纳。

金：接下来请说说民主管理吧。

周：民主管理的核心工作是进行村民自治章程建设。

金：什么是村民自治章程？

周：村民自治章程是村民自我管理、自我教育、自我服务的综合性规章。渡桥村在2006年制定了《渡桥村村民自治规范管理章程》。第一章总则共有7条，第二章社会秩序管理共有10条，第三章经济秩序管理共有7条，第四章村级组织管理有1条，第五章实施和执行共有3条，一共是五章28条，章程于2007年11月14日实行，它对于规范渡桥村干部群众的行为，实施村民自治的目标起到了重要的作用。

金：最后请你谈谈民主监督。

周：民主监督是村民依照法律法规通过参与、审议、视察、建议、批评、督促、检查等形式对村民委员会班子成员在遵纪守法、勤政廉洁等情况进行监察和制约，其任务是发现、揭露、纠正和预防违背国家法律法规的行为，保证村民委员会成员依法行使职权，保证他们为全村大多数村民谋利益。

金：民主监督的实质是对权力运作过程实行制约。实行村民民主监督，要坚持哪些原则？

周：实行村民民主监督，要坚持四个原则：一是公开性原则，二是客观性原则，三是独立性原则，四是法制性原则。

金：公开性原则就是村务公开，请围绕这个话题，详细谈谈，好吗？

周：好。渡桥村的村务公开主要要从农民群众普遍关心的和涉及群众切身利益的实际入手，凡属群众关心的热点问题以及村里的重大问题都要向村民公开，如新上的经济项目、村里的财产和财务收支、征用土地和宅基地审批、计划生育指标、集体土地和经营实体的承包、核实救济款物的发放、村干部年级工作目标及其他公共事务等。公开的内容简洁明了，便于群众了解，公开的形式主要是设立村务公开栏，将上述内容进行公布，一年三至四期。有关这方面的工作，村里做了许多，但还要继续努力，防止形式主义。村务公开要增强透明度和清晰度。

第十章　社会事业

渡桥集镇历史悠久，民国时期为吴县东山区渡水桥镇公所驻地。中华人民共和国成立初期为东山区渡桥乡政府驻地。20 世纪 60 年代又为吴县太湖人民公社驻地，现为东山镇属小集镇。

中华人民共和国成立后至 80 年代改革开放时期，由于渡桥集镇的地位以及所处的地理位置，社会各项事业比较发达。90 年代开始，由于兴建新镇区，渡桥集镇功能逐渐减退，一批社会事业单位相继搬离，至今渡桥境内保留的社会事业单位有江苏省湖羊保护区（现为国家湖羊保护区）渡桥基地、江苏省果树研究所、苏州市水产研究所。

第一节　教育

东山明清时期进行私塾教育。清末民国初，新学兴起。渡桥境内有县立培育初级小学、县立西泾小学，私立延陵务本小学等，供渡桥境内适龄儿童入学读书。1920年基督教教会在渡桥开设中西女学。1921年与东山席氏创办半日制民办学校，地点在渡水桥猛将堂。1937年东山创办莫厘补习初中1所。1946年3月创建私立吴县莫厘中学，渡桥境内少数富家子弟读初中，均入莫厘中学。

中华人民共和国成立后，人民政府接管学校，教育得到较大发展。时境内有渡桥中心小学等。"文化大革命"期间，教育事业削弱，渡桥中心小学也被撤并为村级完全小学。1978年以后，教育事业开始走上健康发展的道路，时渡桥境内有渡桥小学、西泾小学、新建小学、新建中学（初中）。小学按大队（村）为施教区，初中的施教区为渡桥片。渡桥小学、西泾小学、新建小学归属东山中心小学管理，新建中学归属东山中学管理。1994年9月，西泾小学并入新建小学、吴巷小学。1999年2月，新建中学并入东山中学。2000年9月撤新建小学，并入渡桥小学及摆渡口小学，时渡桥境内有1所渡桥小学。2002年9月，渡桥小学划归东山实验小学管理。2013年7月撤渡桥小学，并入东山实验小学。2015年9月，东山实验小学及附属幼儿园新校区竣工使用，渡桥境内的适龄儿童全部转入东山实验小学，渡桥村的教育事业揭开了新的一页。

一、私立学校

1. 延陵务本小学

位于西泾村。1916年，由里人吴礼门出资设立，主收武山吴氏子弟，兼收其他家族子弟。1920年停办。

2. 半日制学校

1921年，由席云生、席微三创办，学校设在渡桥猛将堂，专收贫民儿童，每日下午上课，学费书费均免，抗战开始，学校停办。

二、公立学校

1. 中西女学

1921年，由基督教会创办，分设响水涧、翁巷松风馆、渡水桥三处。1927年秋，由地方乡政局和同乡会认捐办，一度改为敬文小学，抗战开始停办。

2. 西泾小学

县立小学，校址在武山西泾。1926年创立，后因抗日战争开始而停办。

3. 培育小学

县立小学，初址在渡水桥猛将堂旁。1936年创办，抗战开始停办。2年后复校，更名培育初级小学，校长范承斌（范仲淹28代裔孙），办学经费由吴县教育局划拨，学生缴纳书费为补充经费。据1943年统计，培育小学规模为两个班级，共有学生88名，教师3名。

抗战胜利后，国民政府接管，迁址到东山米厂附近，改名为东山第二国民小学。

4. 渡桥中心小学

前身为东山第二国民小学。1953年为渡桥中心小学，与当时的东山中心小学、杨湾中心小学并列为东山地区的三大中心小学。1958年迁址到渡水桥东侧渡桥南街，并更名为渡桥小学。

5. 渡桥小学

前身为渡桥中心小学。1968年建立，时附设初中班，又名渡桥五七学校。1978年，因东山发展工业需要，原地建办吴县针织二厂，学校迁址到渡桥南街渡水桥西侧。1980年撤销初中班，学校成为一所完全小学，并更名为渡桥小学。

渡桥小学因师资较好，学生水平平衡，历年教育教学质量较好。但学校迁址后，部分教室是危房。1978年—1998年间，镇政府拨款修复危房。1999年，为彻底消除危房，镇村共投资40万元，征地扩建学校。新建校舍建筑面积512平方米，修筑运动场一片。扩建后学校占地面积4790平方米，建筑面积1714平方米。同时添置了电脑，班级配备“二机一幕”（录音机、投影仪、放映屏幕）。2000年设班级7个，学生295人，教师12人。

2002年9月，东山调整教育体制，渡桥小学的隶属由东山中心小学改为东山实验小学。

2003年始，东山科技工业园用工增多，其中大部分是外地民工，这些民工大多居住在渡桥境内，民工子女就学矛盾相当突出。为解决外地民工子女入学困难问题，经镇协调，由渡桥小学承担外来民工子女就读任务。之后的十年里，渡桥小学的外来民工子女占学校学生总数比例越来越高。到2012年，外地民工子女人数占95%，而渡桥村的适龄儿童基本上在东山实验小学就读。

2013年7月，为适应现代化教育需要，东山镇决定撤销渡桥小学，并入东山实验小学。同年9月，渡桥小学并入东山实验小学。2015年9月，东山实验小学新校落成并投入使用。新校坐落在东山镇南新镇区，占地面积60000平方米（小学43333平方米，幼儿园16667平方米），校舍建筑面积35200平方米（小学24300平方米，幼儿园10900平方米）。教育设施设备先进，达江苏省级一流标准，这为渡桥地区的教育发展加注了新的活力。

原渡桥小学（2012年）

6. 新建小学

原名连墩小学，1924 年办于新塘圩莲墩头，负责人缪先生，共有学生 30 多人。一年后缪先生离开，学校就此停办。1953 年，林荣鹤先生继续办学，学校迁至新建五队的婆罗桥，学生 30 多名，学校条件极为简陋。1957 年，连墩小学负责人为潘家新。1962 年，由席德明接替继续办学，地点仍在婆罗桥。1965 年，学校更名为新建小学，学生 30 多人，负责人陈启福。1966 年，学校搬至葛家渡，教师 4 人，负责人金志雄。学校设 1 至 6 个年级，学生 80 多人。1968 年至 1982 年 7 月，学校先后由郭文贵、沈建荣负责，学校简易草棚翻建为简易平房。1982 年 9 月至 1999 年，新建小学负责人先后为谢福奎、胡培德、施荣福、李士群、秦吉。2000 年 8 月，新建小学撤销，一部分并于渡桥小学，一部分并于摆渡口小学。

7. 金星小学（西泾小学）

建于 1970 年，时有 5 个班级，5 名教师，校名为金星小学。1976 年，学校学生班级增多，成为一所六年制完小，校长谢福奎，有教师 8 人。1980 年 12 月，金星大队更名为西泾大队，学校也随之改名为西泾小学。1990 年，学校生源逐步减少，办学规模成为初级小学，时开设一二年级复式班、三四年级复式班。1994 年，西泾小学撤销，一部分并入新建小学，一部分并入吴巷小学，学校校舍由村幼儿园使用。

8. 东山第五初级中学

1969 年 1 月创办，初名东方红中学，校址在摆渡口。1971 年 1 月，学校迁址于新建葛家渡，改名为东山第五初级中学，1992 年又更名为西泾山初级中学。该校隶属于东山中学，施教区涉及新建村、光荣村、摆渡村、漾家桥村、吴巷山村、西泾村、吴县航运公司五七农场。学校规模保持初一到初三双轨制。历任校长为陈祖良、方巧仙、聂绶章、郁楚卿、陈立武。

1998 年 7 月，西泾山初级中学撤销，学校并入东山中学。

原西泾山初级中学（1995 年）

第二节　文化体育

一、设施建设

中华人民共和国成立前，境内农民忙于生计，生活勉强维持，几乎没什么文化活动。即使有人到镇上听书、看戏，那也是一些大户人家的事。

中华人民共和国成立后，渡桥老街继续办了一个书场，由私人开办。书场往往与茶馆连在一起，上午供应茶水，下午和晚上为书场。

1977 年，洞庭人民影剧院建成使用，改善了东山人民的文化生活。渡桥因地处东山市镇边缘，村民到镇上看戏看电影的人数较多。

1979 年起，农村人民生活逐步富裕，电视机开始进入普通农民家庭。1981 年，渡桥境内 3 个大队的农民家庭争相购买黑白电视机。

1984 年，兴建东山电视转播台。转台的建成使用改善了渡桥周边群众收看电视节目的清晰度，也使东山电视机发展进入新的阶段。这阶段的需求，主要向大型电视机、彩色电视机发展。据统计，1989 年，渡桥 3 个村拥有电视机的村民达 70%（其中彩色电视机占 10%）。1992 年，东山镇闭路电视开通。1997 年 12 月，光缆大联网、有线电视网络从镇区逐步覆盖到农村。1999 年，晨光村开通有线电视网络。2001 年和 2002 年分别开通西泾村和新建村的有线电视网络。2008 年，东山广播电视中心更换村民中电视用户的机顶盒，改善有线电视的收视效果。

2012 年，渡桥村投入 15 万元，在西泾山建健身路径 1 套。2015 年在西泾头、婆罗桥、渡桥南街原渡桥小学内设置健身路径 4 条，建小公园 3 个。2016 年，渡桥村结合美丽乡村建设，恢复“桥头文化”，投入 65 万元，结合日间照料中心，重建渡桥书场。渡桥书场占地 200 平方米，可同时容纳 100 位村民喝茶、听书，一档书 15 天连载，半个月更换 1 次剧目，还定期播放红色电影和党建节目。书场免费让村民听书。2017 年，实施“大美东山，水墨渡桥”信息平台。平台主要包含高清互动升级、电视社区、智慧农村软件三个部分。到年底，村民户户开通智慧社区平台。

二、群众文化

1．抬阁

抬阁是东山独特的民间文化，约源于清代中期，盛于民国年间，一般出现在城隍会中，非常吸引观众。

旧时，东山有上百只抬阁，只只独具匠心。道具创特色，称之为“出彩”。渡桥村“水漫金山”是东山众多抬阁最出彩者之一。“水漫金山”因三人共同表演，俗称“三跷翅”。下边法海老僧盘膝正坐，手扶龙头禅杖，禅杖上站着白娘娘，手拿着桨，最上面的小青青踏在桨上，威风凛凛。该抬阁构思奇巧，惊险动人，令人叫绝。

1936 年，苏州开展“六三禁烟节”文艺宣传大游行，东山派出“借茶”“十字坡”“水漫金山”等4只抬阁参加，其中“水漫金山”就是渡桥村派出的抬阁。

中华人民共和国成立初期，渡桥抬阁“水漫金山”多次演出，如欢庆东山解放，庆祝合作社成立等。“文化大革命”中，抬阁被作为“封资修”被叫停。改革开放后，渡桥抬阁又获得新生。

1984年春节，东山举办首届艺术节，开展大型游艺会，恢复抬阁演出，渡桥的“水漫金山”参加演出。

1990年，东山成立抬阁队，晨光村率先成立并开展活动。抬阁队共有20人组成。同年，抬阁队（晨光村、东山村、含山村、王家泾村）赴西山在吴县首届梅花节上演出，获得好评。

1999年10月1日，抬阁队中晨光村的“水漫金山”、含山村的“许仙借伞”、王家泾村的“白娘娘传奇”、东山村的“武松打店”又赴苏州在吴县首届艺术节开幕式上表演。国庆期间，这4只抬阁参加了苏州庆祝中华人民共和国成立五十周年游艺活动。

2000年国庆节，东山镇举行迎新千年暨国庆文艺庆典活动，抬阁队的4只抬阁精彩亮相，引来许多人欣赏观看。2008年9月28日，第七届东山民俗风情旅游节开幕式上，“水漫金山”“武松打店”“珍珠塔”等11只抬阁逐一亮相，吸引了众多游客和东山百姓。2015年5月31日，渡桥村的“水漫金山”、新潦村的“珍珠塔”、碧螺村的“吕布戏貂蝉”、陆巷村的“武松打店”等4只抬阁受邀在苏州观前街举办的“特色民俗文化、特色农副产品、特色文明成果”三进城暨“家在苏州、美丽东山”主题展示活动上进行表演，博得苏州市民和外地游客的阵阵赞赏。

2．猛将文化（详见第十三章）

第三节 医疗卫生

明代，渡桥境内中医较多，比较著名的有吴有性等。清末民初，私营医院和从医人数有所增加。

中华人民共和国成立后，人民政府关心群众身体健康，组织医务人员建立联合诊所。卫生事业逐步发展，至今形成镇村两级医疗保健机构，还先后实行农村合作医疗、城乡居民（农村）医疗保险、医疗救助制度，医疗卫生工作日益完善。2012年，渡桥村被评为“江苏省卫生村”。

一、机构

【纪良亚外科诊所】 民国时期，纪良亚在渡桥西泾村行医，诊所开在西泾头，医疗科目为外科，就医者主要是西泾村民及附近村落村民。

【渡桥联合诊所】 该诊所创办人为周仁安。周仁安（1923—2009），1941年在木渎师从李万卿，学医科目为中医外科。1945年在东山行医开私人诊所。1955年8月加入东山中西医联合诊所。1962年，周仁安选址渡水桥堍，在渡桥南街东侧靠渡水港辟三开间门面，建立渡桥联合诊所。诊所背港面南，面积约60平方米，内设常用的医疗设备，由周仁安主外科，夫人张爱清主内科，另配护士、会计各1人。诊所医疗项目以外科为主，兼内科、妇科等，施医范围为渡桥及周边村落，也有一些病人慕名远道而来。诊所实行独立核算，自负盈亏。1968年，农村实行合作医疗，渡桥联合诊所也因此停业。

【西泾社区卫生服务站】 建于2007年，位于西泾席家新村旁。服务站面朝东山大道，五开间两上两下，面积400多平方米，建有候诊室、诊疗室、检验室、化验室、处置室、药房、妇幼保健室、计生服务室等。该站为城镇居民（农村）医疗保险定点机构。医疗设备有血球分析仪、B超、尿分析仪、心电图机、妇科检测机等。站内有工作人员4名，其中2名为乡村医生，1名为护士，1名为药房工作人员。该站不仅担负渡桥村的医疗业务，还兼管吴巷村的医疗业务。

二、农村合作医疗

1969年下半年，渡桥实行合作医疗制度，设立大队合作医疗站，并配备“赤脚医生”（半医半农）。晨光大队赤脚医生为叶爱根、吴兴才、杨秀英；新建大队赤脚医生为吴关兆、陈贵德；金星大队赤脚医生为魏全兴、俞昌本、吴美珍、席富财。是年，贫下中农、赤脚医生进驻公社革委会卫生队，参加管理工作。凡参加合作医疗的社员每人每年出1元，集体从公益金中每人每年出2元。使用方法：社员在大队看病，每人每年收诊金0.05元，药费全部报销，大病转到公社医院或外地医院，住院医药费报销70%。如果年终超支大队给予补助，节约部分转入下一年。

1976年实行公社大队联办合作医疗，公社设合作医疗办公室，经费来源社员交1元，大队交1元，公社财政补助1元。使用方法：其中70%经费由大队使用，用于医疗站门诊药费和医院门诊，还有30%全公社统筹，用于医院住院和转外地医院治疗。如使用超支，大队超支大队补缴；公社超支公社补缴。如使用节余，大队节余归大队，可放到下一年使用。

1983年，农村实行联产承包责任制后，农村合作医疗覆盖率逐年下降。大队合作医疗站改称村卫生保健室，赤脚医生易名为乡村医生。时渡桥境内3个村有卫生保健室3个，乡村医生7名。1990年10月，吴县提出以传统的合作医疗为基本模式，推行乡、镇企业职工统筹医疗，经济确有困难的乡村建立大病医疗风险基金的方针，当年农村合作医疗行政村覆盖率有了明显提高。1993年，渡桥境内的晨光、新建、西泾3个村的农村合作医疗覆盖率达100%。1994年1月，吴县建立县、乡两级大病风险医疗制度，实施农村大病风险医疗，农村在籍人口以户为单位参加大病风险医疗，至此，农村合作医疗制度结束。

第四节　社会保障

一、农村基本养老保险

2003年10月1日，东山渡桥村根据规定实施农村老年人基本养老金制度，村民男满60周岁，女满55周岁，均享受基本养老金，标准为每月120元。后来养老金逐年增加。

2007 年增加到每月 130 元，2009 年 4 月增加到每月 140 元，2010 年增加到每月 190 元，2011 年 1 月增加到每月 210 元，2012 年 9 月增加到每月 270 元，2013 年 1 月增加到每月 310 元，2014 年 1 月增加到每月 350 元，2015 年 9 月增加到每月 390 元，2016 年 1 月增加到每月 440 元。2017 年 12 月吴中区人力资源和社会保障局下达文件，自 2018 年 1 月起农村老年人基本养老金调整到最低每月 490 元，最高每月 520 元。2017 年渡桥村享受居民养老保险人数为 412 名。

2015 年渡桥村 1143 人享受失地置换城保，其中正享受待遇 258 人。享受最低标准为 1—6 月 810 元，7—12 月 870 元。缴纳居民养老（农保）费 178 人。

2017 年，渡桥村 1193 人享受失地置换城保，159 人参加居民养老保险，缴纳养老保险金 22.59 万元。

二、农村医疗保险

1. 大病风险医疗

1994 年 1 月，吴县建立县、乡两级大病风险医疗制度，实施农村大病风险医疗，农村在籍人口以户为单位参加大病风险医疗。

1997 年，东山镇实行大病风险医疗制度，它是解决市镇居民特别是农村村民因生大病而致贫的一种医疗方法。大病风险医疗由政府组织，参加者出少量的钱，依靠集体财政的支持，对生大病者住院提供一小部分的医疗报销。政府每年按农村人口上交吴县市卫生局大病风险医疗经费。1997 年和 1998 年每年每人收费 8 元。1999 年和 2000 年每年每人收费 10 元。2002 年起，大病风险基金以每人 15 元收取，筹措办法以村、学校、镇办单位三块收取，统一交镇政府合作医疗管理所。为保证参与率，镇政府还规定从 2002 年起，民政抚恤发放与大病风险基金挂钩，凡不参加大病风险医疗者，不享受贫困户抚恤金。2003 年，区级基金为每人 6 元，东山镇基金仍为每人 15 元。时晨光、新建、金星 3 个村均参加大病风险医疗，农村人口覆盖率为 95%。

参加大病风险医疗者产生的符合结付范围的住院费用，实行年累计分段按比例补偿，即 500 元以下由参保者自理，500—5700 元由镇级基金分段补偿，超过 5700 元部分由县级基金补偿，其中 5701—10000 元补偿 57%，10001—20000 元补偿 65%，20000 元以上补偿 70%。

2. 新型合作医疗保险

2004 年 1 月，吴中区建立以大病统筹为主的农村合作医疗保险制度和农村特困人群医疗救助制度。农村在籍居民均可参加农村合作医疗保险。当年，渡桥村村民参加农村合作医疗保险的参保率达 100%。

2004 年，农村合作医疗保险基金人均筹资 100 元，其中农民个人缴纳 30 元，镇财政补助 30 元，区财政补助 40 元。2005 年，人均为 120 元，其中农民个人缴纳 40 元，镇财政补助 35 元，区财政补助 45 元。之后各级缴费标准逐步提高，合作医疗报销待遇也逐步提高。

2009 年起，农村合作医疗保险升格为农村医疗保险。

3. 城乡居民（农村）医疗保险

为提高农村居民的医疗保障水平，构建城乡一体医疗保障体系，2009 年实施城乡居民医疗保险制度基本接轨，推行农村医疗保险制度。2012 年，农村医疗保险筹资标准：个人缴费 170 元 / 人；镇财政补助 190 元 / 人，区财政补助 190 元 / 人。

2012 年，农村医疗保险的医疗保险待遇：在参保人员个人缴费资金中提取 90 元 / 人和区大病住院统筹基金中划 80 元 / 人，用于参保人员门诊医疗费用补助。

在医疗保险结算年度内，参保人员在指定医疗机构发生的符合医疗保险报销范围的门诊医疗费用，先从个人账户支付，个人账户用完后，个人自负累计超过 300 元的，在 2000 元限额内（不含自负金额）按比例结付。医疗保险结算年度内，已办理门诊特定项目的重症精神病人在门诊使用规定的抗精神病药品时所发生的费用，在 2000 元限额内由城乡居民（农村）医疗保险基金全额支付。起付线至 4 万元部分补偿 57%；4 万元以上至 10 万元部分补偿 65%；10 万元以上部分补偿 70%。2016 年渡桥村参加医保有 1490 人。

2017 年，渡桥村参加医疗保险有 1288 人。

4. 医疗救助

2004 年 1 月起，农村五保户、最低生活保障对象的家庭成员、重点优抚对象、中华人民共和国成立前入党的农村居民等人员，在享受大病医疗统筹外，可获得医疗救助。参保特困对象每年个人保费由区医疗救助基金承担；住院医疗费用结报不设起付线，住院和门诊特定项目的医疗费用按大病医疗统筹办法结报外，个人负担部分再予补助。

2009 年起，年度医疗救助更加规范化，明确年度医疗救助的对象为参加社会基本医疗保险参保人员和城乡居民医疗保险（原农村合作医疗保险）参保人员中自负费用超过 4000 元以上的人员。医疗救助标准：年度内自负医疗费用超过 4000 元（含）的人员实施年度医疗救助，救助起点标准为 800 元，随着自负金额的增加，救助金额也逐步增加。2013 年实行上封顶制度，自负累计 5 万元至 10 万元，援助比例为 85%，援助下限为 26750 元；10 万元以上援助比例为 95%，援助下限为 69250 元。2014 年，自负医疗费用累计达到 5000 元（含）的补偿 800 元，超过 5000 元部分按 6 个区间分段比例超额累进计算，上不封顶，累计自负越多，救助比例及金额越高。

2013 年，渡桥村享受医疗救助 50 人次，救助金额 315965.3 元；2014 年，渡桥村享受医疗救助 44 人次，救助金额 326736.67 元；2015 年，渡桥村享受医疗救助 58 人次，救助金额 647726.99 元。2016 年，渡桥村享受医疗救助 48 人次，救助金额 227000.00 元。2017 年，渡桥村享受医疗救助 79 人次，救助金额 296400.00 元。

三、优抚

晨光村 1991 年对现役军人 3 人发放优特金 3000 元；1999 年，对军属 1 人发放优待金 2000 元；2000 年，对复退军人 4 人补助 9186 元；2001 年，对退伍军人 1 人安置补偿费 1570 元。

新建村 1991 年对现役军人 4 人发放优特金 4000 元；1999 年，对军属 1 人发放优待金 2000 元；2000 年对伤残优抚、复退军人 4 人补助 9186 元；2002 年—2003 年对复退军人 1 人补助 3000 元。

西泾村 1991 年对现役军人 1 人，发放优特金 1000 元；2000 年，对复退军人 2 人，补助 4462 元；2002 年—2003 年，对复退军人 1 人补助 3000 元。

2009 年，渡桥村发放军属慰劳金 42570 元。

2010 年，渡桥村对义务兵烈属、残疾军人 4 人发放 30000 元，对复员残疾军人 3 人生活补助 4000 元。

2015 年，渡桥村对义务兵 8 人发放优待金、退役补助费 350824 元；对 3 名伤残军人补贴 50688 元。

2016 年，渡桥村对烈军属 9 人发放优待金额 2700 元。

2017 年，渡桥村对 1 人发放义务兵优待金 35288.4 元，对 3 人发放伤残军人补助金共计 103644 元，发放复员退伍兵生活补助共计 55050 元，对 6 人发放参战退役补助共计 73134 元，对 6 人发放农村退役老兵补助共计 13680 元，对 7 人发放烈军属优待补助共计 2100 元。

第十一章　村民收入与消费

中华人民共和国成立前，渡桥境内农民生活贫困，为了维持生活，不少男人当长工，女人当佣人。中华人民共和国成立后，经过土地改革和农业合作化运动，农民有了土地，农业生产发展，农民生活有所好转。1978年12月，中共十一届三中全会以后，农村实行家庭联产承包责任制，农副工三业发展，农民收入增长较快。2000年后，农村进一步完善农业生产责任制，调整产业结构，发展第三产业，拓宽就业渠道，农民收入大幅度增长。2017年，渡桥村村民人均收入达32320元，人均消费支出也相应增长，村民安居乐业。

第一节　村民收入

中华人民共和国成立后，农民摆脱贫困，经过合作化，农民生活水平有所提高，但发展缓慢。实行家庭联产承包责任制，农民生产积极性空前高涨，工农业生产发展，村民收入逐年增长。

1962 年，晨光大队社员年人均分配收入 88.57 元，新建大队社员年人均分配收入 93.30 元，金星大队社员年人均分配收入 57.36 元。

1970 年至 1973 年，晨光、新建、金星三个大队社员的年人均分配收入略有提高，晨光大队依次为 98.20 元、101.40 元、114.30 元、115.00 元；新建大队依次为 112.30 元、121.40 元、130.35 元、113.00 元；金星大队依次为 91.50 元、92.80 元、108.10 元、108.00 元。

1978 年至 1982 年，晨光、新建、金星（西泾）三个大队社员年人均分配收入较前有增加，但增幅不大，三个大队社员年人均收入平均在 200 元左右。

1983 年，农村实行家庭联产承包责任制，调动了农民的积极性，多种经营发展，第三产业兴起，尤其是乡镇企业的崛起，农民收入增长较快。晨光村的年人均收入由 1983 年的 372 元上升到 1989 年的 1146 元；新建村的年人均收入由 1983 年的 240 元上升到 1989 的 1106 元；西泾村的年人均收入由 1983 年的 339 元上升到 1989 年的 882 元。

1990 年后，农村进一步完善生产责任制，优化产业结构，工业进一步发展，第三产业也蓬勃兴起，农村剩余劳动力增多，一部分转向乡镇企业和个体工商户，一部分人从事建筑业、运输业，还有一些人外出寻找致富渠道。有的把东山的花果、茶叶、水产、蔬菜贩销到苏州、上海；有的在外地办公司、开商店；即使寻常百姓家，每当季节性花果、茶叶、水产、蔬菜上市，也在镇区或木东公路（东山大道）沿线摆摊销售，形成全民经商的气氛，因此收入渠道增加。据统计，2000 年，渡桥村境内的晨光、新建、西泾三村的农民年人均收入均超过 5000 元。

2003 年，原晨光、新建、西泾三村合并为渡桥村，由于农村经济体制改革不断深入，社会保障制度和城乡居民（农村）医疗保险制度的健全，村民收入结构呈现多样化，不仅有家庭联产承包的经营性收入，而且有务工的工资性收入，一部分人还有财产性收入（住房出租、存款利息）和转移性收入（政府的补贴补助）。2008 年，渡桥村村民年人均收入超过 1 万元。2017 年渡桥村村民年人均收入达到 32320 元。

表 11-1　　1962 年—2002 年晨光大队（村）农民人均收入选年表

年份	年人均收入（元）	增长比例（%）	年份	年人均收入（元）	增长比例（%）
1962	88.57	—	1978	137.00	—
1970	98.20	—	1979	153.00	11.68
1971	101.40	3.26	1980	145.70	-4.80
1972	114.30	12.72	1981	150.00	2.95
1973	115.00	0.61	1982	195.00	30.00

续表

年份	年人均收入（元）	增长比例（%）	年份	年人均收入（元）	增长比例（%）
1983	372.00	90.77	1995	4513.00	12.32
1984	457.00	23.66	1996	5536.00	22.67
1985	623.00	35.43	1997	5538.00	0.036
1986	763.00	22.50	1998	6164.00	11.31
1987	899.00	17.82	1999	5797.00	-5.95
1988	1030.00	14.57	2000	5805.00	0.138
1989	1146.00	11.26	2001	5813.00	0.138
1994	4018.00	—	2002	5993.00	3.10

表 11-2　　1962 年—2002 年新建大队（村）农民人均收入选年表

年份	年人均收入（元）	增长比例（%）	年份	年人均收入（元）	增长比例（%）
1962	93.30	—	1986	649.00	58.70
1970	112.30	—	1987	828.00	27.60
1971	121.40	8.10	1988	993.00	19.93
1972	130.35	7.38	1989	1106.00	11.40
1973	113.00	-13.31	1994	4000.00	—
1978	101.00	—	1995	4490.00	12.25
1979	129.00	27.72	1996	5509.00	22.70
1980	129.94	0.73	1997	5513.00	0.073
1981	110.74	-14.78	1998	6114.00	10.90
1982	157.94	42.62	1999	5716.00	-6.50
1983	240.00	51.96	2000	5805.00	1.56
1984	392.00	63.33	2001	6267.00	7.96
1985	409.00	4.34	2002	5790.00	-7.61

表 11-3　　1962 年—2002 年金星西泾大队（村）农民人均收入选年表

年份	年人均收入（元）	增长比例（%）	年份	年人均收入（元）	增长比例（%）
1962	57.36	—	1981	167.00	15.50
1970	91.50	—	1982	217.64	30.32
1971	92.80	1.42	1983	339.00	55.76
1972	108.10	16.49	1984	414.00	22.12
1973	108.00	-0.093	1985	731.00	76.57
1978	114.00	—	1986	804.00	9.99
1979	123.00	7.90	1987	841.00	4.57
1980	144.65	17.57	1988	848.00	0.83

续表

年份	年人均收入（元）	增长比例（%）	年份	年人均收入（元）	增长比例（%）
1989	882.00	4.01	1998	5162.00	2.24
1994	3981.00	—	1999	5801.00	12.38
1995	4120.00	3.50	2000	5813.00	0.21
1996	5045.00	22.45	2001	5499.00	-5.40
1997	5049.00	0.08	2002	5171.00	-5.96

表 11-4　　2003 年—2017 年渡桥村村民年人均收入表

年份	年人均收入（元）	增长比例（%）
2003	6457	—
2004	7429	15.00
2005	8507	14.51
2006	8000	-5.96
2007	9572	20.03
2008	10939	13.92
2009	12935	18.25
2010	13866	7.20
2011	17037	22.87
2012	17584	3.21
2013	20387	15.94
2014	26480	29.89
2015	27122	2.42
2016	30491	12.42
2017	32320	5.90

表 11-5　　2003 年—2017 年渡桥村村民储蓄情况统计表

单位：万元

年份	年末银行存款余额	年份	年末银行存款余额
2003	314	2011	488
2004	270	2012	620
2005	20	2013	337
2006	10	2014	238
2007	72	2015	150
2008	42	2016	170
2009	110	2017	300
2010	64		

第二节　家庭消费

20世纪70年代，境内农民月人均生活费支出3元，基本可以维持温饱；支出5元左右的生活费，属于较好水平。80年代后，社员的收入提高较快，生活消费支出也有增长。1980年社员月人均生活消费支出约在6元左右。

1983年，农村实行家庭联产承包责任制后，农副工三业协调发展，农民经济收入增长幅度较大，生活消费水平同步增长。1990年，村民年人均收入1040元，是1982年的5倍多。生活消费支出也增长4至5倍。到90年代末期，随着收入渠道的拓宽，村民消费观念更新，消费结构变化呈现出多样化的趋势，追求新的生活方式的家庭越来越多。2003年渡桥村年人均收入6457元，2017年人均收入增加到32320元。村民收入大幅度提高，消费水平也不断增加。

一、衣

中华人民共和国成立初期，国家计划供应棉布，每人每年一丈六尺，村民穿着以棉衣为主，但由于生活水平低，布料又紧张，村民的衣服数量较少，并以粗衣粗布为主，穿着不讲究好坏，只求实用暖和。“新三年，旧三年，缝缝补补再三年”的穿着习惯普遍。70年代后，化纤纺织品日益增多，村民穿着品种质量较前有所变化，除一般的棉布衣裤外，增加了化纤品服装。90年代后，村民服饰衣着开始多样化，面料质地也趋向于毛涤、呢绒、丝绸，人均每年一两套新装，条件好的有2至3套服装，而且有较多的家庭去商场选购成套服装。进入21世纪，一些中青年衣着观念更新，服饰由单一化向多样化发展，由整洁型向优美型过渡。服装颜色由单一色变为多彩色。中老年人服饰也讲究起大方美观。

二、食

中华人民共和国成立初期，物价逐步平稳，村民生活也逐步稳定，但由于收入较差，饮食状况以粮食蔬菜为主，荤食较少。1955年开始，粮食计划供应。20世纪60年代初期，因三年自然灾害，经济困难，物质紧缺，价格波动。1961年，村民基本生活必需品定量凭票供应，少量商品出现高价，如高级饼、高级糖等。70年代，村民生活有所好转，但变化不大，猪肉一般凭票供应，每人每月半斤左右，一般家庭用餐以蔬菜为主。70年代末期，村民家庭用餐数量质量有所提高，一般中餐为一荤一素一汤。

村民收入提高，生活水平也相应提高，村民饮食由“吃饱型”转为“营养型”，早餐增加点心、牛奶的越来越普遍，荤菜由重猪肉扩展到鸡、鸭、鹅并重，鱼、虾等水产品逐渐成为餐桌主角，蔬菜也讲究多品种，原来青菜、萝卜唱主角，现增加不少高档蔬菜，如黑木耳、白蘑菇、红萝卜、黄花菜、太湖莼菜等，一般家庭饮食为二荤二素一汤。

90年代后，许多家庭主餐由中餐一顿调整为中餐加晚餐两顿。随着食品供应不断充足，饮食结构由营养型转为健康型。

生活水平提高了，对饮用水的要求也提高了，60年代村民大多数饮用井水，70年代逐步饮用自来水，90年代自来水基本普及，部分家庭配用饮水机，饮用矿泉水和纯净水。

村民逢上婚丧喜事，对吃的要求，也逐步提高。农村家庭遇上家庭大事，喜欢在自己家操办，亲戚朋友可以热闹几天。70年代婚宴每桌在15元左右，80年代每桌在50元左右，90年代为570元左右，2000年为800元左右，2010年为1800元左右。一部分家庭的婚宴进入饭店酒家，每桌用餐标准是自己操办的2—3倍，宴席用的烟酒档次也越来越高。

三、住

泥土房（1961年）

中华人民共和国成立初期，村民住房条件较差，多数是老式平房，新建村民住房大部分是泥墙草房，住房简陋，设施较差，采光、透风都不讲究，只是作为安身之处。20世纪70年代初，村域内农民建房逐步增多，但普遍翻建平房。80年代中期始，随着农村经济发展，村民收入提高，出现了第一次建房热，拆旧房建新房，拆平房建楼房成为农村的时尚，住宅结构由原来的砖木结构变为砖混结构，布局一般为三上三下两层，还有其他辅助用房和院子。楼房大多朝南向阳。层高3.8米至4米，进深7米至8米。至1990年，晨光村约60%的农户翻建楼房，新建和西泾村约35%的农户翻建楼房。

1991年—2000年，境内兴起第二次建房热，一些原先没建楼房的农户纷纷盖建楼房，1991年—2000年，晨光村农户建楼房280幢，新建村农户建楼房245幢，西泾村农户建楼房250幢。

2000年后，渡桥村域内兴起第三次建房热。一些原先低矮、陈旧的老楼房被淘汰，取而代之的是一幢幢式样新颖、造型精美的楼房，一些经济条件较好的农户建起了别墅。位于洞庭路和木东公路（东山大道）两侧的农户建造了许多商住房。2015年渡桥村有41户农户翻建楼房，其中晨光13户，新建12户，西泾16户。2016年东山镇渡桥村农业普查抽样调查资料显示：抽样调查农户（失地农民除外）767户，99%居住的是楼房，其中钢筋混凝土楼房528户，占68.8%；砖混结构楼房187户，占24.4%；砖木房52户，占6.8%。2017年，渡桥村共有33户翻建楼房，其中晨光16户，新建8户，西泾9户。

四、行

中华人民共和国成立前，村民出行以步行为主，少数富家子弟出门坐轿子或车。20世纪50年代，车辆出行以黄包车为主。70年代初期，有村民开始添置自行车作为外出的交通工具，当时最好的自行车为上海自行车厂生产的永久牌、凤凰牌。90年代，一部分家庭购买助动车、摩托车，极少数家庭购置轿车。2000年，晨光村有轿车4辆，卡车4辆，摩托车 50 辆；新建村有轿车 1 辆，卡车 4 辆，摩托车 72 辆；西泾村有轿车 2 辆，卡车 4 辆，摩托车 80 辆。进入 21 世纪，随着交通条件的不断改善，收入水平的提高，村域内购买汽车的农户越来越多。2016 年东山镇渡桥村农业普查抽样调查资料显示：抽样调查农户 767 户（失地农民除外），有小汽车 354 辆，摩托车、电瓶车 1276 辆。

农户小汽车

五、用

中华人民共和国成立前，大多数农户以解决温饱为主，除生活必需品外，一般没有耐用消费品。20 世纪五六十年代，普通家庭家具陈设简单，家境好的有大橱柜，少数有收音机和台钟。70 年代，一部分农户家庭陆续购置手表、缝纫机、自行车，当时被称为“三大件”。实行改革开放以来，农户收入增加，“用”的观念也逐步更新。70 年代中期，一般农户家庭青年结婚要请木匠制作成套家具，80 年代讲究沙发等组合家具，家用电器也逐步成为热门货，电视机、录像机、收音机、洗衣机、电风扇、组合音响等成为家庭生活必需品。许多家庭选购家具由实木家具转为红木家具。90 年代后，电话普及，使用 BP 机、手机的人越来越多，爱好摄影的人添置照相机，电脑也逐渐推广，微波炉、油烟机、热水器、空调等进入家庭，有些家庭还有投影仪。一些家庭添置音乐设备，如电子琴、钢琴等，用于培养下一代。2000 年后，村域内农户耐用消费品品种增加，档次提高，宽带网络进入普通家庭，手机使用基本普及，一些条件好的家庭还使用安监报警系统。2016 年，东山镇渡桥村农业普查抽样调查资料显示：抽样调查农户 767 户（失地农民除外），有淋浴热水器 352 只，空调 1414 只，电冰箱 718 只，电脑 481 台（其中可上网者 447 台），开通电线电视 710 户（共拥有彩电 1215 台），手机 1730 只。

附一：口述渡桥——顾龙兴

采访对象：顾龙兴，1940 年出生，中共党员，原晨光大队民兵营长
采访人：薛利华
采访时间：2017 年 11 月 18 日
采访地点：渡桥街张家下脚小弄顾龙兴家

薛：请您先谈谈家常事。

顾：我出生在渡桥一户贫农家中，两兄弟三姐妹含父母共七个人。生活靠父母在渡桥街上做些地产水果、河鲜小买卖，日子过得很苦。这不是我们父母无能，也不是命不好，实在是世道太乱，社会动荡造成的。面对现实，父母亲总是教育我们，人要有志气，不要怕穷。只要刻苦勤劳，不怕苦，不怕累，省吃俭用，日子一定会一天天好起来的。所以我从小就懂事，帮父母做一些自己能做的事，中华人民共和国成立之后，我们参加了土地改革，分到了六亩田，这才使我明白，旧社会老百姓生活为啥穷，这都是腐败、落后的社会

制度造成的。只有在中国共产党领导下，人民才能当家做主人。

薛：请您说说新中国建立之初的事情。

顾：新中国建立之初，我是一个十来岁的孩子了，当年土改干部进村，一户户上门，讲解共产党为人民的政策，搞土地改革让农民有自己土地耕种，让人民群众选举自己心目中的村干部，还动员我们去上夜校、民校学文化，让成年人参加扫盲。我们家孩子多，还分发棉衣棉裤，让我们温暖过冬。党的关怀使老百姓都很开心，驻村干部在我们家里搭伙还结算饭钱，真是干群一条心。那时搞农业生产互助组、初级社、高级社，人们都很积极，踊跃地交公粮，我们家还得到驻村干部的表扬。

薛：再说说您的具体经历，怎么样？

顾：新中国建立后，我虽不是个正劳力，但我是个积极分子，不仅积极帮父母做些小活，也经常到土改工作队，帮他们去跑腿、带信，有时还帮他们去发通知。1958 年，我积极报名参加了人民解放军。1961 年 7 月光荣地加入了中国共产党，从战士到副班长，还当过卫生员。在部队五年半中，两次被评为五好战士，一次被评为五好学员，受到连、营、团七次表彰。1964 年年初退伍回乡担任晨光大队民兵营长，直到 1975 年。担任民兵营长期间，晨光民兵营三次荣获吴县民兵先进营，我也被评为优秀村干部。以后我曾一度借调到公社机关去帮助搞环保工作，1985 年获苏州市人民政府评选的“乡镇街道环保工作先进个人”以及吴县人民政府评选的“环保先进个人”。1993 年到镇办企业东山标准件厂工作，2000 年在该厂退休，当时尚无社保基金，仅靠标准件厂办理的保险，每月可领 57 元补贴。

薛：你小家庭情况怎么样？

顾：我是 1964 年结婚的，有两子一女。全靠我们夫妇俩勤俭持家，生活一直过得比较舒畅。

薛：请你说说是怎么个舒畅法？

顾：我所说的舒畅，也只是相比而已。在改革开放之前，农村干活靠工分，基本上都差不多，孩子多，负担重是常理，但我们没那么多烦恼，从不透支，反而有余。我 1964 年退伍，2000 年退休。在这期间，我的家庭副业就是养猪，每年养猪 3 头，养鸡 10 来只，没有停过。我只要有空，总是去田间劳动，捞水草、割青草喂禽畜。当年生产队个人唯一能搞的副业是养猪，别的副业是不准搞的。养猪主要是积肥上交生产队一担窝，生产队付五角钱（记账）。三头猪全年出窝 240 担，一年就是 120 元，这都是起早摸黑、忙里偷闲捞草、割草得来的，其紧张程度不亚于“大跃进”，而且是天天如此。我公事结束，要么是参加队里劳动生产，要么是协助老婆做家务、搞副业。

薛：您对您的大半辈子自我评价一下，怎么样？

顾：我很幸运碰上了改革开放时期，生活过得很开心。回想起 1965 年我与大哥顾惠民分家时，老屋三间各半，各自挤在一间半小屋里。到 1980 年我建了四间平屋，三个孩子才能分房而居。1986 年又翻建了三上三下两层楼房一幢，外加四间平屋。这是我的家业，后来子女们都又建造了自己的别墅花园，那是他们的事了。我对子女们的唯一希望是走正路、做好人、作贡献。我这个人一向较为坦荡，我当兵五年半，大队里工作十年，后来又借到公社帮忙，说穿了都是杂差工。党叫干啥就干啥，从没一个“不”字。我从不计较别人对我怎样，我更不与人攀比，我做事尽力，办事让人放心，这就是我的信念。

薛：你空闲时间做些什么？

顾：真正空闲时，我的伴就是宅园里的花花草草，东剪剪，西扎扎，培培土，浇浇水，不知不觉半天一晃而过。晚上 7 点必看电视新闻，看完睡觉。有时白天四周走走，儿子店里坐坐，朋友家里弯弯，山海经谈谈，主要是锻炼脚劲。

薛：您现在每月有多少收入？

顾：我现在个人收入应该是村里人年均收入中的低收入者，属于少数人群中的一个，我每月收入：东山标准件厂替我买个人保险，月补助 57 元；老年人失地农民月发补贴 930 元；当兵五年半，月给补贴 150 元；大队定工干部月发 250 元，合计 1390 元，这是我一个月的净收入，全年 16680 元，不足 2 万元。我每日平均开销 46 元多。当然不包括子女给我的钱，应该说是足够了。我与儿子一起住，水电费不用我交，油盐柴米有时还是子女在替我买。我儿子、媳妇、孙子们对我很孝敬，总是关心我，买长买短的，荤菜蔬菜和吃食我屋里总是不断的。我日常吃的茶叶，也是儿子常年包的。生病治疗有农保，不足部分由子女补贴，所以我过得很开心，很舒畅。

薛：您能介绍一些家庭中的人员情况吗？

顾：可以。我父亲顾全富，小名阿二，常在渡桥街上摆摊做小生意，土改中属居民，没有分到土地，仅是我们四兄弟姐妹分到田。我有两个姐姐一个哥哥一个妹妹，连我五人。长兄顾惠民（已故），长期担任大队会计。大姐顾富宝（已故），出嫁绿化村。二姐顾富仙，1982 年在本村。小妹顾富英，今年 74 岁，嫁于后山。大家生活都过得很好。夫人王仁珠（1940—2015），当过民办教师、供销社营业员，1966 年下放到团结大队插队，后任三队会计。1971 年到中学校办厂、东山船舶电器厂当工人，直到退休。她有养老金，每月 2570 元，留下 10 万全部分给子女。我老伴她是“家庭主管”，勤劳俭朴，给孩子影响极深。她人缘也特别好，待人办事老实，不图名利。她因病逝世，上门来吊唁的要有 400 余人，一个平民妇人啊，都是她为人做出来的，我很感动。

薛：您有几个子女？

顾：我有二子一女，一个孙子，一个孙女，一个外孙女。长子顾建军，54 岁，东山近水山庄茶业董事长；他夫人王丽琴，也快退休的人了。孙子顾园栋，26 岁，大学土木建筑学毕业，现服务于东山镇政府村镇建设办。二儿子顾晓军，51 岁，东灵茶业合作社董事长；他夫人王小艳，也在东山镇政府工作。孙女顾嘉贤，21 岁，在南京林学院读书。女儿顾佩君；女婿计宏良；孙女计天骄，25 岁，盐城本科毕业后，在苏州工业园区工作。我的儿女、儿媳及女婿和孙儿女都特别孝顺，这对我个人来说是一生中最大的幸福，“养儿防老”这句话，在我身上体现最深。

薛：老顾，对家庭情况谈得已经不少了，能否谈谈美丽乡村建设的感受？

顾：我认为，张家下脚的变化是渡桥村美丽乡村建设中的缩影。没有改革开放，美丽乡村建设步伐不会那么快，发展成效不会那么显著，老百姓钱袋子也不会像现在这样饱满。最近的十几年，尤其是近五六年以来，变化之大尽人皆赞。别的不讲，就拿我的住地张家下脚小弄来讲，也是天翻地覆地变化着，而且发展势头越来越好。张家下脚小弄形成于 20 世纪 80 年代中期，当初老百姓建造的是一些平房。改革开放后，村民的生活发生了巨大变化，尤其是住宅。民国后建国初期，渡桥镇周边农民房几乎多数是茅草屋，稍好一点的也只是泥墙上面铺冷摊瓦平屋（不铺望砖的屋）。普遍开始建造砖瓦屋的要到新中国建立之后开始，先后有四个阶段。一是建国初期，农村里出现草房改瓦房。一般都是两至三间，七架屋平房。二是1983年联产承包责任制后，造屋几乎全面展开，还是以平屋为主。当时曾流传着“楼上楼下，三间两厢；坐北朝南，冬暖夏凉；前有晒场，后有猪棚”的俗语。三是20世纪90年代后期到新世纪初。建造新楼为两层半到三层，有阳台、平台装饰，家用电器开始进入农家，电话、彩电、洗衣机已成时髦。四是新世纪初又掀起了兴建别墅的高潮，家庭装饰向豪华型迈进。现在小弄内居住着26户人家，别墅式住宅有21幢，而且都是近五六年中造的。内部装潢讲究，户户都有网线。村民人均年收入都在2500元以上。村里有私人轿车23辆。张家下脚小弄现在人口有117人。其中有大学生22名，光我家就有3名。

薛：很好，老顾，我们今天就谈到这里，您也是近八十的人了，望多保重，祝您健康长寿。

附二：口述渡桥——钱根兴

采访对象：钱根兴，1936年出生，渡桥西泾三组村民，原金星大队大队长

采访人：薛利华

采访时间：2017年11月21日

采访地点：西泾三组下路头16号钱根兴家中

薛：老钱，您今年几岁了？家里还有什么人？

钱：我今年81岁，家有老婆，也是近80岁的人了，还有三个儿子，现在老太婆因病动弹不得，真也没有办法。过去她是生产队里妇女中的好手，现在躺在床上不能自理。以前我当大队长成天在外面，家中里外由她一把抓，我欠她很多，我现在在“还债”。现在虽然是我服侍她，但是我总觉得欠她的多，回报她的少。三房儿媳孙也常来看看我们的，家中水果、饼干之类不断，也都是他们送来的，儿孙们是不错的。这都是搭上了改革开放的好年世，靠的是共产党的好领导。

薛：现在日子过得怎么样？

钱：现在靠共产党，老有所养，吃穿不愁，月月有钱领。有农保医保，生病不用愁，还有家政服务免费上门。我们能有幸福的晚年，都是改革开放的成果。老太婆重病在床上，医疗费用也是政府担大头，我们出零头。这也是历朝历代所没有的。

薛：现在你一个月有多少收入？

钱：我和老伴每个月有失地农民的惠农款两人合计1910元，全年22920元，加上大队定工干部年贴补3740元，一年总收入26657元。我们领惠农款，是两个月去打一次卡，我名下领2000元，老太婆名下1900元，家在农村两个人足够花了。我在大队里做到57岁，之后老夫妇还去渡村、木渎厂里打工看门，十来年，我们也积了点钱，逢年过节送礼，给小孩子压岁钱都足够了。

薛：你刚才讲的历朝历代所没有的，还能举些例子吗？

钱：上面我已讲了农民也能享受养老福利，过着安逸幸福的生活。农民看病大头政府担当，这是自古以来第一回。还有免征农业税，过去是皇粮国税放在第一，欠税是要抓进去吃官司的。现在竟然一律免了。还有出门乘公交车，70岁以上人全免，到景点园林去游玩全免。有的地方看戏、听书费用全免。包括我们出门去卖羊肉，也不用缴税了，老百姓的口袋就越来越鼓。所以农民才会买轿车、造别墅，日子过得很红火。

薛：你现在空下来做点啥?

钱：关心国家大事是我的习惯，几十年都是如此。以前早上6点半和晚上8点听广播是不脱班的，现在广播没有了，每天晚上7点整的《新闻联播》节目必看。我们现在过的日子要比建国初期好上几百倍。现在的年轻人，住房是别墅，出门是轿车，家用是高档电器，经营业务网络化，打打手机做生意，和我们以前比真是天翻地覆。

薛：请你再说说以前的生活怎么样?

钱：我是从旧社会过来的，对新中国成立前的生活也有所知道。我们住的地方，那时叫陈岭头、下路头，从我祖辈来讲，我们的村坊卖羊、杀羊、卖羊肉不亚于禾家湾。村坊上专卖羊肉的有七户人家，他们是席洪生、施金福、施招根、钱阿富、钱连生、姚正富和钱和尚（又名云庄）。羊源都从吴江庙港一带去收购的。卖羊肉是很辛苦的，一大早挑担翻山越岭到杨湾、陆巷、白沙以及前山诸公井、麦场头、响水涧以及桥头同泰森等地赶早市销售的。

薛：当年羊肉好卖吗?

钱：当年羊肉不比现在好卖。因为当时社会都不富裕，穷人多，大户人家也不多，赶早市不到一个小时，就要串村走巷去转去叫卖，每天到下午三四点钟才能回到家。一户一天能销半只羊，生意就是不错了，往往是两户合伙一起卖。当时流行一句话“一尖刀来两个洞，只糊口来不够用”，意思是，汤汤水水吃着点，要想用是不够的。不像现在靠卖羊肉的都发家致富了。

薛：那为啥呢?

钱：过去主要是销路不好，买的人不多，吃羊肉的人更少，所以，全东山一天也杀不了几头羊，吃客实在太少了。而且还要受人欺侮、敲诈，主要有五个方面：一是赊欠，欠账是流行的，当场付现的只是零星客户，常吃羊肉的也都记账，表示有派头，到年末去讨，赊欠之账最头大，但也没有办法，老生意也不能得罪。有时到落市快，硬赊也要去赊给他们，赊出去总比卖不掉好。照正常年景欠账收回的仅在六成左右，明的是一元只能收到六角。二是旧社会警察刁难敲诈，东山渡水桥南堍旧时设关卡，晚上关门的，清晨羊肉摊过来往往要叫开门，这就得塞小利送点羊肉过去，这是日常之事，只能由他们宰割。对于警察，做生意的人也不能得罪他们的，一旦碰着流氓、地痞上门敲诈，到时还要请他们来解难的。过去百姓对警察的称呼是“黑老鸟”，对他们的态度是“既当佛供着，又当贼防着”。三是地痞、流氓、小混混他们上门敲诈，也有他们的手段，他们来硬扳错头，稍有口舌，就拳脚吓唬，所以碰到他们也只能甘拜下风。给他们点小便宜，花钱消灾。四是盗匪劫掠，深更半夜持枪上门，你只能耐心忍让，点烟、喝茶，既送钱又塞肉，把他们送掉了事。五是高利贷借债，利上滚利。旧时有句“冷在风里，穷在债里”的老话。你一旦借了债，便往往会出现背债度日、没完没了的困境。

现在就不同了，国泰民安、民富国强，现在只要你肯做，行行出状元。就拿西泾村卖羊肉的事来说，现卖羊肉每户人家最少是一只，一般是两只以上，现在销路不用愁，城里人到东山来，白切羊肉是必买的。拿苏州人的话讲，东山羊肉是实打实的，一斤羊肉没有水分，价格公道，到东山不带个一两斤羊肉回家去，除非你是吃素的。现在东山一天要宰几百头羊，每只湖羊毛利可得500元左右，收入非常可观。

薛：你们当年怎样面对上门敲诈等行为的?

钱：在旧社会百老姓是没有地位的人，被称为“乡下人”，我们只能委屈、忍让，只得自己当心，处处小心。首先要有自我保护的手段，比如：我们摆羊肉摊，一般固定在一家店家门口，这就为了保护自己。在老街上，人头熟，固定在一户人家店门前摆摊，这家户主与卖羊肉的人就会有感情，结为朋友，有啥事情户主会出面调停。其次是尽量不去借债。西泾人就有卖谷换羊做生意的诀窍，稻上场之后，卖掉谷子就买羊，有多少本钱就做多少生意。另一个办法即便要借就向东家（摆摊的店家、人家）借，他们也乐意，又对自己经营有好处。在对付盗贼上，西泾头有扎草人吓盗贼的联防方法。每到深冬从铁梗桥开始，到莫青头一路一阵，沿路扎一个个草人竖在田野路旁，又在路口屋上设立哨卡，用毛竹绑上尖刀。若有盗贼进来，就伏击他们，戳他们的身体。从整体来讲，旧时禾家湾、西泾头卖羊肉人家遭抢劫的还不算多。对于讨债之事，西泾人有点灯笼上门讨债的传统，大年夜人家都要讨吉利求安逸的，所以到大年夜那晚上卖羊肉人就会提了灯笼上门讨账，一般都会收到一点，收不足总比收不到好吧。

薛：东山羊肉为啥叫白切羊肉？

钱：东山白切羊肉，以本地湖羊为主，煮法工艺独特，上街出售的羊肉是干的，无汤水的净羊肉，当场白切，买多少切多少，随客人便，故曰白切羊肉。肉质白而糯，肥嫩又鲜美，随口可食。白切羊肉是有 200 多年历史的东山冬令特产，旧时就名扬苏州与沪宁。白切羊肉的真正创始人应该是武山吴家门里人。吴家逃难到东山的武山，那里虽有古树和野果，但生活条件十分艰苦。只得把带来的湖羊，挑老弱病羊先宰，但没有调料，只得向沿湖村民买大萝卜与羊肉同煮，以解异味。因无酱油调色，又只得白煮。久而久之就成了如今烧煮的白切羊肉。

薛：你是什么时候当村干部的？

钱：我从 1958 年“大跃进”开始，到横泾化工厂工作，后来到横泾酒厂当车间主任。1963 年回到村里朱补兴叫我当三队队长。1966 年 5 月，我任大队长。还当过大队革委会领导小组组长并分管蚕桑副业。所以我现在每年有 3740 元补贴。

薛：你当年做点什么具体工作？

钱：我主要抓劳动力、出勤和生产进度，还有生产资料，包括化肥之类的物资分配。天天与村民打交道。我虽是个定工干部，但欢喜与大家一起做农活。副业和蚕桑是我负责的，因此养蚕汛里是蛮忙的，缺桑叶要采购，多桑叶要调剂，当时大队只有一部电话，有时还打不通，烦心事蛮多。但是有一点，我们村的干部还是社员都很好说话，干群关系很密切，村里的治安情况很好，可以说日不关门，夜不闭户。

薛：你能说说你的体会吗？

钱：可以。说实话，改革开放前，特别是在农业生产以粮为纲时期，老百姓一年忙到头，过的还是穷日子，口粮也不富裕。但是老百姓还是坚信共产党的，哪怕在 20 世纪最困难的 60 年代初期，饿着肚子还拼命干，因为共产党干部跟老百姓一样在艰苦奋斗。现在习总书记领导得好，建设中国特色的社会主义充满希望，老百姓也过着幸福的生活。“翻身靠解放，致富靠开放”已深入人心。我现在与老婆两个人每个月可以领到 1910 元，平时消费也用不掉，所以经济上还有点积蓄，根本不需要用子女的钱。

第十二章 物产

渡桥村依山傍湖，山水兼备，土地肥沃，物产丰饶，这里曾是东山主要的产粮区；湖羊、花果、水产品也较为丰富。历史上土特产有大米、白切羊肉、桃子。

改革开放以来，随着市场经济体制改革以及土壤气候的变化，渡桥村的土特产也优胜劣汰，一部分传统名优产品被保留下来，其他产品也不断更新。现渡桥村的物产可分三大类：花果、茶叶、水产。

第一节　花果

一、桃子

东山栽桃已有千年历史，清朝初期，武山水蜜桃已闻名于世。清《太湖备考》有“桃，最美者名水蜜桃，出武山（今西泾山）”的记载。清光绪三年（1877）《苏州府志》有“桃以洞庭东山水蜜桃最美”之句，讲的就是渡桥境内的水蜜桃。

武山水蜜桃有白凤、红花、白花、晚陆林等品种，其中以白凤和晚陆林为最优，汁多味鲜，营养价值高。武山桃子除水蜜桃外，还有四月桃、五月桃、紫血桃、早陆林桃等硬肉桃系，每年的5—7月为水蜜桃上市季节。

武山（西泾山）栽桃历史悠久，中华人民共和国成立后至1984年，每年栽桃面积保持在57亩左右，产量约250担。由于西泾山桃子产量高、质量好，很受东山及外地游客的青睐。

20世纪80年代末，西泾山桃子受市场价格的影响，种植面积逐年萎缩，桃林大部分改为橘林。90年代后期又掀起种桃业，且品种更新换代，桃子产量虽减，但质量更优。

二、温柑

家庭联产承包责任制后，渡桥新塘圩实行粮改果。20世纪80年代中期，晨光、新建农民掀起种植柑橘热，将1200亩粮田改制成果园，以种植早熟温柑为主。90年代后，新塘圩柑橘进入盛产期。

渡桥境内新塘圩种植温柑的品种如下。

1. 宫川早生

宫川早生是温州蜜柑的芽变选育出来的。该品种树势中等或偏弱，树冠矮小紧凑，枝条短密，呈丛状；果实高扁圆形，顶部宽广，蒂部略窄，果面光滑，果色橙红，皮较薄，单果重125—140克。品质优良，细嫩化渣，无核，含可溶性固形物11%左右。果实10月上、中旬成熟。渡桥新塘圩温柑品种以宫川早生为主。

2. 兴津早生

兴津早生是从宫川早生种胚培育的实生苗中选育出来的，该品种树势强，树开张，发枝率强。叶片菱形，浓绿色，质厚，富光泽，生长发育较宫川早生旺盛。果实呈扁平形，含糖量高，口味好。收获期在10月上旬。渡桥新塘村温柑品种以兴津早生为付。

3. 尾张

尾张是中国20世纪70年代、80年代中期大量栽培的品系，该品种树势强，树冠不整齐，大枝粗长稀疏，小枝细密；果实扁圆形，单果重80—100克，无核，果面橙色，较光滑，果皮中厚；果实囊壁厚韧，不化渣，可溶性固形物10%—12%，糖含量0.07—0.09克/毫升。酸含量0.008—0.01克/毫升，由于囊壁韧，鲜食稍逊；果实11—12月成熟。渡桥新塘村温柑品种以尾张为辅。

2017 年渡桥新塘圩温柑种植面积 550 亩，产量 40 吨。

三、枇杷

枇杷是东山的传统名品，渡桥栽种枇杷历史较短。2003 年，时晨光、新建两村的果农在新塘圩进行果品改制，他们将新塘圩 60% 的温柑树砍倒，栽种新品枇杷树，2007 年枇杷陆续投产。2017 年，新塘圩栽种枇杷 650 亩，产量 18 吨。

新塘圩枇杷品种主要是白玉枇杷，该品种的特点是抗逆能力强，树势生长旺，果型大、早熟，颜色白嫩，味道甘甜。

新塘圩枇杷种植条件稍逊东山丘陵地区，它种植在塘田中，渡桥村村民改良土壤，科学管理，所产枇杷质量接近山区果林枇杷标准，深受市民青睐。

第二节　茶叶

洞庭碧螺春属绿茶中的精品，为中国十大名茶之一。东山种植碧螺春茶历史悠久，所产茶叶色香味俱佳。中华人民共和国成立后，东山开辟发展茶场，1970 年，渡桥西泾山建立东山第一个茶场，该茶场位于西泾山坡，占地面积 120 亩，种植茶苗 40 万株。1972 年茶叶投产，生产茶叶以碧螺春茶叶为主，炒青为次。1985 年茶场停业。

渡桥再次兴起种茶热是在 2000 年左右，新塘圩农作物改革，由种植水稻改为栽种柑橘、枇杷，茶叶主要栽种在果树下面，也有部分分片栽种，2017 年茶叶产量 1400 千克。

碧螺春茶采摘于春分至谷雨阶段，分别称“分前”“明前”“雨前”。

春分前采摘的嫩芽，称“分前”碧螺春。此时气温较低，茶树还没有长出叶芽，故“分前茶”较少。近年来开春后气温回暖早，茶芽生长快，“分前茶”产量增加。

清明前采摘的茶叶称“明前”碧螺春。一般 3 月下旬至 4 月初，这时日照延长，气温普遍升高，茶芽初展一芽一叶（俗称一旗一枪），嫩芽背面有看不见的茸毛，制成干茶后会出现一层“白毫”。谷雨前采摘的嫩叶称“雨前”碧螺春。谷雨后气温升高快，加上雨水增多，叶芽生长迅速，茶叶不够柔嫩，品质下降，采制的干茶即为炒青。

碧螺春茶的采摘与炒制过程极为精细，每 500 克碧螺春干茶由六万多个嫩芽制成，须经过采摘、拣剔、杀青、揉捻、搓团、显毫等六道工序，故碧螺春茶也有工夫茶和工艺茶之称。2011 年 5 月，碧螺春制作技艺被列为国家级非物质文化遗产名录。

第三节　水产

20 世纪 60 年代，渡桥境内晨光、新建、西泾村均有一部分鱼池，其中以晨光大队（村）

最多，渡桥水产养殖既有外湖捕捞的太湖三白，又有内塘养殖的四大家鱼。

一、太湖三白

【白鱼】　白鱼是东山沿太湖地区名贵的经济鱼种。体型扁长，通体细鳞，银光闪烁。因其嘴微微上翘，民间称之为“翘嘴白鱼”。白鱼四季均可捕获，每年的6—7月是产卵期，习惯以入梅15日为渔捕旺季。太湖白鱼鳞下脂肪多，酷似鲥鱼，肉质细嫩鲜美。白鱼有清炖、红烧、腌渍、熏烤等制法。清蒸白鱼是吴中传统名菜，其肉色白如玉，细嫩可口，若蘸以食醋，其味酷似蟹肉，鲜美无比。

【白虾】　太湖白虾，俗称水晶虾，其壳极薄，通体透明，晶莹如玉，略见棕色斑纹，头有须，胸有爪，两眼突出，尾成叉形。太湖白虾的捕捞季节与银鱼相差不远，通常农历六七月间为捕捞旺季。太湖白虾壳薄、肉嫩、味鲜，营养相当丰富，蛋白质含量高，还含有钙、磷、铁和维生素A等多种营养成分。

【银鱼】　太湖银鱼体长略圆，形如玉簪，柔软似无肠无骨，又细嫩透明，色泽似银，故名银鱼。太湖银鱼共有四个品种：大银鱼、香氏银鱼、太湖短吻银鱼和寡齿短吻银鱼，以香氏银鱼和太湖短吻银鱼为上品。银鱼为太湖定居性鱼种，产期主要集中于每年5月中旬至6月下旬。生殖洄游期间，就是捕捞银鱼的汛期。银鱼的营养极其丰富，含钙、磷、铁和维生素、烟酸等多种营养成分，具有低脂肪、高蛋白的特点，为鱼中珍品。

二、四大家鱼

【青鱼】　青鱼居四大家鱼之首，属名贵鱼类之一。以螺、蚬、贝类为主要饵料，属底层鱼类。太湖水域均有分布，鱼池亦养殖。青鱼属江河洄游性鱼类，鱼苗由长江经港、河进入太湖，鱼池内养殖的青鱼苗也是从长江中采购而来。个体大，喜群居，大者可达40千克左右，小者7—8千克。冬季牵捕。太湖水域广阔，水草、贝、蚬、螺等丰富的饵料，是青鱼最好的饲料，鱼池所产的青鱼肉紧、膘肥，味鲜，其肚杂烹煮皆宜，亦是肥腴可口的席上佳肴。

【草鱼】　草鱼属淡水珍贵鱼，是东山养殖的主要鱼类之一。草鱼在养殖上，农户先在春季鱼池放养隔年草鱼苗，东山人称之为“过池”和“老口”两种，重约0.25至1千克之间。待春暖草鱼开食后，每日喂以新鲜太湖水草和池埂毒麦草，至冬天牵捕时，一般都能长到2—3千克，甚至4千克以上。其营养价值与青鱼相似，价格略低于青鱼。

【鲢鱼、鳙鱼】　习惯上统称白鲢、花鲢，头硕大肥美，素有“青鱼尾巴鲢鱼头”之美誉。为太湖的主要经济鱼类，亦是渡桥鱼池养殖的重要品种。具有生长快、周期短的优点，价格又较其他鱼类便宜，颇受普通消费者欢迎。

渡桥村鱼池的花鲢、白鲢，几乎都同草鱼混养。

2002年始，内塘养殖四大家鱼产量减少，逐步转为内塘养蟹。

第十三章　习俗　方言

渡桥历史悠久，人类活动可上溯到吴越春秋。宋室南迁，中原望族郑钊、葛万五等定居武山，择地建屋，繁衍生息。清康熙、乾隆年间，河南、河北、苏北等地移民迁来组成新的村落，故民俗风情丰富多彩，一些方言谚语含意深刻。

第一节　习俗

一、岁时习俗

【春节】　农历正月初一为岁朝，即春节。这日晨起，堂中供桌点上香烛、烧上纸钱祭天，开门放爆竹三声，叫作“开门炮仗”，象征“新年高升三级”，新的一年生活开始了。旧时，阖家长幼整衣冠，依次跪拜供于厅堂中的神位及祖先遗像。而后，小辈向长辈拜年。早餐都吃糖汤、圆子、年糕，寓意全家生活甜甜蜜蜜、团团圆圆、高高兴兴。这天人人穿着新衣出门，途中遇到亲友或熟人，相互拱手，口称恭喜，互贺新年。如有客人上门拜贺新年，必款待糖汤、瓜子、水果等物。是日，一般不借火、不扫地，各道吉利的话语，以博好口彩。新建村河南籍村民春节客堂中设的供台，中堂挂的是祖宗像，两旁挂有对联，大意是教育后代重视读书，生活勤劳俭朴。供台上供的依次是：东厨司命位、祖宗照移位、福禄财神位、本宅土地位。新建村苏北籍村民供的是“天地君亲师”。

【猛将会】　猛将会是渡桥的传统民俗，兴起于明代。传说东山猛将本姓刘，因捕蝗有功死后被封为“上天王”，东山人尊称为“福神”。从此，每年春节东山都会定期举行出猛将，从正月初一至十六这段时间内，猛将会最有味道，整个活动分贺年、逛会、抢会、满算四个环节。

正月初一，全村农民敲锣打鼓，时而家中，时而街上，乐此不疲。接着各村抬着刘猛将神像出巡，族伞高撑，锣鼓震天，威仪极盛。每到一村，要在村场上环行一周，放一阵鞭炮，谓之“贺年”。

正月猛将会

初一至初三，小猛将上街巡行，称“子会”。初五日，中型猛将上街出巡，称之“路头会”。年初六，开始出大猛将，称出“大会”。猛将出巡湖滨，称“冲湖嘴”。这天的精彩节目是猛将逛会。各村把猛将堂里的猛将抬出来，左右摆动，将猛将神像抬着走圈子，边走边左右摇摆晃动，称之为“逛会”。年初九举行“抢会”，这是最热闹的节目。抢会以村为单位，各村选出身强力壮、机智灵活的人员组成队伍参加。活动是将各村“小猛将”集中在塘子岭上，各个村庄的队伍簇拥着几十尊“小猛将”，列成弧形排开，很有秩序。主持抢会的人手擎一面杏黄大旗（俗称“黄大舵”），也称“令旗”，旗往中一挥，抢会者立即抬神椅疾冲下岭，“万头攒动，脚步雷鸣，人声鼎沸，势如潮涌”，但见岭脚下神椅解裂，神像踣跌，抢会者甚至头破血流，也置之不顾，只要拼命争得第一。挣到第一的队伍，就喜气洋洋地将会里的大猛将抬着绕前后山巡行，然后把大神像供奉在自己村里。这是一个村的最大光荣。正月十三日，相传为刘猛将诞辰。这一天，各村均在猛将堂或祠庙中燃以巨烛，称为“满算”。村民敬拜猛将像，烛粗似儿臂，满屋亮堂。正月十五元宵节，立杆于猛将堂前，挂“塔灯”。正月十六日，前后山大猛将排列新庙戏台前看戏，又是一番热闹。此后，猛将入暖阁，春节猛将会圆满结束。

【接财神】 正月初五为财神爷生日，家家都要“接财神”，每户家中客堂里都设“路头台”，台上放着瓜果之类祭品，村民称为“献路头”。半夜时钟敲过0点，“路头台”上烛火高照，室外就即响起鞭炮齐鸣，震耳欲聋，“接财神”开始了，一阵激烈的爆竹声响起，随后响声断断续续直到天亮。人们期望来年招财进宝、财源茂盛。

【元宵节】 正月是农历的元月，古人称夜为“宵”，所以称正月十五为元宵节。正月十五日是一年中第一个月圆之夜，也是一元复始、大地回春的夜晚，人们对此加以庆祝，也是庆贺新春的延续。元宵节又称为“上元节”。民间过元宵节有吃元宵的习俗。元宵由米粉制成。起初，人们把这种食物叫“浮圆子”，后来又叫“汤团”或“汤圆”，象征全家人团团圆圆，和睦幸福。

【吃野粥】 每年的正月十六，按照东山人的习俗是要吃野粥的。据说初一打喷嚏者被“阎王爷”点了名，必须在正月十六吃“野粥”来破法。过去野粥都在野外烧煮的，然后大家要到山脚下对着喜鹊窝吃野粥，现在改在家里烧了。野粥配料是水八仙中菱、藕、荸荠等几样，还有核桃、桂圆、红枣，再加上各种豆子混在一起烧成糯米粥。这是祖祖辈辈留下来的传统，渡村村民不断地传承。

野粥

【百花生日】 农历二月十二为“花朝”，又称“百花生日”。这时正是百花待放，象征繁花似锦的春天到来了。以前，一般农家都剪彩绸为带，系在花木枝头，亦有粘裹经纸条于枝上，谓之“赏红”。这天过后，村中农家开始下播瓜果、蔬菜种子，哺育秧苗，为种好夏熟蔬菜作准备。

【清明节】 家家门上插上桃枝、柳枝，预示桃红柳绿，春归大地。节前村民有“搬清明碗”习俗，桌上放满食品，焚烧纸香，款待逝去的亲人。节前一天称清明夜，村内家家户户相率祭祖扫墓，俗称“上坟”。异乡游子虽然旅居外地，亦必须归来和亲人们祭扫祖坟。坟前放上青团子，给坟除杂草、扫残叶、增新土，坟前烧纸钱、祭山神，以示对逝去亲人的怀念。青团子色青而味香，是渡桥人清明节必备的食品。清明节正值春暖花开，大地万花似锦，游人结伴而行去“踏青”。

【谷雨】 也是农历春天的最后一个节气。俗云“雨生百谷”“谷雨断霜”。谷雨之后，寒潮天气基本结束，气温回升加快，雨量有所增加，系播种移苗最佳时。俗称“谷雨虫虫出”，农家开始护种养蚕。养蚕之家，祀蚕神，从此采桑养蚕开始。

【立夏日】 立夏日素有吃“三青”习俗，即青蚕豆、青梅子、青团子，还备有腌鸭蛋、甜酒酿等食品。以前素有用大秤称人体重之俗，村中有人架起大秤，老少都要称一下，看过夏天后自己体重可减轻多少。

【端午节】 农历五月初五为端午节，家家户户门上悬挂菖蒲、艾草、蒜头，妇女头上都要簪艾叶、石榴花，小孩身穿黄色虎纹衣，脚穿虎头鞋，身佩香囊，取其避邪除秽。家家还有吃粽子、黄鱼、饮雄黄酒等习俗。

【伴观音】 农历六月十九观音菩萨生日，一般于六月十八傍晚即上莫厘峰（俗称大尖顶）慈云庵观音进香，在庵中和观音旁相伴，边歌边舞一个通宵。次晨下山，名曰“伴观音”。庵中香烟缭绕，红光满天，皆是热闹。

伴观音

【荷花节】 农历六月二十四是雷祖生日，也是荷花诞日，俗称“荷花生日”。这日渡桥村村民抬着刘猛将威武地走在前，后面旌旗飘扬，表演队随跟，浩浩荡荡向龙头山进发，进行庙会活动。

荷花节

【乞巧节】 农历七月初七是中国传统的七夕节，传说是牛郎织女相会日。为了“乞巧”，村民有七月七吃巧果的习俗。巧果是一种油炸面皮小点心，因“巧”和“桥”谐音，因此渡桥人认为在七月初七这天吃巧果，不仅能帮助牛郎和织女在鹊桥上相会，而且自己的心愿或婚姻也能通过“巧”（桥）来实现。

【点地香】 农历七月三十是地藏节，当晚渡桥村各家各户门前和路旁插满香、蜡烛，还烧着纸钱，俗称“烧地香”。晚上有小孩手提插满香的茄子、莲蓬灯等习俗。相传也名“九思（狗屎）香”，纪念元末据守苏州的张士诚（张九思）。

【中秋节】 农历八月十五俗称“八月半”，为中秋节，又称“团圆节”。节前亲朋好友及小辈对长辈赠送水果、月饼等食品，外出家人回家团聚。晚上家人在月下放个小桌子，桌上摆上香炉点燃香烛，桌上放着月饼、各式水果及时令食品菱、藕等供品，焚香点烛，名曰“斋月宫”，晚餐吃糖煮芋艿。

【重阳节】 农历九月初九为重阳节，现又为老年节、敬老日。渡桥村民有吃重阳糕习俗，糕上插有三角形彩色小纸旗。是日，晚辈大多陪伴老人去山上登高。

【冬至节】 村民有“冬至大如年”的说法，也有说：“有吃吃一夜，无吃冻一夜。”冬至那天，家家户户要祭祖先，搬“冬至碗”，祀灶神，吃冬至团、冬至糕。

【送灶】 农历十二月二十四称“廿四夜”，家家送灶神，灶神前祭以各色瓜果，搓粉做团子（俗称“廿四团”），状如元宝，并以饴糖为供，点上香烛，祈祷灶神上天说好话，回来保佑全家平安。

【掸尘】 农历十二月二十五以后，家家动手打扫屋舍，名为“掸尘”，干干净净迎新年。以后家家准备过年，办年货（包括过年时的吃、穿、用及送礼之品），磨粉做糕，称“年糕”。

【小年夜】 农历十二月二十九小除夕，渡桥村几乎人人都要理发、洗澡，清清爽爽过新年，家家户户祭祖，搬“年夜碗”。亲友间以猪蹄髈、青鱼、草鱼、糕点、水果等互相馈赠问候，名为“送年盘”。新建村苏北籍村民小年夜是农历十二月二十四，新建村河南籍村民的小年夜是农历十二月二十三，有“军三民四”的说法。

【除夕】 农历十二月三十称“大年夜”，下午村内各家客堂中放着供桌，桌边系着绣帷，桌上放满饭菜，点上香烛祭天、祭祖宗，称为“年夜碗”。傍晚，爆竹声声。祭祖结束，开始吃年夜饭了，家人团团一桌，兴高采烈。酒菜丰盛，菜肴必有：鱼，寓意有余；肉圆、虾圆，寓意团圆；蛋饺，形似元宝；青菜、黄豆芽，寓意长庚、如意。饭后大人以糕点糖果给孩儿，称“压岁盘”；以红纸包钱给孩儿，称“压岁钱”。晚饭后，部分人有登莫厘峰（大尖顶）慈云庵烧香之俗；其余人围在电视旁收看央视“春节联欢晚会”；钟声敲过0时，鞭炮齐鸣，直至黎明，迎接新的一年到来，为是“守岁”。

二、生活习俗

1. 婚嫁

【订婚】 村里人称之为“定亲”或“攀亲”，如今称为“订婚”。通常是男方请媒人（又称“介绍人”）主动向女方提亲，若女方同意，就约期“相亲”。双方中意者，就选定吉日，邀请男女双方至亲办定亲酒。男方送订婚礼，俗称“送小盘”，后女方回盘，俗称“行盘”。聘礼有毛料、绒线、金首饰（戒指、耳环等）。既经订婚，男女开始走动，男称“毛脚女婿”，女称“毛脚媳妇”。如今自由恋爱，双方看中，不必通过介绍人，即可结婚。

【通路】 男方选定结婚日期（村民称“好日”），约半年前必先送“通路”（通知女方婚期的礼金），使女方有充分的时间办嫁妆。现今生活条件好了，大多是独子，各自买家具办新房。

【迎娶】 正日“结婚日子”前一天，请亲友吃便饭，早上男方派亲友去女方家抬嫁妆，俗称“行嫁”，其中箱梯、甘蔗是必有之物，寓意“步步高”“节节甜”。如今大多不抬嫁妆了。下午男方雇佣鼓乐队（旧时抬着花轿）去女家，一路上吹吹打打，放着爆竹，女方闻声紧闭大门，屏息无声。门口鼓声三遍后几经男方恳求，门内女方亲友有人提出要“开门钱”。男方早就准备了烟、糖、钱，热闹嬉笑一番，大门洞开，迎娶队伍蜂拥而入，女方用烟、茶招待。新娘早已梳妆打扮等候，女方有意拖延时间后才允许娶走。临走时新娘对在场的亲戚长辈逐个道别。尤其是母女抱头哭泣，谓之“哭发”，乃至吉利之举。女儿刚出门、女家随之把一盆水泼出大门外，意即“嫁出女儿泼出水”。

【结亲】 新娘嫁到男家，当夜“结亲拜堂”，祭拜父母各代祖宗，以及向公婆、长辈跪地行礼。是夜新娘由小姐妹陪伴睡在新房内。次日是结婚正日，男家大摆喜筵，男家诸亲好友及女家至亲都来祝贺吃喜酒。这日新娘的父母、兄弟都光临男家，称作“做新亲”（做老丈人、做亲家母、做舅佬），男家陪席叫作“陪新亲”。一般新夫妇当晚回女方家，称“回门”,新郎回女家做女婿，吃罢“回门酒”，回到家中便是“闹新房”,也有次日“回门”的。三天以后，新夫妇渐纳入正规生活。

2. 生育

【坐月子】 孩子生下来后，亲友闻讯后都来送“奶水盘”,主要是猪蹄、鸡蛋、糕点等物或钱。娘家都用猪蹄、益母草、甜干菜、鸡蛋、红糖等送来让产妇食用，使产妇恢复身体。产妇多吃鲫鱼汤、白笃蹄髈等催乳食物。传统认为，产妇在月子里不能吹风、不沾冷水、不能受气等，否则容易得病。

【过六朝】 小孩生下六天，称“六朝”,主人办“六朝酒”宴请男女双方的至亲，喜庆孩子的出生。有的不一定六天后办，或延长一些天办，也统称过“六早”。户主还要以红蛋等物回赠亲友及周围邻居。

【满月】 小孩生下满一月称“满月”，要替婴儿剃“满月头”，即剃去胎发。要做“剃头团子”,分送左邻右舍。长辈都要给婴儿送剃头礼，如金银锁片、项链、手镯、脚镯等。因此要办“满月酒”宴请亲友。

3. 建房

【破土】 旧时村民相信太岁，太岁为土中之神，不得冒犯，否则就会遭灾。一年之中只有清明、冬至日前几天才能破土。村民其他日子破土建房，奠基仪式比较简单。动土前先斋戒太岁，只将猪头三牲等祭品放在屋基地上，点上香烛，叩头说好话，祈求太岁不要因为他们动土而降灾作难。造房东家向匠人、附近邻居和路过的人发送“动土豆”（炒黄豆）吃，意在因动土而为村民避邪。开工这天，东家还要办开工酒，宴请建房匠工。

【上梁】 新房上正梁之日，东家选择黄道吉日的最佳时辰上梁，亲友们于上梁日送爆竹、鞭炮、猪蹄、甘蔗和制作精巧的糕、团、馒头、粽子等物为“上梁盘”。上梁前，正梁中间贴红纸写上“福星高照”“五福临门”等吉利语，梁中间挂着竹笼，里面装有万年青，表示房屋永久牢固。两旁墙上写着对联。上梁时辰一到，工匠领队爬在上梁处，念念有词说上一通吉利话，然后在爆竹声中架上正梁，随即在梁上向下面分散投糖果、糕点等，任孩童争拾，称之为“抛梁”。随后东家还要给匠工香烟和红包。上梁仪式完成后，匠工以及亲友都吃面，晚上备丰盛酒席，称“上梁酒”,宴请匠工及亲友。

【完工】 新屋屋面盖上瓦时或造得差不多快要结束，东家就要办“完工酒”。其邀请范围较广。除亲友、匠工外，凡帮助造屋出过力的人和左邻右舍、朋友都在被邀之列。酒席都要摆在新造的房子里，而且一定要猜拳行令，热闹一场，表示祝贺，并寓意新屋落成后兴旺发达。主人虽耗费不少，但很乐意为之。

4. 慰病

慰病又称“看望病人”。其习俗村民代代相传，凡亲朋好友或邻居生病，不管病人是在家或在医院，村民都要去关心探望。探望时必须带些适合病人的食物，一般为香蕉等水果，或藕粉、肉松、蜂王浆等营养品，也有的送些钱让家属买些营养品给病人补身子。在与病人交谈时，一般多讲安慰话、吉利话，祝福病人早日康复。

5. 丧葬

人去世以后，家人及时将遗体移入正间，放在门板上，布置灵堂。一面向亲朋好友报丧事，一面办理丧事。举丧当天，丧家雇佣鼓手吹唢呐，鸣长号，奏哀乐，亲友和邻里就来吊唁。就在丧家吃“素饭”,“素饭”以豆腐为主，如今已改成丰盛筵席，也有鱼、肉等菜肴。第二天吃过“素饭”后，晚上亲朋好友们都去丧家陪夜，送“磕头钱”。

现丧葬仪式简单易办。入殓那天清晨，嫡亲晚辈头扎白布巾，腰束白布带，脚穿白布鞋;一般亲戚也腰束白带、臂缠黑袖章，逐一向死者磕头或鞠躬告别。然后遗体抬上车，家属亲友、吹鼓手陪同前往火葬场火化。然后将骨灰盛盒运回到家里，有的堂中设座台放上遗像，日后供祭。中午后，人们抬着骨灰盒乘车前往公墓安葬。以后家属经常前往扫墓(俗称“上坟”)。上新葬之坟，一般在立春以后。上祖坟都在清明日，以节前为多。有的虽旅居外地，每年清明也必告假回乡扫墓。扫墓祭品用水果、青团子、粽子之物，坟前烧上纸钱(纸板铜钱、锡箔元宝、冥纸)。

第二节　方言　谚语　山歌民谣

一、方言

渡桥村(晨光、新建、西泾)虽在吴语区，但与“吴侬软语”仍有一定的差距。因东山远离苏州，各姓始祖大多为南宋移民，发音相对来讲要“硬、直”。《吴县方言志》把全县方言划分成五个片，东山列入西南片，由于外地(迁入)地域、历史等种种因素，方言也不一致，有着明显的区别，分为上山头语、下山头语、前山语、后山语、三山语、余山语等六种小方言。渡桥村处于下山语，故与后山、上山语有不一样的地方。

当地方言的特点，如:把“鱼”说成“偶”(不读“鱼”)，把“吃鱼”,说成“吃偶”;把“蛋”说成“段”,把“鸭蛋”说成“鸭段”。

狭伲	我们
俚	他
奈	你
俚笃	他们
裁家	大家
嗯	我
嗯笃	你们
嗯自家	我自己
阿爹	一般称父亲，亦有称祖父的
亲爹	称姑父、姨父及干爹，也有称岳父的
亲妈	称姑母、姨母及干娘，也有称岳母的
嗯娘	婶娘
娘娘	“娘”读成“仰”，称父亲的姐妹
大佬	弟称兄
舅佬	妻子的兄弟

小囡嗯	男孩
小丫头	女孩
麦栖	近视眼
种牲	畜生（骂人语）
浮尸	女人骂男子恶语，意即浮在水面之尸体
吼	虹
忽显	闪电
瀴	气温冷
湖胶	太湖冰冻
奥灶	气候闷热，呼吸不畅
殟塞	天气不爽；肚中不舒服；受委屈后的苦闷
场化	地方
山浪	称东山（浪是吴地对“上”的变音，如台浪、凳浪、天浪、地浪，即为：台上、凳上、天上、地上）
网船浪	泛指渔家
盖搭、盖沿	指那里、那边
阿搭（阿去声）	问什么地方
特脱	失落
额着	拾到、捡到
投五投六	没目标，瞎起劲
寿头寿脑	没事瞎犯愁
弗来塞哉	不行啦
野野豁豁	没边没沿
拆烂糊	敷衍了事
痴花夜咪	不认真做事
假痴假呆	装傻充愣的样子
神志夜壶	做事迷迷糊糊
青肚皮猢狲	健忘者
黑跌墨踏	黑得看不见
前呛	前段时间
滴沥滑	很滑很滑
死样怪气	有气无力
搞七廿三	把事情做错了
出山	有出息
出趟	上得台面
花哩巴啦	看不清楚
发寒热	感冒发烧
特卫	特地
啥体	什么事

瞎七八搭	胡说八道
敦实	结实
结棍	厉害
七不牢三	做事颠三倒四
痴头怪脑	发痴、不正常
昏特哉	昏头了
和调	人云亦云、没主张
冷咝咝	有些冷
掼大浪头	要阔
拎不清	搞不清、不识相
来三	能干、有能力
门堂子	门框
远空八只脚	差得远
蛳螺	螺蛳
腻滋	不干净
辣嗒	不整洁
垦	污垢
嘿	皮肤红肿
拗	折
园	藏起来
嚣	揭开
宿	不新鲜
蓬尘	灰尘
结棍	厉害
密屑	专打小算盘的人
屋里头	妻子
招黄髈	到寡妇家结婚的男人
夜快	傍晚
吃两来茶	小夫妻男女双方为家
勾子	锯子
阿宁	有没有
吪亲头	没有教养
横竖横	豁出去了
讨饭胚	没出息
七不牢欠	不三不四
死快哉	想象不到
二婚头	再婚
亲疙瘩	亲家之间闹矛盾
枇杷叶面孔	翻脸不认人

破船多揽事	自己力量不足，却多处助人
经坏头	神经有毛病
吃力	劳累
镬子	铁锅
适意	舒服
吃豆腐	调戏人
百脚	蜈蚣
北瓜	南瓜
猪滚头	短裤
淴浴	洗澡
白相	玩玩
的零滚圆	非常圆

二、谚语

亲友好，路迢迢；邻居好，赛金宝。
花花轿子人抬人，铜钿银子人骗人。
有钿吃一夜，呒钿冻一夜（指过冬至夜）。
六月债，还得快。
有借有还，再借不难。
虱多弗痒，债多弗愁。
一分行情一分货。
好货弗便宜，便宜呒好货。
有理呒理，出勒众人嘴里。
锣鼓弗敲弗响，蜡烛弗点弗亮。
牛吃稻柴鸭吃谷，各人收来各人福。
鸭吃砻糠空欢喜。
人有良心狗弗吃屎。
人比人气煞人。
吃素碰着月大。
吃一回苦，学一个乖。
绣花枕头一包草。
荒年饿弗煞手艺人。
心急吃弗得热粥。
救仔田鸡饿煞蛇。
猪头肉，三弗精。
歪嘴和尚念弗出好经。
吃尽天边盐好，走尽天边娘好。
一句话使人笑，一句话使人跳。
好人轧好稻，坏人轧稗草。

六十六，烧火弗发禄。
男人吃饭龙取水，女人吃饭数珍珠。
牙痛弗是病，痛煞呒人问。
一夜弗睏，十夜弗醒。
只认衣衫弗认人，嫡亲娘舅陌路人。
生意人六十年，种田人万万年。
斧头吃凿子，凿子吃木头。
做一样生活，换一副骨头。
少吃多滋味，多吃坏肚皮。
害得乡邻吃薄粥。
打碎水缸泅过去。
冬瓜缠勒茄门里。
太湖里弗死，死勒阳沟里。
头颈截细，独想嘬祭。
老卜弗当青菜卖。
老鬼弗脱手，脱手弗老鬼。
三对头，六对面。
湿手捏仔干面粉。
说着风，就扯篷。
桥归桥，路归路。
香火赶出仔和尚。
眼睛一只，望到平望八坼。
眼泪笃落落，两头掼弗落。
鞋子弗着落个样。
砖头瓦爿也有翻身日。
年轻苦，弗是苦；老来苦，真正苦。
说嘴郎中呒好药。
船到桥，直瞄瞄。
老大多仔泼翻船。
一只碗弗响，两只碗叮当。
瓶口扎得牢，人口扎不牢。
眼大弗带光。
人心隔肚皮。
乡下大姑娘，有吃呒看相。
船头上相骂，船艄上搭话。
水牛角、黄牛角，各归各。
猪睏长肉，人睏拆屋。
阎王好见，小鬼难缠。
嘴里说出糖来，腰里拔出刀来。

到啥山，捉啥柴。
黄毛丫头十八变，临时上轿还要变三变。
好记性弗及烂笔头。
满饭好吃，满话难说。
弗要气，只要记。
七石缸，门里大。
癞痢头儿子自家好。
叫人弗蚀本，舌头上打个滚。
假客气，碰着真老实。
千穿万穿，马屁弗穿。
弗听老人言，吃苦在眼前。
冷粥冷饭好吃，冷言冷语难听。
丈母娘看女婿，越看越有趣。
筷头上出逆子，棒头下出孝子。
外甥不出舅家门。
吃得光，弗生疮。
弗识相，要吃辣火酱。
有福之人人服侍，呒福之人服侍人。
鸡搭百脚，冤家结煞。
小辰光偷针，大起来偷金。
爷弗像，娘弗像，像个隔壁张木匠。
做一行，怨一行，到老弗在行。
答应得噢噢应应，忘记得干干净净。
骗煞人，弗偿命。
出门千里，不及屋里。
金窝银窝，不及屋里只狗窝。
只要心里爱，拉勒篮里就是菜。
敲锣卖糖，各管各行。
嘴上笑嘻嘻，弗是个好东西。
先有官庄葛家渡，后有翁巷席家湖。
东虹日出，西虹雨。
上看初二三，下看十五六。
早霞不出门，晚霞行千里。
乌头风，白头雨（指雷雨前）。
日落胭脂红，没雨便刮风。
三朝雾露发西风，若无西风雨不空。
小满枇杷黄，夏至杨梅满山红。
夏雨隔爿田，乌鸦湿半翅。
白露身弗露，赤膊像猪猡。

小暑一声雷，依旧返黄梅。

小暑黄鳝抵人参。

处暑十八盆，有一盆无一盆。

早立秋凉飕飕，夜立秋热吼吼。

干净冬至邋遢年，邋遢冬至干净年。

三、山歌　民谣

历史上流传在东山的民谣及山歌多达上百首，在渡桥等地区亦多有流传。

1. 山歌

（1）山歌好唱口难开

山歌好唱口难开，樱桃好吃树难栽，白米饭好吃田难种，鲜鱼汤好喝网难抬。

（2）一只山歌乱说多

一只山歌乱说多，油煎豆腐骨头多。太湖当中挑野菜，兔子笼里养老虎。瞎子张眼望苏州，大尖顶浪摸田螺。摸个田螺笆斗大，摆勒摇篮里厢骗外婆。

（3）一个姑娘三寸长

一个姑娘三寸长，勒浪茄子底下乘风凉。拨勒长脚蚂蚁找仔去，笑煞仔亲婆哭煞仔娘。

（4）高山头浪一群鹅

高山头浪一群鹅，一道拨勒贼伯伯偷仔去，单单剩只蹩脚鹅。阿哥话，烧烧吃仔吧；弟弟话，剩拨勒哥哥讨家婆。讨个家婆矮陀螺，八幅罗裙着地拖。上床要用蒲墩垫，下床又要丈夫驮。隔壁头娘娘倷勠取笑吾，格个叫，做仔夫妻没奈何！

（5）叫天子飞来节节高

叫天子飞来节节高，燕子飞来像剪刀。野鸡飞勒青草里，天鹅飞过太湖梢。蜻蜓飞出天要变，蝗虫飞临灾难到。蝴蝶飞到花丛里，布谷鸟飞来好种稻。

（6）一只梭

一只梭，两头尖，纺纱织布赚铜钱。小姑娘白相娘相伴，奴奴织布日夜忙。脚踏条，手把床，眼泪汪汪告诉郎。郎话倷弗要气，弗要恼，十年媳妇廿年婆，再歇廿年做太婆。

（7）大麦种在东横头

大麦种在东横头，小麦种在西横头。豌豆开花紫微微，蚕豆开花黑心头。小姑娘今朝陪母庵堂去，换衣打扮巧梳头。弥勒佛见仔眯眯笑，俏师姑懊恼剃光头。

（8）咿啊咿啊踏水车

咿啊咿啊踏水草，水车底浪一条蛇，游来游去寻阿摩。阿摩嘴里衔青草，青草开花胜牡丹。牡丹姐，要嫁人，石榴姐做媒人。大手巾，当门帘。小手巾，揩茶盘，揩得杯盏白似银。嫁个官人啥场化人？王家泾头王官人。

（9）媒人瞒人害煞人

嫁妆里厢一只红脚盆，淘米汏菜拨隆冬。公勒元堂算婚账，婆勒灶屋骂山门。新媳妇，气煞快，登勒房里泪汪汪怨媒人。媒人许吾三埭正屋四间厅，洛里晓得，歪歪倒倒一间牢棚两扇门。今后日脚哪能过，媒人瞒人害煞人。

（10）一把芝麻撒上天

一把芝麻撒上天，肚里山歌万万千。南京唱到北京去，回来还好唱三年。

（11）虫名十二山歌

正月梅花阵阵香，螳螂叫船游春场，蜻蜓相帮来摇橹，蚱蜢掮篙当头撑。

二月杏花处处开，蜜蜂开起茶馆来，梁山伯忙着冲开水，柜上坐着祝英台。

三月桃花朵朵红，来个茶客石胡蜂，接力黄谈起家常事，蝼蛄有病怕吹风。

四月蔷薇满墙开，蚕宝宝上山做茧哉，苍蝇睏觉明朝还，蚊子夜里上市来。

五月石榴红彤彤，花蝴蝶躲勒花当中，杨师太一叫活吓煞，吓得地鳖虫动也弗敢动。

六月荷花结成莲，织布娘登勒房里哭亲娘，唧蛉子细声来相劝，叫哥哥常蹲勒姐身边。

七月凤仙靠壁开，壁虎沿墙游过来，萤火虫提灯前头照，吓得田鸡跳起来。

八月金秋木樨香，蟋蟀夜夜偷婆娘，拨勒廊檐头蜘蛛来看见，结识个相好纺织娘。

九月重阳菊花黄，带兵打仗有蚂蟥，背包蜒蚰来督阵，千万蚂蚁尽阵亡。

十月芙蓉应小春，青壳田螺夜夜动坏脑筋，金钱乌龟拉皮条，香油虫出仔臭名声。

十一月里茶花开，红头百脚摆擂台，蛤蟆有点弗服气，灰骆驼卜笃跳上来。

十二月里蜡梅黄，跳蚤居然开典当，瘪虱强横做仔臭朝奉，老白虱上来当件破衣裳。

（12）亲家母，吾来告诉倷

亲家母，倷覅动气，请你坐好仔，吾来告诉倷：倷个囡吾来，叫俚淘淘米，水滩头浪弄烂泥。叫俚扫扫地，笤帚柄浪出把戏。叫俚烧烧火，火钳头浪爆白果。说说俚，火气比吾大。叫俚拎拎水，滴滴笃笃一屋里。叫俚买买油，油店里向搭讪头。叫俚买买线，走错仔店门买仔盐。叫俚小菜场买买菜，只管俚心里爱，拉勒篮里就是菜。亲家母，倷覅动气，倷得囡吾回转去，请倷好好仔教教俚。

2. 民谣

（1）钪铃钪铃马来哉

钪铃钪铃马来哉，隔壁大姐转来哉。买点啥个菜，茭白炒虾，田鸡踏煞老蛙，老蛙告状，告拨和尚，和尚念经，念拨观音，观音拆屁，拆得一地。

（2）摇啊摇

摇啊摇，摇到外婆桥，买条鱼烧烧，头不熟，尾巴焦，吃仔呼啊呼啊快点摇。

摇呀摇，摇到外婆桥，外婆桥上瞧一瞧，瞧见外婆对吾笑，伸出手来拿吾抱，连连叫吾好宝宝，亦买团子亦买糕。拉吾小手屋里跑，叫吾歇歇力气坐坐好，忙得外婆弗得了。米来淘，菜来烧，清炖鲫鱼两头翘，咸肉菠菜线粉条。满碗白饭端正好，吃鱼吃肉自己挑，拿起调羹把汤浇。外婆眯眯笑，叫我吃饱肚皮仔快点摇。

（3）月亮

月亮出来白相相，走进倷家凉棚里，凉棚里面有只鸡。称称看，两斤半。烧烧看，两大碗。扯扯分分四小碗，公一碗，婆一碗，姑娘小叔合一碗。剩一碗，门角落里斋罗汉。罗汉弗吃荤，豆腐面筋囫囵吞，吞进一只死苍蝇。

（4）萤火虫

萤火虫，夜夜红，屁股浪向点灯笼。飞到东，飞到西，飞到草窠里向捉青虫。青虫捉弗着，倒拨勒触律刺痛脚。弗能动，只好蹲勒草窠里向望天空。

（5）野菜

阿大阿二挑野菜，阿三阿四做馄饨，阿五阿六吃馄饨，阿七阿八吃得弗肯剩，阿九阿十吭不吃，哭出乌拉只好舔舔空缸盆。

（6）排坐

排排坐，吃果果，倷一个，吾一个，大家吃得笑哈哈。

排排坐，吃果果，爹爹归来带糖果，猜猜看，啥人家爹爹带得多。

排排坐，吃果果，姆妈欢喜吾，吃好仔饭来吃水果。

（7）黄瓜棚

黄瓜棚，着地生，外公外婆请外甥。娘舅叫吾堂前坐，舅妈叫吾灶后蹲。一双筷，水淋淋，一碗菜，两三根。打碎仔外婆一只毛糙碗，三年不上外婆门。等到哥哥讨嫂嫂，大红帖子请上门。

黄瓜棚，着地生，雪白圆子请外甥。外甥吃仔两三个，舅妈面上气鼓鼓，娘舅勒屋里掼家生。外婆气得阿喂阿喂勠哪能样，同胞姐妹看娘面，千朵桃花一树生。外公翘起仔胡子弗管账，外婆盘勒里门角落里哭一场。

（8）公公

年公公，阿里来，脚踏莲花浪里来。带点啥么事来？带点铜鼓钎钹来。敲敲看，咚咚哐，钎钎哐。

（9）小弟弟

小弟弟，真有趣，一天到晚笑嘻嘻，明朝带倷街浪去，去看猢狲出把戏。要吃啥东西，伸出指头自家指。

（10）唱只山歌啥人听

唱只山歌啥人听，唱支山歌拨宝宝听。宝宝最聪明，听到山歌就安静。宝宝好记性，有只山歌最爱听，就是要唱那《西游记》里格只猢狲精。

（11）骑马康康

骑马骑马康康，一骑骑到松江。松江松江好地方。今到松江，还是头趟。

骑马骑马康康，一骑骑到太仓。太仓太仓，是个好地方，北靠长江，无限风光。

骑马骑马康康，一骑骑到吴江。吴江地方，有个平望，太湖边浪，蛮有名望。

（12）丫鹊尾巴长

丫鹊丫鹊尾巴长，愁柴愁米养姑娘。姑娘生来恶，将来嫁蚌壳。蚌壳空，嫁老翁。老翁死，嫁只猪。猪要杀，嫁秀才。秀才矮，嫁只蟹。蟹壳黄，嫁凤凰。凤凰飞，嫁只鸡。鸡要走，嫁只狗。狗要看门咬坏人，咬倷姑娘呒良心，让倷今生今世弗上门。

（13）一个小宝宝

一个小宝宝，小宝宝，弗要吵来弗要哭。要吃白蒲枣，阿哥望仔山浪跑，阿姐拿仔棒来敲。一敲敲仔三栲栳，青个多来红个少，吃得宝宝眯眯笑。

（14）摇摇摇，小宝宝

摇摇摇，小宝宝，摇到昆山水磨桥。水磨桥浪人弗少，挤落一个姑娘水里掉，救命救命拼命叫。摇船公公力气好，一把抓住姑娘腰，一拉拉上仔船艄。问声姑娘洛里人？百家湾里第四凹，门前有棵大榆树，门后有条小石桥，还有竹园萧勒萧，劈根竹头送拨倷，让倷摇船公公做好篙。

山遠隔湖西姑置勿論東
者煙火近三萬餘家别有
者亦数千家两山之間溪
月橋橋為孔道河亦要津
與河阡陌交通閭閻櫛比
翩門庭整肅巍然為此鄉
為稱首始遷祖曰德公在

第十四章 望族

公元前 473 年，吴王夫差被越王勾践打败，吴国百姓蒙难。为避战败之祸，以吴濮婪为首的吴氏到渡桥武山隐居，随后西晋、南宋、明朝有沈、郑、葛、俞、蒋、席等氏族迁东山渡桥村内及武山定居，这些氏族历经发展成为渡桥的望族。

渡桥望族崇文重教，耕读传家，他们的家规家训和良好的家族文化起到了教化和楷模作用，使当地形成美善之风。

第一节　南迁大族

一、吴氏

公元前473年，吴王夫差被越王勾践打败，吴国百姓蒙难，吴氏宗室、皇家子弟遭追杀。为避战乱之祸，皇室中延陵季子之孙吴濮婺，率领一船族人，悄悄离开苏州，来到他昔日管理养虎居住过的武山安家定居，并改为濮姓。濮婺定居武山后，其散隐在他处的族人陆续来山隐居，武山遂成村落。至今武山有一突起地面的土阜，曰濮公墩，相传为纪念东山吴氏始祖吴濮婺而筑，是渡桥保存极少的吴越春秋古迹之一。

濮婺的子孙在武山传了50多代后，南宋初期，出了一个名百生的名士，才率众申请返祖并恢复吴姓。吴百生系吴濮婺52世孙，其感叹虽为延陵望族，却历世改为濮姓，祖宗其德被灭，立志要恢复祖姓。他辑《延陵祖德录》，以复正统，启之族人。宋高宗南渡赴临安，百生率族人多次向朝廷叩请，要求恢复吴姓。后宋宁宗下旨，派浙西路勘实后，准濮氏复姓吴，又免其居地地粮，以赏昔日吴氏上祖垦辟之功。濮婺归宗吴氏，不但族内所有濮姓改为吴姓，而且在武山土地上，凡过去涉吴的路名、桥名、店号及祠堂名号，都一一复吴名号。

濮婺定居武山后，以睦族、尚仁、从善为宗旨，造就了一代代吴氏精英。武山吴氏家族通过正途为官的是宋代吴泽。史载吴泽慈祥文雅，尤以诗书开发愚蒙，宋时武山属荒峦地区，山人尤易违法，吴泽常集族人聚至家中，授之以书，明之以理，教育族人遵理守法，勤以学习，故吴氏中出了不少人才。

明清两代，武山吴氏出了吴文之1名进士，还出2名举人：吴钦、吴鏊，有作家、诗人22人。

吴氏是明清“钻天洞庭”商人集团的重要骨干，历史上还出了许多大商人，如吴泰一、吴敏、吴礼门、吴兰生。

明朝崇祯末年，武山出了一位著名的医学家吴有性，他的医学著作《瘟疫论》，刻印传世，后被医学界广为翻印，流传国外。吴有性被誉为明代医圣。

吴氏家族还多义举之士，如吴寿宁出资在武山建先祖延陵季子祠堂，供族人春秋祭祀，又在祠旁建寿宁庵，庵前道旁挖一口寿宁泉，供路人解渴之用。吴天禬捐资建造具区风月桥（渡水桥）等。

2017年吴氏人口有345人，位居渡桥村姓氏人口之最。

二、沈氏

渡桥沈氏始迁祖为西晋武帝驸马沈坤。沈坤，字原方，吴郡吴兴（今湖州）人，其因多才德，西晋初以贤良招为驸马，官至建康太守兼大冢宰加太傅，累功封历阳公。西晋太熙元年（290），太子司马衷即位，称惠帝。惠帝天生痴呆，无法主政。先是由皇太后杨氏和父杨竣辅政，继而贾皇后与楚王司马玮篡权，大肆杀戮忠良。沈坤多次呈奏章进行劝谏，但惠帝根本不采纳。沈坤恐遭皇后毒手，遂于西晋太安元年（302）偕夫人司马氏挂冠离都而去。游至苏州洞庭东山，见东山地处湖中，与世隔绝，且山中有泉石之趣，遂卜居东山具区桥之东。东晋建武元年（317），司马睿在建康建都，称晋王。沈坤在朝有贤明，元帝到金陵访之，诸贤又七荐沈坤，请他出山为官。但沈坤托曰已年老多病，不肯做官，仍隐居渡桥，终老具区。沈坤渡桥居住地被称作沈家岸，至今仍为渡桥村一个自然村。

沈坤生一子，名继鹏。继鹏幼时与群童戏玩，不慎溺水具区桥下，后被救活。为感恩福地，沈坤舍宅为祠，作沈氏家庙。继鹏生两子，名志远、志明。志远生一子，名森，即为东山支沈氏。

据苏州大学图书馆珍藏的沈氏裔孙沈昌洪1934年纂修的《洞庭东山沈氏宗谱》记载，从西晋初年沈坤隐居东山起，至民国年间，洞庭东山渡桥沈氏已传五十四代，一千多年来，其子孙或以孝友起家，或以耕读继业，或以经商致富，或以读书致仕，代有名人。如文士沈惠、沈本、沈谦用、沈国元等，商贾名人沈二园、沈吉成、沈延龄、沈莱舟等。

2017年，渡桥村有沈氏人口62人。

三、郑氏

东山武山郑氏始迁祖为宋哲宗驸马郑钊。郑钊以世族大姓被聘为驸马都尉。建炎元年（1127），宋高宗赵构在浙江临安建南宋。郑钊夫妇随孟皇后南渡，到达杭州。时局稍安，太后垂帘听政。郑钊在朝中委曲周旋。建炎三年（1129）三月，护卫统制苗傅、刘正彦等发动政变，逼高宗下台，委其三岁的儿子接位。孟后、郑钊表面上依从苗、刘，暗中与韩世忠、梁红玉取得联系，带兵至临安平复了这场叛乱。“绍光义和”后，高宗重用奸臣，杀害忠良，致使人心涣散，有志报国的大臣都被疏远和罢免。这时，顺德公主不幸早逝，郑钊遂携郑秀、郑禾、郑义三子隐居东山之武山。

郑氏归隐东山后，以三德（至德为道本，敏德为行本，孝德知逆恶）三行（孝行以亲父母，友行以尊贤良，顺行以事师长）为祖训，重振郑氏家业。其子孙耕樵渔读，合力治家，经过数代人的努力，在武山建起了一个新兴小集镇，东山人称之“官庄”。据说官庄主街长达三里，街两侧的房屋均按中原街道的建法，有出檐椽子伸至半街，上盖粉瓦，东山民间故有“三里官庄街，雨后可穿绣花鞋”之说。郑钊过世后，葬于官庄之北武山脚下，名郑陵。后来，郑陵逐渐荒废，繁衍成村庄，又得名为郑岭村，后俗称陈岭头。

明代弘治年间，具区港上建造了渡水桥，武山与东山的交通便利起来了。郑钊九世孙郑贵，举家迁移到东山椤栳峰之东南，以耕种与行贾为业，后郑贵的五个儿子都得到了发展，散居到东山的其他地方。这五支儿孙又称郑氏“南五支”，即宗贤、宗志、宗政、宗诚、宗谅五兄弟，他们先后在东山的西金、金塔、阳桥、施巷、叶巷等村落，建造了许多大宅，镇中部的漾桥河头通德里，是郑氏后裔居住最集中的地方。从清代中期起，东山郑氏子孙因经商在外，人口开始外迁，定居苏州、徐州、六合、江宁、常州、宿迁以及山东、河南等地，本地郑氏人口越来越少，2017年仅存17人。

郑氏从南宋始祖郑钊定居武山起，至清康熙初已传18代，一直以耕樵渔读、商贾行艺为务，直到康熙末年郑氏二十世孙郑栋中举后，郑氏科举登科者厚积薄发，先后出了5名进士，均从政为官。列入《江苏艺文志》的诗人、作家就有8位。近代，郑氏也出了不少大商人，较有影响的有上海金融界、工商界的郑泽南、郑品南，还有现代科技名流郑於俭。

四、葛氏

宋室南渡时，宣义郎葛万五、葛万九两兄弟随军南下，途经太湖，见山水佳丽，有神之仙踪，又见武山土沃民淳，欲居其间。于是上岸实地踏勘，发现有其东晋先祖葛洪炼丹遗址，认为此地可培后代，壮宗族，即选择武山为定居地，定居之处起名为葛家渡。其时，岳飞率部在东山抗金，葛氏组织民船帮助，岳飞赠诗葛氏："中州流世泽，南国起人文。"以表达他对葛氏的尊敬。明代高士赵宧光为葛氏书"地因姓名，坐以仙著"，点明了葛家渡的地名缘由。

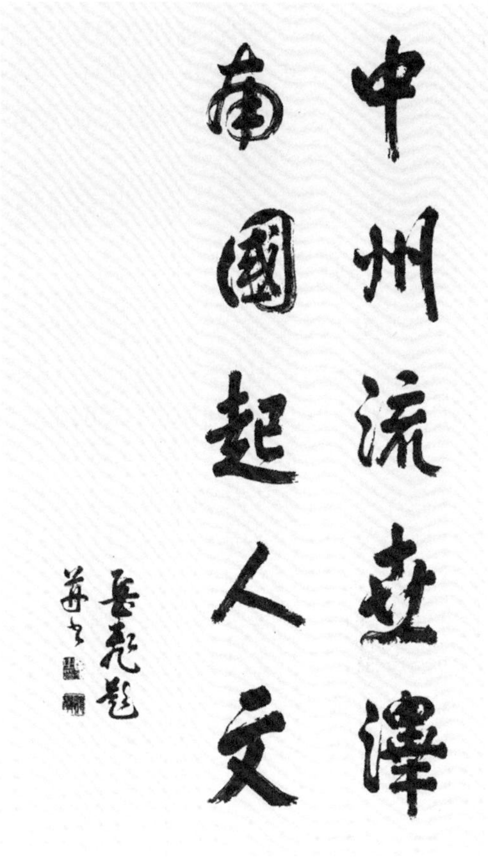

岳飞为葛氏题书：中州流世泽，南国起人文

元末明初，万五公的五世孙泰二在原来祖先开垦葛家渡基础上，又开发葛家渡口。葛家渡处于渡口之东，每当湖水风浪冲击，渡口内的舟楫只能停泊。泰二发起筹资、筹工，清除渡口内的淤泥，凿浜开河，砌石驳岸以保湖堤湖床，并对葛家渡与渡口连接的咽喉口加以拓宽、加深，保证了渡口航行通畅。

明洪武元年（1368），朱元璋灭元称帝，定都应天（今南京）。永乐元年（1403），明成祖定都于燕（北京）后，为开发繁荣京城，下诏书到各地选殷富良民迁徙京师以办王事。武山葛家渡葛泰二、葛泰四兄弟俩积极应命，由泰二留家负责对主祖的祭祀和两家的生计，泰四、泰二子孟宽叔侄俩应诏赴京。赴京后，叔侄俩参与京城城郭街道建设，不避寒暑，勤于王事。泰四在京城筑庐舍，置田产，还在武山当地置田产。20年后，泰二之子孟宽以亲老请养为由回归到故里。泰四也在赴京30年之后，返回故乡养老。泰四之子孟庸留在京城，由此武山葛氏分为南北两支。

明代嘉靖年间，以葛友竹为首的葛氏弟子行商于齐、鲁、荆、襄等地，家业大昌。清康熙年间，武山葛震石在徐州经商，其子葛国镇就成了徐州人。葛震石父子在徐州经商50年，为武山葛氏徐州支的始祖。清咸丰十一年（1861）家乡东山受战火影响，葛氏家业和生活全赖徐州经营获利而维持。

因外出经商，定居四方为多，旅外葛氏多于武山葛氏，但当年武山葛氏造福于桑梓的功绩永留乡间，葛家渡、葛家坞以及一些葛家老宅还在，2017年有葛姓39人。

五、俞氏

渡桥俞氏始于宋室南迁，时有俞德择东山渡桥定居。当时正值金兵构乱，俞德高隐不仕，生五子，伯、仲无传，其次为翔、翀、翅三支。而俞翔之后代，尤为兴盛。11世洪桥，诸生，遇乡里有恩，训子孙以礼，立条教为法，其族为明中叶之望族。洪桥特别注重耕读，他崇尚恩训，以礼立条，是渡桥地界上有名的士绅。清乾隆中期，他的曾孙、玄孙俞鼎龙、俞涟，分别享年 84 岁、75 岁，被朝廷恩赐为寿翁。洪桥五世孙振林（名榛，号广成），太学生。自俞德至振林，共经 16 世，俞氏或迁亳州，或迁桐乡，或迁崇明等处，各支系情况未详。传至当今，东山俞氏已传 24 代，渡水桥原有俞氏保宁堂、保佑堂、保仙堂等。2017 年有俞姓人口 28 人。

渡桥俞氏清末民初出了一些有名的商人，其中有俞巨卿、俞叔贤、俞澄如等。

六、席氏

唐广明二年（881），黄巢破潼关，入长安，唐朝在黄巢起义的打击下岌岌可危，时任武卫上将军的席温便举家迁居到东山翠峰坞下，在太湖的湖光山色之间安度晚年，最后以高寿而终。在《洞庭东山席氏世谱》上，席温被尊为洞庭席氏的开山始祖。席温之后，其三子席尚、席常、席当依山麓而居，洞庭东山席氏也因此而分为上席（仁卿公）、中席（义卿公）、下席（礼卿公）三个支派。

席温及其三子定居东山经过约 20 代的时候（约明代中期），席温次子席常的后代徙居武山，他们是武山席氏之始。明代中期以后，席氏和其他东山家族一样大量外出经商谋生，逐渐向周围地区扩展。经过宋、元两代的沉寂，明代时席氏开始崭露头角，明朝末年，席氏成为继翁氏、许氏之后洞庭东山有名的商人世家，并逐渐成为武山地方乡绅之一，当时居住的地方成为“席家后底”。现西泾村仍聚居了一些席姓家庭，称为席家新村，2017 年有席姓 38 人。

第二节　族规家训

渡桥望族都有宗谱、族规家训，较为完整的有明代沈氏的《迩言家训》、明代席氏的《居家杂仪》，其余家训格言都列于氏族宗谱之中，如明代《延陵吴氏族谱》、清代《东山郑氏世谱》。渡桥望族家谱的族规家训归纳起来主要有修身、治家、睦亲、教子、立业、交友、处世、积德八个方面。

一、修身

修身，含养心、正身、谨言、积德四个方面。沈氏《迩言家训》曰：“心者一身之主宰也，五官百体之运，日用酬酢之宜，莫不由于一心。”一朝不思善，邪恶则入之，任何事情都要一心一意，经常注意养心修身，身正不怕影子歪，心中有度不发狂。《迩言家训》还讲，凡事要有分寸，不能放任。凡事要有节欲，不能贪得无厌。人非圣贤，全靠累积之功。贪欲是养心修身积德的最大障碍。古人提倡清心寡欲，知足常乐，淡泊明志，宁静致远。正身的唯一标准是：其身正，不令而行；其身不正，虽令而不从。正身之道盖可忽乎焉。

沈氏《迩言家训》曰：“欲齐其家者，必修其身。”“养心莫善于寡欲。”要求一家之主要管好家庭，必须先修养自己的身心；只有自身正，家风才正。修身就是养心，要培养生成高尚的道德。养心的要诀是寡欲。所谓寡欲，就是要时时处处注意克制自己，约束自己，不能放纵自己的欲望。要坚持以诚为本，坚守道德底线，对于利国利民的事情要多做，对于涉及个人私利的事情要“寡”思、远离。

二、治家

渡桥望族都十分重视治家，素有“耕读传家，家业兴旺”之说。倡导勤俭为先，简朴有度。勤奋学习，努力营生，抚爱幼小，孝顺老人。

席氏《居家杂仪》云:“凡为家长，必守礼法，谨身节用，勤俭为先，整束闺门，严立训诲，教子弟或攻书或服贾或务农。视其才质而措置之。无枉其器，业有所授，亦必责其成功。平居无事，须安分守己，毋好争讼，毋作非为。父母甘旨竭力奉养子孙，衣食分授均平，敦崇简素，禁止奢华，则用度有常，家道恒足矣。”

大意是说一家之主，必身体力行，守护礼仪和法典，要谨慎自己，节约用度，克勤克俭。在家教方面要严格训诲子女，教子弟读书，然后根据子女的才智和具体情况或经商或务农，不要让他们荒废。从业以后，要努力做出成绩。居家的时候要安分守己，不要与别人争高低，更不得胡作非为。父母对子女要尽责尽力，要公平相待一视同仁。要教育他们崇尚节俭，不奢华，开支有计划，费用要有度，家道才会持久富足。

三、睦亲

渡桥望族注重家庭的和睦相处，其核心是睦亲敬长，兄弟谦和，交友诚恳。家庭中把父慈父公、子女体谅、识大体、慎细节、多谦让、重情义、轻财利等道德规范作为处理家事的准则。

沈氏《迩言家训》述:“盖人之有生，莫不本乎父母族之有众，皆出自祖先一体之本分、气血之通无异。故人当知其本而睦族也。知爱其父，则知爱其兄弟矣；知爱其祖，则知爱其叔伯矣，推而至于服内之亲。以致长必爱幼，幼必敬长，尊尊爱爱，无相侵害。婚必贺，丧必吊，贫乏莫举者量力度赒助，孤寡废疾无依者养膳赒贴。如有不孝不悌、凶恶不守法度者，当告之族长治之，如又不悛放送官究治，务使改过从善，其风俗可正族谊、可敦外侮。”

大意是说人之有生，其根本都是父母之族兴旺，都出自先祖一体，血脉相承。所有后人要知道自己的根本而和睦族亲。知道爱父母，也就要爱兄弟姐妹；知道爱祖辈，也就要爱叔叔伯伯，推而广之要爱族内的亲属，就是指上有父亲、祖父、曾祖、高祖，下有儿子、孙子、曾孙和玄孙。长爱幼，幼敬长，互相尊爱，不可侵害。婚必贺，丧必吊，对于族内贫困者要赒助，对孤寡废疾无依无靠者要赡养。如有不孝不悌者，当告族长来管教。如有凶恶不守法度者，应该送到官府去治罪，使他们改过从善。这种家风家规可提振族内和睦相处，可以团结一致抵御外侮，使家业安稳。

四、教子

“有田亩，当尽力开垦，有子孙，当尽力教诲。”这是渡桥望族对教育后代的家风传承。旧时中国是个农耕社会，田地是民众生存之本，面对后代的教育就像开垦田地一样重要，教子的内容包括尽孝道、毋荒学、善营生等。

渡桥沈氏《迩言家训》曰:“人生百行皆以孝为先。”历代圣王制礼作乐皆以孝为本，

“四书五经”中以孝为时尚，孝道之广万言难，非一言可以说尽。

1. 尽孝道

人无论做什么，都要以孝为先。历代帝王制定各种规制都要以孝为本。古人将父亲比作天，母亲比作地，他们的恩德是相同的，冬天捂在怀里怕儿冻，夏天贴儿汗身寝，好的事物先让儿女吃，孩子生病时父母到处奔走。到入学时，又怕老师过严，又恐出门受狗马之惊。每当子女出门时，父母总是倚门倚窗目送。儿女若有不肖，父母总是自怨自责。

古人对父母尽孝之道，主要体现在照顾好父母的起居饮食，如冬天问暖，夏天消暑，黄昏让父母安歇，早晨问候请安。常让父母高兴而不违背他们的意愿。让他们所见所闻能愉悦，睡眠能够安宁，让父母饮食无忧，衣着无愁。

2. 毋荒学

渡桥望族对子女的学业问题都很重视，他们认为：对有才气、见识超群的孩子，父母有责任请资深的名师教导，开启其智慧，提高其气质，日积月累，博学经史，必成大器。虽不能一个个都是当官的，但是也不失为名师教出来的名流学士。那些不读书、不农耕、不务正业、不思上进、苟逸于社会的闲荡偷闲者，他们荒废了父母的心血和期盼，对社会无益，在后世无闻，是一种罪孽啊。

席氏的《居家杂仪》在“勉学篇”中专门提及教与不教的情况。文章说，读书务必坚持早晨和黄昏，这是最佳时机，要请名师教授以利通达文理，并须及时讲解，使孩子对古人读书行事产生兴趣而崇学业，日后自然能成就大业。

3. 善营生

孩子从小到大，总要走出家庭走向社会。成年以后，从事一定的职业，既服务于社会，也谋得自己的生存和发展，这在古今中外没有例外。在古代，对男子来说立业营生是头等大事。望族奉家有三业（耕、读、商）则旺，家染三害（烟毒、赌、讼）则亡；立足于职场中信誉是金，诚实为本，业精于勤。

席氏《居家杂仪》曰：凡生子未冠之时，上不能攻书，下不能务农，年及十五六岁，须烦亲带外出，自幼琢磨庶肯受人之教，他日必有成也。若从幼不习生意，及冠婚之后，年已长成，不肯下气亲友见教，反坐嗔怒不久而散，不近好人相处，惟与下人来往，习于博弈，旋入赌场，靡费家产，为下等之人、行下等之事。故为父见者严加禁约，戒其非为，各安生理，则不玷辱祖宗、贻累父母矣。

大意是说儿子到了十五六岁时，在家既不能读书，又不肯务农者，就得托亲友带出去当徒习艺。这种年纪肯受人指教，必有成功之日。若从小不习艺，从业结婚成家之后，又不受亲友教导，反责怪他人多事。不与有作为的人相交而与品行不高的人来往，甚至沾赌，挥霍家庭资产，这是劣等人的行为，父兄要严加禁约，戒除非分之为，安心从事正当营生，这样才不玷辱祖宗、贻累父母。

五、立业

沈氏《迩言家训》曰：人须有业、有恒心，才会有恒业。贫者有业，则不至于饥寒，富者有业，则不至于为非。不务正业的游手好闲者，必定会走上邪路，最后辱身败家，累及家人祖宗。

人是社会的消费者，更应该是财富的创造者，没有创造哪来消费呢？所以，营生是每个人无可避免的选择。家庭要教育子女自强自立，尤其是富裕家庭，不能让孩子享受现成的父辈的劳动成果。中国有句老话叫“坐吃山空”，所谓富不过三代，这是很有道理的。三百六十行，行行出状元。与其把财富留给子女，不如把创造财富的本领留给子女。

六、交友

席氏《居家杂仪》曰:“凡处朋友择忠信纯厚之士，德业相劝，过失相规，自然情义相合，义气相孚，交之愈久，敬之愈深，其他势利倾险之人，风波而起自当远之。”

这段家训说明：交朋友要有选择忠诚、信义、淳朴、厚道之人，这样的朋友能够在行为道德和经营事业中相互劝勉，如有过失能够互相规劝。朋友间自然情投意合，义气相孚，交的时间越长，相敬之心愈深。对那些势利阴险之辈，搬弄是非易起风波者，离得越远越好。

沈氏《迩言家训》说：交友，要以义相合，不是以利相结。与善人居，如入芝兰之室，久而自芳；与恶人居，如入鲍鱼之肆，久而自臭。

大意是说交友要以义相合，就是要有共同的理想追求，以利益来交结朋友是酒肉朋友，那是靠不住的。与道德高尚的人相处，如同进入了长着芝兰的房间，时间长了自己也带有了香气，也就是受到了好的道德的熏陶。而与品性不好的人相处，就如进入了咸鱼店，时间长了难免受影响，逐渐沾染了臭气。这就教育人们交友要选择忠义之人。

七、处世

1. 处贫

席氏《居家杂仪》曰：“常人处贫气歉而卑屈易至于谄。今贫而无谄，则不为贫所累，是善处贫者也。或躬耕以食，或训蒙糊口，或经营逐末，安其本分，听其自然，专于勤俭，亦可聊生。”

大意是说有一些人常常因为穷而卑屈于人，对有钱人总是跟风巴结奉承。做人怎么能够气短卑谄呢？人穷志不能穷，怎样做到贫而不卑呢，就要不被贫穷所拖累，不要有思想负担，而是要积极地改变自己的状况，虽然清贫，但是可以通过辛勤耕耘来养活自己，或者可以通过做塾师启蒙儿童来糊口，或者可以去做经营，不要贪婪，安于本分，只要勤奋，自然也可以有生活的保证。

2. 处富

席氏《居家杂仪》曰：“常人处富气盈而矜肆易至于骄，今富而无骄，则不为富所溺，是善处富者也。我既富矣，其处邻族、亲友愈要谦卑，毋得倚恃其富妄自尊大，亦不可私债盘放、刻剥小民、谋人房产、侵人田园，富者众之所怨而多行不义。人孰能容，或被火、盗无人救护，或因词讼无人劝解，至有丧身亡家者。岂若虚心好礼以安其富乎？”

大意是说一般人富裕以后，会财大气壮而自尊自大，甚至于骄横。而今有些富者并不骄，他们不会因富而沉迷不悟，他们懂得自己虽然富了，但不能看不起别人，对邻居、族人和自己的亲友愈要谦让。决不能有了钱就妄自尊大，盛气凌人。也不能放债去盘剥一般的平民，想去谋人的房产，侵人的田园。富人之所以常常遭到众怒都是为富不仁，多行不义，这样大家怎么能容忍？一旦遭遇火盗时则无人救护，或者遇到争执时则无人劝解，甚至有可能丧身亡家而无人怜惜。为何不能虚心好礼，以仁待人呢，这样才能够安心地过好富裕的日子。

八、积德

席氏《居家杂仪》曰："君子积德非必私恩小惠，家赐而人益之也。苟一念之兴以推之行事，之间无非以宽厚为本是积德矣。己利矣害于人弗为也，己益矣而损于人弗为也，己安矣而危于人弗为也。见贫穷者济之，见孤寡者恤之，见老者让之，一毫不为苟且存天理于冥冥之中，而德修惘觉矣。"

大意是说席氏要求积德者的品行要端正，施德重实，持之以恒，不图回报，强调助人要助在根本上，也不是一定要拿出多少钱财才是积德，最根本的是待人要宽厚。家训中提到三不为、三个见，即不为己利去损人，不为己益去害人，不图己安去危害人；见贫困者要救济，见孤寡者要抚恤，见老人要谦让。积德要一丝不苟，明里和暗里都能如一，仁爱于人，宽待他人，这才是真正的修行积德。

附：家谱

渡桥望族明清时均修有家谱，这些家谱大多在20世纪60年代被毁，仅有部分现藏于上海图书馆、苏州图书馆、苏州博物馆、苏州大学图书馆、苏州方志馆。

表 14–1　　渡桥望族现存家谱一览表

家谱名称	修谱时间	纂修者	卷册数	现藏处
《延陵吴氏族谱》	清乾隆三年（1738）	吴永锡	6卷	上海图书馆
《延陵吴氏谱略》	清乾隆四十年（1775）	吴宗棣	6册	苏州方志馆
《洞庭沈氏重修宗谱》	清乾隆四十一年（1776）	沈若鼎	4卷	上海图书馆 苏州博物馆
《洞庭沈氏重修宗谱》	清道光十二年（1832）	沈德培	6卷	苏州博物馆
《洞庭东山沈氏宗谱》	1934年	沈洪昌	6卷	苏州大学图书馆
《重修东山郑氏世谱》	清乾隆五十八年（1793）	郑茂协纂修 郑启俊续修	8卷	上海图书馆
《吴县武山郑氏家谱》	清	郑言绍	1册	上海图书馆
《葛氏家谱》	清康熙十二年（1673）	俞汝登	4册	上海图书馆
《洞庭东山葛氏第四次重修宗谱》	1924年	葛揆中	10册	上海图书馆
《俞氏族谱》	清道光十九年（1839）	俞正奎	2卷	上海图书馆
《洞庭东山席氏世谱》	清康熙三十一年（1692）	席启寓	8卷	苏州博物馆
《席氏支谱》	清乾隆四十年（1775）	席长录	3卷	上海图书馆
《席氏支谱》	1922年	席德济	2册	上海图书馆

第十五章 人物

渡桥历史悠久，名人辈出，从春秋战国起到北宋初年，先后有沈氏、吴氏、郑氏等中原大族迁居渡桥，后其裔孙或为官、或经商、或从文，明清两代出了许多高官名士。因年代久远，一些名人资料不详，只能简单记述。列传人物以卒年先后排列。近现代人物列入“人物简介”。

第一节 人物传略

濮婺（生卒年不详） 春秋时东山武山人。吴延陵季子之孙。当越入吴之际，遁迹五湖，变姓名为濮婺，居东洞庭之虎山。有土阜负石而出，相传为濮公墩。所著《高山诗三章》，为太湖文献之首。

沈坤（？—337） 字原方，东山渡水桥头人。西晋武帝驸马，苏州东山沈氏始迁祖。沈坤原为吴兴（今湖州）人，泰始元年（265）被司马炎选中驸马，与朝英公主结婚。官至建康太守兼大冢宰加太傅。因屡建功绩，被朝廷封为历阳公。后不满朝政，偕夫人挂冠离都，隐居东山具区桥之东。沈坤定居渡水桥后，建造驳岸、码头、住宅等，所居之处称沈家岸，并一直沿用至今。

郑钊（约 1073—1137） 字公远，东山西泾郑岭头（后改陈岭头）人。北宋驸马，东山郑氏始迁祖。宋哲宗朝，郑钊以世族巨姓被聘为驸马都尉，尚顺德公主。建炎元年（1127），宋高宗赵构在浙江临安建立南宋。郑钊夫妇随孟皇后南渡至杭州。南宋“绍兴议和”后，高宗重用巨奸秦桧之流，杀害抗金名将岳飞，致使人心涣散，郑钊遂举家隐居太湖东山之武山，所居之地称作官庄。郑钊迁山后不言朝政，一心专事民事，并在东山寿终。

吴百生（1144—1208） 字承荣，东山武山人。南宋初年儒商。延陵季子之裔。少有器识，举止过人。善商贾，曾率族人赴临安向朝廷叩请，得旨恢复祖姓，重振了吴氏家族门庭。

葛万五（生卒年不详） 名乾，字万五，以字行。个性忠义，曾为岳家军抗金作出过贡献。岳飞亲笔赠言“中州流世泽，南国起人文”。葛氏原籍河南汴梁，南宋建炎初携弟迁居太湖之武山，被誉为东山葛氏始祖。

吴泰一（生卒年不详） 字子华，别号松轩，元末明初东山武山人。泰一风度潇洒，慷慨好义。时当兵荒马乱，盗贼横行，东山深受其害。泰一乃聚众捍御，山民得以安居。事闻行省，奏请朝廷授为“义兵百户”，以资嘉奖。从此，即以“百户”称之。明太祖平定天下，建都金陵，对富有之家大肆征集砖石以筑南京城。泰一历年应征砖石之役，竟致破产。筑城事竣之后，朝廷对其奖赐，谕曰：“愿助役之家，子孙昌顺”，赐给“宝银”五锭。泰一携银归里，与弟合力从事商品贩运，渐有发展。又遣子侄辈远去辽东和山西大同等地贸易，经几年不懈辛勤，家道又复富裕，成为明初东山富商之一。

葛泰二（生卒年不详） 名允忠，字葵赤，号半湖，元末明初东山葛家渡人。自幼天资旷达，志存弘毅，但生不逢时，时处元末之故无可应试，然其学行足可为人师表。他对地方上的事情都十分关心，凡困者必为之周旋，纷争者必为之解释，把葛家渡一带治理得井井有条。

施槃（1417—1440） 字宗铭，原为武山吴姓，其上祖入赘东山金塔村人。正统四年（1439）状元，是东山历史上第一位状元，也是明朝开国后苏州府的第一位状元。授翰林院修撰，为大学士杨溥所重。惜天不假年，次年五月病卒，年仅 23 岁。

吴敏（生卒年不详） 字思德，号海舟，明东山武山人。少补博士弟子员，年壮聪敏好学，曾被苏郡太守况钟招为幕僚，引为知己。思德一生著述极富，与其兄吴信合编《吴氏联珠集》数卷，王鏊为之作传。

吴天祫（？—1498） 字原敬，号萝屋，明东山武山人。弱冠时即任粮长。时当粮长者，多有破家之害，而天祫任职凡30年，不以累人。成化间以赈边有功，官授中书舍人。弘治间苏郡闹荒，散财粟以赈恤，事闻于朝廷，诏旌其庐曰“尚义”。东山与武山之间，有具区港（也称渡水港），元代后期，建有石板桥，以通往来。至明景泰初，桥毁，仅架木桥通行。至弘治六年（1493），已历40多年，人惮石桥工巨费大，依旧以木为桥，既高且危。时天祫已辞粮长居家，睹此情状，思改换以石，乃重建渡水桥。桥于弘治九年（1496）九月落成，耗金百铤。施凤为之撰《渡水桥记》，杨循吉撰《重建渡水桥记》，详志其事之始末。葬于西泾山。吴宽撰墓表，祝允明撰并书铭。

吴文之（1493—1521） 名吴济，字文之，一名与成，别号武峰，明东山武山人。其从小才学过人，七岁能作诗文，有“武山神童”之称。明正德十六年（1521）辛巳科进士，选授翰林院庶吉士，同年十月因病与世长辞，年仅28岁，葬于西泾山下。

顾绶（生卒年不详） 字子印，明东山武山人。嘉靖四十三年（1564）甲子科举人，明嘉靖四十四年（1565）乙丑科进士，官至直隶顺德府知府。嘉靖末年，顺德正逢灾乱，顾绶组织地方抗灾，终使一方平安。喜作诗，清《七十二峰足徵集》收其诗两首。

孔贞行（生卒年不详） 字道行，别号湖天啸父，明东山武山人。诗人葛震甫（一龙）之师。孔少负俊才，豪杰自命。太仓王锡爵是其父凤岗之友。明万历中，被锡爵视为奇才，荐之于蓟辽幕中，任参赞军事。贞行在塞上先后10余年，因念亲老，遂拂衣而归。构屋数楹于射鹗山旁，匾其堂曰“芝秀斋”、曰“怡颜”、曰“香梦”。日与张希明、邹舜五、葛震甫、吴凝甫唱和为乐。著作有《磊块琐言》《阴符心境》《赤蹄录》《塞上稿》《续洞庭清气集》《香梦斋稿》《闻居草》等。

葛一龙（1567—1640） 字震甫，明东山武山人，著名诗人。读书好古，嗜吟咏，爱交游，与四方名士结秦淮诗社，读书好古而破产。然屡试不举，明万历四十七年（1619）因其有高才，选授云南布政司理问，掌管训事，廉洁为民，受到百姓称颂，未几罢归。著有《震甫集》等。

葛逢夏（生卒年不详） 字燮明，明东山武山人，后入北京文思院籍。崇祯元年（1628）戊辰科进士，授陕西承宣布政使参政，主管一省的财富与人事。为官清廉，颇具政绩。葛逢夏为葛氏南宋迁山后其家族出的第一个进士。

吴有性（？—1661） 字又可，明东山武山人。医学家。崇祯十四年（1641）各省瘟疫流行，有性经静心观察，临床医治，认为瘟疫病并非是由肌肤入里的疾病，而是一种由口鼻而传入，且看不见的传染病。创立了“疠气”病因之学说。著《瘟疫论》，创立瘟疫学说。书籍刻印传世后，医学家广为翻印，康熙年间传至日本，影响深远。

叶芳林（生卒年不详） 字震初，明东山武山人。工于绘事。其画格调萧闲、静远有致。写真出神入化，见者叹为绝技。能为一人写数像，或正面、或俯首、或仰视、或含笑、或沉思，各依其态，仅几笔勾描，竟至栩然若生，无有不屑者。

叶松（1615—1674） 字梅友，号淳庵，明末清初东山武山人，诗人。江南一带涉江逾河、吊古兴怀，所到都有题咏，康熙二年（1663）归乡后，究心于江海之兵防漕运。著有《嘤鸣集》《建初集》等。

吴时雅（1631—1693） 字斌雯，号南村，清东山武山人。他性爱林泉，依水结庐，清康熙十二年（1673）筑依绿园于武山之麓，整座宅园布置得十分紧凑、得体、幽雅。徐乾学曾为之作《依绿园记》。清康熙二十三年（1684）吴时雅倡议复建东山巡检司署、太湖营把总署两座署衙。

蒋应焻（1699—1754）　又名应期，原名炁，字元揆，一字季昌，清东山武山人。乾隆七年（1742）壬戌科进士，授中书舍人。蒋平生爱书，筑书室，购书万卷，自经史子集、百家九流之书，无不手自校订。与武山诗人葛一龙、邹舜五为友，其作诗风格也相似。清《七十二峰足徵集》收其诗多首。

邹弘志（生卒年不详）　字毅仁，号念莼，清东山武山人。邹儒之子。多智，善于谈论，工词翰。少时随父遂安，遇耿精忠乱，与父纠集乡勇三千，收复遂安而守之，后归乡里。清康熙三十八年（1699）春，圣祖南巡，弘志种莼 4 缸，作《贡莼诗》20 首并家藏采莼图迎驾进之，上命收莼送畅春苑，图卷发还，弘志入书馆效力，后授山西岳阳知县。

郑言绍（1830—1907）　字季雅，武山郑氏二十四世孙。《太湖备考续编》编纂者。言绍少遭丧乱，刻苦励学。清同治六年（1867）膺乡荐，光绪六年（1880）中进士，时年已 50 岁。在河南彰德府任知县期间组织赈灾，政绩显著。旋调祥符、永城、安阳等县，惩治剧盗，抚慰良民，听断明察，平反冤狱多起，为上司所倚重。又任浙江候补知府。正将授郡时，有京城吏部官员趁机上门索贿，言绍一介自严，为此拂袖归山，不再出仕，以读史著书自娱，唯对乡间事关义举则欣然承任。他的廉吏、清官之名便在民间传诵。言绍晚年著书不倦，72 岁时还网罗散佚，访寻《太湖备考》原版于兵燹残缺之 80 余页，命工锓补，重加校印，以成完璧。现在流传的《太湖备考》即郑言绍修补之后的重校本；手辑《太湖备考续编》4 卷，也一起刻印传世。

吴礼门（？—1920）　字伦鉴，清末民初东山武山人。在沪操绸布业，设敦馀洋货号，自任经理。一生好善，对故乡地方公益致力甚殷，尤其是在清宣统三年（1911），独立出巨资重新整修渡水桥。他事前作好准备，雇工技艺精湛，选材用料讲究，且又身不离桥，全身心地扑在修桥上。完工后的桥基之稳固、工程之道地、进度之顺畅创历史先例。1916 年吴礼门在西泾创办延陵务本小学，1926 年改为县立西金小学，其还捐资襄助金锡之创办时疫医院。

吴步云（？—1918）　字继杲，东山武山人。洞庭东山旅沪同乡会创办者之一，历任旅沪同乡会第二、第三届副会长，第四、第五届会长。在同乡会创设时期，他出力极多，包括处理具体问题和筹划设施，颇得众人赞誉。步云早先服务于文化界，任职于上海商务印书馆编辑所，才华出众，博采众论。历届同乡会开会时都有步云归纳作成的决议。可惜天不假年，于 1918 年 11 月溘逝，年仅 40 余岁。

郑泽南（1890—1941）　武山郑氏 27 世孙，著名旅沪实业家。1931 年财政部增加糖税，泽南被推为同业代表晋京请愿，据理力争，最后得财务部批准糖税减半。平生热心社会公益事业，对桑梓爱护尤切。任洞庭东山旅沪同乡会主席期间，值抗日战起，见旅沪同乡因战祸流离，乃组织临时收容所和救护队从事救济，自任队长，组织遣送难民九批。1941 年 8 月 27 日逝世，遗体归葬莫厘峰畔。

沈莱舟（1894—1987）　字宏让，别署弱余，著名旅沪实业家，上海“恒源祥”老字号的创始人。20 世纪 30 年代，外国羊绒充斥市场，排挤国产羊绒，沈莱舟联合绒线同行于 1939 年创办毛绒线厂，自任董事长，兼恒源祥织布厂总经理。以质优价廉的“小囡牌”

绒线进军市场。日军进驻上海后，对部分日用品原材料实行管制，毛线亦在禁令之中，沈莱舟改做小五金业，与员工们共渡难关。40 年代后期，沈莱舟成为沪上毛织业的巨子，对家乡的公益关注。1946 年捐助黄金 30 两，整修东山紫金庵；1947 年捐田 600 亩及美金 2500 元资助东山莫厘中学；1948 年捐款 4 亿元（折合当时大米 8.3 吨）给东山第一中心国民小学修建校舍。1949 年 6 月 2 日，上海市市长陈毅接见沈莱舟等一批著名工商界代表，同年当选上海市人民代表。1950 年加入中国民主建国会，并任上海市工商联合会委员、上海市呢绒绒线同业公会主任委员等职。

吴茵（1909—1991） 原名陆丽娜，艺名吴茵，渡桥西泾村人。1924 年，考入上海景德女中，后转民主女中，继入城东女校学国画。抗战前，先后在联华、天一、明星等影片公司拍电影。抗战爆发后，吴茵参加了中共上海地下党组织的影人剧团，投身抗日救亡活动。1946 年，进入中国电影制片厂，饰演老舍话剧《残雾》中的老太，一举成功，后在多部影片中成功饰演老太，获“东方第一老太婆”的称号。抗战胜利后，吴茵回到上海，遵照周恩来“建立进步电影基地”的指示，进入昆仑影业公司。1946 年 9 月，吴茵来东山拍摄电影《一江春水向东流》。中华人民共和国成立后，吴茵当选为全国人大代表。1983 年 2 月，加入中国共产党。1991 年 4 月，在沪病逝。同年，中国电影表演艺术学会授予吴茵特别荣誉奖。

郑於俭（1916—2005） 祖籍东山渡桥。船舶机电专家。1939 年毕业于上海同济大学机电系，任国民政府兵工署第五十工厂技术员、江西硫酸厂工程师、同济大学讲师，继而赴英国利物浦大学深造。1949 年获该大学汽轮机硕士学位。1950 年回国，筹建大连造船厂。1952 年起，历任大连造船厂工艺科长、副总工程师、总工程师兼副厂长、高级工程师、技术顾问等职。负责主持建造中国第一艘“跃进号”万吨级远洋货轮、第一艘导弹潜艇、第一艘远洋补给舰及第一艘导弹驱逐舰，还承担大功率船用低速柴油主机等多种新产品的试制工作。曾任中华人民共和国科学技术委员会船舶组组员、六机部技术咨询委员会委员、中国造船工程学会常务理事、大连市科学技术协会第一届副主席、大连造船工程学会理事长、大连造船厂科学技术协会主席，是第一至六届辽宁省人大代表，第五届辽宁省人大常委会委员。

张荣海（1932—2005） 渡桥晨光人。1950 年参加民兵团，历任民兵营长、团长。1953 年加入中国共产党，1954 年担任初级社副社长。1955 年 3 月应征入伍，历任中国人民解放军海军指挥学院（原中国人民解放军军事学院）通讯员、班长、排长、营长、团长。多次受到上级嘉奖，两次荣立三等功。

许荣麟（1933—2017） 渡桥晨光村人。1951 年莫厘中学初中毕业，1954 年苏州市高级中学毕业，当年考入军校。军校毕业后服役于沈阳炮兵部队，先后担任排长、连长、营参谋等职，后又入广州军区炮兵部队。1979 年参加中越自卫反击战。晋副师级，上校军衔。1983 年转业到广州药材公司，先后任办公室主任、党委书记。

第二节　人物简介

朱才林　生于1939年，晨光张家下脚人。1966年清华大学毕业，先后在上海灯泡二厂、上海电子管三厂、上海电子元件厂、上海电子元件研究所工作，历任技术员、工程师、高级工程师、车间主任、研究所党支部书记和所长。1986年9月加入中国共产党。1994年—1998年先后评为研究所先进共产党员和先进工作者。1998年11月退休后定居东山。

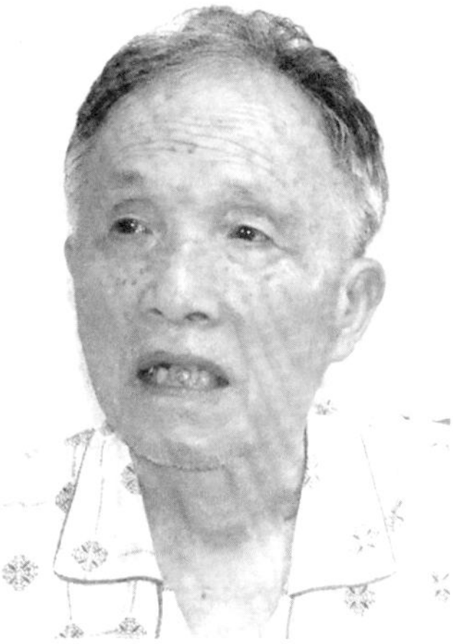

朱才林

韩宁林　生于1940年，又名韩阿二，晨光村殿泾港人。中国林科院亚热带林业研究所研究员、博士生导师，是享受国务院特殊津贴的林业专家。1952年，渡桥中心小学毕业后考入东山中学，1955年东山中学读完初中后入苏州市第一中学读高中，后考入南京林学院。1962年分配到中国林科院亚热带研究所工作，专门从事林业研究，研究对象以木本油料、干果树种为主，在油茶的良种选择、无性系繁殖及银杏栽培等方面成绩显著，获奖10余次，其中部、省级以上奖励4次，出版《芽苗砧嫁接》《银杏的起源与演化》《银杏生产百事问》《银杏》等专著，发表论文90余篇。2004年浙江省林业厅授予韩宁林“浙江省优秀首席科技专家”的称号。

席时桐　生于1945年，祖籍东山西泾头。上海交通大学动力机械工程系教授、博士生导师，上海交通大学研究生院副院长。1956年毕业于苏州中街路小学，后在上海完成初中和高中学业。1962年考入上海交通大学船舶动力系，毕业后先在贵州都匀汽车运输公司工作，后转入高校从事教学工作。1978年—1981年，为上海交通大学动力机械工程系内燃机专业硕士研究生，获工科硕士。1982年—1986年，在英国帝国理工学院计算流体力学中心攻读博士，获博士学位。1986年，在上海交通大学任教。1994年，先后担任上海交通大学研究生院副院长、“211工程”办公室主任、校长助理兼闵行二期建设指挥部总指挥等职。

高本大

韩才兴　生于1946年，渡桥人。中共党员，中校军衔。1968年入伍，历任班长、排长、技术员、助理员、机务司代政委、农场副场长等职。1990年转业到吴县任水利农机局副局长。2006年退休。1968年—1970年三次被评为五好战士。1985年、1989年两次荣立部队三等功。转业后多次评为吴县（吴中区）优秀共产党员。

高本大　生于1956年，西泾莫青头人。大学本科学历。1995年—2016年，任苏州市吴中区苏苑实验小学校长、党总支书记。2000年被评为江苏省小学语文特级教师，2010

王根宝

年被评为苏州市中小学教育名家，2014年被评为中小学正高级（教授级）教师，被聘为全国中小学教育督导评估专家。应邀赴北京、上海、广东、浙江等地及本省执教示范课、讲学200余次；在全国中文核心期刊等公开发表专业论文200多篇，其中10多篇分获全国、省、市级一等奖。出版总约60万字的《教海探航》《从教问道》专著两部。

王根宝 生于1961年，渡桥新建人。1976年9月东山中学高中毕业，1979年11月应征入伍。1985年12月入党，大学本科学历，历任战士、学员、技术员、分队长、参谋、助理工程师、工程师、室主任、高级工程师等职，现任东部战区（原济南军区）通信网络技术管理中心有线室高级工程师代理主任，专业技术6级，大校军衔。近年来，在军内发表论文著作教材23篇，获军队科技进步二等奖1项、三等奖8项，并被聘为“全军通信工程建设专家库成员和原济南军区通信装备维修设备器材采购评审专家”，系固定通信装备维修体制改革专家组组长。

王苏平 生于1967年，渡桥人。中共党员，上校军衔，硕士学位。1986年10月参加中国人民解放军，历任排长、政治处干事、艇指导员、基地纪检处干事、团政治处主任、团纪委副书记、基地政治部办公室主任、基地纪委委员、基地政治部副主任、基地党委委员、基地纪委副书记、基地政法委副书记、基地双拥工作领导小组副组长、五支队十五大队政委、支队党委委员、大队党委书记及军职干休所筹建办公室政委、主任、党委书记。王苏平先后获得东海舰队“优秀政治机关干部”、海军“优秀指挥军官”、全军“优秀党委书记”等多项荣誉，撰写论文10多篇，在军队刊物上登载。2017年年底从海军东海舰队团政治委员、主任岗位转业至上海市工作，现任中国太平洋保险（集团）公司数据中心园区总负责人。

王苏平

董美华 生于1967年，渡桥人。1983年东山中学初中毕业后，先入东山文艺宣传队工作，在镇文化站自编自导的锡剧、沪剧小戏中担任角色，后被选至吴江锡剧团与吴江沪剧团任演员。1985年入上海戏曲学校越剧班学习。1988年8月，董美华从戏曲学校毕业后，进入上海越剧院青年越剧团与红楼越剧团任演员，参加了越剧院许多戏曲的演出，先后在《碧玉簪》《追鱼》《孟丽君》《梨香院》《风雨大观园》《风月秦淮》《莲花女传奇》《断指记》《西园记》《梅龙镇》《秋色渐浓》《王老虎抢亲》中饰演主角，其表演惟妙惟肖，演出效果较好。

第三节 人物名录

表 15-1

渡桥进士名录表

姓名	字号	考中时间		任职
		年号纪年	公元纪年	
吴文之	与成	明正德十六年	1521	翰林院庶吉士
顾 绶	子印	明嘉靖四十四年	1565	顺德府知府
葛逢夏	燮明	明崇祯元年	1628	陕西参政
蒋应焻	应期	清乾隆七年	1742	中书舍人
郑长篥	纪芗	清嘉庆十六年	1811	甘肃会宁县知县
郑大诚	通甫、言鼎	清道光二十年	1840	翰林院编修、国史馆纂修、文渊阁校理
郑思贺	黼门	清同治十三年	1874	翰林院编修
郑思赞	廷襄	清光绪二年	1876	礼科给事中、户部广东司郎中
郑言绍	季雅	清光绪六年	1880	河南祥符、永城、安阳知县，浙江候补知府

表 15-2

渡桥明清官员名录表

姓名	字号	朝代	任职
吴天祫	原敬、萝屋	明	中书舍人
葛震甫	一龙	明	云南布政司理问
吴 钦	宗尧	明	江西赣州推官
吴从圣	遵宇	明	南京礼部儒士
郑长昕	雅三、少莱	清	江西永新、德化知县，九江郡丞
郑绪章	象文、始斋	清	陕西延长知县、宁羌知州、泾阳同知
蒋绍雯	彦龙	清	浙江盐务大使
吴 鏊	宝筬	清	内阁中书
郑懋勋	畲香	清	户部主事
郑 璇	巩在、莼村	清	四川三台知县
郑思贤	汝斋	清	安徽怀宁知县
郑思宾	照门	清	直隶某知县

表 15-3 渡桥烈士名录表

姓名	出生年份	入伍年月	所在部队	牺牲年月和地点	备注
陈林法	1926	1945.8	新四军六师四十六团	1945.9 如皋	渡桥兵营村人
吕阿三	1932	1953.3	志愿军六〇军 一八〇师五三八团	1953 朝鲜	西泾村禾家湾人， 曾用名李阿三

表 15-4 渡桥劳动模范名录表

姓名	性别	出生年月	政治面貌	工作单位	荣誉
叶爱根	男	1948.2	中共党员	东山亚美厂	1996 年吴县市 劳动模范
高本大	男	1956.2	中共党员	吴中区苏苑 实验小学	1999 年苏州市 劳动模范
蔡育琴	女	1965.1	中共党员	苏州雅利印刷 有限公司	2002 年苏州市 劳动模范

表 15-5 渡桥参军入伍及退伍人员名录表（按入伍时间先后为序）

序号	家庭地址	姓名	性别	出生年月	入伍年月	退伍年月	立功奖励情况
1	新建二组	吴雪堂	男	1929.12	1946.12	1964.8	三等功一次
2	西泾七组	朱寿昌	男	1930.2	1951.1	1957.5	
3	新建二组	金志雄	男	1934.10	1951.4	1961.1	三等功一次
4	新建五组	苗为定	男	1935.12	1956.3	1961.9	
5	西泾一组	秦长安	男	1937.10	1957.12	1961.12	
6	西泾二组	秦根南	男	1944.1	1961.8	1965.8	
7	新建五组	缪启泉	男	1945.8	1964.1	1969.3	
8	西泾三组	沈荣林	男	1943.7	1965.9	1969.3	
9	晨光八组	赵元来	男	1947.2	1968.3	1970.1	
10	晨光八组	姚桂明	男	1947.8	1968.4	1971.3	
11	沈家岸 23 号	徐福元	男	1948.12	1969.4	1973.1	
12	西泾二组	陈阿三	男	1948.7	1970.1	1973.12	
13	西泾六组	金云根	男	1947.9	1970.1	1973.1	
14	西泾六组	吴永兴 （徐三弟）	男	1948.3	1970.11	1975.3	三等功二次
15	新建三组	杨永安	男	1950.8	1970.1	1977.3	
16	晨光三组	盛伟明	男	1952.12	1970.12	1976.3	
17	晨光一组	陶苏喜	男	1952.11	1970.12	1976.3	
18	新建五组	严云高	男	1949.12	1970.12	1976.3	
19	西泾八组	吴兴根	男	1948.8	1970.12	1974.1	
20	晨光二组	顾根男	男	1949.4	1971.1	1976.3	三等功一次

续表

序号	家庭地址	姓名	性别	出生年月	入伍年月	退伍年月	立功奖励情况
21	沈家岸 17 号	徐金龙	男	1950.4	1972.12	1976.3	
22	西泾六组	徐毛德	男	1951.12	1973.1	1981.1	
23	西泾二组	施兴泉	男	1952.8	1973.1	1977.3	
24	新建三组	时正祥	男	1954.1	1973.1	1979.12	
25	新建三组	董海云	男	1955.4	1975.1	1977.3	
26	晨光四组	姚社新	男	1954.10	1975.1	1979.12	
27	银湖路 18 号	顾林林	男	1958.1	1976.1	1981.1	
28	西泾七组	徐洪根	男	1957.8	1976.3	1982.1	
29	晨光三组	沈福才	男	1955.10	1976.3	1981.4	三等功一次
30	西泾五组	吴补林	男	1958.10	1976.3	1981.1	三等功一次
31	新建三组	李水根	男	1957.3	1976.3	1981.1	嘉奖两次
32	新建一组	王文龙	男	1955.10	1976.3	1978.4	
33	新建二组	顾同来	男	1956.12	1976.12	1980.1	
34	西泾四组	吴永康	男	1955.5	1977.1	1979.8	
35	银湖新村 8 号	乔玉林	男	1959.10	1978.3	1983.1	
36	兵营村 18 号	梁山宝	男	1960.6	1978.12	1983.1	
37	新建四组	周大有	男	1959.10	1979.1	1983.1	
38	西泾四组	夏元生	男	1959.8	1979.1	1984.1	
39	晨光二组	戴阿根	男	1960.3	1979.12	1982.1	
40	西泾五组	陈法林	男	1961.5	1979.12	1983.12	
41	晨光八组	郑建鹏	男	1962.8	1979.12	1981.1	
42	西泾九组	姚正林	男	1960.2	1979.12	1985.12	
43	西泾六组	陈伟忠	男	1962.12	1980.11	1984.11	
44	禾家湾 101 号	王建新	男	1963.6	1981.11	1985.10	
45	晨光七组	吴根大	男	1963.8	1981.12	1985.1	
46	新建三组	夏寿根	男	1963.8	1982.1	1987.1	
47	晨光五组	陈正龙	男	1963.9	1982.1	1985.1	
48	西泾五组	徐云兰	男	1963.4	1982.12	1986.12	三等功一次
49	西泾六组	徐巧生	男	1964.10	1983.10	1987.7	
50	新建五组	周峰宝	男	1964.10	1983.10	1987.10	
51	晨光二组	董剑峰	男	1965.2	1984.6	1987.1	
52	晨光五组	吴金龙	男	1966.3	1984.10	1989.3	三等功一次
53	西泾四组	金林福	男	1965.10	1984.10	1988.1	
54	西泾九组	姚洪荣	男	1965.10	1984.10	1988.1	
55	新建二组	熊金宝	男	1966.7	1984.12	1989.3	三等功一次

续表

序号	家庭地址	姓名	性别	出生年月	入伍年月	退伍年月	立功奖励情况
56	新建五组	缪柏林	男	1966.3	1984.12	1989.3	
57	新建二组	陈正贵	男	1968.1	1985.10	1990.3	
58	新建三组	杨永财	男	1966.1	1986.11	1996.12	
59	晨光七组	顾福生	男	1968.12	1987.11	1992.12	
60	西泾六组	吴　春	男	1966.1	1987.11	1991.12	
61	西泾七组	朱建荣	男	1967.8	1987.11	1991.12	
62	新建一组	王建林	男	1967.6	1988.11	1993.3	
63	西泾八组	陆林生	男	1969.12	1989.3	1992.12	
64	晨光六组	卢永伟	男	1970.9	1990.3	1993.12	
65	新建五组	周粉林	男	1971.11	1990.3	1992.12	
66	新建四组	许建平	男	1971.8	1990.12	1993.12	
67	新建三组	唐巧林	男	1973.11	1991.12	1994.12	
68	晨光一组	江建华	男	1975.10	1992.10	1995.12	三等功一次
69	新建一组	喻振高	男	1972.12	1992.12	1995.12	三等功一次
70	西泾九组	许惠兴	男	1976.3	1994.12	1997.12	
71	西泾三组	姚海龙	男	1977.10	1996.12	1998.12	
72	晨光二组	郑万喜	男	1977.5	1996.12	1998.11	
73	西泾一组	柏跃伟	男	1979.10	1997.12	1999.12	
74	新建三组	陈秋生	男	1979.7	1998.12	2000.12	
75	晨光七组	张国华	男	1980.10	1999.12	2001.12	三等功一次
76	晨光一组	徐　敏	男	1981.3	1999.12	2001.12	
77	西泾四组	吴华良	男	1982.9	2000.12	2002.12	
78	新建四组	高　宇	男	1982.4	2000.12	2002.12	
79	新建四组	严少玉	男	1982.2	2000.12	2002.12	
80	西泾九组	施巍峰	男	1982.6	2001.12	2003.11	
81	西泾二组	钱云海	男	1981.12	2001.12	2003.12	
82	晨光四组	左华平	男	1981.2	2001.12	2018.4	三等功一次
83	西泾一组	汪冬慰	男	1983.1	2002.12	2004.12	
84	新建四组	吴　晶	男	1982.10	2002.12	2004.12	
85	新建五组	张伟伟	男	1983.1	2002.12	2004.12	
86	新建一组	吴振华	男	1985.8	2003.12	2005.12	
87	西泾二组	吴雪松	男	1984.4	2003.12	2005.12	
88	禾家湾 59 号	仇　斌	男	1985.7	2003.12	2016.4	三等功一次
89	新建三组	杨志平	男	1986.1	2004.12	2006.12	
90	新建一组	马越强	男	1985.6	2004.12	2006.12	

续表

序号	家庭地址	姓名	性别	出生年月	入伍年月	退伍年月	立功奖励情况
91	新建五组	薛　雯	女	1986.10	2005.12	2007.12	
92	西泾二组	施建忠	男	1985.12	2005.12	2007.12	
93	晨光六组	宋云飞	男	1987.8	2005.12	2010.12	三等功一次
94	晨光八组	顾　伟	男	1987.10	2006.12	2008.12	
95	晨光三组	吴文彬	男	1989.4	2007.12	2009.12	
96	晨光一组	袁晓俊	男	1988.9	2007.12	2009.12	
97	新建四组	朱斌斌	男	1989.10	2007.12	2012.12	
98	新建五组	王志明	男	1989.9	2008.12	2013.11	
99	新建五组	陈志明	男	1989.3	2008.12	2013.12	
100	新建四组	吴莲峰	男	1989.4	2009.12	2011.12	
101	新建五组	周　斌	男	1991.6	2009.12	2014.12	三等功一次
102	新建三组	唐　亮	男	1992.1	2010.12	2012.12	
103	新建三组	杨志华	男	1989.12	2010.12	2015.12	
104	西泾一组	秦　浩	男	1992.6	2011.12	2016.12	
105	西泾五组	吴燕峰	男	1994.8	2012.12	2014.12	
106	西泾三组	沈　健	男	1993.10	2012.12	2014.12	
107	西泾七组	陈文斌	男	1993.1	2013.9	2015.9	
108	新建四组	刘裕东	男	1990.10	2013.9	2015.9	
109	晨光七组	唐　晓	男	1994.5	2014.9	2016.9	
110	西泾三组	施辰龙	男	1997.5	2016.9	2018.9	

注：此表根据 2018 年 11 月渡桥村复退军人信息采集制作。

表 15-6　　2013 年渡桥村大学生名录表

姓名	性别	毕业学校	学历	家庭地址
刘裕东	男	常州工学院延陵学院	本科	新建四组
秦跃董	男	苏州工业园区服务外包职业学院	大专	西泾四组禾家湾 17 号
唐　浩	男	常州工学院延陵学院	本科	新建三组新湖村 14 号
吴　俊	男	苏州农业职业技术学院	大专	渡桥南街兵营村 69 号
张　伟	男	江苏食品职业技术学院	大专	晨光五组兵营村 82 号
张智慧	男	金山职业技术学院	大专	晨光二组张家下脚 21 号
陈　凡	女	苏州经贸职业技术学院	大专	新建二组葛家渡 36 号
董文薇	女	南京师范大学泰州学院	本科	晨光村二组（张家下脚 56 号）
侯美琴	女	江苏城市职业学院无锡办学点	大专	新建一组新塘村 9 号
金菲菲	女	江阴职业技术学院	大专	西泾四组禾家湾 2 号
陆中慧	女	合肥工业大学	本科	西泾一组

续表

姓名	性别	毕业学校	学历	家庭地址
盛颖佳	女	苏州高博软件技术职业学院	大专	晨光三组张家下脚 113 号
施佳颖	女	健雄职业技术学院	大专	西泾三组下路头 50 号
王珏静	女	苏州工业园区职业技术学院	本科	西泾七组禾家湾 101 号
吴秋琴	女	江苏城市职业学院吴中办学点	大专	西泾五组
徐伊莹	女	海南大学	本科	晨光二组张家下脚 51 号
俞君妍	女	南通职业大学	大专	新建三组新湖村 15 号
张笑笑	女	南京人口管理干部学院	本科	晨光五组兵营村 44 号

表 15–7　2014 年渡桥村大学生名录表

姓名	性别	毕业学校	学历	家庭地址
刘文彪	男	健雄职业技术学院	大专	新建四组新湖村 58 号
陈嘉伦	男	苏州工业园区服务外包职业学院	大专	西泾四组禾家湾 26 号
陈志康	男	苏州工业职业技术学院	大专	新建三组新湖村 3 号
许福元	男	苏州信息职业技术学院	大专	新建四组婆罗桥 38 号
周文清	男	苏州农业职业技术学院	大专	西泾一组西泾头 34 号
施怡杰	男	苏州科技学院	本科	晨光二组张家下脚 70 号
沈一帆	男	蚌埠医学院	本科	晨光一组殿泾港 17 号
董文钢	男	常熟理工学院虞山学院	本科	晨光二组张家下脚 66 号
竺桢婷	女	南通职业大学	大专	新建一组新塘村 70 号
高晓莹	女	苏州工业园区职业技术学院	大专	新建二组葛家渡 37 号
苏　瑛	女	江苏食品职业技术学院	大专	晨光七组汤家扇 11 号
汪易莹	女	上海民远职业技术学院	大专	西泾二组陈岭头 4 号
戴　婷	女	苏州职业大学	大专	晨光二组张家下脚 10 号
郭莉萍	女	苏州科技学院	本科	新建二组葛家渡 45 号
陈怡静	女	苏州科技学院天平学院	本科	西泾五组禾家湾 19 号
戴怡洁	女	浙江越秀外国语学院	本科	晨光二组殿泾港 42 号
马雪梅	女	常熟理工学院虞山学院	本科	晨光八组司前街 55 号
徐　姣	女	南京师范大学泰州学院	本科	西泾六组禾家湾 77 号

表 15–8　2015 年村渡桥村大学生名录

姓名	性别	毕业学校	学历	家庭地址
侯征远	男	盐城工学院	本科	新建一组
金纯江	男	宿迁学院	本科	西泾六组
盛　成	男	江苏大学	本科	晨光三组
许　杰	男	扬州大学	本科	晨光村

续表

姓名	性别	毕业学校	学历	家庭地址
赵　川	男	吉林农业大学发展学院	本科	新建四组
徐　良	男	南京铁道职业技术学院苏州校区	高职	新建村
葛云龙	男	江阴职业技术学院	专科	新建五组
沈　健	男	常州信息职业技术学院	专科	西泾三组
史　晨	男	苏州高博软件技术职业学院	专科	晨光八组
苏晓斌	男	苏州农业职业技术学院	专科	晨光五组兵营村 61 号
俞峻阳	男	常州工程职业技术学院	专科	新建三组新湖村 16 号
高月瑾	女	扬州大学	本科	晨光五组兵营村 50 号
李其星	女	中国药科大学	本科	晨光八组
刘　静	女	南京中医药大学	本科	西泾一组
潘　琪	女	南京信息工程大学滨江学院	本科	新建四组
邵　虹	女	淮阴师范学院	本科	西泾二组
吴　兰	女	南京医科大学康达学院	本科	西泾六组
吴　颖	女	盐城师范学院	本科	晨光八组
张悦怡	女	南京财经大学红山学院	本科	晨光三组
邹艳红	女	淮阴师范学院	本科	晨光四组网泾浜 21–1 号
朱婷婷	女	苏州高等职业技术学校	高职	晨光村七组
竺凤霞	女	苏州旅游与财经高等职业技术学校	高职	新建村一组
柏祎晴	女	无锡科技职业学院	专科	西泾一组
李敏敏	女	苏州农业职业技术学院	专科	新建三组
吴雯华	女	江苏城市职业学院无锡办学点	专科	新建一组

表 15–9　2016 年渡桥村大学生名录表

姓名	性别	院校	学历	住址
叶文斌	男	无锡城市职业技术学院	大专	晨光四组网泾浜 13 号
陈　隽	男	江苏城市职业学院	大专	西泾六组禾家湾 63 号
姚　斌	男	南通纺织职业技术学院	大专	西泾九组葛家渡 13 号
席赵贤	男	健雄职业技术学院	大专	西泾九组席家底 6 号
吴少文	男	江苏城市职业学院吴中办学点	大专	西泾七组禾家湾 80 号
吴嘉琪	男	江苏城市职业学院吴中办学点	大专	晨光五组兵营村 68 号
马心怡	女	苏州大学文正学院	本科	晨光六组兵营村 7 号
马佳雯	女	淮阴师范学院	本科	晨光六组兵营村 9 号
周雯倩	女	南京审计学院	本科	新建五组婆罗桥 101 号
陈　菲	女	盐城师范学院黄海学院	本科	晨光八组汤家扇 3 号
宋艳华	女	无锡太湖学院	本科	晨光六组兵营村 38 号

续表

姓名	性别	院校	学历	住址
王梦婷	女	淮阴师范学院文通学院	本科	新建一组新塘村 47 号
陈　曦	女	江苏建康职业学院	大专	西泾二组陈岭头 49 号
陈　洁	女	无锡科技职业学院	大专	西泾二组陈岭头 37 号
葛群妹	女	苏州旅游与财经高等职业技术学校	大专	晨光七组司前街 13 号
江雯怡	女	江苏城市职业学院吴中办学点	大专	晨光六组兵营村 9 号

表 15–10　2017 年渡桥村大学生名录

姓名	性别	院校	学历	住址
周文祥	男	南京邮电大学通达学院	本科	新建五组婆罗桥 85 号
宦文华	男	南京理工大学泰州科技学院	本科	新建四组新湖村 48 号
喻鸿飞	男	苏州高等职业技术学校	大专	新建一组新塘村 65 号
许福康	男	江苏城市职业学院吴中办学点	大专	新建四组婆罗桥 39 号
施辰龙	男	江苏城市职业学院吴中办学点	大专	西泾三组
蔡世超	男	江苏城市职业学院吴中办学点	大专	新建五组
马雪云	女	南京审计学院	本科	晨光八组司前街 55 号
盛嘉逸	女	苏州科技学院	本科	晨光三组张家下脚 107 号
郭欣萍	女	江苏第二师范学院	本科	新建一组新塘村 19 号
吴梅萍	女	苏州卫生职业技术学院	大专	新建五组婆罗桥 91 号
顾月红	女	苏州旅游与财经高等职业技术学校	大专	晨光二组张家下脚 45 号
顾雅雯	女	江苏城市职业学院吴中办学点	大专	晨光七组汤家扇 27 号

附：四世同堂名录

四世同堂家庭是指曾孙辈以上，父母、祖父母、曾祖父母三代夫妇都健在的人家。渡桥村共有 43 家。按晨光、新建、西泾分列如下：

晨光：

1. 姚道生家庭

父：姚道生　　母：杨金娣
子：姚卫国　　儿媳：俞妹英
孙儿：姚青　　孙媳：吴敏
曾孙儿：吴一帆　　曾孙女：吴一纯

2. 姚道生家庭

父：姚道生　　母：杨金娣
子：姚建国　　儿媳：顾杏仙
孙儿：姚斌　　孙媳：徐晓岚
曾孙儿：姚乘风

3. 张根林家庭

父：张根林　母：朱菊英
子：张凤明　儿媳：朱利萍
孙儿：张志翔　孙媳：郑 莹
曾孙儿：张天宇、张天扬

4. 张根林家庭

父：张根林　母：朱菊英
子：张昆明　儿媳：张利妹
孙儿：张智慧　孙媳：李艳
曾孙女：张昕妍

5. 徐玉文家庭

父：徐玉文　母：刘兰花
子：徐伟中　儿媳：费佩文
孙女：徐灵妮　孙婿：韩东宇
曾孙儿：徐复新

6. 竺保林家庭

父：竺保林　母：许三妹
子：竺惠平　儿媳：盛珍仙
孙女：竺立云　孙婿：朱爱君
曾孙女：朱晨希

7. 董兴林家庭

父：董兴林　母：董财娣
子：董美根　儿媳：姚秋英
孙女：董华　孙婿：雍定柱
曾孙女：董嘉研

8. 陈阿三家庭

父：陈阿三　母：施林娣
子：陈本红　儿媳：郜梅芳
孙女：陈筠　孙婿：吴雪峰
曾孙女：吴栩豪

9. 吴阿五家庭

父：吴阿五　母：华勤娣
女：吴红梅　女婿：陈泉龙
孙儿：吴星　孙媳：叶卉
曾孙女：吴姝予

10. 苏云福家庭

父：苏云福　母：马秀英
子：苏金华　儿媳：秦根妹
孙女：苏珍萍　孙婿：叶建刚
曾孙儿：苏叶辰

11．苏云福家庭

父：苏云福　　母：马秀英
子：苏金荣　　儿媳：顾桂娟
孙儿：苏春山　　孙媳：李莉
曾孙女：苏心琪

12．高泉源家庭

父：高泉源　　母：陆文英
子：高虎根　　儿媳：熊银宝
孙女：高月琴　　孙婿：孙逸迢
曾孙儿：孙浩宇

13．葛德泉家庭

父：葛德泉　　母：吴川珍
子：葛金林　　儿媳：施小英
孙女：葛群芳　　孙婿：姜军
曾孙儿：姜奕铖　　曾孙女：葛情雨

14．蔡龙龙家庭

父：蔡龙龙　　母：徐秀娥
子：蔡育平　　儿媳：杨福仙
孙女：蔡婷玉　　孙婿：顾霭杰
曾孙儿：蔡正誉　　曾孙女：顾咏菁

15．马志银家庭

父：马志银　　母：刘秧扣
子：马根锁　　儿媳：张玉珍
孙女：马雪梅　　孙婿：华鸿连
曾孙女：华建玥

16．马志金家庭

父：马志金　　母：臧兰英
子：马扣锁　　儿媳：赵秀华
孙儿：马雪龙　　孙媳：王晓兰
曾孙儿：马之炜

17．张彩宝家庭

父：张彩宝　　母：单根娣
子：张来友　　儿媳：李兰珍
孙儿：张其　　孙媳：陈菊
曾孙儿：张锦程

18．董财根家庭

父：董财根　　母：吴巧宝
子：董剑峰　　儿媳：顾萍萍
孙儿：董浩　　孙媳：金珊
曾孙儿：董嘉泽

新建：

1. 喻思德家庭

父：喻思德　母：罗连荣
子：喻振涛　儿媳：朱春娥
孙女：喻倩　孙婿：陈勇
曾孙儿：陈喻昊　曾孙女：喻玥

2. 竺兴林家庭

父：竺兴林　母：张冬女
子：竺诗君　儿媳：芮中如
孙女：竺凤霞　孙婿：夏志远
曾孙儿：夏旭劼

3. 竺友林家庭

父：竺友林　母：聂根娣
子：竺建军　儿媳：贾述芳
孙儿：竺宗宝　孙媳：胡雪娇
曾孙儿：竺赟浩

4. 竺根林家庭

父：竺根林　母：杨根荣
子：竺利军　儿媳：林洪妹
孙女：竺佳　孙婿：吴斌
曾孙女：吴雨彤

5. 周庆红家庭

父：周庆红　母：吴招女
子：周永贵　儿媳：张红兰
孙儿：周钟明　孙媳：史伟霞
曾孙女：周星辰

6. 马嘉章家庭

父：马嘉章　母：许和珍
子：马永平　儿媳：朱凤娣
孙女：马琪虹　孙婿：贾春春
曾孙儿：马翊轩

7. 朱根喜家庭

父：朱根喜　母：沙小妹
女：朱来红　女婿：王文龙
孙女：王月萍　孙婿：宋志夏
曾孙儿：宋瑜

8. 侯德财家庭

父：侯德财　母：温海林
子：侯兆森　儿媳：竺丽芳
孙女：侯美琴　孙婿：陈旭

曾孙儿：陈翊阳

9. 陈桂礼家庭

父：陈桂礼　　母：徐凤英

子：陈文俊　　儿媳：雷巧英

孙儿：陈瑞洪　　孙媳：于莉娟

曾孙女：陈伊灵

10. 吴同如家庭

父：吴同如　　母：周进步

子：吴永康　　儿媳：潘明女

孙儿：吴晶　　孙媳：耿书兰

曾孙儿：吴语博　　曾孙女：吴语欣

11. 陈桂德家庭

父：陈桂德　　母：华荣娣

女：陈丽芳　　女婿：芮富林

孙儿：陈耀祖　　孙媳：夏雯

曾孙女：陈若妍

12. 周志才家庭

父：周志才　　母：韦扣宝

女：周玉妹　　女婿：杨保西

孙儿：周向前　　孙媳：唐莹

曾孙儿：周欣悦　　曾孙女：周泽芳

13. 范双喜家庭

父：范双喜　　母：吴永珍

子：范兴元　　儿媳：周玉清

孙儿：范培君　　孙媳：王蕊

曾孙女：范佳慧

西泾：

1. 陆阿宝家庭

父：陆阿宝　　母：张玉秋

子：陆永根　　儿媳：汪福珍

孙儿：陆忠贤　　孙媳：王佳昳

曾孙女：陆梓宁　　曾孙儿：王梓茉

2. 吴寿泉家庭

父：吴寿泉　　母：陆仁宝

子：吴卫星　　儿媳：朱丽华

孙儿：吴忠良　　孙媳：谷晓宇

曾孙儿：吴悦琪、吴佳豪

3. 姚纪荣家庭

父：姚纪荣　　母：陈美英

子：姚春根　　儿媳：贺群
孙女：姚珍妹　　孙婿：陆敏
曾孙儿：姚星昱　　曾孙女：陆瑶韵

4. 姚富根家庭

父：姚富根　　母：朱庆芳
子：姚培林　　儿媳：李惠珍
孙女：姚燕兰　　孙婿：沈益军
曾孙女：姚歆彧

5. 王巧寿家庭

父：王巧寿　　母：朱庆云
子：王建春　　儿媳：陈补珍
孙儿：王文斌　　孙媳：周文
曾孙儿：王凯誉

6. 吴丁兴家庭

父：吴丁兴　　母：仲林云
子：吴忠　　儿媳：姚艾芹
孙女：吴菲　　孙婿：王久强
曾孙儿：吴俊熙　　曾孙女：王昕月

7. 杨连生家庭

父：杨连生　　母：江林娣
子：杨胜林　　儿媳：施迪英
孙儿：杨晓华　　孙媳：宋君
曾孙女：杨紫依

8. 杨连生家庭

父：杨连生　　母：江林娣
子：杨云龙　　儿媳：陈建妹
孙女：杨晓倩　　孙婿：叶飞
曾孙女：杨梓悦

9. 姚补兴家庭

父：姚补兴　　母：蒋美珍
子：姚洪荣　　儿媳：陈桂娟
孙儿：姚益俊　　孙媳：陈丽娟
曾孙女：姚思辰

10. 钱根兴家庭

父：钱根兴　　母：石云仙
子：钱建明　　儿媳：姚桂娣
孙儿：钱兆峰　　孙媳：张艳
曾孙儿：钱思琪

11. 钱根兴家庭

父：钱根兴　　母：石云仙

子：钱建华　　　　　　儿媳：施云妹
孙儿：钱余根　　　　　孙媳：纽晓芳
曾孙女：钱佳禾

12. 虞昌本家庭

父：虞昌本　　　　　　母：蔡素珍
子：虞同年　　　　　　儿媳：马云华
孙儿：虞文京　　　　　孙媳：王燕军
曾孙女：虞佳妍

第四节　名人与渡桥

一、金友理考察太湖

金友理，字玉相，庠生，东洞庭山人。年轻时颇崇“经世之举”，对水利与有关国计民生尤为关注，遍览有关太湖流域之书籍，收集有关太湖水道今昔变迁之方志、文献等资料，认为前人《太湖志》《震泽编》《具区志》等失于完整，尤对山河之源委险夷更无阐明，由此引发要编纂《太湖备考》的宏愿大志。其老师吴曾（莱庭）对金友理有志研究太湖、编纂成书十分赞成。建言不能将前人之书全盘接受，要择善而从，订正其误讹，增补其不足，要为“经术政理”致用。清乾隆十二年（1747）金友理聘请吴莱庭，并邀挚友华振飞（光福人）帮助绘图，卜元武（同里人）为向导，一起泛舟实地考察太湖并绘图。是年正月二十日，从东山渡水桥码头起程，二月初八返回东山渡水桥，历时18天，遍历太湖沿岸之3郡（苏州、湖州、常州）10县（吴县、长洲、无锡、阳湖、宜兴、荆溪、长兴、乌程、震泽、吴江）等，不惮跋涉，水陆兼访，目击为凭。尤其餐风宿雨于山岭溪水之间，绘画书稿于庙宇客舍之中。对溪、渎、溇、港等之源委险夷都实地考察。这次考察后，吴莱庭曾写《湖程纪略》1卷纪其事，附录于《太湖备考》之后。金友理以考察资料为主线，还翻阅、查对、考证各地府县志中历史、地理、水利等文献，以及传记、掌故、各家文集、家谱等，参阅书籍152部。历时3年有零，于乾隆十五年（1750）初秋脱稿。因考虑到不与郡邑等同，所以称“考”不曰“志”.同时也表示所辑未必尽核，聊以备后人之考订。书凡17卷（包括卷首），34个类别，弥补了《震泽编》《具区志》之不足，成为后人讲水利、治太湖、谈兵防的重要参考书。

二、李根源武山访古记

李根源（1875—1965），云南腾冲人，先后任粤滇军总司令和北京政府农工部总长、代总理等职。李根源于1929年农历五月十九日至五月二十八日访东山，农历五月二十六日在渡桥武山访古探幽一天。

一早，李根源一行从杨湾石桥乘坐小轮船抵达渡水桥，过观音堂、茶亭，沿着司前街越过小道到达西泾村，攀山而上，登山顶武峰庵（武山庵）。武山古木葱郁，绿柳依垂，名胜古迹遍布，庵后荆棘丛中均是巨石，有些还留下模糊的摩崖石刻，但因年代久远辨认不出字迹。武山庵东南有宋驸马都尉郑钊的墓，李根源在郑驸马墓旁向随行人员讲述郑钊故事：宋高宗赵构南渡，郑钊定居东山，筑宅武山（西泾山），当时郑驸马居住地豪宅林立，街市兴旺，人们称为官庄，成为当时东山最热闹的街市，武古之古也由此形成。

在武山永福寺附近，李根源一行观看武山翔翅山山景，只见山势宛如蟠龙，风光无限。过凤凰山、官庄、赵巷，到葛一龙墓。葛一龙为明代武山著名诗人，后选为云南布政使，因廉洁惠民，百姓称颂。祭拜葛墓后，到武山，登锦鸠峰（濮公墩），见峰墩耸立，一片秀色，峰下连接吴巷，北为吴季子祠（寿宁庵），祠内正中供奉吴公子季札，左右配享濮婺、孟祁承、荣惠等 12 人。祠恢宏严整，为南村老人吴时雅重建，苏州巡抚汤斌曾亲临致祭，徐乾学写有祠堂记。堂内高悬状元榜，为明东山首位状元施槃立。因施槃祖先为吴氏，入赘施姓。祠旁让泉甘美，岁旱不枯。祠之西南则为吴氏宋元明诸祖之墓。过吴巷，游览依绿园。

中午因瓢泼大雨，未能去射鹗山、鸡山，雨止，过陈岭头、禾家湾，至渡水桥，前往旧太湖协署，答拜水警大队长王召武，感谢其派武装人员护游。随后游关帝庙、节烈祠，访翁氏集贤圃。太阳西沉，李根源一行乘船归宿杨湾石桥寓所。

三、席启荪渡桥办实业

席启荪（1879—1943），名裕焜，东山人，早年在沪从事钱庄业，曾应聘于鼎成、鼎元、荣康诸钱庄经理。

席启荪对渡桥情有独钟。1930 年，他曾购置烧柴油的客轮开设在渡桥，航行于东山苏州之间，1931 年又添置裕丰、裕商两艘客轮开辟走太湖的两条航线：一条东山渡水桥—席家湖—胥口—苏州，当天来回。一条后山石桥头—陆巷寒谷山—西山镇夏（石公）—胥口—苏州，当天来回。外湖航线后因水草为患，湖床淤浅和盗匪频繁而停航，内河航线续航。此外还在渡水桥北岸开设过轧米厂、轧粉厂（俗称面粉厂）、发电厂和水厂，时吴江一些沿湖村人都来渡桥轧米、轧粉。发电厂在 20 世纪 30 年代中期一度发过电，使渡桥商业店家和殿泾港用上了电灯。

抗战爆发，席启荪在渡桥创办的实业皆因经营失利和中日战起而夭折。

渡水橋東北為連璧橋，越橋而至湖亭嘴，昔為翁氏集賢圃所在，今成廢墟，由陳宗之記中，可窺當時結構之宏大：

「……長堤數百步，從浩淼澎湃中築址，由一石橋入門，折右數武為開襟閣，……下開襟閣有衙形如亭子，自此至蓀玉堂，八窗玲瓏，居圃中央，叠山環之，取徑西涉，則石橋兀聳，下臨碧潭……，直抵來遠亭，繞亭叢桂森森，復有三角亭，琉璃巧構，晶瑩類雪，其下石澗，窅靓莫測，名曰飛香徑，稍前豁然開朗，從朱橋渡而西……有屋三四楹，名一葉居，……由此漸往而北，仄岑山禪，有如石梁者，……俱在蓀玉堂背也。躋石而上，薄寒香齋，齋傍亦崎[illegible]嶸，漪瀾館在焉，館內有積秀閣，閣不甚敞，而幽邃楚楚……蓀玉堂南對則有荷池，乃與西石洞外朱橋處相連，池東有亭，可資納涼，北有土神祠，稍是路而南，其屹然高寨，峙蓀玉之前者為主峯，其外支峯，紫雲俯仰……，其下則洞壑嵌空，白石磷磷，水泉吞吐，與太湖通，此又非西石洞名飛香徑者同派，亦有樓榭可攬湖光，迴廊右旋，則又與開襟閣相屬矣……」。

第十六章 艺文

渡桥历史悠久，文人墨客在此留下不少游踪和传记篇章，包括流传民间的文集和单篇作品。这些作品展示了渡桥的千古风貌，徜徉流连其间，使人不觉古意盎然。

第一节 著述作品

据《太湖备考》《苏州民国艺文志》《江苏艺文志·苏州卷》等书著录，历代渡桥有作家诗人 40 多人，出版有诗文集 100 多部。

表 16-1 渡桥村历代人士著述作品表

时代	姓名	著述作品	备注
春秋	濮 婪	《高山诗三章》	见于《七十二峰足徵集》
唐	濮孟初	《濮公墩宴坐》	见于《七十二峰足徵集》
宋	濮 肃	《知足集》	见于《七十二峰足徵集》
	濮 本	《偶感集》	见于《七十二峰足徵集》
	吴百生	《延陵祖德录》	见于《七十二峰足徵集》
	吴 泽	《延陵世系录》	见于《七十二峰足徵集》
明	吴思政	《洞庭清气集》	见于《太湖备考》
	吴 信	《山居杂咏》《柚庄遗稿》《洞庭清气集》	见于《太湖备考》
	吴 敏	《吴氏联珠集》	见于《太湖备考》
	吴天祐	《萝屋诗存》	见于《吴县志·艺文》
	吴大江 吴文之	《媲美集》（合著）	见于《吴县志·艺文》
	邹之翰	《梧月轩稿》	见于《吴县志·艺文》
	葛 佩	《骚赋》《梅花百咏》《石坛咏》	见于《太湖备考》
	吴九逵	《经史异徵》《继躅稿》《土篑集》《渔樵集》	见于《吴县志·艺文》
	孔闻徵	《风冈集》	见于《太湖备考》
	邹斯盛	《莼冰舫集》	见于《吴县志·艺文》
	葛 符	《治家规略》《自鸣集》	见于《吴县志·艺文》
	孔贞行	《磊块琐言》《阴符心镜》《赤蹄录》 《塞上稿》《园居草》《香梦斋稿》	见于《吴县志·艺文》
	吴有性	《瘟疫论》《春生妙术瘟疫论》《吴又可瘟疫论节要》 《瘟疫论补注》《瘟疫论类编》《说疫全书》《瘟疫论解》 《瘟疫合璧》《瘟疫发挥》《瘟疫论私评》《皇汉医学丛书》 《瘟疫论辨义》《吴陈合编》《医门普度瘟疫论痢疾论》	
	葛一龙	《朝鲜史略》《葛震甫诗集》《已庚集》《洞庭葛氏诗录》	见于《乡志类稿·艺文》
	葛弥光	《寒山杂咏》	见于《吴县志·艺文》
	陈爱民	《虫鸣草》	见于《吴县志·艺文》

时代	姓名	著述作品	备注
明	吴鼎芳	《禅要》《寺稿》《云外集》《经律集录》《吴凝父稿》《披襟唱和集》	见于《吴县志·艺文》
	葛御夏	《自求草》	见于《太湖备考》
	葛昭夏	《冬晴草》	见于《太湖备考》
	吴嘉钻	《乐陶诗》	见于《乡志类稿·艺文》
	陆继蒙	《独兰编》	见于《七十二峰足徵集》
清	葛　畊	《就正草》	见于《七十二峰足徵集》
	葛　畯	《课馀焚草》	见于《七十二峰足徵集》
	葛乔年	《寄床斋诗》	见于《七十二峰足徵集》
	吴时德	《胥母集》《可老吟》《来瘦集》《芦中草》《吴不官遗集》《同声集》	见于《七十二峰足徵集》
	吴　瑞	《咏风堂诗》	见于《七十二峰足徵集》
	葛士迈	《且适吟》	见于《七十二峰足徵集》
	吴之昌	《东野小草》	见于《七十二峰足徵集》
	邹弘志	《念莼遗稿》《燕台游草》《爱莲宧稿》《贡莼咏》《邀月词》	见于《吴县志·艺文》
	吴永颐	《文起堂文稿》《还读斋诗稿》	见于《七十二峰足徵集》
	吴永臧	《适意吟》《荷戈草》	见于《七十二峰足徵集》
	葛国荣	《耕观堂诗》	见于《七十二峰足徵集》
	吴元衔	诗十首	见于《七十二峰足徵集》
	吴定璋	《节烈传》《太湖用兵纪略》《防湖论略》《太湖渔风》《二十五弦集》《太湖剩言》《半园外集》《豹留集》《信自吟》《问渔口号》《端居集》《聊寄集》《随寓草》《洗心集》《停披草》《问津草》《太湖诗话》	见于《太湖备考》《乡志类稿》《七十二峰足徵集》
	吴　曾	《黄淮运三河集说》《练湖考》《猎馀杂识》《莱庭诗文集》	见于《吴县志·艺文》
	葛　覃	《还读斋合稿》	见于《七十二峰足徵集》
中华人民共和国	韩宁林	《芽苗砧嫁接》 《银杏的起源与演化》 《银杏生产百事问》 《银杏》	中国林业出版社（1991） 中国林业出版社（1993） 中国农业出版社（1996） 经济管理出版社（1997）
	高本大	《教海探航》 《从教问道》	苏州大学出版社（1997） 江西教育出版社（2009）

续表

第二节　集文

游武峰记

［明］陈宗之

武峰，湖中一孤堘，四面际水，远近山如叠浪，从山顶望莫厘诸坞，如空空下天状，又如展万幅云屏，萦青缭紫，光气炫变，亦殊观也。径多黄碧伟石，短松离离，错置其间，如万兕饮壑，踣股支撑。土人指其坎而窍者，以为稚川丹灶，余未敢信，势单易竟，未称奥如。然叶舟荡桨，雨后虹初，玉波熨镜，故当分石公半席，为胥母解嘲。庚辰首夏，同袁子公白访友此中，啸傲移日，有怪树蟠亘数亩，臃肿轮囷，似数十根并合一根者，以材非梓槚，扶疏空岩，丁丁莫及，庄生社栎将无谜耶。袁子攀枝登其上，几不得拾级，以梯接之始下。

（《林屋民风》）

湖防公署记

［明］申时行

吴，水国也，而震泽汇其中，洪流巨浸，襟带三州，渐洳数百里，所产鱼虾、螺蛤、薪荬、果木之饶，民衣食之，网罟于是，斧斤于是，故称利薮。然而洲渚盘互，岛屿纡回，逋逃亡命椎剽之奸，亦往往窟宅于是，故亦称盗薮，有司者盖尝忧之。然自国家经略以来，沿江置戍，岁时操阅，海上备倭，壁垒相望，其防最严密，而独太湖之防阙如，曰斯内地无动为大尔。而顷多年盗，闾阎村坞之间，抉关胠箧、越人于货者，所在窃发，官司逐捕，逸之太湖，风樯浪舶，腾踔出没于烟波浩渺之中，莫可踪迹，盖防之为尤难。都御史曹公时聘来抚东南，周视四封，兴修百度，江介海壖防御既饬，则计所以防湖者。乃籍兵壮，治舟楫，严追捕，谨哨巡，遴属弁中廉勇有干局者，曰总练官以指挥，佥事朱汝忠为之。已复念曰：湖去郡治远，而兵水宿野次，触风涛，犯不测为难，远者耳目不加，而难者易规避，是使争为偷惰而相欺谩也。计莫如扼要害，审便宜，列营建署，莅而守之，可以经久。乃相地得鼋山之麓，鸠工伐材，创立廨宇，凡为屋若干楹，前堂后寝，翼以廊庑，缭以周垣，树纛建牙，规制悉备。工始于万历辛丑十月，讫壬寅四月而成，费取诸省，存虚冒为银若干，则汝忠所请于兵使邹公墀、郡守周侯一梧，以闻于曹公而允行之者也。署成，周侯来属余记。余曩在政地，所司尝以湖盗闻，诏遣兵搜缉，经岁无所得。始失之张皇，终失之疏宕，宁独以地险故哉？夫事至而备，孰若未事而备之为虑远也；患生而防，孰若未患而防之为谋预也。今艅艎既具，组练既集，公署既设，上有所申令，下有所禀仰，若立标而示望的而趋，体统以正，军容以肃。履斯地任斯职者，盍亦跃然深思，孜孜户牖之图而永绝萑苻之衅也乎。

（《太湖备考》）

集贤圃记

［明］陈宗之

余寓东山，游集贤圃者数矣，至不能一其处。圃为翁光禄所构，俗名湖亭是也。长堤数百步，从浩森澎湃中筑址，苇荻猎猎，暑月挟霜气。由一石桥入门，折右数武，为开襟阁，扆莫厘，衷武峰，西瞩葑山，浮黛晔浥，东则具区漭泱，灵岩、尧峰诸远岫出没其中，葛洪炼墩正与阁相值。来虹去鸟，风帆灭没，月夕澄波，雪晨冻壑，荡胸送抱，真成一快。下开襟阁有礿，形如亭子。自此至群玉堂，八窗玲珑，居圃中央，垒山环之。取径西涉，则石桥兀耸，下临碧潭，迤路樱桃、海棠间植，直抵来远亭，绕亭丛桂森森。复有三角亭，琉璃巧构，晶莹类雪。其下石洞，窅靓莫测，名曰飞香径。稍前豁然开朗，从朱桥渡而西，修竹数千个，琤琮瑟戛，有屋三四楹，名一叶居，半借竹坞半跨水，栖迟此中，雅堪避暑。由此渐往而北，仄穿山罅，有如石梁者然，下有木莲一株，亦属名产，牡丹台异葩霞翘，藉玉兰、碧梧为幄，此俱在群玉堂背也。蹑石小上，薄寒香斋，古梅驳藓，虬松离错。斋后一小轩，湖之东北可眺。斋旁亦绕檀栾，漪漪馆在焉。馆内有积秀阁，阁不甚敞，而幽邃楚楚，中列良书茗具。圃之西北偏既讫，群玉堂南对，则有荷池，乃与西石洞外朱桥处相连。池东有亭，可资纳凉。北有土神祠。循是跋而前，其屹然高搴，峙群玉之前者为主峰，其外支峰累累俯仰，缘以牙松，须鬣甚古。其下则洞壑嵌空，白石磷磷，水泉吞吐，与太湖通。此又非西石洞名飞香径者同派，亦有楼榭，可揽湖光，回廊右旋，则又与开襟阁相属矣。池惟群玉堂前差广，一泓澹涵，四周俱通，长杨成列，唫喁万头。圃之极北，连冈皆土坊培塿，种茶数亩者，有茗可采。圃之极西，橘柚桃梨，缭以短垣，有果可俎，此其附庸于圃而藉为外藩者。大率此圃之胜，一则得其地，城中购一奇石，汗牛邪许，仅乃得之，凿石浚沼，势如刺山望泉，而此以湖山为粉本，虽费匠心，其大体取资，多出天构；一则得其时，当万历之季，物力宽饶，故得斥其赀治此，若遇今日，山穷水涸，岂能闳诡坚亘若尔？时与地即相得，而所守或非人，即午桥、平泉等为沧桑。光禄虽赍志未竟，而有子克述其业，以底于昭融，良称厚幸。古人一簪履，必藉贤子孙以传，况夫堂构之巨，图书之渊，其可轻也哉。则此园自有所恃以不朽，而不系乎穹然之宫、郁然之树也。因笔其语为记。

（《乡志类稿》）

武峰乡约序

［明］吴文之

今年夏五月，余归自南徐，葛君鸣玉以书抵予，议行乡约，申旧诺也。预者十有五人，人出白金，岁以三人分领之，出息以供约中之需，嫁娶丧葬家有助。凡预约者，必以济时行道为心，其次致养为事，言必依礼，行不愆度。反是，众必谕之，谕之不悛则有罚，罚又不悛则绝之。时会岁计，咸有成规。议既协，行有日也，俾予序而传焉。惟世之为乡约者，率祖蓝田，然非吕氏之始为之也。孟子曰：“乡田同井，出入相友，守望相助，疾病相扶持，则百姓亲睦。”先王养民之政，固如是也。当是时，不独行于一乡而周天下，故风俗笃厚，远近同之，无所事约。自秦废井田，开阡陌，并兼倾夺，迁徙不常，而亲睦之道失矣。自后民之有会，不过春秋赛祠而已。唐宋盛时，士大夫有衣冠之会，如香山、洛社其尤盛者也，高风雅韵，至于今日犹喜传而乐道之，然皆已仕而老，优游泉石诗酒间，自适其适，于民风何系耶？惟吕氏之为乡约，其事近古，所谓患难相恤、礼俗相交者，意独与孟子之言合。余旧读其书而嘉之，尝窃有志于斯，以方事奔走，未暇举行。今诸君能率先之，复古之道，变今之俗，厥志甚善，所患者行之弗力，至久而废耳。彼以为迂阔难行，特世俗之论，何足恤哉？予昔尝有志，不敢为渊明之弗预，顾齿虽少，亦自有兼慕之故事，乃终诺而序。时正德己卯六月，书于徵风轩中。

（《七十二峰足徵集》）

游西金山小记

［清］朱用纯

余欲游西金山，朝宗放棹，并邀兰石、绳武、观三、德焕、诚儿偕行。观三、德焕欲访次程、灵昭，余因并过次程。许留饭过，从季子祠步至西金，朝宗已携酒馔以待。其地有石磴参差，延袤不下数百武，俯瞰太湖，使在灵岩、虎阜之间，岂容淹晦于丛蒿荒壤若此也？相与拂苔坐少顷，分席把酒。山衔落日，水泛明霞，渔帆远近，烟岚出没，观湖胜致，不胜赏心。已而冥色催归于波际，莺声送客于林端。同游各别，余与兰石诸君仍鼓枻而返。平湖如掌，繁星满空，醉者高谈，醒者静听，而不觉舟已次岸矣。

（《朱柏庐先生未刻稿》）

凤凰山种松记

［清］王鸣盛

具区为东南巨浸，中有东西洞庭两山最奇。东山之麓，别名凤凰山，其村曰官庄，东接厩里，西距莫厘峰，南为锦鸠峰，而其北则三万六千顷风涛浩淼，弥望无际，盖山之奇尽于此云。宋元以来，吴氏世居凤凰山。明处士某因山势之蜿蜒起伏，值松树万株，景色益奇，而行者亦得所休憩焉。康熙三十年水溢，松渐凋，奸民缘以为利，斩伐殆尽，过者咸惜之。上舍某，处士耳孙也，敏而笃于义，复捐赀植松，未几皆作龙鳞，苍皮黛色，蔚然改观矣。忆予昔戊辰之秋，挐舟入五湖，沿查湾至碧螺峰，人烟水石，枇杷橘柚，掩映层崖叠巘间，振衣登莫厘峰，长澜荡潏，乱山回合，遥望西山在烟水空碧中，若十丈青蛟盘舞而来，信乎为吴中奇境之最，而独未至凤凰山。今闻吴氏之居，复有数万长松错植林麓，爪甲之而盘挐云表，他日倘复过此山，抚兹松以盘桓，其为奇又当何如也！吴君是举也，承先志，全奇胜，庇行人，三善备焉，惧其事堙郁不彰，将复被斩伐，俾予大书于石而镵之，封植嘉树，以无忘先志，尚有望于后之人。

（《西庄始存稿》）

新设江南太湖营记

［清］王绍绪

尝闻设险山川，盛王不废，而厚德渐摩，兵萌益以永息。粤稽太湖为东南巨浸，《禹贡》云“震泽底定”是也，界连二省，波撼三州，周遭八百馀里，势宽三万六千顷，上承宣歙以及润州、荆溪诸水，下达吴淞各路，汇归于海，其间支流繁汊，八达四通，难以枚举。考自春秋以迄元明，皆为用兵之地，或借此以习水师，或为饷道，为间道，其出入隘口，纪之志载，班班可考。湖之中有峰七十二，高下远近，参差布置，最为稽察难周之地。康熙二年间，巨寇如赤脚张三，盘据于中，殊费当事忧，后相继授首。四年间，浙督赵题设江浙太湖营，以游击兼辖驻扎西山，巡查防范，稍云宁谧，而终缘汛广兵单，不敷防御，间有宵小窃发之事。雍正二年甲辰八月，恭逢皇上披图览胜，念太湖辽阔，敕江南督臣查、抚臣何、提臣高等会议，部覆准以浙江湖滨一十六汛，分归浙江游击掌管，驻扎西山，虽浙员仍辖本山汛务，江南另设参将一员，驻扎东山，以备弁八员隶之，分驻险要，共领兵九百三十九名，巡船三十一只，派汛分防，星罗棋布，议列周详，仰见圣天子设险山川、安益图安之至意。予愧疏庸，蒙上宪知遇，以壁垒新开，务在经营，首善题准调任斯营。是冬之杪，即扁舟莅此。其时衙署，有司方在鸠工，暂僦民居为休息地。百务未备，次第详请举行外，时减从轻舟，往来于波涛之上，履查汛口，改易增添，以期至当，故冒严寒风雪，殊不为苦也。各兵渐次募足，亦暂税僧舍民庐以蔽风雨，而尤以新集之兵，纪律未娴，抚恩示法之下，时更惕惕。至乙巳春仲，衙舍营房落成，始与士卒庆栖息焉。睹维新之轮奂，仰璀璨之榱题，益念天恩，报称愈难。惟勤阅兵徒，严查汛口，闾阎有安枕之风，萑苻无藏迹之地，庶几不愧厥职。急谋训练，绅士好义，捐湖亭旁隙地为教场，聚训三月步始娴。制提两宪随营阅验，大犒军士，一时树里湖光，槛前山色，莫不以军容之肃穆、万姓之欢呼，更觉滟潋青葱矣。顾洞庭昔蒙圣祖巡游驻跸，为千秋奇遇。兹设营之初，蒙两台节钺按临，宣布圣泽，自益山水灵秀，炳耀耳目，能使宵小不轨皆潜消默化于畏威怀德之中。故两载于此，盗警无闻，民歌安堵，实荷庙算精详，宪画周晰，及诸同事协力共勷，予不过奉奔走而已。兹仰沐恩纶，移协莒郡，伏思川左微材，谬承德意，顾斯营缺略，殊多未备，漫尔匆匆言去，顾后之贤者恕予不逮，裁过益损，更图善后之宜，以掩疏陋，庶三万六千顷湖光及七十二峰山色内，益沐皇仁宪德于无既矣。将鼓棹启行之际，深愧始事无善，因述创始之由以记。

（《太湖备考》）

湖亭翁园故址诗序

［清］叶芳标

湖亭集贤圃，光禄翁君所筑也。面瞰具区，背负莫厘。药房桂栋，互亏蔽于川原；早雁春莺，共唱酬于朝夕。主人则烧华灯而度曲，宾从则浮大白以呼卢，洵胜甲一山、赏兼四美者也。乃河山既改，陵谷都非。伊人高阁，锦石与瓦砾俱灰；文选佳楼，嘉木与散樗并尽。堕草亭于西蜀，岂为玄言；破茅屋于沧浪，匪关秋雨。嗟乎！吊雍门者，犹慨想于田文；望九京者，亦流连于随会。固如是乎？

（《乡志类稿》）

第三节　诗选

高山诗三章

［春秋］濮娄

爰有高山，洪湖袭之。
龙蛇既远，夕月朝曦。
穆然而静，淳风未漓。
我安适归，载歌采薇。
爰有高山，可立室家。
藏器奠主，心靡有涯。
伤羽投林，穷鱼赴洿。
祖泽不泯，身隐焉嗟。
爰有高山，以望故都。
螓首蛾眉，毒竞沼吴。
至德弗祀，伤如之何！

我为臣仆，其伤孔多。

（《延陵吴氏族谱》）

寿宁泉

［元］吴寿宁

濮公墩下古祠边，疏剔云根碧盎然。
廉让之间分一脉，任人唤作寿宁泉。

（《东山古诗四百首》）

蔡仙乡

［明］蔡昇

洞庭山上横冈东，蔡经故址莓苔封。
洞庭山下茂林木，蔡经丹灶遗灵踪。
因思蔡君昔日群仙遇，金鼓声中舆马驻。
黄麟先人传异方，白昼乘云不知处。
悠悠一去数百霜，麻姑仙传疑荒唐。
不有东山古丹灶，伊谁复识仙人乡。
蔡仙之乡白门里，碧瓦高低傍湖水。
神仙虽去有遗风，居人乐住仙乡里。
清明时节融融春，桃花深处多通津。
捕鱼野叟放舟入，仿佛武陵溪上逢秦人。

（《太湖备考》）

丹　灶

［明］蔼一龙

石上仙人灶，正对炼药洲。
相距百馀武，湖中水悠悠。
水寒烟自起，击石火不灭。
仙人何时来，烹云煮明月。

（《太湖备考》）

宿永福寺同赋空字

［明］蔼一龙

肃然何所有，飘笠与青童。
住可为山长，来先问石公。
梅迟若待客，松嫩已知风。
一宿东林社，花龛对雨空。

（《吴中诗钞》）

登广济庵之渡头阁

［明］葛一龙

楼起断人烟，重登二十年。
到山方是我，垂老得闻禅。
绿满秧田水，香清梅雨天。
暮钟无恙古，迎送渡头船。

（《太湖备考》）

集贤圃

［明］范景文

少伯湖中第一山，山中另有一人间。
园开透水峰峰出，花断成蹊树树湾。
海气满前楼阁敞，书灯彻夜酒杯闲。
远闻光禄神仙去，不待千年化鹤还。

（《东山古诗四百首》）

冬日过洞庭亘寰亲翁招饮开襟阁

［明］王世仁

芙蓉飞玉缀丹丘，碾出凌空十丈楼。
幔卷湖光银欲冻，窗含树色翠交流。
杯中竹叶浮深夜，笛里梅花落素秋。
归路不知何处是，半钩残月挂扁舟。

（《太湖备考》）

具区风月桥

［明］葛一龙

具区桥下水悠悠，具区桥旁郎发舟。
郎舟好载青山去，免使蛾眉相对愁。

（《东山古诗四百首》）

还山拜母

［明］葛一龙

久客今来归，喜报涕交泫。
入门拜慈母，白发被于面。
是儿身上衣，结结临行线。
是儿足下履，业业春冰践。
埙篪既寡和，竽瑟俱不善。
谬以鲁缟夫，亦备东南箭。
升斗乃君食，匕箸幸亲健。

毛义果何人，茅客有馀羡。

（《太湖备考》）

出山拜母

［明］葛一龙

暂归如旅宿，行止亦贸贸。
厥身吾母身，於养未能就。
敛涕饰好客，再为膝下寿。
中妇前致词，吾门春无原。
君无念晨夕，妇能力左右。
黾勉登修途，参前屡行后。
晷影恋车隙，山光涴衣垢。
一鲊未敢请，三桔审怀袖。

（《太湖备考》）

武　山

［清］吴伟业

霸略夸擒纵，君王置虎牢。
至今从震泽，疑是射成皋。
土俗无机阱，山风少怒号。
千秋遗患处，谁始剪蓬蒿。

（《太湖备考》）

武　山

［清］徐汝泽

武山近旁莫厘东，同有高人隐此中。
几许吴王遗迹在，临流怀古思无穷。

（《东山古诗四百首》）

武　山

［清］张大纯

吴国多师武，雄心居此关。
松陵当下水，笠泽傍东山。
渡口扁舟急，峰头老树闲。
争传图霸者，豢虎斗鸡还。

（《东山古诗四百首》）

永福寺

［清］张大纯

梁帝僧中主，禅门是处开。
世人能事佛，总为富因来。

（《东山古诗四百首》）

寿宁庵

［清］张大纯

法雨原非雨，曹源一滴清。
片言能化物，忍草即时生。

（《东山古诗四百首》）

锦鸠峰吊古

［清］顾超

尺土存姬姓，荒邱半鬼邻。
可怜松下骨，犹说汴梁人。
鹳雨鸠晴后，莺花燕麦春。
不堪寒食近，野哭动经旬。

（《太湖备考》）

郑驸马墓

［清］顾超

南国锦织愁，花草春如剪。
要袅女萝丛，阴风落红藓。
非无十亩宫，渐逐耕犁转。
石马嘶入潭，金蚕不成茧。
夜半玉箫呜，焄蒿发凄泫。

（《太湖备考》）

湖亭翁园故址

［清］叶芳标

名园缥缈若地涌，结构绝妙般与倕。
千夫耶许立危石，百金掉鞅成曲池。
滟滟川原入镜阁，渺渺云雾生山眉。
玉笙哀怨夜堂雨，金钿委堕春衫垂。
一朝屑越落人手，东家移置西家基。
泉壑弥缝傅脂粉，楼台层叠增肥痴。
新者岂如故者胜，因山架屋湖作坻。
眼前沧桑知几变，坐令华屋成荒陂。

千年壮观不复睹，今之存者盖已卑。
草间翁仲夜相语，平陂往复皆如斯。
牧人野火烧不尽，鬼雀飞出青棠枝。

（《太湖备考》）

宿武峰寺

［清］徐崧

移衾宿武峰，雨歇正深冬。
引我看奇石，惜人伐碧松。
诗篇删不少，茗粥话犹浓。
况有安禅侣，无愁滞客筇。

（《东山古诗四百首》）

夜宿武峰寺

［清］席后沆

客来湖上峰，濮被伴寒冬。
宿借菩提树，谈携尘尾松。
交情争雪皎，诗兴比霜浓。
欲访梅花信，山低不倚筇。

（《东山古诗四百首》）

读葛震甫先生诗集有感

［清］吴兆鲤

震甫诗名远，曾登海内坛。
一时推宿将，多士总衙官。
争结王生袜，羞弹贡禹冠。
石麟埋未久，故里叹荒寒。

（《太湖备考》）

武山阁避暑同蔡僧摩作

［清］薛雪

触热诚何事，烦襟苦昼长。
呼童寻僻地，有阁瞰重冈。
疏磬落人境，暗风吹客裳。
炎魔浑不堕，相率入清凉。

（《吴中诗钞》）

赠武峰隐者

［清］薛雪

落落逃名客，冰壶贮素心。

浮云经眼净，高卧此山深。
检点惟园果，栖迟近竹林。
有时入城市，卖药与修琴。

（《吴中诗钞》）

廉泉

［清］程思乐

泉源亦解爱廉名，直比延陵一例清。
任自流归江海去，出山不减在山情。

（《东山古诗四百首》）

武山晚眺

［清］高溶

点罢窗前《易》，旋登湖畔峰。
药洲空翠锁，橘社淡云封。
帆挂初月升，僧归薄暮钟。
炊烟处处起，横束远山松。

（《东山古诗四百首》）

渡水桥

［民国］朱润生

飙轮尽日到家园，渡水桥头晚市喧。
桥上行人频点首，相逢隔岸语寒暄。

（《洞庭东山志》）

第四节　碑记

重建渡水桥碑记

［明］杨循吉

东洞庭峙太湖中心，厥惟吴邑之重镇，民居鳞次，随高下结屋，若古桃源，耕田树果，殆无寸地隙，人力作，耐勤苦，以俭朴为事。尘陌经络，不下万井，其往来上城邑，日憧憧然，在途摩接，无弃阴而晏处者。是故道路之宜修，急于通都，弗可以荒远视也。具区港界二峰之间，西五里曰莫厘峰，东二里曰武峰，其南北贯于太湖。本具区也，以其水恒出，是故以为号焉。其流广而且急，隔越行旅，为必由之要津，故有石梁曰渡水，废四十年矣。里人虑其工钜弗敢图，架木以济，高危凛凛，每风雨晨夕，人之提携负荷过者，多恐怖兢业，或仆而溺。居武峰之下者，有前赋长吴天祾，谨愿人也，病人之厄，慨然思作之。

邑令邝侯美其志，白之郡守史公，公善之，遣吏奖劳曰："汝必亟成乃绩，无终懈，惟汝名。"侯亦曰："汝成，予其义汝。" 天祾感励，益勉厥事。旧石材恶，弗可用，尽弃之，别构巙村之良者甃焉。遂以弘治九年之九月告成，凡长一十六丈，高二丈九尺，东西为石堤，延袤又各四十馀丈，其费金将白铤而不吝。工部姚公方督水利事，亦懿而旌之。然后山之人大悦，弗忧于雨，弗惕于夜，化艰虞为坦途，下视风涛，不我能却，欢焉咨嗟，以为盛举。而今赋长吴恪周元鼎实具石以来，愿有书也。余闻立政以泽人为大，泽而不费，抑又善焉。若夫利害非其独有，而欲使之倾财以济众，非劝其孰能成之？于此以见是役之举，虽营于下而实出乎上，以二三执政之仁，而成斯人之义，皆永永不可刊已。其能无述乎？然天祾之为是不遗馀力，而务广其惠，故又有馀续者三。若迁旁泾之梁出之堤上，而道不迂；若作屋三楹，其西以迓来往，而客有息；若浚其桥东之故井且亭之，而渴者弗病，皆其事也。是宜得牵连而书，余故弗敢略焉。

（《松筹堂集》）

渡水桥记

［明］施凤

明弘治九年，吴之洞庭东山吴君原敬重建渡水桥成。渡水古名具区港，在莫厘峰东三里许，港东北一里馀，则武峰也。具区本太湖之名，此港亦以县区为称，不可考。岂以港之南北去太湖为不远，而太湖之水日往来于此欤？旧有石梁跨其上，废凡四十余年，人惮其工钜而费殷，仅架木为梁，既高且危。每风晨雨夜间，提携负荷而往返者，不无奔仆跌溺之虞。君谢赋长役家居，悯是为民涉之病。谋易以石，用利永久。郡守郑鄘史公，邑宰任邱邝侯闻之，亟遣人奖劳。君由是感激奋发，即日兴作，且以旧桥率用鼋山青石。流水荡激，易致崩坏。乃市沙石于灵岩山之巙村，而石视昔尤钜。置桩木以定其基，布磐石以实其底。身亲督视。桥不见数月而底于成，长凡一十六丈，高二丈九尺，而广得其高之半。东西堤岸筑以石塘，延袤四十余丈，表里皆石为之。桥旁有泾，旧有小桥（即今连碧桥）去港稍远，行者病焉，君乃移置泾口，其与岸齐。不惟便人之行，亦可以杀水之来势。泾北为屋三楹，凡送往迎来及待渡者，得于此休息焉。桥东去不数步，旧有井。君复作亭其上，以利汲者。其为力甚勤，而其绩亦伟矣。其用工以日计者九千八百，用木以株计者二千三百，石以块计一千二百，灰以斤计二万五千。其费金将百铤。落成之日，远近来观，莫不徘徊叹息，交口称颂。赋长吴君承翰，周君时彦，与君素厚。喜相谓曰：微原敬不能成此桥，微记述何以著原敬之伟绩？以余为里人，知其事为甚详也，俾为之记。窃惟郡邑二公之为政，廉平不苛，民乐其业，田里安无事。用能以暇日葺公廨，缮学宫，而致力于桥梁道路为尤。悉君之此举，固其义之所形，抑亦有所观感而兴起欤。此所谓上有好者，下必有甚焉者欤。使凡以赀雄于乡者皆肤，则于有司之政岂无所补欤，敢并记之，以为世之富而好义者劝也。君名天祾，号萝屋，居武峰之西金村。为人天资高迈，识古达今，处己待人，皆卓卓有过人者。以不系于桥之兴废，故不赘云。

（《洞庭东山旅沪同乡会成立卅周年特刊》）

太湖神庙碑记

［明］陆燕喆

原夫在天成象，咸池列于五潢；在地成形，江汉环于四渎。鱼龙之所出没，舟楫之所往来，莫不睹河洛而思禹功，歌瓠子而悲汉武，所从来矣。震泽为东南之巨浸，莫匣尤商贾之渊薮，家藏猗顿之书，人抱鸱夷之智。六周四达，遥通牛斗之区；九塞三韩，直走尘沙之地。出门而滔滔满目，祖道而迢迢一帆，身命轻于鸿毛，踪迹等于萍梗。虽复蚨飞子母，青凫赤雀之船；鹤跨王孙，桂棹兰桡之舫。孰不沸波骕目，惊湍怵心。涉鼋鼍之梁，则险能负岳；入鲛人之室，而泪可成珠。其或飓母吹风，江豚鼓浪，奔如白马，气拥紫蜃，吞舟于一甲之间，堕剑于睡龙之侧。于斯时也，勇如秦帝，莫办赪山之威；辨似韩公，几阻驯鳄之力。然而一念冥依，寸心默矢，甫滨九死，俄动百灵。崩雷曳电，如杨子胥之涛；卷旆回旌，遂弥钱塘之怒。河伯之妇不娶，牛女之槎可归，不必连弩以射大鱼，然犀以照水族，而方其震荡也如彼，及其恬息也如此。此神之所以有叩必答、无触不应者也。兹山之民，习焉已久，望气知宝，获母呼珍，亦有橘社桑麻，桃源鸡犬。仙人灶鼎，留遗迹于千秋；少傅文章，擅高名于四海。华宗列望，并世而昌；子姓同居，百传无恙。思其所自，莫非神贻。乃好事者有池台丝管之娱，为善者惟抵舍玄宫之建。黄蕉丹荔，寂耳无闻；涧藻溪毛，阙焉靡荐。遂使湘灵鼓瑟，徒观江上之峰；屈子吟骚，莫降云中之驾。曝牲鸡卜，无由致其精里；三老长年，用是穷于祈谷，岂所以彰明信昭奏假乎？太仆宁侯席公暨彼里中善士，奋焉鸠庀，刻日落成，饰诸神于前楹，为三元于后寝，舍乐则高阁临流，施茶则小亭当道。桥名渡水，泾号县区，门挹风帆，堤迎沙鸟。朝吞暮吐，涛声韵于神弦；黄犊青旗，石碣题其庙貌。轻舟短棹，如游新妇之矶；水远山长，仿佛黄陵之迹。其有船头浇酒，棹尾舞鸦，村社鸣钲，渔榔击鼓。剖洞庭之霜橘，脍笠泽之鲈鱼，盼霓旌之飘摇，骖文虬而欲下：椒堂药栋，于此凭依；水虎鳞蛟，兹焉效顺。若乃秋罗红树，春帆白蘋，苦竹横溪，苍烟卷岫，篮舆之所登眺，画舫于以栖迟，无不庭波，冲风起兮回九河，河伯骋兮扬素戈。神鸦舞兮飞轲峨，激黄苇兮启紫罗，奠椒桨兮发浩歌。泣泉客兮从鼋鼍，神嗜饮食兮朱颜酡，千秋万岁兮降福孔多。

（《太湖备考》）

吴仲雍祠碑记

［清］汪琬

昔泰伯以天下让，去周之荆，自号勾吴，荆人义而归之，立为吴泰伯。泰伯卒，无子，弟仲雍立，是为吴仲雍。迨武王既定天下，乃封周章于吴，以为泰伯后。章，故仲雍之曾孙也。按仲雍为太王次子，其在《诗》曰："帝作邦作对，自泰伯王季。"而仲雍不与焉。即夫子称泰伯之让可谓至德，亦不及仲。凡以太王之后，立长立贤，俱非仲分内事也。虽然，使伯去而仲留，则岐周之仲子，何必不为孤竹之仲子，顾与泰伯同为采药之行者，非其立志之有同揆欤？志同，则其德亦同，千古以下，孰得而轩轾之？武王既封周章于吴，以奉泰伯之祀，又封章之弟于虞，以主仲雍之祀，崇德报功之典一也。迨晋灭虞，而吴独存，吴存而仲雍未尚无后也。顾后之姓吴者，率皆祖泰伯，而不闻其祖仲雍，于义何居？岂以为人后者为之子孙，不得复顾私亲耶？虽然，此则宗子之义也。吴之宗子，世守烝尝，如汉有奉祠侯，晋有昭衍公，统承大宗，奉泰伯为始祖，而亦必以恭孝王伯雍为之配。自宗子而外，皆为支子，即以仲雍为始祖，又何辞焉？序商吴君文灏，为有唐史官竞之裔孙，其家于白沙也，自太学生谦始，由谦以溯之竞，由竞以溯之延陵季子，谱牒可据，世次秩然，实恭孝之分支。不敢忘所自始，于是请之当事，建祠以奉祀事。属予作文以记之，且告予曰："灏之为是役也，实以承吾父之志。每过庭时，辄以敦叙为训诲，谓吾祖承正肃公后始迁白沙，首建祖祠，阅世既久，鞠为茂草。今祠基不可复识，而宗族几同路人，良可深慨。爰命修谱，以联其俗，又命建祠，俾使人无忘至德之传。灏今具呈当事，独以恭孝祠为请者，嫌与大宗并，不敢侵其职守云尔。今祠既成，为阁三楹，中仍奉三让王神位，而以恭孝王、延陵王左右之，次及先世之有功德可垂不朽者。惟我始祖，亦得从祀其间，以终先人之志，可乎？"予应之曰："此固君家祖祠也，因厥考而念厥祖，念尔祖以及其始祖，既以恭孝王仲雍为始祖矣，亦念仲雍当年始始终终所追随而不忍一日离者，何人乎？仲雍盖以弟之恭而成子之孝，然则建恭孝之祠，必首尊三让之位，礼以义起，非过也。"吴君唯唯。爰援笔以纪其事。

（《太湖备考》）

吴延陵季子祠碑记

［清］徐乾学

武山吴延陵季子祠，其始盖不可考。尝读濮娄公《高山》之诗，其次章云："爰有高山，可立室家。藏器奠主，心靡有涯。"记曰："君子将营宫室，先立祠于正寝之东。"濮公为季子嫡孙，学于古训，率祖攸行，动必合礼，其筑室兹土，当必知所先务"藏器奠主"之辞，蔼然仁孝，见于言表，是季子祠之权舆也。至吴寿宁，而易茅茨为榱桷，改土阶为陛级，以丹以垩，斯革斯飞，乃肖季子像，而合族人岁时以祀之，招僧看守，别名为庵，见季子祠之改观也。自元迄明，以至国朝，几四百年，空山风雨，祠日颓败，不可复理。南村吴君追念祖泽，慨然愿起而新之，撤材架屋，其制恢弘，视昔逾倍，左昭右穆，分立有序，鼎俎笾豆，奇偶有数，春露秋霜，祭必告虔，而无后时，时季子祠振兴之日也。余自庚午夏携书局于东山，得与南村父子交游，尝过其园亭，亲其议论风旨。与之凭高北望，有阜隆然而起者，曰濮公墩也；有石烂然而立者，曰锦鸠峰也；有林蔚然而深者，曰季子祠在也。因道其所由来，而南村请为之记，并出其所修家谱及请祭情词以相示。呜呼！南村之用心可谓苦矣，用力可谓勤矣，谱不靳一修再修，祭不惮三请四请。盖积二十馀年之心力，而始克有成功。祖宗得世享之祀，似续叨奕叶之光，南村可谓延陵之贤子孙矣。癸酉冬，南村捐馆，予追念曩畴，未忍负诺，因记其梗概，遗其颐、臧二子，勒石于祠，以昭示来世。是南村生存之志也，是予待南村不死之心也。嗟夫！

（《太湖备考》）

东山节烈祠碑记

［清］王奕仁

皇帝御极之二年，诏直省府州县各建忠孝节烈祠一区，以表微阐幽，风励世俗；又命礼部定议，凡妇女青年矢志至五十岁以外故者，并许题请旌奖。于是封疆大吏、郡邑贤守宰，莫不悉心采访，据实奏闻，岿然绰楔，遍树宇内，而通都大邑，祠宇聿新，烝尝严肃，深闺贤媛，遂得与孝子忠臣并垂祀典，于以发潜德之光，而使匹夫匹妇咸知重守义而耻失节。盖转移风俗之盛典，实亘古所未有也。洞庭东山在苏郡西南隅，居民数千家，环以太湖，风俗淳古敦朴，而山川清淑之气并锺毓于闺阁中，其不幸称未亡人者，无不秉礼守义，终始不渝，甚至未嫁守正与夫死辄以身殉者，亦时时有之。盖妇节之显于东山，较他郡邑为更多。而山去郡且百里，既多舟楫风涛之阻，或又有艰于力而不能奉主入祠者。乡先生农部席公与其令子贡湖倡率绅士，将建祠山中，以推广皇仁，岁修祀事。适制府查公、提督高公各以公事至，遂合词吁请，两公以为可，且给扁额用树风声。于是缙绅士庶踊跃捐赀，择地湖口，立表定位，选工饬材，栋宇崇焕，垣墉峻整，经始于雍正三年二月，至八月而告成。乃访求懿行，其远不可考者，姑置不论，惟是国朝数十年间，节烈炳然可光志乘者，凡得一百六十馀人，咸制主入祠，春秋奉祀，永永勿替，猗欤盛哉！惟我皇朝教化沦浃，恩泽覃被，度越前古；而贤公卿奉扬德政，不遗山泽之远；乡士大夫又能急公好义，使巾帼芳徽不终湮没，皆足以模范千秋，感动当世，岂特山中人叹息以为希有之事哉？仁世家于山，滥厕史馆，例得叙次节义之事。向者持节黔南，亦曾留意察访懿行，每憾僻远之乡必多遗漏，为表章之所不及。兹以予养归里，深喜我乡有此盛事，且祠之内所妥侑而享祀者，大半吾之姻戚宗党也，于仁亦与有荣施，故不敢辞其请，而拜手为之记。

（《太湖备考》）

重建东山巡检司又立太湖营把总公署碑记

［清］缪彤

余往时恒游洞庭东山，见其山川淳朴，民风愿悫，秀者谨事诗书，质者服贾四方、尽力农亩，求其即慆淫、扞法网者，未尝一二见，岁时租赋力役，人能率先急公，不待徵发期会而后赴。吏吴邑者，惟兹土为可不劳而治。顾又立巡徼士伍，俾各率其属而分董之，奚为也？盖尝考之，具区之广周五百里，襟带三州，通苕、霅、荆溪、滆湖、韭溪诸大泽，形势辽廓。元之季，不逞之徒有自长兴而窥洞庭肆掠者，守令遣巡司御之，其后设义兵千百户以居守，得无恐。明成化十有八年，御史大夫王公恕抚吴，奏请设巡司衙署于渡水桥圯下。国朝康熙四年，浙省督臣赵公廷臣题请添设太湖游击守备等官，而分委千把总六员，其一则驻于东山，凡以控扼江浙接壤水道，伺笠泽之支流，俾奸宄不得窜伏于山裔水窟，为狗鼠窃。盖设备以扞牧圉、卫编民，如此其亟而大，部之置巡司，与长官之分遣把总，为不徒也。顾渡水桥之司署毁于鼎革，受事者至，僦民舍以居，而把总初设，夫有爰处，则居停于翠峰之招提。夫以游徼之卒与齐民杂处，势固非便，至于设兵以备湖，而深居遂出，与香灯禅版、赤髭白足为侣，不已盭乎？吾友武峰吴斌雯，夙负才略，慷慨任事，起而谋，所以庚之初橐中装，率先倡导，里中诸右姓咸捐金佽助，庀材鸠工，为费不下千缗，为时不逾数月，而两公署次第告成，一于桥之左，一于湖之口，崇庳合宜，无隘无侈。事既竣，里之三老士夫谒余，请曰：“愿乞一言记之，以垂示后世。”而余因有谂焉。方今功令严明，民生事无问巨细，一其权于长吏，而副贰不得专决。今两署之所司，惟是稽察非常，使居者安堵，为循分称职尔已。若或不检其躬，不绳其下，出位越俎，有如微风动摇，辄以讳匿给罔为计。得时有勾稽，郡邑符下，转诿其责于都赋之里役，勒片纸文状为他日凭籍，如是日靡钱粟，坐享四民轮将之所供，殿呵鼻兀而无所愧怍。斯岂国家设官分兵之意与斌雯诸君子奠宁干止之初心哉？于是三老辈合辞曰：“今文武两君，行事皆承宪典、尽厥职，而无有类乎先生之所戒者。然先生言之，吾里人识之，以为后来者告，使循理者以劝，而不绩者用以为鉴，其亦可也。”余曰：“有是哉，诸君子之尽心于枌榆而计其周且远也。”遂书之以为记。

（《太湖备考》）

太湖厅修浚雕鹗诸河碑记

［清］陶澍

道光七年，余既奏请疏浚吴淞，为吴民万世之利，而潍水刘君宏翱来为太湖同知，同知治在洞庭东山之下，有雕鹗河、黄洋湾，由内港以达苏州之要道也；有大缺口，西北诸河下达南湖之咽喉也；有南北望河，分湖水以灌吴渎、油车诸港者也。东山衣冠殷盛，物产阜蕃，往时居民交易有无于苏，道雕鹗河甚便，岁久而淤，改为外湖，涉风涛四十馀里，人病其险。嘉庆之季年，善化罗君琦为同知，尝一浚焉，以费不继而辍。刘君至则稽成谟，询众欲，于潴泻虑淫濑，计楗菑，量畚挶，自十年正月赋工，至闰四月之末毕役，总堤长五千七百有四丈。余既列君名，登之荐牍，并以好义绅士徐学巽、叶长福、叶运鹏、刘运蓁等各请叙，得旨报可，君旋擢淮安守，再擢福建台湾道，陈臬秦中，去太湖数年矣。

清道光十七年

（《太湖备考续编》）

第十七章　杂　记

渡桥悠悠岁月留下丰富的掌故杂记和传说轶闻，这些掌故传说承载着渡桥悠久的人文历史，今择要作为杂记，作为前面章节的补充和印证。

第一节　掌故记异

一、席温将军武山平匪记

席氏是移居东山一支较早的氏族。唐广明二年（881）黄巢破潼关入长安，守将席温看朝廷无望，带兵到太湖东山，初在东山武山登岸，平定匪徒后定居翠峰坞。

当时武山为盗贼占据，周围百姓叫告不迭。席将军舟泊武山后，登岸埋伏于盗贼居所之侧，至深夜熟睡之时席军蜂拥而至，初战告捷，盗匪伤亡甚多。继而再战，歼匪众。席将军又率部冒着弓箭乱石之阵与贼魁鏖战数日，歼贼无数，并进山搜捕，将匪魁、骨干等一网打尽。剩余数百丁壮系被胁迫者，皆由席温将军安置他们就地定居，约以法纪，配以妻室，教以渔桑垦牧，禁其掳掠抢劫。对他们中遗孀孤女则分别赏给军中将领和兵士，不足者又买难女配之。西山之盗虽然贫困难驯，但经过多次征剿之后亦余众逐渐感化，勤事畜牧，数年后东西山当年劣迹者，渐为良民而勤垦于两山。

席温后因年事已高，仍居武山，其三子在上山山麓开石筑栋，建造码头，这便是后来的翠峰坞、席家湖港和席家湖码头。三房儿子的居住地，分上中下三处。席温将军墓葬在中席地段空旷之地，前有双潭为茔墓之照池。

二、官庄与冠葬

东山渡水桥之东南、武山之旁有村坊名“官庄”，亦有人称“冠葬”。据父老所言，当上山还未形成市街时，官庄与邻村葛家渡已经熙攘成市，故传留有“先有官庄葛家渡，后有翁巷席家湖”之说。可见官庄之名由来已久。

宋时有位郑钊，字季一，娶宋哲宗之女顺德公主后，人称之为郑驸马。金兵入寇，徽钦二帝被掳。郑钊扈从宋高宗南渡，定都临安后，郑钊定居东山，官庄一条街随之兴旺。

东山官庄位于武山凤凰山翔翅山间，街长三里，全是条石板铺设，店铺林立，石板下面是宽阔的下水道，泄水快，不积水。市河长三里，有三座石桥、四个码头、五条河浜。民居生活十分方便。旅馆、面馆、茶馆、饭馆、米行、竹行、鱼行、木行、南北货行、杂货行、百货行、鲜肉馆、山地货行等鳞次栉比。

郑钊为东山郑氏之鼻祖。死后墓葬于武山之官庄。清乾隆间吴邑修志，竟把郑驸马误作唐之郭驸马。郑钊后裔曾呈县更正。至于地称“官庄”,系宋时官家所给郑驸马庄田之称谓。所以“官庄”之名，是较为正确的。

“冠葬”乃后人附会之谈，说当年郑钊随徽钦二帝去漠北，致身殉沙漠，以衣冠归葬，因称其为“冠葬”，村亦是以此而得名。

三、蔡仙乡

蔡仙乡，为旧时东山一个乡，境辖第廿九、第三十两个都，统28个图，包括整个武山和部分上山村落。为当时东山面积最大之乡。据孔贞行《蔡仙丹灶记》：“武山石上有蔡仙丹灶石，广袤数十丈，上有圆穴，径尺馀，横石中连，可置釜鼎。下一穴，圆径如上，高倍之，能容束薪。”蔡仙乡因是得名。蔡仙乃蔡经。据唐《吴地记》：“蔡经宅在吴县西南。蔡经后汉（一说为东汉）人，有道术，炼大丹，脱菖蒲，得仙。今蔡仙乡即其隐处也。”若此则蔡仙乡唐代已存在。《苏州府志》亦有吴县蔡仙乡的记载。但对蔡经宅，《吴郡记》云：“在朱明寺西（朱明寺在吴县西北）。”《临安志》云：“在余杭县，故基存焉。”卢腾龙《康熙府志》云：“在横塘，今称其地为仙人塘；又云颜鲁公《麻姑仙坛记》王方平过括苍蔡经家，今括苍洞之阳有经故宅，为隐真官。”众说不一，似乎与东山无关。其实东山武山一带，旧名蔡仙乡，至清末才改掉。取名之由，源于蔡仙炼丹之丹灶遗迹，而非蔡经住宅。且除东山而外，吴县未闻再有蔡仙乡之名。

四、九龄奇童

明朝中叶，东山武山有一童子，敏悟卓绝，其名吴济，字文之。九岁时，曾在其斋居自书对联云：

移门欲就山当榻；

补屋常愁雨湿书。

见者目为奇童，武山乡人亦因乡中出此奇童而引为自豪。吴济曾与一名张济之少年同窗。有客闻其文才敏捷，到其书馆，与之对联句。客出上联云：

张吴二济联床读；

文之立即应对：

严霍同光间世生。

来客本善绘画，因以绘事出上联云：

画草发生，顷刻工夫非为雨；

文之对以：

灯花开落，须臾造化不关春。

客见难其不倒，又云：

画上行人，无雨无风常打伞；

文之随口应以：

屏间花鸟，有朝有暮不归巢。

客接着又云：

丱角书生，能对对，对对相应；

文之答以：

垂髫童子，要丁丁，丁丁着实。

至此客真信服，赞叹不已，相与订交而别。

东山武山与水东（即渡桥）近在咫尺，往时，东山人对水东人嘲之为“冷老”，有后山嵩下人费邦明与文之玩笑，拟一上联云：

水东路近，汝占冷老之风；

文之亦戏以下联云：

嵩下山高，君染诗蛮之气。

一次，文之随叔父去苏州，进城后，见吴文定公府第巍峨，气象不凡。叔父以此出上联云：

清峻牌坊，会状二元分左右；

文之适才经过长洲和吴县两座县衙，便即以应对：

黄堂郡守，长吴两县列东西。

文之年轻多才，名播远近，时有青年文友往访，饮宴赋诗，尽兴而散。一日，有文友来访，赠文之五言诗一首，文之不假思索，即席步韵，答以一首，诗曰：

爱尔蓬莱客，青云气夙生。
玉都麒麟足，金殿凤凰声。
酌酒山云湿，论文海月明。
秋来应有约，湖上片帆轻。

座上文友为之倾倒。

文之 19 岁中乡试，以后因病羁身，未能进京会试。至正德十六年（1521）病体好转，准备束装赴京，时东山阁老王鏊致仕家居，临别时赠之以诗云：

洛阳贾谊年犹少，蜀郡扬雄赋最高。
历块始知千里骏，当场谁是九方皋？

杨邃庵亦有赠诗云：

谁知陆贽收韩愈，已愧欧公让长苏。
客路春风莺出谷，朝阳文彩凤栖梧。

是年文之不负众望，登进士第，授翰林院庶吉士。惜天不假年，同年十月因病与世长辞，年仅 28 岁（1493—1521）。噩耗传至乡里，闻着无不叹息。

五、徽州会馆往事回眸

徽州会馆，又称安徽会馆，坐落于渡桥北街中段张家下脚小弄之西，建于民国初期。三进五开间左右有围廊，门前沿渡水港有方宽广的场地，沿河筑由长石条踏渡，利于上船下船和迎客接送。广场地坪全部砖砌，可停山轿、人力车。正门上方有“徽州会馆”四个大字。第一进是门间可放置山轿，供来宾休息。中间是厅堂，三开间，极有气派，两侧是厢房，一般是安置女眷、亲属。大堂是招待宾客的主要场所，布置得富丽堂皇，是主宾议事的场所。后进是内室，其左侧有灶间、柴间和储藏室。整座建筑古色古香，具有徽州风格。

徽州会馆是徽州人在东山聚会的地方，也是徽州人在此宴请友人的场所。日伪时成为汪伪区公所。大堂右侧厢房内曾是伪区长处事办公的地方。1945 年 1 月，当年的伪区长董伟依仗日寇势力，肆意欺诈百姓，百般鱼肉人民。在渡水桥借日本检问所的卡子，对过往船只搜刮民脂民膏，作恶多端。新四军洞庭办事处主任、区大队教导员徐亚夫曾派人私访董伟，向他发出过警告，但他置若罔闻，我行我素。 新四军洞庭办事处得知此事后，安排两名战士乔装前去送礼。为打消门卫怀疑，一名战士留下了与门卫聊天，以便接应，另一名战士手拿勾篮直往会馆里头走。此时，董伟正在办公室里吸水烟，战士上前轻声说是来送大鲫鱼的，董伟连看都不看一眼。这名战士假装弯腰捉鱼，拿出手枪对着董伟的脑袋连发两枪，并留下一张警告字条，上面写着：“如若再继续勾结日寇作威作福，就是此人的下场。”几乎在同时，外面的战士迅速将门卫打倒。

徽州会馆除恶，在渡桥引起重大轰动，既大快民心，又震慑了东山国民党黑暗势力的头目。

徽州会馆，在中华人民共和国成立初期为国家征收，1953 年主体被拆，仅存门楼，之后东山商业部门曾在这里开过鱼行。震泽县期间办过物资供应站，主营石油、煤炭、钢材、木材、水泥等建筑材料，时间最长的是办茧行。20 世纪 90 年代是东山供销社仓库，后拆除，四周筑以围墙。

六、叶荼与版画《渡水桥》

1946 年 12 月 10 日，洞庭东山旅沪同乡会出版的会刊第二期封面上印制了一张版画《渡水桥》，作者为叶荼，第 15 页还登载了叶荼关于渡水桥的一篇文章。文章叙述了渡水桥作为东山门户的重要性，以及渡水桥联结东山与上海人等外地人的乡情乡愁。现将该文摘录如下：

在俞亢泳先生前一诺之下，担任了渡水桥的木刻，自问力不胜任，又加店多困顿，高利贷高压之下，掉头寸忙不过来，真是心绪不宁。可是会刊已付印，只剩封面了，只好借起刀来，临时抱佛脚地应付了此次的嘱咐。

关于渡水桥，我有一点小小的追述：《辞源》字典上有“风月桥”条目：“在江苏吴县西南洞庭东山莫厘与武山之间，东西相接，中贯太湖，今名渡水桥，《通志》云：一名具区风月桥。”

渡水桥是我乡的门户，桥梁建筑得非常壮观，这是代表故乡的精神。每天都有送往迎来的热闹，游子归来意气洋洋，送君南浦伤何如之，看尽了悲欢离合的情叙，乡谣中有“臭菱臭毛豆，吃之上桥头”这两句。乡居无事，到桥头去也是乐趣之一。

记得我在十二岁的五月里，知道爸爸要从上海回来了，这一个希望多大呀！我同姐姐、弟弟天天到渡水桥去等候，一连过去了好几天都没接到。有一天，大雨倾盆，他们都很识时务地不去了，我却依旧撑伞去接，果然这一次把父亲迎接到了；回到家里痛快和欢畅实难言喻，而渡水桥的印象永远印在脑海里。

十五岁到了，循例是出外学生意，这是过去的乡风。可是我的个性刚烈，不懂得经商的一套戏法，被技巧者运用了一点权柄，把我移花接木地送入玄色染缸，近墨者黑，断送了我青年时期的前途，每次往返故乡，“蹉跎不成名，羞见故乡人”，只有巍巍的渡水桥，却依旧不改前态地迎送着我。

七、渡桥茧行话蚕桑

东山蚕桑业，始于唐，盛于宋，王鏊《震泽编》有“地多植桑，儿女未及笄，即习育蚕。三四月谓之‘蚕月’家家闭户，不相往来”的记载。到明代中期，开始在鱼池埂上栽种桑树，养蚕户越来越多，所缺桑叶，仰赖于吴江、宜兴及浙江湖州、长兴等地。光绪三十三年（1907）东山产叶 1315 吨，产茧 87 吨，宣统三年（1911）产叶 1625 吨，产茧 132 吨，其时东山桑叶、蚕茧业年收入为东山年总收入的 22.96%。

中华人民共和国成立前，东山收购蚕茧的私人商行（俗称茧行）有 36 家，茧汛时临时设点的更多，投机性很大，农民正当性收入时有被损。为保护广大农民利益，东山供销社于从 1950 年蚕茧汛期，开设两家蚕茧收购站，一在板凳村（后来的星光大队）一在渡水桥旁（后来的二针厂）。20 世纪 70 年代，在原渡桥徽州会馆地址上建立东山茧行。将新潦、杨湾、西街等地茧行收来的蚕茧集中统一加工后集中发至县里相关厂家。自1965年开始，东山蚕茧年产量一直保持200吨以上。全东山30个行政村，25个村栽桑，不仅仅是春季养蚕，还发展到四季养蚕。1972年，东山产茧达到378.5吨，蚕茧成为东山农村的重要经济收入来源。

随着改革开放不断深化，纺织纤维业和化纤的发展，蚕茧收购价明显一路走低，蚕桑业出现了衰退，再由于东山橘子价格高昂，导致大片桑地改成橘林。1988年东山蚕桑业退出历史舞台，东山茧行也被改建为供销社仓库，后又拆除。

八、木东公路四十年情缘

1956年11月6日，木东公路全线通车了，这个消息惊动了沿线10余万民众的心。东山汽车站还特地隆重举行了通车剪彩仪式，23位筑路英模、300多位民众代表出席。《震泽报》于当天头版头条以“四十年愿望，十个月实现”的通栏大标题报道这一好消息。渡桥村是木东公路的门户，木东公路贯通渡桥全境，渡桥人民更是欢庆鼓舞。

木东公路建设前后经历40年，其中也倾注了东山、苏州市区、上海一些地方人士的关心和情缘。

1912年元月，洞庭东山旅沪同乡会（以下简称同乡会）创立不久，即提议讨论筑路事项。

1920年东山严孟繁邀请著名社会活动家张仲仁到东山春游，乡绅席锡蕃、席鸣九等陪同。名曰游览，实为进行调查。张、严和两席四位都是生长在太湖流域的本地人，他们对东山拥有丝茧、鱼虾和鲜果三大类商品因交通问题销售困难的情况十分熟悉，尤其是鱼虾和鲜果，因交通问题卖不到好价钱。如果东山通了汽车，当天采果捕鱼，当天就可以运到上海出售。

1921年，张仲仁、张一鹏在上海宴请杨叔英、席锡蕃、奚鹤番等人，由张仲仁谈了他对建造一条苏州到东山公路的想法。他对太湖十分看重，说太湖是苏州的宝库，它可与中国的杭州、日本的神户相媲美。跟他们相比我们却交通不便，设备不完善。仲仁又提出，太湖最佳之处，有邓尉山、洞庭山，所以要建汽车路，就以“苏邓洞”命名。宴席上席锡蕃表示全力支持并愿承担一部分经费。在这次聚餐会上，形成了两大共识：一、苏州要迅速发动起来，一定要开发太湖；二、筑好苏邓洞汽车路是开发太湖、振兴苏州的良策。尔后，仲仁又委托席鸣九去广泛征求山人们的意见，为筹借资金作准备。同时又委托彭云伯去上海汽车运输公司学习取经，学习他们组建运营、管理方面的经验。

1926年，由张仲仁发起并由他亲自起草的《建筑苏邓洞汽车路意见书》形成，该意见书就开发苏邓洞汽车路之后，究竟会有些什么作用，作了较为详细地剖析，指出开发修筑公路有四大好处：一是利于实业，二是利于治安，三是利于文化，四是利于商业。此外还对开工建设后的注意点作了详细说明。

1934年，《建筑苏邓洞汽车路意见书》全文在苏沪各报刊上发表，目的是想以此事来推动公路建设。其时，苏州到木渎的公路全长16.28千米，1935年8月通车。木渎到光福的公路全长15.08千米，也于1937年5月通车。唯木东公路尚无音讯，后来因抗日战争爆发，修建公路之事从此中断。

抗战胜利后，洞庭东山旅沪同乡会特为兴建木东公路组建公路筹建委员会，请人踏勘线路、绘图、制订方案，还想通过同乡会走上层路线，争取支援，具体事务由叶乐天主任委员，以及吴县首届参议会议员叶振民、朱润生、席炜等负责。但终因政局动荡而成泡影。

中华人民共和国成立后，东山置震泽县，震泽县人民委员会顺应民意，于1955年组建班子，木东公路开始测量。1956年2月18日动工兴建。11月6日，木东公路全线通车，终于圆了东山人的公路梦。

九、太湖区中队渡桥两退敌匪

1949年4月26日，中共东山支部发动群众，缴获了国民党反动派东山自卫团和渡桥警察所的枪支，并宣布成立太湖军政委员会和太湖区中队，负责东山地方治安。当时吴县解放在即，一些流窜于太湖中的国民党散兵游勇和湖匪，企图劫掠东山后南逃。太湖区中队在中共东山支部的领导下两退敌匪，保卫了东山人民的生命财产安全。

4月下旬的一天中午，国民党反动派军队某部近千人，从南京方向溃散至太湖，窜至东山渡桥镇一带，因不明虚实，苟留岸边不敢进镇，并派出便衣探听东山有无武装力量。当时，吴县城区已经解放，中共吴县县委还未来得及派员接管东山。党支部得知这一敌情后，感到敌强我弱，只能智退，不可硬拼。他们先派出一批骨干到码头、饭店和茶馆等人多的场所放出风声，说共产党领导的太湖县武工队来无影、去无踪，一来就是一大批，给敌人心理上造成了极大恐慌。傍晚，借着暮色掩护，王侠庆、汤阿兴率领区中队佯攻敌人，朝渡桥方向打了一阵排枪。已成惊弓之鸟的残敌，听到枪声和喊杀声，疑是武工队大部队包围过来了，慌忙抢着登船逃命，不少匪兵被挤下水淹死。

5月中旬，太湖区中队又得情报，国民党反动派军队某残部谎称已受苏州军管会改编，当时他们驻扎在横泾，准备武装进驻东山大捞一把。党支部与太湖区中队经过紧急商量，又采取了三条对策：立即派人到苏州找解放军，请他们来接管东山；集中东山农民武装，严阵以待，随时准备抗击敢于来犯的敌匪；主动派人到横泾与该部谈判。

第二天上午，党支部派党员让嘉模、薛康敏两人，乘小木船到了横泾。两人代表太湖军政委员会严告敌人，东山已经解放，根据上级指示，任何部队要进驻东山，必须持有苏州军管会的命令，如强行登山，必遭迎头痛击，直至全歼。谈判中敌人又要阴谋，向让嘉模、薛康敏提出日后在东山再次谈判。为了拖延时间，让嘉模答应敌人派员到东山再次谈判。

三天后，敌派了一名参谋长和七八个随从，坐船由东山渡桥上岸来谈判。敌参谋长一到镇上，见街上岗哨林立，戒备森严，墙上还贴着太湖军政委员会的布告，心里已凉了半截。在谈判中，让嘉模、汤阿兴等还不断制造假象，迷惑敌人。一会儿故意派人来报告说，解放军某连长明天开汽艇来访；一会儿又有人来请示：五箱手榴弹已到，分发何处？吓得敌参谋长如漏网之鱼，急急逃回横泾。两天后，这股国民党反动派的残部从湖上消失了，东山群众免遭了一场兵灾。

十、工作队渡桥征粮农民误伤解放军战士

1949年8月，中国人民解放军剿匪指挥部进驻东山。工作队除太湖剿匪外，还有一项主要任务即组织农民向国家缴纳公粮。

秋收后的一天上午，渡桥周边的农民肩挑谷物担，沿着渡水港向粮站进发，一路上鞭炮轰炮、响声震天，工作队员跟随农民，护送缴粮队伍，一些队员肩背步枪，以确保缴粮安全。

走过拱桥，到达渡桥粮站，农民在工作队员陪伴下，在缴粮点报名、验谷、过秤、入库。

正在大家紧张忙碌时，突然“呯”的一声枪响，工作队一名解放军战士中弹倒在血泊中，他后脑开花，脑浆崩到了墙壁上。没过多久，一群人绑着一个人走过来。此人脸色发青、浑身发抖，他是前山地区的一个贫雇农积极分子，叫汤全生。事情原来是这样的：中弹死去的解放军战士正在帮农民填写表格讲解缴粮手续之事，由于枪背在身上不方便，暂时请汤全生保管，不料汤全生见枪猛生好奇心，拿着枪在地上拨弄起来。哪知道枪口正对着那位解放军战士，不知怎么一拨子弹出膛，直窜解放军战士的前额，悲剧就此发生。农民汤全生无意走火误毙同志，但毕竟打死了人，而且是解放军战士。此事非同小可，不但惊动了当地政府，也惊动了各级军事机关，包括苏南军区司令部，汤全生被押去苏州候审待判。

东山当地政府和解放军工作队，一面准备死去战士的后事，一面筹备召开追悼会。在会上，工作队领导宣读了追认误伤战士为烈士的决定，追忆了烈士的先进事迹。

农民误伤解放军战士这件事一时引起了较大的震动，人们在缅怀解放军战士血洒东山之际，同时也要求人民法院轻判汤全生，因为他误伤解放军实属意外事故，他热爱解放军，支持工作队，家中还有一个老母亲需要赡养。人民法院在依照法律的前提下，充分顾及东山人民的要求，判处汤全生缓刑。汤全生既受到法律的制裁，又能继续履行赡养母亲的职责。农民误伤战士一案从一个侧面也反映了军民的鱼水之情。

十一、洞庭饭店的前世今生

1917 年，东山渡水桥老街上新开一家洞庭饭店（俗称大菜馆），店主叫吴正山，他是武进县横林镇人，祖传经营餐饮业。吴正山 35 岁那年，离别老家来东山创业。由于他为人仗义，善交朋友，价格公道，喜翻新花样，又有上门服务的新招，加上饭店地处东山渡桥水陆码头，经济、社会效益一直都较好。渡桥洞庭饭店传到吴正山孙子手里，东山临近解放。

1955 年，东山镇兴起合作化高潮，渡桥街上以洞庭饭店为主，其他饭店为辅合并组建为渡桥合作饭店，由吴正山孙媳妇夏丽娟负责。1957 年 10 月，东山供销合作社在东山人民街闹市区开设新洞庭饭店，聘老洞庭饭店瞿桐生、邵金泉、虞荣坤掌勺、支撑门面，这三位师弟兄都是吴正山老家带出来的，师徒们同心协力打造洞庭饭店的品牌，他们本人也都成了洞庭饭店的传承人。

1973 年 1 月，新洞庭饭店迁移到镇区莫厘路十字路口，继续经营洞庭饭店传统菜肴，获得顾客的一致好评。

20 世纪 90 代中期，改革开放不断深入，虽然东山的饮食业发展较快，但洞庭饭店的营业额和利润一直处于领先地位。新世纪初，各种高档饭店加盟东山，洞庭饭店的经营理念和手段趋于落后，逐渐退出领航角色。

2015 年 10 月 1 日，百年老店洞庭饭店由东山镇旅游开发公司接收，饭店按现代和传统相结合的标准装修，保留传统特色菜肴，创新时尚的菜肴，从而拉开了百年老字号重振雄风的序幕。

十二、太湖人民公社在渡桥

中华人民共和国成立初期，整个太湖水域均为震泽县管辖。1958 年 10 月，撤震泽县湖东、湖中、湖西三个乡，合并为震泽县太湖人民公社，太湖周边所有渔民也都划归太湖人民公社管理，公社机关设在陆巷。1959年4月，震泽县并入吴县，太湖人民公社隶属吴县。社址仍在陆巷。之后，江苏省调整太湖水域管理区域，凡不是苏州地区的沿太湖渔民均划回原太湖沿岸的所在乡、区领导。1961年1月，太湖人民公社迁到东山渡水桥，公社机关设立在原渡桥水泥厂内。1968年6月，吴县境内太湖沿岸渔村又作了一次调整，按地理位置属性，渔村划归所在地乡镇。为方便太湖渔业的管理，太湖人民公社机关又从渡桥迁至杨湾。1969年3月，吴县决定以大船帮为主重组太湖人民公社，公社机关迁到光福白浮山（后更名为红浮山）。太湖人民公社迁离东山后，原属太湖人民公社管辖的渔民重组为光明、光荣与湖新3个渔业大队，归洞庭人民公社管辖。1983年7月，东山3个渔业大队建置为东山3个渔业村。2003年12月，3个渔业村又合并为太湖村。

第二节　传说轶闻

一、具区风月桥

明朝弘治年间，东山外出经商的人越来越多，不少人发了大财，回家造房起屋，高楼宅第一幢连着一幢，形成了翁巷席家湖、官庄葛家渡和庙渎马家底等许多村落，人烟渐渐稠密起来。

在东山中部有条大港，东面叫武山，西面名上山。这条宽阔的港道，是东山到苏州的必经之地，因山民都在这里摆渡外出，故又名渡水港。离港一箭之地，住着一户叫吴天大的人家，家境殷实，膝下无子，求菩萨、拜观音，知天命之年生下一个白胖小子，取名百岁，老两口免不得爱若掌上明珠。

小百岁长到三岁时，突然生了一场急病。那天夜半，夫妻俩抱起心肝宝贝，摸黑赶到渡水港边，想摆渡过港，到镇上请人称“活神仙”的张郎中诊治。不巧，那夜正刮大风，渡水港里风急浪高，从上游奔流下来的洪水，打着一个又一个旋涡，连鹅毛也能卷入湖底。吴天大夫妻抱着病危的儿子，寻遍了港岸，一只摆渡船也找不到。可怜小百岁就这样死在娘的怀里。

吴天大痛失爱子之后，变卖掉了家产，请人设计图纸，购置木料，开始造桥。他要用桥替代渡船，免得日后还有乡亲像他那样遭遇不幸。因工程比较浩大，考虑到造桥的时间较长，为让造桥民工有个安身之处，吴天大先在港南岸造了三间房子，开了一口井，以解决建桥民工的吃住。那天上午，一阵爆竹响过，大桥开始动土开工。

不料，打桩遇到了大难题。原来，渡水港宽百米，水深一米许，水流湍急，木桩打一根被湖水冲走一根。湖心的四根桩打不下去，就无法造桥，急得吴天大吃不香饭，睡不着觉。

一天黄昏，吴天大正在为造桥之事愁眉不展，家中突然闯进三个人来，一个年长的进门就作揖说：“我们是逃荒来东山的难民，想讨口热粥暖身子。”吴天大让妻子为他们煮了一锅热粥。三个人胃口也真大，一眨眼就把一锅粥喝了个精光。年长的吃完后，用袖子揩揩嘴，又作揖说：“留个宿吧，我们天亮就走。”也没等吴天大同意，三人倒头便睡。

吴天大心中有些不快，又一转念，人总有犯难的时候，干脆好人做到底吧。

年长的那人刚睡下就说梦话，传到吴天大耳中，竟是“造桥造桥，光有银子造不好”。吴天大心里猛一惊，脱口而出道：“只要能造好渡水桥，我倾家荡产在所不惜，就是连性命也愿献上。”年长的忽地睁开眼睛问：“此话当真？”吴天大斩钉截铁地说：“驷马难追。”年长的一声吆喝，喊醒了其他两人。三人也不说话，站起身来就朝门外走。吴天大先是一愣，随即明白过来，跟着出门追去。来到江边，三人“扑通、扑通”接连朝江里跳，吴天大毫不迟疑也跟着跳下江去。

第二天清晨，人们惊喜地发现渡水港里冒出了四根坚实的桥桩。工匠们快马加鞭，在桥基上建起了一座长32米，宽3.5米，跨度达26米的三连孔石桥，使太湖天堑变成了通途。有人拟了一副对联：“风急船难渡；水深赖斯桥。”因太湖古名具区，这座桥建立在太湖口上，所以又称具区风月桥。如今，五百多年过去了，这座气贯长虹的古石桥经不断修缮、改建，仍完好无损，是东山的一处著名古迹。

（《东山民间故事》）

二、梅花图

相传明朝年间，东山附近的西泾山上住着一对老人，无儿无女，就靠着山脚一亩半梅子林过活。老夫妻日子虽然十分清苦，心地却很善良。因西泾山是苏州到东山的必经之路，来去行人多，每年新梅上市，他们天天都要采一勾篮新鲜梅子放在岭上，让过路人尝几个，解解渴。日子久了，人们把他俩叫作梅伯夫妻。

有一年初夏，唐伯虎从苏州乘船来东山。船只靠岸后，他带着书童一路翻山而来。虽说刚进热天，翻上西泾山早已汗水直淋。正渴得难受，梅伯送过来一大捧新鲜梅子，三个梅子下肚，唐伯虎只觉嘴里又酸又清爽，心中十分感激。他想，城里的有钱人都是惜财如命的小气鬼，而乡下的庄户人倒如此大方，一时身边没啥东西相送，就叫书童从担子里拿出一幅空白轴子，摊在山顶一块大石头上，对着梅林，三笔两勾，画出一张绿叶梅花图，送给了老人。梅伯高兴极了，细看那画，枝杆苍健，满树银花，感到特别好看。回到家里，他把画轴往箱子一放，准备开春照画中梅树修剪几棵试试看。

谁知半夜里梅伯突然生起病来，一连三天，卧床不起。妻子急坏了，托人请了个郎中来给老伴看病，两帖药就花了老两口平时的全部积蓄。第三贴药实在没钱了，慌急之中妻子把那口箱子卖了，凑足了钱，又煎了第三贴药。老汉的病总算慢慢好了起来。他一起床便寻找那幅心爱的梅花画，当得知被妻子误随箱子卖了，他痛惜得一连几天没有睡好觉。

再说当铺的老板开开箱子，发现有幅轴子，摊开一看竟是名人唐伯虎的画，心想发财的机会来了，连忙把画献给了东山镇上有财有势的王乡绅。王乡绅得到唐伯虎的画，连忙命家人通知所有亲眷朋友，明天前来赏花。原来他曾夸口要收齐古今名家诗画，唯独唐伯虎的画没有到手，今天竟有人送上门来，心中好不高兴。第二天，三亲六眷、狐朋狗友坐了满满一堂。王乡绅命人展开轴子，哈！一夜之间梅枝干枯，银花变黑，看上去，活像一棵枯死的梅树倒挂在纸上。这可大煞了风景，厅堂里一片嬉笑。王乡绅恶狠狠地把梅花图一撕两半，从窗口丢到了屋后的灰堆上。

刚巧梅伯卖了梅子从灰堆旁经过，一眼看到了撕破的碎轴子，拿起来一看，正是自己那幅心爱的梅花图，连忙朝怀里一藏，带到家中。小心地用纸把碎画裱好，用布把灰迹擦净，挂在窗户对面的墙壁上。春天，温暖的阳光照到画卷上，湿漉漉的空气滋润了梅瓣，说也奇怪，数天之后，梅树又枝杆挺直，繁花满树，恢复原样。梅柏越看越高兴，于是，把梅花图拿到梅林里往梅树上一挂，就根据画中梅树的形状，一棵棵修剪起来。这一年，梅伯的梅树产量比前年翻了六七番。消息传到王乡绅的耳朵里，他半信半疑，坐上轿子，带上家丁前往西泾山看画。

这一天，梅伯老夫妻带着梅花图，正在岭上整修梅树，两人专心致志，没有看到那帮家伙前来。王乡绅掀开轿帘一看，见树上挂着的正是自己撕掉的那张梅花图，不过又重新开出了银花，心想这画定是神画，赶忙命令家丁上前去抢。梅伯夫妻满腔怒火，抓住画卷不放。这时，乡亲们也都闻讯赶来，双方争夺，把画卷撕得千零百瓣，梅花图就这样被毁掉了，但梅伯夫妻传授的梅树修剪技术，却一直传到现在。

（1981 年 2 月 20 日《吴县报》，杨维忠）

三、义犬破案

清乾隆初年，东山武山人郑璇中举后，任四川三台县知县。郑知县到任后，为民办事，治理牢狱颇有政绩，获得当地老百姓的一致赞誉。

一天郑璇在县衙中理事，一衙役急匆匆奔进内衙，告知县民侯怀浩一家四口实遭灭门之灾。

郑璇接到此案，不由得吸了口冷气，感到此案乃县里的大案要案，若不及时破案，让凶手逍遥法外，不但当地民众不平，而且也难以向上复命，为此感到身上像压了千斤石担似的。

接案后，郑璇废寝忘食，反复推理，将杀人凶手定格在侯怀浩的仇人石功赞上，但因没有取得实据，只能传令将疑犯石功赞收监入狱。

为进一步弄清案情，郑璇决定亲往现场验看。一天，郑璇坐轿出行前往目的地，半路上蹿出一犬“汪汪”叫了两声，蹲在轿前，怎么赶也赶不掉。无奈衙役发令，起轿继续行进。谁知这犬走在轿子前面，像向导一样。轿子随犬前进，至凶杀现场，此犬竟呜咽大哭，驱之不走，知县感到十分好奇，询问邻居，才知此犬是被害人侯怀浩所养。

郑璇正感到奇异而思索时，见犬到其面前，晃头摇尾，扑其身，爪其衣，表示要领他走的意思。郑璇明白此意，命衙役随犬跟其所往。行走了几十里，犬径入乡民李泰华之家，便停下不再行走。乡民李泰华见状神色慌张，郑璇一脸正色，要他讲出隐情。李泰华只得道出真情：原来他与石功赞是朋友，三天前，石来李家说因外出德阳须寄存一个衣包。郑璇命李取出衣包，解包一看，有血衣一件。遂将李泰华及衣包一起押至县衙。

郑璇连夜开堂提审石功赞。在人证物证前，石功赞交代了作案真相，当堂认罪。原来石功赞欲杀侯怀浩，串通侯姓族人侯怀恩。侯怀恩是个无赖之子，经不起石的利诱，竟参与一起杀人。

次日，郑璇命人将同犯侯怀恩捉拿归案，当日宣判石功赞、侯怀恩死刑，并立即绑赴刑场伏法。

三台县特大凶杀案告破，全县官民人心大快，人们在赞扬郑知县办案神速的同时，都纷纷称赞为案件立功的犬为“义犬”，郑璇还将破案经过写成《义犬记》一篇，以志其异。

（本故事根据《洞庭东山志》有关内容改编）

第十八章 附 录

渡桥村干部群众在中华人民共和国成立后特别是改革开放的岁月里，艰苦创业、发展经济，村先后获得省、市、区多项荣誉，也涌现了许多先进个人。今将搜集的荣誉汇总，分集体荣誉和个人荣誉两类。

改革开放以来，新闻媒体报道渡桥文章有41篇，收录代表性的10篇刊登，其余列表记载。

渡桥村在新农村建设中，制订了一些重要的规划、方案，一并选辑在附录中。

一、荣誉

1. 集体荣誉

1958 年 7 月 15 日，金星合作社被洞庭人民公社评为“先进农业生产合作社”。同年，晨光第五、第十二生产队，金星合作社第三、第十、第十二、第十五生产队被东山乡评为“先进小队”。

1964 年 5 月，金星大队第八生产队被吴县人民政府评为“农业先进单位”。

1966 年，晨光大队民兵营被吴县人武部评为“先进民兵营”。

1977 年，晨光大队、新建大队被洞庭人民公社评为“学大寨红旗单位”。同年，晨光大队第八生产队、新建大队第五生产队、金星大队第二生产队被洞庭人民公社评为“学大寨红旗单位”。

1978 年，新建大队第二、第五生产队和金星大队第二生产队被洞庭人民公社评为“先进生产队”。

1980 年，晨光大队农机队、金星大队第七生产队被 吴县人民政府评为“吴县先进单位”。

1983 年，晨光大队被东山乡人民政府评为“文明单位”。

1986 年，西泾村被东山镇人民政府评为“文明单位”。

1990 年，晨光村被吴县人民政府评为“吴县文明单位”。是年 11 月，晨光村东山印刷厂被吴县共青团委员会评为“吴县共青团红旗单位”。

1991 年 9 月，新建村、晨光村被吴县人民政府评为“吴县抗涝救灾先进集体”。

1992 年 1 月 13 日，苏州市 1991 年秋冬水利建设评比揭晓，东山镇在乡级评比中获第一名，新塘圩水利工程受到好评。

1998 年，晨光村被吴县市人民政府评为“吴县市爱国卫生先进集体”。

2000 年 3 月，晨光村被中共苏州市委、苏州市人民政府评为“加强农村基层组织建设，加快农村现代化建设示范村”。

2001 年，晨光村被江苏省人民政府评为“江苏省卫生村”。

2003 年，晨光村被吴中区人民政府评为“吴中区文明单位”。

是年，渡桥村被东山镇人民政府评为“先进集体”。

2004 年 12 月，渡桥村荣获“东山镇先进集体”称号。

是年，渡桥村被苏州市吴中区“服务‘两个率先’，建设‘平安吴中’活动领导小组”评为“社会治安安全村”。

2005 年 12 月，渡桥村荣获“东山镇先进集体”称号。

2006 年，渡桥村被吴中区人民政府评为“文明单位”。

是年，渡桥村被评为“吴中区民主法治示范村”“吴中区关心下一代工作先进集体”。

2008 年，渡桥村被评为“吴中区西太湖围网整治工作先进集体”“苏州市新农村建设示范村”。

2009 年，渡桥村被吴中区人民政府评为“吴中区村民自治模范村”“吴中区土地管理先进村”。

2010 年，渡桥村被东山镇人民政府评为“东山镇先进集体”。

2012 年，渡桥村被江苏省卫生厅评为“江苏省卫生村”，被苏州市档案局评为“苏州市档案工作先进村”。

2013年，渡桥村被苏州市人民政府评为“先进集体”。

是年，渡桥村被苏州市环境局命名为“苏州市生态村”，被吴中区评为“吴中区农村资产监管先进单位”。

2014年，渡桥村被江苏省科学技术委员会评为“江苏省科普惠农服务站”，被国家工商总局评为“东山湖羊国家地理标志”，被苏州市政法委评为“苏州市民主法治村”。

2015年，渡桥村被江苏省农业科技委员会命名为“江苏省农业科技自主创新资金项目成果示范展示基地”，被评为“苏州市规范化人民调解委员会”“吴中区人民调解工作先进集体”。

2016年，渡桥村被评为江苏省“民主法治示范村”“吴中区先进团支部”。

是年，渡桥村被江苏省环境厅评为“江苏省生态村”，被江苏省教育厅评为“江苏省远程教育示范基地”，被江苏省档案局评为“二星级规范单位”，还被评为“吴中区现代农业先进单位”“吴中区第四批未成年人社会实践基地”。

2017年，渡桥村被评为“江苏省农村科普先进单位”。

是年，渡桥村被评为“江苏省放心消费创建先进单位”。

2．个人荣誉

1966年4月，晨光大队金阿二、新建大队高国林、金星大队吴寿全被吴县人民政府评为“农业先进个人”。

1968年，晨光大队袁安甫、梁山根、盛云林、关毛男、杨金娣、张根林、盛桂根、叶爱根、陈本福、俞连兴、李巧珍、李益寿、叶金福被洞庭公社评为优秀干部、社员。

是年，新建大队周洪生、马希章、梁三林、吴粉扣、李巧兰、杨玉龙、朱才女、竺根林被洞庭公社评为优秀干部、社员。

是年，金星大队徐裕林、席阿二、陈根大、施根林、李根云、顾月珍、柏福兴、施阿仁、叶龙根、徐寿根、魏阿宝、吴关升被洞庭公社评为优秀干部、社员。

1980年，晨光大队苏本兴、盛云林，新建大队缪启奎，金星大队钱虎根被吴县人民政府评为“吴县先进个人”。

1981年，晨光大队叶爱根、盛阿三，新建大队吴同桢，金星大队钱虎根、席阿二、徐裕林被中共东山人民公社委员会评为优秀共产党员。晨光大队姚阿四、新建大队吴同桢被东山镇人民政府评为“先进个人”。

1982年，晨光大队叶爱根、盛阿三，新建大队吴同桢，西泾大队钱虎根、席阿二、徐裕林被中共东山人民公社委员会评为优秀共产党员。晨光大队苏本兴、西泾大队钱虎根、新建大队缪启奎被东山人民公社评为“优秀干部”。

1983年，晨光村吴美芳、张进发，西泾村吴补林、朱凤娣被东山乡人民政府评为优秀团干部。

1985年，晨光村顾龙兴被评为“苏州市环保先进个人”。

1986年，晨光村顾龙兴被评为“吴县环保先进人”。

1987年，晨光村徐金龙、盛阿三，新建村周大有，西泾村徐裕林被中共东山镇委员会评为“优秀党员”。

1996年，晨光村董燕明、吴金龙，新建村陈龙发，西泾村徐巧生、吴琴被中共东山镇委员会评为“优秀党员”。

是年，叶爱根被评为“吴县市劳动模范”。

2002 年，蔡育琴被评为“苏州市劳动模范”。

2003 年，渡桥村周峰宝被东山镇人民政府评为“先进个人”。

2007 年，渡桥村王建春被吴中区评为“人民调解先进个人”。席根福被东山镇人民政府评为“先进个人”。蔡龙龙被东山镇人民政府评为“镇社会主义精神文明十佳新人”。

2008 年，渡桥村席根福被东山镇人民政府评为“先进个人”。

2009 年，渡桥村席根福被东山镇人民政府评为“先进个人”。

2011 年，渡桥村席根福被中共东山镇委员会评为“优秀党务工作者”。

2013 年，渡桥村党总支书记宋炜被东山镇人民政府评为“先进个人”。

是年，渡桥村党总支书记宋炜被吴中区人民政府评为“吴中区青年榜样”。渡桥村吴峰被吴中区人武部评为“优秀民兵营长”。

2015 年，渡桥村党总支书记宋炜被中共吴中区委员会评为“先进党务工作者”。顾晓军在全国绿茶手工炒制大赛中获一等奖。

2016 年，渡桥村董燕明被东山镇人民政府评为“先进个人”。吴月被苏州市吴中区卫生和计划生育局表彰为“人口和计划生育工作先进个人”。顾晓军在全国绿茶手工制作技能大赛中获个人三等奖。

2017 年，吴峰被吴中区评为“爱国卫生先进个人”。喻振高被评为吴中区“调解工作先进个人”。顾晓军被评为“中国农村专业技术协会科普奖先进个人”。

二、媒体报道

表 18–1　　媒体报道渡桥文章统计表

时期	报　刊	文　章	记者（作者）
1998.7.5	中国畜牧水产报	湖羊多产性选育前景喜人	王元兴、程瑞禾
1998.9.6	扬子晚报	基因库显现“黄金效益”——东山湖羊产羔率超世界名种	晓宏、王莉
1999	苏州日报	农副业基因库显现“黄金效益”——东山湖羊产羔率超世界名种	晓宏、王莉
1999.6.15	苏州日报	享受政府补贴的羊	晓宏、王莉、旭峰
2010.5.7	苏州日报	苏州第一座古太湖大桥——清《渡水桥记》碑	薛利华
2011.4.1	苏州日报	守孝宗与东山吴氏	薛利华
2011.6.6	姑苏晚报	挖水塘抗旱挖出一座清代古墓	沈红娣
2013.11.1	姑苏晚报	东山“白煨羊肉”流传了 200 年“绝技”	王亭川
2013.11.23	姑苏晚报	小雪正当烹羊时	王亭川
2013.12.16	姑苏晚报	宝贝去哪儿？美丽渡桥村	朱雪芬、王亭川
2013.12.26	城市商报	太湖东山有群“喜洋洋”	张鹏
2014.6.2	姑苏晚报	吃进口餐，室内有空调、自动饮水机，还有宽敞的运动场锻炼身体——太湖湖羊住进高级羊舍	周伟蔚
2014.10.25	姑苏晚报	形成物种保护与生态旅游为一体的特色产业——“一只羊”为渡桥带来致富经	周伟蔚

时期	报 刊	文 章	记者（作者）
2014.10.30	姑苏晚报	白煨羊肉飘香时	颜士州
2014.11.14	江南时报	擦亮“东山湖羊”国家级金字招牌，做大做强湖羊产业，带动村民增收致富	薛文良
2014.11.21	城市商报	味道苏州——“矮马桶”羊肉	叶正亭
2014.12.19	苏州日报	百年传承的乡村羊肉	陈晓雯
2014.12.25	姑苏晚报	农家味道，太湖笃酱湖羊肉	张丫
2014.12.25	姑苏晚报	东山湖羊获得“身份注册”	周伟蔚
2015.1.29	苏州日报	苏州“三只羊”转出新光景	苏菁
2015.2.4	苏州日报	吴地文化，“羊气”十足	施晓平
2015.6.2	姑苏晚报	来“羊村”过不一样的儿童节	周伟蔚
2015.8.27	苏州日报	东山湖羊获省级认定，保护基地入选畜禽遗传资源保护区	范易
2015.10.23	城市商报	东山湖羊：看见了政府强力推动的手	胡其生
2015.10.26	姑苏晚报	守护太湖第一关的乡愁——东山渡水桥周边整治规划启动	周伟蔚
2015.12.2	江南时报	“湖羊产业”打造东山旅游新名片	李晓静
2015.12.15	姑苏晚报	东山湖羊，怀揣“身份证”闯市场	周伟蔚
2015.12.22	江南时报	东山不仅有湖羊肉卖，还有湖羊肉品尝，你知道吗?	薛文良
2015.12.30	城市商报	濒临灭绝的东山湖羊又见生机	张鹏
2016.1.15	苏州日报	东山古镇的渡桥	杨维忠
2016.3.17	城市商报	小伙子苦学十年，炒得一手好茶，六七亩茶叶每年都不愁卖	陆怡
2016.3.29	城市商报	消失七年的东山老茶馆今年重开	陆怡
2016.4.18	姑苏晚报	修复“太湖第一关”的乡愁	周伟蔚
2016.4.19	城市商报	渡水桥畔再现“说书声”	陆怡
2016.9.21	城市商报	东山湖羊科普馆开馆	陆怡
2016.11.19	姑苏晚报	一道白切羊肉，传统秘制 10 小时	张丫
2016.12.21	江南时报	苏州东山湖羊科普馆开馆啦	东萱
2016.12.23	姑苏晚报	东山白切羊肉能否走得更远	邱悦兰
2016.12.27	姑苏晚报	传统村庄里惠民实事获点赞，晒晒渡桥村村民的幸福指数	邱悦兰
2017.3.10	苏州日报	吴有性与《瘟疫论》	陈其弟
2017.12.11	姑苏晚报	去太湖边当一天湖羊的守护者	朱雪芬

媒体报道渡桥文章选载

1. 湖羊多产性选育前景喜人

产于我国太湖地区的湖羊，是举世闻名的多胎绵羊，一般群体产羔率在 210% 以上，近年来南京农业大学动科院为适应未来我国羊肉生产的需要，正在对湖羊多产性进一步选育，以期建立高产羊群，为全国羊肉生产提供最佳的母本。两年来初步结果表明：针对湖羊进行多产性选育，前景喜人。

湖羊群体中存在三分之一以上的高产母羊个体

据 1997 年春季我们在江苏吴县东山镇调查，在随机抽查 1000 头产羔母羊中，平均产羔率达 232.2%，其中产单羔母羊占 17.1%。产双羔母羊占 41.9%，产三羔母羊占 33.6%，产四羔母羊占 6.5%，产五羔母羊占 0.09%，这些产三羔四羔的母羊中尤为可贵的是有相当部分的母羊连产三胎均产三羔的，从现代分子传学角度看，有可能存在控制多产的主基因，若通过现代生物技术可望提取多产基因，用于生产。

对高产公母羊进行选择和同质选配后，产羔率进一步提高

1998 年春，我们仍在吴县东山镇对试验的高产羊群和一般羊群进行产羔率调查，结果被调查的 32 胎试验的高产母羊群，平均产羔率达到 337.5%，其中产五羔母羊占 6.25%，产四羔母羊占 31.25%，产三羔母羊占 56.25%，产双羔母羊占 6.25%，产单羔母羊为零。

而随机调查的 61 胎非高产性母羊，平均产羔率 221.31%，其中产三羔母羊占 27.86%，产双羔母羊占 65.57%，产单羔母羊占 6.55%，产五羔至三羔母羊为零。二组产羔率相比差异极为显著。

从以上初步结果表明，通过现代育种手段，完全可望从湖羊中选育成产羔率达 300% 以上高产羊群，超过国外布鲁拉羊和芬兰羊，居世界多胎绵羊之首。我们深感湖羊确实是我国宝贵的资源，值得我们高度重视和充分利用。

（1998 年 7 月 5 日《中国畜牧水产报》，
南京农业大学动科院湖羊课题组　王元兴、程瑞禾）

2. 农副业基因库显现“黄金效益”
东山湖羊产羔率超世界名种

“基因库”是什么？在吴县市东山镇，就有这么一个“基因库”——江苏省湖羊资源保护区。据南京农业大学专家今年调查，保护区湖羊高繁殖小群体年均产羔率已达 337.5%，超过了世界著名品种布鲁拉羊产羔率 270% 的指标。这项“两高一优”产业正在产生良好的经济效益，东山农民一年在羊身上“掘金”超过 500 万元。

湖羊产于太湖流域，是世界著名多胎稀有绵羊品种，属于珍贵遗传资源。早在 1956 年，国务院就要求“特别注意繁殖和发展”。在传统农耕方式下，桑叶喂羊，羊粪沃桑，成了环太湖地区“生物链”中重要一环。70 年代末，由于种种原因，湖羊生产持续滑坡，我市环湖地区仅剩 4000 余头，种系发展面临威胁。1983 年，省农林厅在吴县市东山镇建立了江苏省湖羊资源保护区，这也是全国唯一的以农户为主的羊种资源保护区。

据专家介绍，保护区的三大职能是“提纯、复壮、扩群”。据此，形成了中心保护区和缓冲区两个层次。中心区 157 头保种核心群，只只打上耳标。“续了家谱”，其“婚配”更是十分严格，叫作“一不杂交二不近亲”，“找对象”标准一看繁殖力，二看生长速度，

三看体型外貌。经过多年努力，目前保护区内湖羊品质已明显优于周边地区，平均胎产羔率比建区前提高 30%，小群体超过 110%；体重平均提高 62.08%，总数则增加到了 2.5 万头。1989 年，保护区获省农林厅科技进步一等奖，近年联合国粮食组织三批官员先后来参观并予好评。

湖羊基因库也为东山人民开辟了增收新路，农民养羊，除了割草外，几乎不花成本。一头活羊出栏，净利超过 300 元，肥料收入 150 元。专家介绍，羊粪还是优质速效热性肥料，果树施足羊粪，可增产 10%，降低 20% 的成本，因此东山果农“要想果树高产量，家中必养几只羊”。同时，“白煮羊肉”更是远近闻名的东山传统美食。

（《苏州日报》1999 年，晓宏、王莉）

3. 享受政府补贴的羊

1983 年，受市场需求影响，在江浙沪一带原本赫赫有名的湖羊养殖一下子大滑坡，几乎到了濒临绝种的边缘。也就是从这年起，东山湖羊开始享受政府补贴。

据考证，湖羊是 13 世纪蒙古军队南下时带入太湖流域的。历经数百年，“北方来的羊”逐渐融入江南生物圈，羊吃湖桑叶，湖羊粪沃桑，在环太湖地区传统的农耕社会里，关系是那么的和谐。而这和谐的结晶，则是湖羊作为优秀种质的含金量：繁殖力强，是世界多胎稀有绵羊品种；羔皮品质好，有“软宝石”盛誉。50 年代，国务院曾对湖羊专门作过批示：“湖羊是稀有品种，又是出口物资，应特别注意繁殖和发展。”

80 年代初湖羊饲养的大滑坡，迅速引起了国家的重视。1983 年，农业部畜牧兽医司、江苏省畜牧局、南农大、省农科院等联合考察了许多地方，最后确定将吴县市东山镇列为“江苏省湖羊资源保护区”。

当时，东山镇的湖羊数量已锐减至 4100 头。选定东山镇为保护区的原因，从专家来看，一是这里属于半岛地形，易于控制生物流动；二是当地保存着湖羊自繁自育的传统。这两点都是湖羊这一世界珍贵遗传资源“提纯复壮”的有利因素。

而在之后 10 多年的实践中，东山镇的同志则感到，作为全国唯一以农户为单位的羊种质资源保护区，湖羊保种成功的因素还应加上一条，就是政府的财政补贴，而且这是关键的。

根据保护区规划，白沙、槎湾、西泾三个村为“核心保种区”，选择有一定技术、热心国家种质资源保护的农户作为“保种户”。经过不断筛选淘汰，目前，区内共有保种公羊 40 头、母羊 120 头。每头公羊每年享有 300 元政府财政补贴的保种费，每头母羊保种费为 20 元。三个村之外为缓冲区。

“别小看了这点补贴，正是它们稳定了保种工作。”东山镇畜牧兽医站的同志说。公羊给 300 元，是因为养公羊没有效益。而母羊可以产仔。

每年，省里的、大学里的专家都要来给保种户上课。镇里也有行政措施落到实处：外地羊绝对不许进东山；本地羊屠宰实行定点，一旦发现违规，立即吊销执照。157 头保种羊只只打上耳标，建有血统档案，既不允许杂交，又不准“近亲结婚”。其筛选淘汰也十分有趣，一般三年一换，而且是“父只传子不传女，母只传女不传子”。东山镇畜牧兽医站的同志说：刚开始还有点乱，但坚持不懈的财政补贴，稳定了保种户。随着经济水平的不断提高，每头公羊的补贴也从 80 年代初的 20 元增至 300 元。

规矩是严格的，工作是烦琐的。一晃过去了 15 个年头，把前后数据比一比，种质资源保护工作的成效，则是不言而喻的欣慰：

		1983 年	1998 年
东山镇湖羊拥有量（头）		4100	28000
产羔率（%） 其中小群体高繁试验		22.5	284
		—	337.5
体重	公羊（斤）	33	72.1
	母羊（斤）	30.1	56.46
一级羔皮率（%）		0.03	39.55

湖羊的“黄金效益”在同市场波动的拉锯中开始显现，而“黄金效益”基础是政府舍得投入的“稳定效应”。

东山镇的同志还告诉我们两点：一是当今世界著名多胎羊布鲁拉的产羔率为 270%，湖羊已经赶上来了；二是养一头湖羊，羊肉羊粪年总收入在 570 元左右，效益不错。

（《苏州日报》1999 年 6 月 15 日，晓宏、王莉、旭峰）

4. 东山“白煨羊肉”流传了 200 年“绝技”

凌晨 4 点多，不少人还沉浸在睡梦之中，而东山渡桥西泾村姚富根的厨房里已热气腾腾，弥漫着羊汤的浓香。姚福根今年 84 岁，从他父辈开始，这一手“白煨羊肉”手艺已经传了四代。目前，儿子姚培林继承了姚富根的手艺，平时每天要售出百来斤羊肉。在姚家“宽敞”的厨房里，行灶上的三个巨型铁锅内煮着数百斤活杀湖羊，姚培林不时往炉膛内塞几块果木硬柴。时至今日，当地“白煨羊肉”的制作流程依旧严格遵循古法：现杀湖羊、铁锅、果木硬柴以及十几个小时的炖煮。姚富根表示，最原始的制作工艺，方能传递出“湖羊”的纯正味道。

东山是湖羊的发源地，养殖历史已经有 800 多年。相传南宋迁都临安期间，北方居民携带优质绵羊到南方饲养，经长期驯养、选育，最终成就这一珍稀品种。近 20 年来，由于杂交而导致纯种湖羊区范围越来越小，甚至一度面临“灭绝”的危险，而东山因其三面环湖，便于控制羊群流线，加上严格的“血统”保护传统，因而纯正的湖羊基因得以在这里延续。据介绍，为了保持东山湖羊血统纯正，东山对外来公羊一律实施“生殖隔离”。早在 1983 年，东山建立国内首个湖羊资源保护区。2008 年，东山镇被列为国家级湖羊保护区。目前，东山正在建设占地 30 亩现代化湖羊养殖基地，计划规模 2000 头。

湖羊的烹饪技法在东山流传了两百多年，在西泾村有十几户制作白煨羊肉的人家，卖了六十多年的姚富根在当地小有名气。按照传统，地道湖羊制作的白切羊肉放在新鲜晒干的荷叶上，肉色白糯，入口细腻，鲜嫩醇厚。为了保持味道纯正，在十几个小时的炖煮过程中并不会放入葱姜酒等调料，但是最后的羊肉丝毫没有膻味。对此姚培林解释说，首先是活杀的湖羊比较新鲜，其次在宰杀过程中一定要清洗干净。记者注意到，用来煮羊的“行灶”上摆放着三个巨型铁锅，有两锅煮着羊肉，一锅煮着羊血。姚培林介绍，宰杀放血后的湖羊约三十斤，每一锅里一次要煮四只羊，连汤水近 300 斤。宰杀清洗后，羊肉按照一年生、两年生、三年生分别放入不同的锅内炖煮。“头三个小时用猛火，然后就是长达十多个小时的文火慢炖，在此过程中，唯一的调料就是食盐”，姚培林表示，现杀的湖羊不需要任何辅助调料。

为了防止羊汤溢出，铁锅上加了一道约 20 厘米高的不锈钢制“蒸箍”，然后再加上木质锅盖。揭开锅盖后，记者发现为了防止羊肉浮出水面，上面还加盖了两块“城砖”。据姚富根介绍，这两块密度很高的城砖乃祖传之物，少说已经有上百年历史。

煮好的羊肉从锅里捞出后剔骨切片，放在一片片晒干的荷叶上，这样既不粘，羊肉又保存了荷叶清香。姚富根告诉记者，从年轻时开始，他每天就挑着七八十斤白切羊肉去杨湾叫卖，风雨无阻。近几年有了电动三轮车，比那时方便多了。

（2013 年 11 月 1 日《姑苏晚报》，王亭川）

5. 形成物种保护与生态旅游为一体的特色产业

“一只羊”为渡桥村带来致富经

站在国家级湖羊保护区渡桥基地门外，“咩咩”的羊叫声十分悦耳，在基地的现代化高级羊舍里，已有 50 头东山湖羊入住其中，作为吴中区东山镇渡桥村的一大特色，这座湖羊基地不但要担起保护湖羊品种的责任，还肩负探索如何做大湖羊产业的重担。

渡桥村党总支书记宋炜告诉记者，湖羊基地将把湖羊养殖业、羊肉美食、林果休闲观光农业紧密结合，形成物种保护与生态旅游为一体的乡村旅游产业：“虽然目前只有 50 头，但规模在逐步扩大，我们期待依靠他们改变全村湖羊养殖户的观念，让大家都采用现代化方法养羊、致富。”

生态养殖　湖羊住进高级养舍

与人们传统印象中又脏又臭的羊圈不同，渡桥村湖羊基地里的湖羊居住的是高级的现代化羊舍。室内有空调、自动莲蓬头、自动饮水机，无论什么季节和天气，这里的湖羊都可以享受到最舒适的生活，室外还有宽敞的运动场，管理人员会定期把湖羊带出去运动健身。很多来基地参观的人都对这里的现代化设施赞叹不已：各个角落里都装有监控摄像头，工作人员在值班室里可以 24 小时实时监控、照顾；墙上还安装了自动检测细菌值的仪器，它们会定期检测空气中的细菌类别和数量，当达到危险值时会启动自动杀菌系统，这一设施大大缓解了养羊户最担心的疾病问题。

先进的设备不是基地的最大亮点，宋炜指着羊舍的隔间告诉记者，每间羊舍都分为上下两层，上层养羊，下层的镂空凹槽可以收集羊粪，不但方便取出，而且羊粪还是极好的肥料。在基地外部还有大面积的果林，种植着枇杷、杨梅、橘子等果树，羊粪可以为果树施肥，果树的叶子又成为湖羊饲料的一部分。此外，基地还通过收集、净化雨水的方式，为羊舍提供喷滴灌用水。

开发旅游　用湖羊认养推动“羊产业”

“羊年马上要到了，我们正在准备推出认领小羊的乡村体验活动。”快人快语的“80后”村书记宋炜思路很活，他告诉记者，期待用认领湖羊的活动推动“羊产业”中休闲观光游的发展，进而扩大东山湖羊在市民中的知晓度，带动商品羊和白切羊肉的销售，做大整条产业链。

翻开宋炜案头厚厚的实施方案，记者深深地被这套即将实施的认领小羊活动所吸引：

城里的孩子认领一头属于自己的小羊，定时带着它参加渡桥村举办的“小羊快跑”羊村运动会、“画羊”比赛、剪羊毛、为小羊沐浴化妆等，虽然孩子不能天天来照顾小羊，但他们可以通过羊舍里的摄像头随时看到自己的伙伴，管理员也会为被认领的小羊生长过程做好详细的记录。方案细则还未完全向社会公布，已有不少熟悉的朋友来询问详情，对于认领活动能够带来的影响，宋炜胸有成竹。

做大特色 用经济利益感染村民

宋炜对记者说，湖羊基地不仅要做大基地内这几十头羊的“产业”，也希望借此增加社会对于东山湖羊的需求量，带动渡桥村其他湖羊饲养户的经济收入：“用经济利益感染其他村民，让他们都采用这种现代化、生态的养殖方式。”

“渡桥村是从市区进入东山镇所经过的村，与其他村相比，我们村枇杷、杨梅、橘子等都有，但是特色并不鲜明，最大的特色就是湖羊。”宋炜介绍，东山有800多年养殖历史，白切羊肉便是当地一绝。然而，由于种种原因，目前养殖规模由十万头到目前不足万头。湖羊基地的建立不仅可以保护湖羊遗传资源，更是一个展示平台，“羊家乐”、湖羊认领、休闲旅游等带来的实实在在的收益会带动全村生态养羊的热情，形成湖羊产品的品牌化。

书记感言：湖羊要成为渡桥村的品牌

“在东山，每个村都有自己的特色、品牌，我们渡桥村最亮的品牌就是湖羊。”宋炜说，东山有花有果，是游客特别喜爱的目的地，然而冬季旅游一直是东山的短板所在。冬季是吃羊肉最好的季节，而渡桥村的白切羊肉又是只有在当地才能吃到的美食，如果能将渡桥村以湖羊为主导的休闲度假旅游品牌打响，将可以弥补冬季旅游这一空白。

宋炜向记者介绍，接下来，渡桥村将主攻以小朋友为中心的城市家庭，提供亲近自然、了解农牧业、走进苏州乡村机会，将湖羊养殖、加工、销售整个产业链与餐饮、旅游相结合，发扬湖羊文化，从而带动当地养殖户增收。

（2014年10月25日《姑苏晚报》，周伟蔚）

6. 擦亮“东山湖羊”国家级金字招牌，做大做强湖羊产业，带动村民增收致富

东山湖羊是世界著名的多胎稀有绵羊品种，是国家级畜禽资源保护的种质资源。东山镇养殖湖羊已有800多年的历史。1983年，东山镇建立了我省第一个湖羊资源保护区，2008年，东山湖羊资源保护区又被定为“国家级湖羊保护区”。但是，近年来，受劳动力和环境因素影响，湖羊存栏量急剧下降，目前全镇仅为2000头左右。

为了进一步保护东山湖羊资源，下一阶段，渡桥村将围绕吴中区委、区政府工作部署，按照《苏州东山湖羊产业可持续发展规划》，开展以下工作。

“两大中心”保护先行，种质资源规模增长

在原西泾山湖羊养殖基础上，新建射鹗山种羊养殖基地的基地，作为东山湖羊种质资源保护中心，为保护种羊及提供种源打好基础。计划以东山镇统筹土地等资源、吴中区农发公司投入资金的形式筹建射鹗山基地，预计投资3000万元，新建现代羊舍4000平方米，果树和牧草种植70亩。配套检测室、实验室、仓库、产品展示室、生产管理用房以及道路、沟渠、挡墙、防疫光照和粪污处理等基础配套设施，建设湖羊文化科普中心、产学研服务

中心，开展湖羊保种选育、保种、扩繁及试验开发工作，运用现代生态畜牧科技的最新成果，集约化繁育东山湖羊进行扩繁，生产种羊供给本地及周边地区。新的基地建成后年出栏量可达 3000 头，其中种羊出栏可达 1000 头。

规模养殖提质增效，助推产业集约发展

计划在渡桥新建一个规模湖羊养殖场，预计投入达 2000 万元，建设 5000 平方米规模的养殖场大力发展商品羊养殖，基地设计成可分割的适度规模的养殖区域，便于吸引养殖大户以或租赁或成为农业产业工人的形式参与湖羊养殖，打破原有辖区村民零星散养的局面，实行湖羊标准化饲养、规模化防疫、生态化养殖和市场化运作。在此基础上，在东山或区外选择适宜地块，建设 9 个商品湖羊养殖基地，采用集中规模养殖，逐步达到存栏 20000 头的目标，实现“两大中心”“十个基地”的完整产业布局。

构建自主品牌，延伸产业链条

目前，渡桥村成立了东山湖羊产业协会，并以协会为主体申请注册了“东山湖羊”中国地理标志和“禾家湾”商标。“东山白切羊肉烹饪技艺”也于 2011 年被列入吴中区非物质文化遗产名录。接下来，要进一步挖掘东山湖羊品牌文化，研发标准化生产工艺，通过对羊肉的精选与分割，运用现代化保鲜技术，将羊肉加工成系列休闲游食品，丰富东山的特色旅游产品。

（2014 年 11 月 14 日《江南时报》，薛文良）

7. 守护“太湖第一关的乡愁”

东山渡水桥周边整治规划启动

东山镇渡水桥有座古石桥，名为“渡水桥”,在水路盛行的年代，这里曾担当着“东山门户”的重任，当地老人称之为“太湖第一关”“东山的观前街”。然而，随着现代陆路交通的发展，水路功能被逐步取代，承载诸多历史积淀的渡水桥地位日趋下降，与镇区深处的瓜果茶叶产区和旅游景区相比，渡水桥一带显得格外冷清，甚至逐渐被外人遗忘。今年，东山镇启动渡桥村“殿泾港、南北街”康居村庄整治，留住“太湖第一关”的乡愁故事。记者昨天来到渡桥村，参与了对当地老人“口述史”的收集工作。

以前是进出东山的“门户”

渡水桥屹立了 800 多年，它还有一个更为诗情画意的名称：“具区风月桥”（太湖的别称叫作“具区”）。当地文化人告诉记者，在《辞源》中可以找到“风月桥”的条目记载。作为苏州到东山轮船的停泊码头，航运分内河和外湖线，其中内河线从渡水桥、浦庄、横泾、越溪、横塘到苏州胥门；外湖线从渡水桥经太湖进胥口，过木渎而达苏州。“那时候，这里热闹程度就和观前街一样。”75 岁的盛阿三在此住了一辈子，提起渡水桥曾经的辉煌，老人仍是一脸自豪，“湖州商人经常来东山批发蚕宝宝，就在我脚下的位置交易。当时有个说法，商船一响，河水也要涨三分。”76 岁的顾龙兴在一旁补充：“以前的事情，我记得很清楚。桥下南北街和殿泾港一共有 6 个茶馆、3 个饭店、4 个杂货店，热闹程度是其他地方比不了的。”

据史料记载，渡水桥始建于元朝，明朝时重建，桥长 48 米，高 8.7 米，值得一提的是，这是当地十分少见的三孔石拱桥。“东山流域是小桥流水的建筑格局，桥孔常是单孔的，三孔桥称得上是大手笔了。据说，当年四匹马可以同时上桥。”渡桥村晨光自然村工作人员吴峰一直关注着渡水桥历史的搜集，让他深感骄傲的是，在吴家家谱中曾有记载：从渡水桥开始一直到木渎，这段航线上的所有石拱桥都是由渡水桥下的吴家祖先出资修建的，而这也间接证明了渡水桥当年“经济核心区”的地位。

渡水桥文化遭遇传承危机

民国十八年，李根源是在渡水桥上岸，在东山进行了 9 天的访古；此后的 1956 年，他的学生朱德也是在这里完成水陆交通交替，走访东山。渡水桥在东山文化乃至整个太湖文化中有不可替代的一席之地。遗憾的是，随着水路交通的衰败，渡水桥文化也面临传承危机。在采访中记者发现，桥下的北街目前以当地人居住较多，还保留着水乡传统格局，但一河之隔的南街则显得衰败不少，许多老房子目前处于空关状态，破旧外表下可以看出建筑的年久失修。

“来东山的游客很多，却没几个想到来渡水桥走走看看。”谈到这里，吴峰显得有些遗憾。他告诉记者，渡水桥周边其实处处是景，相较于早已开发成熟的景区、农家乐来说，这里的“沿河景观、沿街景观”布局更为原生态、更有味道。

改造古桥，守护“太湖的乡愁”

“明年你再来看，会漂亮多了。”渡桥村村书记宋炜介绍，“今年起，渡桥村启动殿泾港、南北街村庄整治，将在保持现有道路交通格局的基础上，对路网进行提升，同时对破旧民宅的外立面进行统一改造，利用现有闲置小学改造成村庄公共服务用房等，基础设施改造好了，方能用内涵文化吸引更多的人。”对于老人们记忆中热闹非凡的桥头小摊点，宋炜介绍，此次整治将特别注重对于传统江南文化中“桥头文化”这一内涵的保留，在渡水桥桥堍的核心位置扩展出一块居民交流平台，守护桥头景观的记忆。

整治改造的同时，对于当地文化的再挖掘和整理工作也在进行中，一些意外的收获、惊喜不断。比如，在东山的“抬阁”文化中，渡桥村最著名的抬阁是“水漫金山”，这也是当地为数不多的含有三个人物的抬阁。走访中，当地老人介绍，选取“水漫金山”是因为渡水桥下曾经是东山水流最急的流域，不远处的莫厘峰流下的激流从这里直接汇入太湖，“太湖第一关”的美誉也是由此而来。

（2015 年 10 月 26 日《姑苏晚报》，周伟蔚）

8．“湖羊产业”打造东山旅游新名片

“羊家乐”已挂牌，湖羊展销一体馆将开馆，湖羊肉休闲产品将上市

在老苏州心中，冬令美食—羊肉必不可少。但苏州不只有藏书羊肉、双凤羊肉，还有深藏于东山渡桥村的湖羊肉。东山渡桥西泾禾家湾历史文化悠久，该地村民以善做白煨羊肉著称，至今有数百年的历史，全村 132 户仍有 20 余户以白煨羊肉加工为主业。昨日，记者从东山渡桥村获悉，为了把湖羊产业做大，该村将对湖羊进行深加工，“羊家乐”已挂牌了三年，明年开春，东山湖羊展销一体馆将开馆，符合 QS 卫生认证的湖羊肉休闲产品也将上市。

湖羊在太湖东山镇已存在 800 多年。太湖东山 1983 年被列为江苏省湖羊种质资源保护区，2008 年升格为国家级湖羊保护区。“东山湖羊”被列入 2014 年度已注册和初步审定地理标志商标名录，今年拿到了地理标志集体商标注册证。记者了解到，去年建成的东山渡桥湖羊基地目前存栏种羊 300 余头，基地首要功能是保种，将开展选育、保种、扩繁

以及种质评价、遗传分析等系列工作，并带动、扶持当地养殖户规模养殖、科学养殖。东山湖羊存栏量最高时达20000头，目前不足2000头，种群数量已逼近保护的极限。为保护和发展这个名贵畜种，苏州市、吴中区、东山镇三级政府协力推进，最终将在东山形成“两大保种中心”“十大养殖基地”的格局。

“白切羊肉烹饪技艺”作为吴中区非物质文化遗产代代相传已有200多年的历史。渡桥村党总支书记宋炜告诉记者，渡桥村下半年开始实施了“东山湖羊非遗文化产业开发项目”，启动建设符合QS卫生认证的羊肉产品，正在招标建设的东山湖羊展销一体馆将于明年春天开馆。项目建成集东山湖羊文化推广、白切羊肉制作工艺展示、科普宣传教育展示，湖羊肉QS标准加工等功能于一体的展销馆。

现杀湖羊、铁锅、果木硬柴以及十几个小时的炖煮，只放盐，却一点不膻，最原始的制作工艺，传递出“湖羊”的纯正味道，东山湖羊烧制至今遵循着古法。地道湖羊制作出的白切羊肉放在新鲜晒干的荷叶上，肉色白糯，入口细腻，鲜嫩醇厚，带有荷叶的清香。东山除了农家乐外，还新挂牌了几家“羊家乐”，去东山吃湖羊肉将成为热门。按照传统，“不少老苏州会特地赶到东山品尝，这么好的羊肉应该走出东山，让更多的市民品尝才对”。东荷羊肉馆的老板告诉记者，她已经看到了湖羊产业的前景，提前让湖羊肉走出东山，目前苏州市区100多家面店的白切羊肉都是他们所配送，她希望能形成一个羊肉餐饮的规模，游客来东山可以多一个品尝正宗湖羊的渠道。

记者了解到，该村利用禾家湾的传统优势，邀请苏州科技学院城乡一体化研究中心的相关专家，全程参与规划设计，将禾家湾村打造成以湖羊为特色的美丽村庄，引导有条件的农户开设“羊家乐”农家饮餐，发展乡村旅游，努力打造东山旅游新名片。目前已有“东荷羊肉馆”“奇奇羊农家乐”“西泾十二灶”三家农户取得证照，开始经营羊肉餐饮。

（2015年12月2日《江南时报》，李晓静）

9．苏州东山湖羊科普馆开馆啦

喜欢羊羊的小朋友们，告诉你们一个好消息，东山湖羊馆开馆啦，互动项目还是蛮多的哦！

据了解，馆内有人机互动游戏，每个小朋友领取神秘任务卡后，体验一把湖羊迁徙的路线，可了解东山湖羊的祖先们是怎样千辛万苦从西北迁徙到苏州的，可了解到东山的白切羊肉烹饪技艺及很多与羊相关的成语故事，还有3D打印体验等。那孩子们玩得这么开心，爸爸妈妈就干等着吗？科普馆里特别贴心地设置了一个小羊主题的咖啡馆，各式手冲咖啡相当高大上，整体布置都是以小羊主题的动漫场景为主，可爱到爆。

光是了解湖羊历史知识，会不会觉得不过瘾？放心！就在不远处的东山镇渡桥村有一个现代化的湖羊牧场，只需要提前预约，家长就可以带孩子来体验现代化养殖模式，看看住“别墅”的小羊们是如何利用自动化设备洗澡和使用自动饮水机的。小朋友们还可以在这里参加小羊赛跑、抓羊比赛、剪羊毛活动等，体验农事、亲近大自然，顺带吃一顿美味的全羊宴。

东山湖羊展示基地和湖羊科普馆，目前已经成为苏州市未成年人社会实践基地。

（2016年12月21日《江南时报》，东萱）

10. 传统村庄里惠民实事获点赞，晒晒渡桥村村民的幸福指数

昨天下午，天空虽然飘着雨，但东山镇渡桥书场里坐满了人，台上专业评弹老师绘声绘色地讲着经典剧目《十三妹》，台下的观众听得津津有味。“自从4月份书场开了后，我和老伴每场都来报到，以前听场书要跑到市里，现在家门口就能听了，真好。”82岁的村民袁招娣告诉记者。

“美丽乡村建设不是简单的刷刷墙，更要为村民干点实事，提升他们的幸福指数。”在渡桥村党总支书记宋炜看来，随着村民物质生活水平的提升，精神文明生活是村民们最迫切的需求，所以在今年，渡桥村以提升居民幸福指数为工作目标，相继增设了听书的渡桥书场、看书的乡贤书屋、画画练书法的水墨渡桥室、供村民看电视休息的休闲室和下棋的活动室。明年还将有智慧社区等更完善的惠民实事工程。

听书、上门服务……村里惠民设施真不少

今年初，在有着数百年历史的渡水桥旁，村民们发现，原先污染严重的一个家具小工坊卷帘门被改成了苏式木窗木门。4月16日，里面传出了一阵阵说书声，好奇的村民走进去一探究竟，发现在这间古色古香的建筑内，有不少新东西，书屋、书场、活动室……这里成了村民们免费活动的场所。

“从4月份到现在开了9场了，每场持续半个月，每次都爆满，书场里凳子都不够坐，不少人自己带凳子来。”书场工作人员王金云告诉记者，自从有了书场，村里老人的生活丰富了不少，听完书大家坐在一起聊聊天喝喝茶，非常开心。

“现在村里想得真周到，以前不做农事了不知道干什么，现在村里就有不少活动场所，很热闹。在家也很方便，等会还有人上门来帮我理发。”听完书，87岁的张老伯急着赶回家，对于他们这批80岁以上的老年人，可以免费享受到村里的居家上门服务，洗头、洗脚、理发、买菜……一个电话，村里的志愿者们20分钟就可赶到。

走访渡桥村，记者见到了不少公共服务场所，各个年龄阶段都有不同的去处，比如有孩子玩的小乐园、有针对年轻人的篮球场……

引导村民科学养羊致富是幸福生活的首要

“这两年结合美丽乡村建设，针对村民的实事工程投入了要有3000万吧，只要老百姓满意，那这钱就花得值。”渡桥村党总支书记宋炜认为，美丽乡村基础设施建设只是第一步，提升村民幸福生活满意指数才是长远目标。

“要提升村民幸福生活指数，首先要的是富民。”宋炜提到，针对禾家湾湖羊养殖的特色，从养殖到售卖，村里都有专门的富民政策。建立国家级湖羊保护区渡桥基地，带动、扶持当地养殖户规模养殖、科学养殖。“养羊一定要让农民赚到钱，这样才能提升他们的积极性，在保护种质资源的同时，真正地让富于民。”

针对有着200多年历史的渡桥禾家湾的白切羊肉，村里专门引导30多户有条件的农户开设了“羊家乐”农家餐饮，发展乡村旅游，今年还专门开设了东山湖羊展销一体馆，让东山白切羊肉真正走出去。其中一家东荷羊肉馆的老板娘李萍告诉记者：“有了村里的帮助，羊肉生意越做越好，今年冬至销量就比去年提升了一半以上。”

富了民还要帮助提升全村的安全防备，据记者了解到，渡桥村的各个角落都装上了先进的安防设备。“从小细节上保护村民财产也是政府义不容辞的责任。”宋炜说到。

编撰村史、智慧社区上线　传统村庄的传承与发展

东山镇渡桥村曾是东山镇的“咽喉”区，村里的渡水桥是连接河岸两边村民的主要干道，有着800多年的历史。在水路盛行的年代，这里曾担当着“东山门户”的重任，堪称东山的“观前街”。渡水桥下曾经是东山水流最急的流域，不远处的莫厘峰流下的急流从这里直接汇入太湖，“太湖第一关”的美誉也是由此而来。

在历史的积淀下，渡桥村世世代代的百姓也有着良好的村风、民风。在宋炜看来，提升幸福指数不能忘记乡愁，要继续传承好历史，延续好的村风民风，所以，在他的带动下，村里有文化老人正忙着编撰村志。他说：“趁这些老人还健在，让大家聚在一起写好这部村史，为美丽乡村建设打下坚实的基础。”

当然除了保护好传统，提升村民幸福指数外，渡桥村还不忘与时俱进，推进智慧社区建设。“春节前我们村的智慧社区就会上线，村民打开电视，就能了解到村里的方方面面。”宋炜说，“信息及时公开才能让百姓真正体验到政府的这些实事工程。”届时，当地村民还能免费搜到国内首家专业高清频道，在家就能收看到最新的电影资源。

（2016年12月27日《姑苏晚报》，邱悦兰）

三、规划、方案

1. 东山镇渡桥村社会主义新农村建设总体规划（2010—2011）

第一章　基本现状概述

一、自然条件

1. 地理区位条件

渡桥村地处东山镇东南部，地处湖滨路和东山大道交汇处。东邻东山大道，南邻西泾山，西邻东山镇工业园，北邻环太湖湖滨路。辖3个自然村22个村民小组。

2. 地形地貌、气候特征及资源条件

渡桥村地形以平原为主，平缓地区部分用作村民房屋建设，部分用作田地。村庄四周群山环绕，景色秀美。

全村辖区总面积4平方千米，其中沿西太湖面积0.2平方千米，耕地1.33平方千米。农产品主要有橘子、茶叶、银杏、桃子、枇杷等，物产丰富。

二、社会经济现状

1. 人口规模以及劳动力

根据第六次人口普查，截至目前，我村有农户1027户，农业人口3500人。村民以汉族为主。

2. 社会经济状况

近年来，渡桥村结合村内的自然资源条件与经济条件，大力发展壮大村级经济，村内拥有标准厂房15000平方米，配套用房800平方米，村级总资产2500万元，2010年全村总收入721万元。

此外，渡桥村依靠东山工业园的优势，印刷、乳胶、五金这三个行业正以良好的势头发展，一方面给私营企业创富增收，另一方面也解决相当一部分百姓的就业问题。

为了加快渡桥村经济的发展，还充分利用山水资源，积极协调并开发建设了金牛垂钓中心和席氏家园，所创经济效益连年增加，预计全年收入达到60万元。

3. 建筑以及村容村貌

渡桥村大部分房屋为砖瓦结构房屋。由于全村经济状况正处于起飞阶段，大部分房屋建筑陈旧。村内主要道路晴通雨阻，影响了村民出行。因此，村庄整体建设难度很大，村容村貌状况较差，且有待改善。

4. 社会事业

一是教育方面：全村有六年制小学 1 所，幼儿园 1 所，教师 20 余名，小学入学率达 100%；村级卫生所 1 所，有执业医师资格的医生 3 名，2010 年参加新型医疗保险的村民 3200 多人，参保率达 98%，全村有 26 户享受到最低生活保障，实现了应保尽保。

二是医疗保险方面：到目前为止，所有的村民都参加了医保。享受低保 333 人。村民的医疗主要依靠社区医院，但条件有限，医疗设施还需要进一步改善。

三是养老方面：目前村内老人大多和子女住在一起，由子女赡养。近几年，随着村子老龄化问题的不断突出，养老问题也越来越突出。

三、村庄建设存在的主要问题

1. 基础设施滞后。

2. 村内道路体系不完善，道路狭窄，部分还没有硬化，给村民的出行带来很多不便。

3. 村内没有统一绿化和路灯设施。

第二章 发展条件分析

一、优势条件

1. 良好的自然环境。依水而筑，依山而建，山上植被茂密，环境幽美清净，水土保持良好。

2. 区位优势。渡桥村沿木东线分布，交通便利。

3. 经济作物优势。该地依托独特的自然条件，选择发展了橘子、茶叶、银杏、桃子、枇杷等的种植，对带动农民致富起到了积极的作用。

4. 有小规模的农业生产。

二、劣势分析

1. 农民增产增收后劲不足，传统产业对经济发展拉动能力不强。

2. 农民科技文化素质偏低，劳动力培训转移和就业务工引导管理难度较大。

3. 科技服务不到位，受教育程度不高。

4. 公共基础设施滞后。该村道路系统尚未形成，交通组织状况有待进一步改善，公共服务设施缺乏。

第三章 规划总则

一、规划说明

渡桥村的新农村建设规划，是根据东山镇的总体规划要求，并考虑该村的地方特色，统一规划为“旧村改造型”。

二、规划依据

1.《中共中央国务院关于推进社会主义新农村建设的若干意见》（中发〔2006〕1 号）。

2.《中华人民共和国城乡规划法》。

3. 国家和地方国民经济和社会发展规划及其他相关专项规划。

4. 国家农村建设法律、法规和标准。

5. 东山镇关于推进社会主义新农村建设的实施意见。

6.《关于继续推进2011年度新农村建设示范村创建工作的通知》（吴新农办发〔2011〕4号）。

7. 其他相关规划文件。

三、规划期限。规划近期为2010年—2011年。

四、规划范围。本次规划范围仅限东山镇渡桥村村委会。

五、规划指导思想

以邓小平理论、“三个代表”重要思想、党的十七届五中全会和中央1号文件精神为指导，根据东山镇整体发展战略的统一部署，按照“生产发展、生活宽裕、乡风文明、村容整洁、管理民主”的要求，坚持一切从农村实际出发，尊重农民意愿的原则，充分调动农民自主自愿建设家园的积极性，激发农民自主、自强、勤勉、互助的精神，使农民在建设新农村的过程中提高自身的综合素质，让农民得到实际利益。实事求是，量力而行。

六、规划原则

1. 以人为本的原则。

2. 尊重农民意愿的原则。

3. 生产与生活相结合的原则。

4. 简洁明了、浅显易懂的原则。

5. 针对性、操作性强的原则。

第四章　经济发展与产业定位

一、发展思路

坚持从渡桥村实际出发，因地制宜形成自身产业特色，优化产业布局，形成规模化产业，获取规模效益，积极发展特色农业，多渠道、多形式开展职业技能培训，努力促进农村劳动力非农就业转移，提高务工农民经济收入；加快改善生产条件，推广优良品种和现代农业技术，提高农业综合生产能力；培育、壮大农村新经济组织，提升农民组织化程度和农民产业化水平。以优势产业作为支撑，以生态富民建设作为保障、以逐步建立农民增收的长效机制作为社会主义新农村建设的重要物质基础和根本保障。

二、产业发展状况

1. 经济发展以厂房租赁和传统农业为主。

2. 近年来，依托区位优势，大力发展了农业规模化经营和湖羊培育产业。

3. 禽畜养殖方面主要有猪、鸡、羊等，养殖方式为在自家院里或房屋附近简陋房舍里饲养，仍然为小农分散经营状态。

三、现状分析及经济发展定位

一直以来，由于渡桥村自然地理条件较为优越，交通便利，村级经济一路由薄弱转为良性发展。但目前进一步调整渡桥村的产业结构，促进经济发展，以提高农民收入是本规划的重要内容之一。

1. 从产业规模分析

渡桥村的农业规模化生产已小成规模，品种虽不多，但销路通畅，可以将其农产品种类和种植面积适当扩大。

2. 产业定位

近期目标：大力发展农业规模化生产和养殖业。

远期目标：形成大规模农产品培育基地，引进加工企业，发展特色果品。

四、实施建议

1. 渡桥村的经济发展必须和全镇的发展紧密地联系在一起，统一规划，全盘考虑。

2. 加大对渡桥村的政府投入。

3. 提升农产品、养殖产业的数量和质量，尽快形成规模。

4. 改善村内道路路况，提高进村的通达性和安全性。

第五章　基础设施建设

一、农田水利规划

根据渡桥村发展规划的要求，农业规模化生产必然会对农田水利造成影响。在渡桥村耕地面积较小的情况下，如何保护耕地并提高单位面积产量就成了一个亟待解决的问题。因此，我村对新建、晨光两个自然村 1000 多亩橘园增补了 200 千瓦的排涝专变一台；在以促进农业发展、农民增收为主题的农业设施建设、服务网络建设和水电经费中投入资金 10 万元。

二、道路交通规划

1. 主要思路：合理保留原有路网形态和结构，道路路面宽度及铺装形式应满足不同功能要求，有所区别。疏通河道、臭水沟，统一规划，铺设排污管道。配备绿化、路灯等相关配套设施，完善整体改造方案。

2. 规划设计方案

（1）投资 35 万元，西泾官庄路路面浇制，长 1200 米，宽 4 米。

（2）投资 90 万元，拆迁安置区道路铺设。

（3）投资 50 万元，西泾山新农村小区道路铺设，长 700 米，宽 5.5 米。

（4）整治臭水沟、铺设排污管道 270 米，清淤河道 1000 米。

（5）投资 60 万元，西泾山新农村小区绿化、路灯建设。

三、电力电信广播电视设施规划

1. 供电规划

近年来，我村分别在厂区新增 200 千瓦变电器和投入 30 多万元用于基础电力设施建设，以满足基本用电需求。新的规划区内应尽快完善电网设施。

2. 电信及广播电视工程规划

全村主要使用有线高清电视信号。规划要求进一步拓宽有线电视进户率和宽带网络覆盖面，为农户能够及时了解最新资讯提供有利基础保障。

3. 卫生基础设施建设

为营造良好的村居环境，我村新增垃圾站（房）8 座并配备 16 名定点卫生保洁员，对部分损坏的卫生基础设施进行修护，投入资金 10 万余元。

第六章　公益型社会服务设施建设

一、教育科技设施规划

村内现有渡桥小学一所，根据东山镇关于教育的规划要求，现已将其纳入东山实验小学的管理范围，师资力量将得到强有力的保障，各种硬件设施也会逐步跟上。

二、医疗卫生设施规划

村内有一所西泾社区医院，院内有 2 名持医师资格证的医生。社区医院主要是方便村民就近看病，同时也可用于村民初级卫生保健、防疫及卫生知识宣传和妇女病普查等。

三、文化体育设施规划

依托现有的规划区域，陆续增设各种健身活动器材，活跃村里的体育文化气氛；保留并继承发扬好东山镇的抬阁传统，把“水漫金山”这一传统抬阁不断发展和传承下去。

四、村委会建设

村委会是村委办公的主要场所。现在的村委会办公用房已日趋陈旧和落后。规划将村委会旧房改造，在不影响村务办公的基础上，开设“一站式”服务大厅，对外墙、内墙进行粉刷，对室内进行改造和装修，对办公用品进行更新换代，以便能为村民提供更快速、有效、便捷的服务和提高该建筑的利用效率。

第七章　村庄建设

一、村庄建设现状

渡桥村村城面积较大，村内房屋杂居无序，村内公路路况不理想，绿化、路灯等配套设施不完善，排污管道没有完全铺设到位。

二、村庄建设规划思想

随着新农村建设的不断开展和村民经济水平的不断提高，希望扩建、新建住宅的村民将不断增加，镇、村两级将统一规划，统一实施。

三、村庄发展建设用地规划

1. 根据东山镇新镇区发展的统一规划和渡桥村发展的需要，有效增加厂房建设，壮大村级经济。

2. 住宅建设用地。应该根据上级相关文件，有效控制和规范宅基地建设，防止乱搭乱建，有效合理利用土地资源。

3. 农业规模化生产用地。根据村民发展的需要和意愿，预留规模化种植区。

4. 养殖场建设用地。根据村民今后发展养殖的需要，在村内发展小规模的养猪、养羊场。

四、村庄建设规划措施

（一）老建的房屋保护与改造措施

1. 维持村落内部布置格局，严格控制房屋拆迁和破坏。

2. 在倒塌房屋基础上新建的房屋，建筑风格应该和村子其他房屋保持一致。

3. 严格控制对房屋外墙面的粉刷。

4. 保留足够的消防通道，建设必要的消防设施。

（二）新建的房屋建设

1. 建的房屋都有完善的供水、排水、供电、电信等设施。

2. 与村庄原风格保持一致，符合苏式“粉墙黛瓦”的风格。

第八章　环境建设

一、村庄外环境的建设与保护

1. 环境容量

环境容量是指自然环境或环境要素，对污染物质的承受量或容纳能力。因为环境是有自净能力的，如果污染物的总量不超过环境的自净能力，环境就不会受到污染，否则便会出现污染。把环境这种不超过其自净能力而能承受或容纳的污染物的量称为环境容量。渡桥村村居环境密集，村中有部分水源受到污染，需要解决。

2. 环境保护

（1）水环境保护：严禁生活污水直接排入地表或河流中，严禁污染水源的工业入村生产；垃圾实行统一收集，集中处理，严防其对水源和环境的污染；控制化肥农药的使用量，防止面源污染。

（2）大气保护：减少木柴、煤炭在生活中的使用量，大力推行清洁能源的利用。

3. 环卫设施规划。增设 2 个垃圾集中点。在村内主要建筑物附近及人口聚集较多的地方。

二、村口形象建设

1. 总体要求

村口是新农村的形象窗口，也是新农村精神面貌的集中体现，既讲究美观大方，又要考虑节约成本，避免铺张浪费。

2. 具体规划

一是布置村标，提高村口的导向作用。

二是修整进村道路，保持道路平坦通畅。

三、村内环境建设

1. 总体要求

通过整治、拆迁、改造、规范，彻底改变无秩序、无形象、无规划的现状。从而营造良好的人居环境，提高村民生活品质。

2. 具体规划

（1）村容村貌整治

一是治理柴草乱堆：乱堆柴草，影响道路通畅、村容整洁，还会滋生老鼠、蟑螂等，成为村里卫生隐患。通过治理，柴草不能堆放在村里主干道两边，对放在家门口的柴堆应该摆放整齐，以免影响交通。

二是治理垃圾乱倒：设置生活垃圾箱和垃圾房，组织专门的环卫员进行垃圾的收集、分类和填埋处理。

三是治理污水乱流：规划村内网状排水和排污沟网。结合该村地形在污水汇聚点处设立污水沉淀池。污水经过沉淀清化后，排出村外。

四是治理电线乱拉：取缔没有必要的乱拉电线线路；对于必需的线路，按照国家相关技术标准进行整改。确保改造后的线路规范、整洁、美观。

五是治理杂草乱长：杂草大多分布在路边、房后、墙边空地和弃置荒地上，杂草基本上无人管，影响了村容村貌，给村里卫生也带来一定的隐患，必须对其及时清理。坚持村管组、组管户，房后墙边杂草、由户主予以定期清除。

（2）住宅整治规划

主要思路：充分考虑到现状和经济条件以及可操作性原则，对住宅及外部空间采取既保留又更新的规划模式。

一是保留：对于质量较好，与村庄环境和整体规划冲突不大的，采取保留措施维持现状。

二是整治：对于建筑质量尚好，但建筑风貌和外观与村庄环境有冲突或者平面布局部分不合适的，对其外立面进行改造。

三是拆除：简陋建筑，质量很差的建筑及因规划需要改变，或者对村庄风貌有较大负面影响的，采取拆除措施，对村内已经倒塌的老宅及破损的围墙，应动员房主尽快除旧建新。

四是新建：新建住宅要符合总体规划的要求进行建造，并在风格上同原村风貌和谐统一。

四、庭院环境建设

1. 改厕规划

（1）规划思路。解决人的粪便污染，防止致病微生物污染环境，预防与粪便相关的人畜共患病、肠道传染病，从源头控制污染源、切断传播途径。根据当地实际需要，选择合适的厕所模式，实现粪便无害化处理，预防疾病，保障村民身体健康，防止粪便污染环境。

（2）规划内容

A. 拆除家用户外厕所。

B. 建设专门的养殖场所，禁止人畜混居，避免人禽混居，统一对畜禽粪便进行无害化处理。

2. 改圈规划

实行人畜分离制，取消院内、屋内的禽畜圈，并在适当地段建设集中的养殖小区，从而达到改善庭院环境和禽畜的规模化养殖的目的。

3. 庭院美化建设

庭院是村民生活、学习、居住、饮食的主要场所，庭院承载着乡村文化、教育、卫生、习俗等诸多内涵，在新农村建设中有举足轻重的作用。

（1）规划思路

首先净化庭院环境，其次对庭院进行绿化和美化。

（2）规划内容

A. 庭院、门前“三包”，及时清理垃圾杂草。

B. 根据村民意愿，鼓励村民在庭院内布置花坛、果树、盆花等绿化、美化物品。

C. 庭院内经常保持卫生干净，无禽畜粪便，无垃圾堆积，无卫生死角。

D. 院内各房间功能布局要科学合理，处理好厕所、厨房、卧室及储藏室的空间关系。

E. 定期开展家庭环境美化大赛，并对获奖家庭给予一定奖励，从提高村民对庭院环境美化的积极性。

第九章　和谐农村创建

一、主要思路

结合渡桥村的实际情况，主要考虑火灾和雷击灾影响，坚持把村民的生命安全与财产安全放在首要位置，做到对一切灾害防患于未然，综合整治、平灾结合，保障村庄可持续发展和村民生命财产安全。

二、规划方案

（一）防火规划

现状：渡桥村现在有在的火灾隐患主要如下。

（1）村庄内部分道路旁和房屋旁有柴草堆放，而且房子布局紧凑，道路狭窄，在干燥季节里特别容易引发火灾。

（2）村内存储农作物等易燃烧的地方没有对应的消防措施。

2. 规划措施

（1）整治村民房前屋后的大量的柴草堆。保证与建筑物的防火间距大于25米，柴堆不宜过高过大，并保持一定的防火间距。此外，严禁将堆场设置在电气设备附近或者电气线路的下方。

（2）村庄与成片林的间距应符合国家农村建筑防火的有关规定，不得堵塞消防通道和影响消火栓的使用。

（3）严格按照国家规定标准设置消防通道。

（4）排查、消除民房、公共建筑内的火灾隐患。电器应接地，配电线路应安装过载保护和漏电保护装置，电线宜采用线槽或穿管保护。

（5）结合村里生活用水管网化的优势，利用给水管道设置消防栓。

（6）在适当位置设置普及消防安全常识的固定消防宣传栏，在易燃易爆区域设置消防安全警示标志。

（二）防洪及内涝整治规划

1. 对河岸边容易发生滑坡的、坡地，加砌石块护坡或挡土墙。

2. 对阻碍水流的物体进行清除，确保河道通畅。

三、村民科学技术和综合素质培训目标、计划和措施

1. 培训目标

通过培训，让村民了解本村今后的发展方向和目标；改变传统的小农发展观念；获取用得于本村发展的相关技术和技能；从而提高村民们的科技水平和综合素质，为更好地开展新农村建设打下基础。

2. 培训计划

在镇政府的领导和村委会的组织下，针对本村的规划发展方向和目标，建议在村里组织推行以下培训：

（1）农产品种植、养殖业及管理技术培训。根据规划，村内将大力发展农产品规模化种植和养殖业，通过培训，让更多希望发展农业的村民获得技术，进而扩大种植规模，提高产量和质量。

（2）新农民新思想培训。通过培训，打破村民的旧思想、老认识，给他们传输可持续发展的观念，让他们认识到保护环境的重要性；增长村民的见识，开阔他们的视野；加强对村民的思想道德建设，促进新农村精神文明建设等。

3. 措施

（1）在村委会设立专门的培训教室，通过专业培训人员的讲解和观看制作好的光碟等方式来学习新知识。

（2）在村委会设立农家书屋，通过引进农业技术书籍以及其他科学文化书籍给村民提供知识来源。

（3）组织村民到外地参观学习。

四、养老保险与最低生活保障

养老保险与最低生活保障是实现和谐农村建设的非常重要的一环。农村社会养老保障基金筹集以个人缴费为主、集体补贴为辅；实行个人账户储备积累制。需要从以下几个方面入手来实现村民的养老和最低生活保障问题：

1. 落实国家财产和地方财政对村里“五保”人员社会救助政策。

2. 农村中灵活就业者的养老保险应以个人为主。

3. 完善个人账户。农民自己开设个人账户，并参与管理个人账户。

4. 确定农村最低生活保障对象，根据国家有关政策开展低保工作。首先把保障的重点放在那些因疾病、残疾、年老体弱、家庭缺少劳动力和生存条件恶劣等原因造成家庭生活常年困难的人员身上。

5. 鼓励有劳动能力的困难群众千方百计发展生产，争取依靠自身力量解决生活问题。

五、计划生育

1. 坚持依法行政，坚持以人为本。

2. 建立计划生育家庭奖励扶助制度。

3. 实施奖励工程。做好计划生育奖扶、特扶和公益金的申报工作。对于只生一孩的夫妇，给予奖励，对于有生育二孩意愿的夫妇，为他们详细解读政策。有效保证渡桥村育龄妇女的避孕措施落实率，信息核对上报准确率等。

六、社会治安

1. 加强对村民的教育，加大普法宣传的力度，增强农民的法制观念。加强社会主义思想道德教育，发扬艰苦创业精神，自食其力，劳动致富。

2. 依靠村治保干部和人民群众，建立广泛的社会治安防范机制。

3. 进一步加大对违法犯罪的打击力度，对农村发生的治安、刑事案件要尽快处理，发现一起，查处一起。

4. 教育群众，提倡见义勇为，鼓励农民积极同违法犯罪作斗争，弘扬正气，形成良好的社会风气。

七、村规民约

一要遵纪守法、履行义务，不要违法乱纪、滋事肇事。

二要相信科学、反对迷信，不要听巫信教、崇邪拜教。

三要弘扬美德、尊老爱幼，不要虐待老人、歧视妇女。

四要彼此谦让、互相尊重，不要恶语伤人、以强欺弱。

五要艰苦创业、科技兴农，不要奢侈浪费、愚昧落后。

六要礼貌待人、热情好客，不要污言秽语、涣散懒惰。

七要男女平等、优生优育，不要性别歧视、违反国策。

八要美化环境、爱护公物，不要蚊蝇漫飞、陋习滥行。

八、积极推进和谐家庭建设

根据新农村建设目标，对邻里和睦、生活和谐、家风文明的家庭进行推荐表彰。

九、民主管理

提高村民自治及民主管理水平，做到民主选举、民主决策、民主管理和民主监督，从而尊重村民意愿，使村政管理始终代表广大村民的意志，从农民最关心的事情入手，规划处理好与农民利益最直接的事情。具体则通过民主决策、村民会议、村务公决以及村民代表会议等措施，实现村庄的民主管理。

第十章 近期主要建设项目

渡桥村近期建设项目主要有：

1. 重点打造新农村示范点新形象，以点带面，近期重点抓好房屋立面改造工程。对每户的墙面进行改造、修建和粉刷，恢复江南独具一格的“粉墙黛瓦”风格。

2. 全力修建新农村小区公路，达到路面硬化 100%，方便村民出行。

3. 对道路两旁进行绿化种植和路灯建设，美化居住环境。

4. 对村委会大楼进行修复，建设“一站式”服务大厅。

5. 完善文体活动中心，以满足村民文化生活需要。

第十一章 规划实施建议

1. 积极推进财政政策。

加大对渡桥村的投资比重，主要体现在支持渡桥村基础设施建设方面。

2. 大力发展公共工程事业建设。

以渡桥村基础设施和公共设施建设为突破口，建设新农村，构建新体制。

3. 引导农民发展各类专业新型经济组织，提高农民组织化程度。坚持“科技兴农”“服务助农”“党建保农”，努力提高农民收入。

4. 引导和帮助村民妥善搞好污水、垃圾治理等问题，改善环境卫生。

2.2013 年渡桥村城乡一体化建设方案

为全面贯彻党的十八大精神，深入贯彻落实科学发展观，推进城乡统筹发展，率先实现城乡一体化，结合我区“十二五”规划以及新农村建设和民生工程，制定推进城乡一体化总体方案。

一、指导思想

以邓小平理论和“三个代表”重要思想为指导，以科学发展观统揽经济社会发展全局，坚持“以城带乡、以工促农、城乡联动、协调发展”的思路，以打破城乡二元结构为主线，以规划布局为龙头，以产业发展为基础，以基础设施建设为重点，以公共资源配置为关键，以就业社保为支撑，以制度创新为动力，以改善民生为根本，以基层组织建设为保障，逐步建立城乡一体化的规划体系、产业体系、基础设施体系、市场体系、公共服务和社会管理体系，在更高层次上推进经济社会统筹协调发展，努力建设经济发达、社会和谐、政治文明、文化繁荣、人民富裕、环境优美的现代化农村。

二、基本原则

1. 解放思想，改革创新。不断解放和发展牧区社会生产力，始终把改革创新作为牧区发展的根本动力。坚持把解放思想贯穿于“三农”工作的各个方面，尊重牧民首创精神，支持牧民创业创新，不断推进牧区改革和制度创新，对事关“三农”发展全局的重点领域和关键环节率先进行改革试验，加快破除城乡二元结构，使农村经济社会发展充满活力。

2. 统一规划，严格管理。从城乡一体化、经济社会可持续发展的战略高度，规划全村的发展，对城乡经济和社会发展、土地利用空间布局以及各项建设进行统筹安排，全面提高整个区域经济社会发展的协作程度，保证各项建设目标的顺利实现。

3. 因地制宜，分类指导。充分考虑各乡镇经济发展水平、资源条件，尤其是财政承受能力等因素，严格遵循客观规律，采取不同的政策措施，有选择、有重点地分区、分类、分步推进城乡一体化工作，利用优势领域的扩散效应带动整个一体化工作的开展。

三、发展目标

全面实施城乡一体化空间布局、产业发展、基础设施建设、社会事业发展、就业与社会保障、生态环境建设等六个方面一体化综合配套改革，促进“二个集中”取得明显成效。

四、推进基层组织建设

坚持把党的执政能力建设和先进性建设作为主线，以村党的建设“三级联创”为载体，按照“五个好”的要求，加强领导班子、基层组织和党员队伍建设，深入开展党风廉政教育活动，不断提高基层组织的创造力、凝聚力、战斗力，为推进城乡一体化提供坚强的组织保证。加强领导班子建设，选好配强政领导班子和村“两委”主要负责人，优化选任机制，实施“一村一名大学生工程”，提升村干部素质。深入开展农村基层干部实践锻炼和学习教育活动，着力提高管理能力、创业能力和工作水平。进一步健全社会治安综合治理、人民武装、工会、共青团、妇联等组织，形成农村基层组织的整体合力。深入实施“双培双带”先锋工程，注重培养年轻有文化、“双带”能力强的党员，注重发展女党员，逐步优化党员队伍结构。推进基层民主选举制度创新，积极推行党委换届“一推两考”，扩大村党组织换届选举直选试点，探索村委会竞选等形式，进一步扩大基层民主。健全规范议事决策机制，完善村务公开、党务公开等制度，健全党组织领导的基层群众自治机制。

五、建立统一领导、分工协作的工作机制

成立城乡一体化发展工作领导小组，负责领导、组织全村推进城乡一体化工作由相关部门牵头建立推进城乡一体化发展的若干专项工作协调组，分别承担相关任务。

六、广泛宣传发动，强化考评考核

采取多种形式，强化对开展城乡一体化综合配套改革的宣传报道，营造全村上下共同关心，支持参与的浓厚范围，充分调动群众的参与积极性，把群众的建设愿望、发展要求引导到城乡一体化行动上来，形成合力，推动城乡一体化行动深入开展。建立全村推进城乡一体化发展的目标考核体系，根据村类型将城乡一体化发展指标作为村主要工作目标进行考核，建立相应的统计制度和目标考核管理办法，把各项工作量化分解到县直各部门，一年一考核，并把考核结果作为评价党政领导班子政绩和干部选拔任用的重要依据。加大督促检查力度，创新督查方式，推动任务落实，确保改革阶段性目标如期实现。

渡桥村村委会

2013 年 12 月 30 日

编纂始末

渡桥历史悠久，人文古迹众多，它是东山第一门户，长期以来交通便利，商业繁荣，是东山一个重要的历史小集镇，留下了许多值得记载的史料。早在 20 世纪 80 年代，渡桥村的干部即有意将许多珍贵的历史资料和中华人民共和国成立以来的重大变化编成史书一类的读物，后因种种原因，未能出书。

跨入新世纪，改革开放给渡桥带来空前的发展，全村经济社会协调发展，村容村貌焕然一新，人民生活水平日益提高，渡桥村干部群众在改革开放的历史洪流中，留下了可歌可泣的事迹，如把这些珍贵的史料记载编成志书，既可传承一地文化，又可教育村里的年轻一代。

2016 年年初，时任渡桥村党总支书记宋炜深思熟虑后提出了编纂村志的想法，这一想法得到了村党总支、村委会两套班子成员的赞成，于是编纂村志摆上了村的议事日程。2016 年 6 月，《渡桥村志》编纂委员会成立，组建了金本福、薛利华、金惠华、叶新民、计龙根等 5 人的编写组，由金本福任主编，薛利华任副主编，着手进行编纂工作。编写组根据《地方志工作条例》及渡桥村的古今历史，拟订了《渡桥村志》的篇目，并于 2016 年 7 月 13 日通过吴中区地方志办公室的审定。

编写组成员从 2016 年 6 月开始，分别到苏州市博物馆、苏州市图书馆、吴中区档案馆、东山镇政府档案室等处查阅史料，还深入村镇有关单位征集相关资料，至 2017 年 3 月，共征得各种资料 300 多份，收集老照片 30 多张。

编写组在渡桥村党总支、村委会的支持帮助下，召开村干部、群众等座谈会 8 个，走访渡桥村史知情者 20 多人。值得一提的是 2017 年 3 月，原党总支书记宋炜调任镇农林中心主任，渡桥村党总支书记由董燕明接任，接任后的党总支书记董燕明对编志工作十分重视，多次参加座谈会，对村志编写提出殷切的希望，这为编写组写好《渡桥村志》增添了信心，增加了动力。

在获得渡桥村大量资料的基础上，编写组对这些资料分门别类进行筛选整理并逐步数字化。2017 年 4 月正式进行编写，经过一年多的时间完成 40 多万文字、200 多张图片的初稿。在吴中区方志办、苏州市方志办的指导下，又对初稿进行去粗取精，去繁从简，形成了终审稿。2018 年 9 月 20 日，市、区方志办专家聚集渡桥村，对志稿进行评审。评审会后编写组根据专家学者意见，进一步调整、修改、补充，2018 年 12 月 6 日通过验收，进入出版程序。《渡桥村志》设 17 章、58 节、近 200 张照片，文字近 50 万字，内容涉及建置、人口、组织、经济、村级建设、文明新风、人物、艺文等方面，比较全面地反映了渡桥村自然、经济、社会、文化等方面的历史和现状。

《渡桥村志》是集体智慧的结晶。这里面，有历任村干部的关心，有众多村民的记忆，有编纂成员的辛勤劳作，有市、区地方志领导专家的指导，在此，谨向所有为志书编纂出版尽心尽力的人们表示衷心的感谢！

由于时间紧促，又限于经验和水平，错误与不妥之处，敬请专家学者和广大读者予以批评指正。

编者

2018 年 12 月

《渡桥村志》提供资料单位

（排名不分先后）

苏州市博物馆
苏州市图书馆
吴中区档案馆
东山镇档案室
东山镇组织办公室
东山镇党政办公室
东山镇宣传办公室
东山镇统计办公室
东山镇民政办公室
东山镇美丽乡村建设办公室
东山镇经营管理办公室
东山镇文教办公室
东山镇卫生计划生育办公室
东山镇派出所
东山镇文体教育服务中心
江苏有线苏州分公司东山广电站
东山镇农林服务中心
东山地区人民医院
东山镇人力资源和社会保障服务中心
东山中心小学
吴中区食品药品监督管理局东山分局
东山镇人武部
吴中区东山动物防疫站
东山镇水利站

《渡桥村志》提供资料人员

（按姓氏笔画为序）

马文元　王　芳　王　强　王建春　叶伟青　叶建青　叶爱根　朱　芳
汤桔芳　汤昌伦　许正荣　许越林　李浩宇　吴　俊　吴寿泉　吴桂芬
沈艳芳　沈雪芳　宋再英　张志才　张惠林　张智慧　陈双庆　陈志明
周　专　周　泉　周　斌　周峰宝　施本仙　姚阿四　顾龙兴　顾爱民
顾培艳　徐正英　钱根兴　倪浩文　席时超　席根福　盛本福　常　珊
梁山宝　韩宁芳　喻世德　蔡建昌　潘秀雯

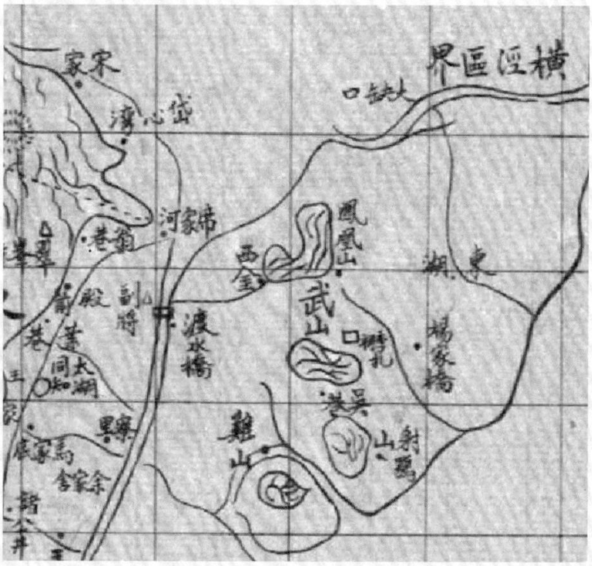

橫涇區界
大缺口
宋家
佛家河
鳳凰山
西金
武山
東湖
楊家橋
渡水橋
副將
雞山
吳巷
射鵰山
余家舍